सुनील कुमार सिंह

सुनील कुमार सिंह जनपद ग़ाज़ीपुर (उ.प्र.) के प्रखण्ड करण्डा में स्थित एक छोटे से गाँव लीलापुर के मूल निवासी हैं। इन्होंने प्रारंभिक शिक्षा ग़ाज़ीपुर से पूर्ण करने के उपरान्त इलाहाबाद विश्वविद्यालय के कला संकाय से स्नातक, परास्नातक एवं डी. फिल. की उपाधि अर्जित की। इन्होंने मध्यकालीन एवं आधुनिक इतिहास विभाग, इलाहाबाद विश्वविद्यालय के ख्यातिलब्ध विद्वान प्रो. ललित जोशी के कुशल पर्यवेक्षण में 'राष्ट्र की सांस्कृतिक अस्मिता-प्रयाग संगीत समिति के विशेष सन्दर्भ में (1926-1947)' विषय पर शोध कार्य सम्पन्न किया। ज्ञात हो कि प्रयाग संगीत समिति संगीत की शिक्षा देने वाली विश्व की सबसे बड़ी संस्था है। इस ऐतिहासिक व विशाल संस्था पर शोध करने वाले ये प्रथम शोधार्थी रहे।

यह पुस्तक लेखक की प्रथम कृति है जिसमें मध्यकालीन भारत (1500-1800) की आर्थिक संरचना की गहनता से पड़ताल कर तथ्यात्मक विश्लेषण प्रस्तुत किया गया है।

सुनील कुमार सिंह

मध्यकालीन भारत का आर्थिक इतिहास

(1500-1800)

लोकभारती पेपरबैक्स

प्रथम पेपरबैक संस्करण : 2023

लोकभारती पेपरबैक्स : उत्कृष्ट साहित्य के लोकप्रिय संस्करण

लोकभारती प्रकाशन
पहली मंजिल, दरबारी बिल्डिंग, महात्मा गांधी मार्ग
प्रयागराज-211 001

वेबसाइट : www.lokbhartiprakashan.com
ईमेल : info@lokbhartiprakashan.com

शाखाएँ : 1-बी, नेताजी सुभाष मार्ग, दरियागंज
नई दिल्ली-110 002
अशोक राजपथ, साइंस कॉलेज के सामने
पटना-800 006

सुपर माधव ग्राफिक
प्रयागराज द्वारा मुद्रित

मूल्य : ₹ 295

MADHYAKALIN BHARAT KA ARTHIK ITIHAS
by Sunil Kumar Singh

ISBN : 978-93-93603-67-8

पूज्य अम्माँ
स्व. जामवन्ती देवी
को

अनुक्रमणिका

प्राक्कथन

डॉ. सुनील कुमार सिंह की नवीनतम कृति 'मध्यकालीन भारत का आर्थिक इतिहास (1500-1800)' के सम्बन्ध में अपनी प्रतिक्रिया लिखते हुए मुझे अत्यन्त हर्ष की अनुभूति हो रही है। दरअसल, हिन्दी भाषा में सोची और लिखी गई पुस्तकों का सदैव आभाव रहा है। 'मध्यकालीन भारत के आर्थिक इतिहास पर लिखी गई उपलब्ध पुस्तकें अधिकतर अंग्रेजी पाठों के अनुवाद हैं। डॉ. सिंह ने इस पुस्तक को लिखकर यह प्रमाणित कर दिया है कि हिन्दी में इतिहास जैसे जटिल विषय में मौलिक रूप से पुस्तक लिखना सम्भव है।

यह पुस्तक नवीनतम स्रोत सामग्री को सन्दर्भित करते हुए लिखी गई है। लेखक ने बड़ी कुशलता के साथ सन्दर्भ ग्रन्थों को समन्वयित किया है कि विशेषज्ञों के अलावा साधारण पाठकों को भी आख्यान बोधगम्य हो सके।

पहले अध्याय में लेखक ने मुग़लों की नई काराधान व्यवस्था के आने से कृषि के क्षेत्र में उत्पन्न होने वाली संकटपूर्ण परिस्थितियों को उजागर किया है। लेखक का मानना है कि बावजूद इस संकट के ग्रामीण घरों में सूत कातने और कपड़ा बुनने की परम्पराएँ कायम रहीं। किन्तु मुग़ल नीतियों का दूरगामी परिणाम यह हुआ कि कृषि और शिल्प दो अलग-अलग व्यवसायों के रूप में नज़र आने लगे। अध्याय के अन्त में लेखक ने परम्परागत शिल्पों को स्वतन्त्र व्यवसाय के रूप में प्रस्तुत कर लम्बे अरसे से चली आ रही भ्रान्तियों को दूर किया है। शिल्प उत्पादन के सम्बन्ध में विस्तृत वृत्तान्त पुस्तक के दूसरे अध्याय में मिलता है। पहले अध्याय की भाँति इस अध्याय में भी प्राथमिक और द्वितीयक स्त्रोतों का व्यापक प्रयोग किया गया है, इससे अध्याय की प्रामाणिकता को बल मिलता है। लेखक के अनुसार सोलहवीं शताब्दी तक पहुँचते-पहुँचते एक बार फिर व्यवसायों में नए सिरे से विशेषज्ञता आती दिखलाई पड़ी। मसलन रुई के सफाईकार, धुनिया, रज्जकार, लच्छीकार और रेशम के कत्तिन। छपाई और रंगाई के शिल्पी अलग-अलग थे। फिर भी, लेखक का तर्क है कि शिल्पकारों की दशा चिन्ताजनक थी। इसे प्रमाणित करने के लिए लेखक ने विदेशी पर्यटकों के आख्यानों का सहारा लिया है। तीसरे अध्याय में देशी और विदेशी व्यापार की विस्तृत चर्चा की गई है। लेखक का मानना

है कि मध्यकाल में ग्रामीण बाज़ार उन्नत अवस्था में थे किन्तु बढ़ते नगरीकरण के प्रभाव के कारण उनका चरित्र बदलने लगा था और औपनिवेशिक काल तक पहुँचते-पहुँचते इस समस्या ने विकट रूप धारण कर लिया था। इस अध्याय में तटीय क्षेत्रों के बाज़ारों से होनेवाले अन्तर्राष्ट्रीय व्यापार का ज़िक्र किया गया है। लेखक ने सूरत और पुर्तगाली बस्ती गोवा का भी गहरा अध्ययन किया है। चौथे अध्याय में मध्यकाल की राजस्व व्यवस्था की पड़ताल की गई है, विशेष रूप से मुग़लों की राजस्व प्रणाली की। इसमें शेरशाह के काल से लाए जा रहे परिवर्तनो का गहरा अध्ययन किया गया है। लेखक ने दक्षिण भारत के राजस्व इतिहास को समाहित कर इस अध्याय को पूर्णतः समावेशी बना दिया है। पाँचवें अध्याय में लेखक मध्यकालीन कराधान की व्यवस्था को टटोलते हैं जिसमें शहरी उत्पादन, सिक्कों के प्रकार और प्रसार का उल्लेख है। अन्य अध्यायों की भाँति इसमें भी सन्दर्भ ग्रन्थों की भरमार है। अन्तिम दो अध्याय मध्यकालीन भारत में नाप-तौल की प्रणालियों, मजदूरी और उत्पादकों पर विदेशी पूँजी के बढ़ते दबाव से सम्बन्धित है। लेखक ने तालिकाओं और आँकड़ों की सहायता से व्यापार और व्यवसायों के समक्ष बढ़ती चुनौतियों को स्पष्ट किया है। पुनश्च, लेखक के अनुसार विदेशी व्यापारियों ने उत्पादकों को पेशगी दे कर उत्पादन की प्रकिया को इस प्रकार प्रभावित किया कि कुछ ही समय में उनका उत्पादन की प्रक्रिया पर नियन्त्रण स्थापित हो गया।

इसमें सन्देह नहीं कि डॉ. सुनील कुमार सिंह ने अथक परिश्रम और विपुल स्त्रोत सामग्री जुटाने और विश्लेषित करने के बाद ही एक ऐसी पुस्तक लिखी है जो मध्यकालीन भारत के आर्थिक जीवन की जटिलताओं पर प्रकाश डालती है। मुझे पूरी उम्मीद है कि सुधी पाठकों तथा प्रतियोगी परीक्षाओं की तैयारी कर रहे पाठकों को यह रचना समान रूप से पसन्द आएगी।

प्रयाग, वैशाख, 2022

ललित जोशी
प्रोफेसर, इतिहास विभाग
इलाहाबाद विश्वविद्यालय

आभार

इस पुस्तक को लिखते समय मुझे अपने जिन अध्यापकों, पारिवारिक सदस्यों, मित्रों एवं पुस्तकालय कर्मचारियों तथा अन्य लोगों से जो सहयोग व प्रोत्साहन मिला, मैं उन सबका आभारी हूँ। मैं विशेष रूप से मेरे गुरु जी आदरणीय प्रो. ललित जोशी (इलाहाबाद विश्वविद्यालय) जी जो मेरे शोध पर्यवेक्षक होने के साथ मेरे मार्गदर्शक भी हैं, का आजीवन आभारी रहूँगा जिन्होंने अपना बहुमूल्य समय देकर इस पुस्तक की पांडुलिपि को पूर्ण करने में मुझे अपेक्षित सहयोग प्रदान किया।

मैं अपने बाबू जी श्री हवलदार सिंह के साथ अपने बड़े भाइयों श्री अजय कुमार सिंह 'शास्त्री' और श्री संजय कुमार सिंह का आभारी हूँ, जिन्होंने इस पुस्तक लेखन अवधि में प्रोत्साहन देने के साथ मेरा निरन्तर उत्साहवर्धन किया।

मैं सर प्रमदा चरण बनर्जी छात्रावास (इलाहाबाद विश्वविद्यालय) को विशेष धन्यवाद ज्ञापित करता हूँ जिसके आँचल में मैंने जिन्दगी के लगभग एक दशक बिताए। जहाँ कनिष्ठ और वरिष्ठ अन्तेवासियों के सान्निध्य में जीवन के थपेड़ों और नाकामियों से होनेवाले अवसाद से उबरने की कला के साथ इतिहास विषय की प्रारम्भिक समझ विकसित हुई। मुझे एक परिपक्व व्यक्ति बनाने के साथ कुछ अलग और दूसरों से बेहतर कार्य करने हेतु अनवरत प्रेरित करने के लिए छात्रावास-परिवार का बहुत-बहुत आभार।

मैं भारतीय एवं पाश्चात्य इतिहासकारों और विभिन्न देशों (ब्रिटेन, अरब, नीदरलैंड, फ्रांस, इटली, पुर्तगाल, जर्मन, मोरक्को आदि) के यात्रियों जिन्होंने अपने यात्रा वृत्तान्त में विभिन्न भारतीय शहरों व गाँवों के रहन-सहन, वेश-भूषा, व्यवसाय, व्यापार और वाणिज्य की विस्तार से चर्चा की है के साथ अन्य शोधकर्ताओं का भी आभारी हूँ जिनके कार्यों व रचनाओं ने मुझे इस पुस्तक को लिखने में अत्यधिक सहायता प्रदान की।

अन्त में, अत्यन्त परिश्रम से लिपिबद्ध इस पांडुलिपि को अपने प्रकाशन से प्रकाशित करने के लिए लोकभारती प्रकाशन, प्रयागराज के श्री रमेश ग्रोवर जी को हार्दिक धन्यवाद ज्ञापित करता हूँ।

—डॉ. सुनील कुमार सिंह

भूमिका

नए अध्ययनों में इस बात को ख़ास तौर पर रेखांकित किया गया है कि अठारहवीं-उन्नीसवीं शताब्दियों में समूचे देश में समाज में कृषि और हस्तशिल्प उत्पादन में नितान्त स्थायी नैसर्गिक बन्धन थे (यजमानी प्रथा)। हस्तशिल्प उत्पादन और कृषि में यह अवरुद्ध सन्तुलन ग्राम-समाज और समूचे समाज में स्पष्ट रूप से परिलक्षित होता है। 'ग्रामीण' और 'शहरी' अर्थव्यवस्थाओं के विघटन और अलगाव (आइसोलेशन) का स्वयं शासित व्यवस्थाओं के रूप में अध्ययन किया गया और इन अध्ययनों में शहरी अर्थव्यवस्था 'परजीवी' अर्थव्यवस्था के रूप में चित्रित है जो सामन्ती लगान-संग्रह के पुनर्वितरण पर जीवित हैं। इन अध्येताओं ने इस बात पर जोर दिया है कि क्रमिक विकास की गति धीमी थी और उपनिवेश पूर्व समाज के समूचे सामाजिक-आर्थिक पैटर्न के बहुआयामी ढाँचे का विघटन हो रहा था। स्थानीय प्राक्-पूँजीवादी1 (प्री-कैपिटलिस्ट) उत्पादन का पृथक रूप प्रारम्भ होने लगा था जिसका विकास अत्यल्प था। स्थानीय व्यापार और महाजनी पूँजी की मात्रा बहुत कम थी। भारत जिस काल में यह सब घटित हो रहा था उसी काल में यूरोप की व्यापारी कम्पनियाँ तेजी से अपने पैर जमा रही थीं।

पुस्तक में यजमानी प्रथा का गहराई से और बहुमुखी विश्लेषण किया गया है। ग्रामीण शिल्प उत्पादन और कृषक अर्थव्यवस्था के नैसर्गिक बन्धनों को रेखांकित किया गया है। वस्तु निर्माण उद्यमों के 'प्राक्-पूँजीवादी' लक्षणों पर आलोचनात्मक दृष्टि से विचार किया गया है। इन कारखानों के पारम्परिक सम्बन्धों की भूमिका की समझ बढ़ी है। आर्थिक ढाँचे के विघटन और माल (विक्रय योग्य वस्तुएँ) का नगरों एवं गाँवों में प्रवाह, कृषक अर्थव्यवस्था में माल और माल शिल्पों के सम्बन्धों पर भी ध्यान दिया गया है।

सोलहवीं-अठारहवीं शताब्दी में पुर्तगाल, नीदरलैंड, ब्रिटेन और फ्रांस जो अपनी सामन्तीय व्यवस्था के बाद की अर्थव्यवस्था का पर्याप्त विकास कर चुके थे, शस्त्र-बल से भारत में अपने व्यापार का विस्तार करते गए। अठारहवीं शताब्दी के मध्य में ब्रिटेन अपनी विजयों के जरिये अपने उपनिवेशों का विस्तार करने लगा।

इससे भारत का स्वतन्त्र राजनीतिक और आर्थिक विकास अवरुद्ध हो गया। भारत की अपनी एक बहुत प्राचीन और विकसित भौतिक और आध्यात्मिक संस्कृति थी। यहाँ आनन-फानन धन्नासेठ बनने के लिए ब्रिटेन के बुर्जुआ पूँजी संचयन के लिए जिन तरीकों, लूटमार, पाशविक हिंसा का इस्तेमाल करते थे उसके प्रभावों का अनुभव भारतवासियों को हुआ। काफी बड़े पैमाने पर औपनिवेशिक शासन ने भारत में उत्पादक शक्तियों का विनाश किया। इस तरह भारत का आर्थिक, राजनीतिक और सांस्कृतिक विकास अवरुद्ध हो गया। लेकिन इसके साथ ही आर्थिक और सांस्कृतिक सम्भावनाओं के नए दरवाज़े भी खुले।

विचाराधीन काल में विश्व के ऐतिहासिक विकास में इस महान देश का स्थान निर्धारण करने के लिए यह आवश्यक है कि इस बात का गहराई से और ब्योरेवार अध्ययन किया जाए कि सोलहवीं-अठारहवीं शताब्दियों में अर्थात औपनिवेशिक समाज के प्रादुर्भाव से पूर्व सामाजिक व आर्थिक विकास का यहाँ क्या स्तर था।

शिल्प और व्यापार के विकास के अध्ययन के लिए आधार सामग्री का चयन भारत के विभिन्न भागों—पंजाब, सिन्ध, गुजरात, महाराष्ट्र, मालाबार, तमिलनाडु, तेलंगाना, उड़ीसा, बंगाल, बिहार, कश्मीर और अन्य प्रदेशों से किया गया है। ये विभिन्न राज्य सोलहवीं-अठारहवीं शताब्दी में भारतीय उपमहाद्वीप में उत्तर और मध्य में मुग़ल साम्राज्य के सूबों और मराठा राज्य और दक्षिण में बीजापुर, गोलकुंडा और विजयनगर (पश्चात्य काल में मैसूर) में शामिल थे।

अगर उपमहाद्वीप में सामाजिक-आर्थिक विकास के स्तर का पता लगाना हो तो उत्तर या दक्षिण में किसी एक प्रदेश तक सीमित नहीं रह सकते, क्योंकि इससे अध्ययन अधूरा ही रहेगा। इसलिए विभिन्न प्रदेशों की सामग्रियों का अध्ययन और उनकी परस्पर तुलना भी की गई है क्योंकि भौगोलिक दृष्टि से उनकी स्थिति और ऐतिहासिक आर्थिक विकासशीलता भिन्न-भिन्न थी। विशेषकर उत्तर भारत में बंगाल और बिहार और दक्षिण भारत में गोलकुंडा और मैसूर के बीच तुलना की गई है। तथापि यह भी स्पष्ट कर दें कि सभी प्रदेशों का समान रूप से गम्भीरतापूर्ण अध्ययन सम्भव नहीं हो पाया। कुछ मामलो में तो लेखक को अपूर्ण आधार सामग्री से ही सन्तुष्ट रहना पड़ा।

काल की दृष्टि से पुस्तक में सोलहवीं शताब्दी के उत्तरार्द्ध से अठारहवीं शताब्दी के अन्त तक का समावेश है। इसके कई कारण हैं। सोलहवीं शताब्दी के मध्य तक पहुँचकर भारतीय उपमहाद्वीप में राजनीतिक दृष्टि से अपेक्षाकृत स्थिरता आ गई थी। उत्तर में मुग़ल साम्राज्य समृद्धि के युग में प्रवेश कर चुका था। यह अकबर के शासन का काल (1556-1605) था। दक्षिण में तीन बड़े राज्यों का वर्चस्व रहा। वे थे गोलकुंडा, बीजापुर और विजयनगर। इसके अलावा ठीक सोलहवीं शताब्दी के मध्य में पुर्तगाल के व्यापार का पर्याप्त विस्तार हुआ।

सत्रहवीं शताब्दी के अन्त तक प्रायः समूचे भारत में मुग़ल साम्राज्य स्थापित हो चुका था। गोलकुंडा और बीजापुर की सल्तनतें भी मुग़ल साम्राज्य में अन्तर्मुक्त हो चुकी थी, किन्तु औरंगजेब (1658-1707) अन्तिम योग्य मुग़ल सम्राट था। उसकी मृत्यु के उपरांत मुग़ल राज्य में संकट का दौर प्रारम्भ हो गया। मराठों, सिखों, जाटों और अन्य शक्तियों के प्रभाव से मुग़ल साम्राज्य विघटन की दिशा में बढ़ने लगा। इसका अन्य कारण सामन्तों में परस्पर होनेवाले विग्रह और युद्ध भी थे। सत्रहवीं शताब्दी में डचों, अंग्रेजों और फ्रांसीसियों का व्यापार चमकने लगा। इस दृष्टि से भी अठारहवीं शताब्दी का मध्य इस देश के इतिहास में एक महत्वपूर्ण पड़ाव है क्योंकि इसी काल में ब्रिटिश ईस्ट इंडिया कम्पनी का वर्चस्व स्थापित हुआ। और यूरोप के देशों ने भारत में राज्य बनाने का काम शुरू किया।

ध्यातव्य हो कि विवेच्य काल में केवल भारत के भिन्न-भिन्न शासकों के अधीन विभिन्न क्षेत्रों की भू-राजस्व व्यवस्था का विशद विवेचन किया गया है, औपनिवेशिक कम्पनियों (विशेषकर ब्रिटिश ईस्ट इंडिया कम्पनी) के अधीन क्षेत्रों की भू-राजस्व व्यवस्था का विश्लेषण नहीं किया गया है। विलियम हैरिसन मोरलैंड, ए. आई. चिचेरोव, बृज नारायण और कुछ अन्य इतिहासकारों ने मध्यकालीन अर्थव्यवस्था से सम्बन्धित विभिन्न पहलुओं पर ध्यान केन्द्रित किया है। बृज नारायण के कार्य को मोरलैंड के आम लोगों की मजदूरी और कमाई एवं कीमतों के अनुमान की आलोचना के रूप में माना जाता है जो मुख्य रूप से सत्रहवीं शताब्दी में प्रचलित थे। यह भारत के ब्रिटिश कब्ज़े से पहले और उसके बाद की आर्थिक स्थितियों के बीच एक तरह की तुलना थी, यह साबित करने के लिए कि कैसे ब्रिटिश नागरिक भारतीय अर्थव्यवस्था और लोगों का शोषण कर रहे थे। साधारण श्रमिकों और कारीगरों की मजदूरी और क्रय-शक्ति पर उनका अवलोकन उल्लेखनीय है।

मध्यकालीन भारतीय इतिहास के छात्रों के लिए शाही घरों और बाहर सेवा करनेवाले निम्न-भुगतानवाले समूहों के विभिन्न वर्गों की कार्यशीलता और भौतिक स्थिति का अध्ययन महत्वपूर्ण है। हम उनके रहने की स्थिति और उनके श्रमजनित कार्यों से मिलनेवाली मजदूरी के बारे में बहुत कम जानते हैं। यह अध्ययन न केवल इन विभिन्न समूहों की भूमिका और योगदान को समझने का प्रयास है, बल्कि सामान्य चीजों के बारे में जानकारी प्रदान करने का प्रयास है, जैसे- समाज में कमोडिटीज, खाद्यान्न की कीमतें तथा कुशल और अकुशल सेवा प्रदाताओं की क्रय क्षमता।

इतने बड़े देश में और इतने विस्तृत कालखंड की समस्याओं का अध्ययन किसी भी अध्येता के लिए आसान काम नहीं है। इसलिए कई वैज्ञानिक तर्कों और निष्कर्षों में खामियों से बचना कठिन काम है। लेखक उनसे पूरी तरह अवगत है

किन्तु उसने इनको इसलिए प्रस्तुत किया है ताकि सोलहवीं-अठारहवी शताब्दी में भारत के सामाजिक आर्थिक विकास में आनेवाली जिन समस्याओं का सम्यक समाधान नहीं हुआ है, विद्वत्मंडली उन पर विचार करें और उनके समाधान का यत्न करें।

भारतीय भाषाओं के साहित्य में भी महत्वपूर्ण सामग्री छिपी है। इनमें सोलहवीं शताब्दी के बंगाली लेखकों की रचनाएँ हैं। ये भक्ति के ग्रन्थ हैं जो उस काल का एक महत्वपूर्ण आन्दोलन था। इनमें लोकतान्त्रिक और सामन्त विरोधी भावों के दर्शन होते हैं। वृन्दावन दास और कृष्णदास कविराज की रचनाएँ इसी श्रेणी में आती हैं। इनमें श्री चैतन्य के जीवन और उनके उपदेशों का वर्णन है। चैतन्यदेव बंगाल में भक्ति के जन्मदाता थे। मुकुन्द राम चक्रवर्ती कविकंकण की पुस्तक 'चंडीमंगल' में सोलहवीं शताब्दी के उत्तरार्द्ध में बंगाल के ग्रामीण जीवन का वर्णन मिलता है। तेलुगु कवि श्रीनाथ ने पन्द्रहवी शताब्दी के मध्य में दक्षिण भारत के भिन्न-भिन्न भागों की यात्रा की थी। उन यात्राओं के विवरण उन्होंने लिख छोड़े है जो उस काल के सामाजिक-आर्थिक जीवन के अध्ययन के लिए बड़े महत्व की रचना है।

मौलिक सामग्री की दूसरी श्रेणी उन अभिलेखों की है जो तेलुगु, तमिल, पारसी और अन्य भाषाओं में उत्कीर्ण है। इनके अतिरिक्त अनेक पुरावृत्त भी उपलब्ध हैं जिनका रचनाकाल चौदहवीं शताब्दी से अठारहवीं शताब्दी के बीच है। ये मुख्य रूप से दक्षिण भारत (कृष्णा नदी के दक्षिण) में तथा बंगाल, महाराष्ट्र और अन्यत्र भी मिलते हैं। इन अभिलेखों से व्यापार, शिल्प, कर प्रणाली और वर्ग संघर्ष आदि पर प्रकाश पड़ता है।

मौलिक सामग्री की तीसरी श्रेणी में जिसकी मात्रा सर्वाधिक है और जिसके अध्ययन के लिए चुनी गई समस्या के बारे में महत्वपूर्ण प्रकाश पड़ता है में शामिल है—व्यापारियों के रोजनामचे, विदेशी यात्रियों के यात्रा-वृत्तान्त तथा यूरोपीय देशों की ईस्ट इंडिया कम्पनियों, उपनिवेशी प्रशासन और संसदीय कमीशनों के दस्तावेज़।

निम्नलिखित यात्रियाँ के यात्रा विवरणों से बड़ी महत्वपूर्ण सामग्री प्राप्त हुई: मोरक्को निवासी इब्नबतूता, चीनी महुआन, इतालवी व्यापारी एल. वर्थेमा और सी. फ्रेंडरिक, पोर्तुगीज टी. पायर्स, डुआर्ट बार्बोस, ए.डी. अल्बुकर्क, अंग्रेज यात्री आर. फिंच, डब्ल्यू. मेथवोल्ड, आर. ह्यूज, एस. मास्टर, ए.रीड, एफ.एच. बुकानन, टी. मार्शल, ए. रीड, डच यात्री जे. एच. लिंशोटन और एफ. पेल्सर्ट, फ्रांसीसी यात्री एफ. बर्नियर, जे.बी. टैवर्नियर और रूसी ए. निकितिन, एस. मलेंकी, जी.एस. लेबेडेव।

सोलहवीं-अठारहवीं शताब्दी में भारत की अर्थव्यवस्था पर पिछले कुछ वर्षों में भारत के अनुसन्धानकर्ताओं द्वारा लिखित एक विस्तृत पुस्तकमाला भी प्रकाशित

हुई है इससे इस देश की प्राचीन अर्थव्यवस्था की वास्तविक अवस्था का चित्र उभर आया है। जिससे अन्य जिज्ञासुओं की भी इस विषय में रुचि बढ़ी है। इन पुस्तकों में कतिपय लेखकों ने नई रचनात्मकता का सबूत दिया है। इससे हमें अपनी अनेक पुरानी स्थापनाओं को सुधारना पड़ा है और परवर्ती मध्यवर्ती युग में भारत के आर्थिक विकास की प्रेरक मुख्य प्रक्रियाओं का विश्लेषण करना पड़ा है।

रमेशचन्द्र दत्त उन्नीसवीं शताब्दी के अन्तिम और बीसवीं शताब्दी के प्रथम चरण में भारत के स्वतन्त्रता आन्दोलन के प्रमुख विचारकों में थे। उन्होंने लिखा है : ‘‘भारत का इतिहास ब्रिटिश और फ्रेंच युद्धों का इतिहास नहीं है, वह भारतवासियों का इतिहास है। उनकी मौलिक और उनकी नैतिक अवस्था, उनके व्यापार, उद्योग और कृषि का इतिहास है। इस वज़ह से औपनिवेशिक दासता से पूर्व उसके आर्थिक विकास के स्तर पर प्रश्न एक महत्वपूर्ण प्रश्न है। इस प्रश्न का ताल्लुक इतिहास लेखकों से ही नहीं बल्कि भारत के प्रमुख राजनीतिक नेताओं में अधिकांश नेताओं से है जिन्होंने भारतीय स्वतन्त्रता के आन्दोलन में प्रगतिवादी देशभक्तिपूर्ण दृष्टि अपनाई थी।’’

इसलिए यह बात पूरी तरह समझ में आ जाती है कि नए भारत के नेता जवाहरलाल नेहरू ने कैसे अपनी पुस्तक डिस्कवरी ऑफ इंडिया में लिखा कि अंग्रेजों की विजय के पूर्व तक भारत अत्यन्त विकसित निर्माता देश था जो अपने यहाँ निर्मित वस्तुओं का यूरोप और अन्य देशों में निर्यात करता था। यहाँ के व्यापारियों और महाजनों की हुंडियाँ भारत ही नहीं बल्कि ईरान, काबुल, हेरात और ताशकन्द और एशिया के अन्य देशों में स्वीकार की जाती थीं। व्यापारिक पूँजी का प्रादुर्भाव हो चुका था। गुमाश्तों, दलालों और बिचौलियों का जाल बिछा हुआ था। पानी के जहाजों के निर्माण का उद्योग फल-फूल रहा था। सच तो यह है कि औद्योगिक, व्यापारिक और वित्तीय दृष्टि से भारत औद्योगिक क्रान्ति से पूर्व के किसी भी देश से कम उन्नत नहीं था।

सन्दर्भ-सूची

1. प्राक्-पूँजीवादी उत्पादन से आशय पूँजीवाद के आगमन के पूर्व विद्यमान उत्पादन तरीकों से हैं। प्राक्-पूँजीवादी उत्पादन प्रणाली जानने से पूर्व यह आवश्यक हो जाता है कि हम जानें कि पूँजीवाद क्या है? पूँजीवाद एक आर्थिक व्यवस्था है जो 16वीं और 17वीं शताब्दी के दौरान यूरोप में उभरी, जिसमें राज्य की बजाय निजी कम्पनियाँ व्यापार एवं उद्योग को नियन्त्रित करती हैं। पूँजीवाद पूँजी के इर्द-गिर्द संगठित है। उत्पादन के साधनों का स्वामित्व और नियन्त्रण उन लोगों द्वारा किया जाता है जो श्रमिकों को वस्तुओं और सेवाओं के लिए नियुक्त करते हैं। व्यावहारिक रूप से यह निजी व्यवसायों के बीच प्रतिस्पर्धा पर निर्मित एक अर्थव्यवस्था बनाता है जो लाभ कमाने और व्यवसायों का विस्तार करने की कोशिश करते हैं। निजी सम्पत्ति और संसाधनों का स्वामित्व पूँजीवादी अर्थव्यवस्था के प्रमुख पहलू हैं।

इस प्रणाली के भीतर निजी व्यक्ति या निगम (पूँजीपति के रूप में जाने जाते हैं) व्यापार के और उत्पादन के साधनों (कारखानों, मशीनों, उत्पादन के लिए आवश्यक सामग्री आदि) के मालिक हैं और नियन्त्रित करते हैं। शुद्ध पूँजीवाद में व्यवसाय तेजी से बेहतर उत्पादों का उत्पादन करने के लिए प्रतिस्पर्धा करते हैं। व्यवस्था के एक छोर पर मजदूर होते हैं जो मजदूरी के बदले अपना श्रम पूँजीपतियों को बेचते हैं। पूँजीवाद के भीतर श्रम को एक वस्तु की तरह खरीदा और बेंचा जाता है, जिसमें श्रमिकों को विनिमेय दिया जाता है। इस व्यवस्था का मूल आधार श्रम का शोषण है।

उत्पादन के पूर्व-पूँजीवादी तरीकों को निम्नानुसार वर्गीकृत किया जा सकता है: आदिम उत्पादन प्रणाली, दास उत्पादन प्रणाली और सामन्ती उत्पादन प्रणाली।

आदिम उत्पादन प्रणाली - आदिम समाजों में सामूहिकता के कारण कोई निजी सम्पत्ति नहीं होती है तथ्य यह है कि लोग एक साथ रहते थे और सामूहिक स्वामित्व आदर्श था। उत्पादन के साधनों के विकास के साथ-साथ उत्पादन सम्बन्धों में सुधार हुआ। कृषि और पशुधन खेती का क्रमिक विकास के साथ कुछ समुदाय पशुधन उत्पादन में विशिष्ट हो गए जबकि अन्य कृषि में विशिष्ट हो गए। इस प्रकार उत्पादन में विशेषज्ञता के कारण, उत्पादन दक्षता में उत्तरोत्तर वृद्धि हुई। नतीजन जिन व्यक्तियों के पास अतिरिक्त सम्पत्ति थी, उन्होंने अपने सामान का आदान-प्रदान करना शुरू कर दिया, उन उत्पादों के साथ जिनकी उन्हें आवश्यकता थी। वस्तु विनिमय घटना के साथ, कृषि और पशुधन के बीच एक विभाजन उत्पन्न हुआ और श्रम का सामाजिक विभाजन पहली बार उभरा (निकितिन, पी. फंडामेंटल ऑफ पोलिटिकल इकॉनमी, 1966, पृ. 32-33)। व्यक्तिगत श्रम सबसे आगे आया, जबकि विशेषज्ञता और अति उत्पादन की स्थापना के कारण सामाजिक श्रम का महत्व कम हो गया। व्यक्तिगत श्रम को भी छोड़ी गई साम्प्रदायिक सम्पत्ति के कारण निजी सम्पत्ति के अस्तित्व की आवश्यकता होती है। परिणाम में, इस स्थिति ने स्वामित्व सम्यता को समाप्त कर दिया, जिससे कुछ का संवर्धन हुआ और दूसरों की दरिद्रता आई। धन और सम्पत्ति की वृद्धि को देखते हुए, गरीब अमीरों के ऋणी हो गए और अन्ततः वे ग़ुलाम होने लगे। इसके अलावा, लोगों को युद्ध जैसे तरीकों से भी बन्दी बना लिया गया, उन्हें ग़ुलामों में बदल दिया गया और लोग एक-दूसरें का शोषण करने लगे। ग़ुलामी का उदय उत्पादन के दास प्रणाली को दर्शाता है।

दास उत्पादन प्रणाली - जैसे ही उत्पादन की आदिम प्रणाली ने अपनी वैधता खो दी, उत्पादन की दास प्रणाली शुरू की गई, जो वास्तव में एक अविकसित पूँजीवादी मॉडल है। दास उत्पादन का तरीका, मानव इतिहास में सबसे क्रूर काल में से एक आता है।

आदिम उत्पादन काल के दौरान, उत्पादन के साधन पत्थर के बने होते थे, दास उत्पादन काल में प्रसंस्कृत धातु का उपयोग किया जाने लगा। इस अवधि में, क्योंकि धातु का काम एक आसान प्रक्रिया नहीं है, क्राफ्टिंग का उदय हुआ, और श्रम का अन्य सामाजिक विभाजन भी हुआ इसके अलावा, व्यापारियों ने उत्पादों के आदान-प्रदान के लिए धन का उपयोग करना शुरू कर दिया, जिससे एक और सामाजिक विभाजन पैदा हो गया। धातुकर्म ने उत्पादन की शक्तियों का विकास किया, जबकि श्रम के बढ़ते सामाजिक विभाजन ने

समाज के विघटन को जन्म दिया। तदनुसार, जबकि जिनके पास उत्पादन के साधन थे वे अमीर हो गए, जिनके पास अपने श्रम के बावजूद और कुछ नहीं था, वे और भी गरीब हो गए।

दास उत्पादन प्रणाली की इस व्यवस्था में जिसमें दासों पर कोई कानूनी नियन्त्रण नहीं था, सबसे समस्याग्रस्त पहलू प्रबन्धन था, युद्ध हारने और बार-बार होनेवाले दास विद्रोहों के कारण दासता की वैधता समाप्त हो गई और परिणामस्वरूप, एक नई आर्थिक प्रणाली का उदय हुआ।

सामन्ती उत्पादन प्रणाली - सामन्ती उत्पादन मॉडल में संक्रमण के साथ दासों को मुक्ति मिल, लेकिन फिर भी वे पूरी तरह से अपनी आजादी नहीं पा सके। क्योंकि भूमि को भूखंडों में विभाजित किया गया था और उन्हें सामन्ती प्रभुओं को स्वमित्व देते हुए, खेती को कृषि दासों पर छोड़ दिया गया था।

जब उत्पादन के दास प्रणाली और उत्पादन के सामन्ती प्रणाली के साथ तुलना की जाती है, तो उत्पादन के सामन्ती तरीके से सामन्ती प्रभुओं, जिने पास भूमि का स्वामित्व था उन्हें दासों को मारने का कोई अधिकार नहीं था। हालाँकि सामन्तों को भूमि के साथ कृषिदास बेचने का अधिकार था क्योंकि कृषिदासों को वहीं रहना पड़ता है जहाँ वे खेती करते थे।

साहिन काराबुलूत, प्री-कैपिटलिस्ट मोड्स ऑफ प्रोडक्शन एंड दि प्रोसेस ऑफ कैपिटलिस्ट अकुमुलेशन, (करंट पर्सपेक्टिव इन सोशल साइन्स, सम्पादित द्वारा हसन अर्सलान, मेहमत अली, अलीना, इंटरनेशनल एसोसिएशन ऑफ सोशल साइन्स रिसर्च) अगस्त 2017, पृ. 80-81

विस्तार से जानने के लिए इन्हें पढ़िए-

मार्क्स, सी.: प्री-कैपिटलिस्ट इकोनामिक फार्मेशन, 1857

एंगेल्स, एफ.: दि पार्ट प्लेड बाई लेबर इन दि टांजिशन फ्राम एप टू मैन, 1876

मार्क्स एंड एंगेल्स: आन हिस्टारिकल मटिरिअलिज्म, रोमर, जॉन ई.: ओरिजिन्स ऑफ एक्सप्लॉइटेशन एंड क्लास ; वैल्यू थियरी ऑफ प्री-कैपिटलिस्ट इकॉनमी, (इकोनोमेटिका वोल्यूम 50, नम्बर 01, इकोनोमेटिक सोसाइटी द्वारा प्रकाशित), जनवरी, 1982, पृ. 163-192

1

मुग़लकालीन आर्थिक ढाँचे का परम्परागत रूप : ग्रामीण हस्तशिल्प

मुग़लकाल में शिल्प अभी तक कृषि कर्म से पृथक नहीं हुए थे। मुख्यतया गृह-उत्पादन तक ही सीमित थे। गाँवों के किसान अपने घरों में ही गैर-कृषि व्यवसाय करते थे। मध्ययुग में उपमहाद्वीप के अनेक इलाकों में एक विशेष प्रकार के ग्राम-समाजों ने रूप धारण किया। कुछ इलाकों में तो इन समाजों का अठारहवीं शताब्दी के अन्त और उन्नीसवीं शताब्दी के प्रारम्भ तक अर्थात जब ब्रिटिश उपनिवेशकों ने अपनी लगानबन्दी प्रणालियों का प्रारम्भ किया, अस्तित्व बरकरार था।

ऐसे ग्राम-समाज की अपनी विशिष्ट कृषि-प्रणाली थी। इसमें भूमिधरी अधिकार का स्वरूप सार्वज़निक और निजी दोनों का मिला-जुला रूप था। ऊसर, गोचर और राजगामी भूमि ग्राम-समाज की होती थी। समाज के सदस्यों पर कुछ पाबन्दियाँ भी थीं। वे ख़ास समुदाय के बाहर किसी अन्य व्यक्ति को जमीन नहीं बेच सकते थे। निजी अधिकार सम्पत्ति का नहीं बल्कि भूमिधरी के अधिकार का प्रचलित रूप यह था कि समाज के पूर्ण सदस्यों को उनकी पैतृक भूमि जोतने का अधिकार प्राप्त था (अनेक मामलों में निचले वर्ग के किसानों का इस्तेमाल करके भी)। कर अदा करने के बाद उपज का जो हिस्सा बचता था, वह उनकी सम्पत्ति होता था। समाज के सदस्य सामुदायिक धारणाधिकार की सीमा के भीतर अपनी पैतृक भूमि का भी निबटारा कर सकते थे। उसे बेचने का भी उन्हें अधिकार था।

समाज के अन्य सदस्यों से पृथक, पूर्ण सदस्य आमतौर पर उच्च जातियों के होते थे। ये ग्रामीण जनसंख्या के महत्वपूर्ण भाग थे। इन्हें अपनी जमीनों पर पूर्ण अधिकार प्राप्त था। वे गाँव के कारीगरों और सेवकों की सेवाएँ ले सकते थे। समाज की भूमि के स्थायी या अस्थायी काश्तकारों से लगान वसूल कर सकते थे। उनको अपने सामन्त को कर देना पड़ता था इस रूप में वे भी शोषित थे किन्तु, वे स्वयं उन लोगों का शोषण करते थे जो समाज के पूर्ण सदस्य नहीं होते थे (नए आगन्तुक किसान, गाँव के कुछ प्रकार के कारीगर या सेवक इसी शोषित श्रेणी में थे)।

सोलहवीं से अठारहवीं शताब्दी के मध्य ग्राम-समाज का धीरे-धीरे क्रमिक विघटन होता गया। इन परिवर्तनों का कारण गाँव में सम्पत्ति की असमानता की खाई गहरी होते जाना था। इसकी वज़ह माल (विक्रय योग्य वस्तुएँ) और मुद्रा के सम्बन्धों का विस्तार था। दूसरी तरफ सामन्तवादी तत्वों द्वारा किसानों के शोषण से गाँवों में जनता के स्तरीकरण की गति तेजी से बढ़ने लगी थी।

ग्रामीण समाज के विकास और विघटन के फलस्वरूप इसके पूर्ण सदस्यों की स्थिति में क्षय होता गया। अब ग्रामीण जनसंख्या में अधिकांश पूर्ण सदस्य पर निर्भर काश्तकार हो गए। वे तभी तक उन भूमियों पर काश्त कर सकते थे जब तक वे लगान अदा करते रहें। इसका मतलब यह था कि अब सामन्त वर्ग ने समाज को अपने अधीन बना लिया। सामन्त वर्ग किसानों का पूरी तरह से शोषण करने लगा। यह प्रक्रिया उस समय विकसित हुई जब कुछ इलाकों में लगान अनाज की जगह नकद उगाही जाने लगी, तब समाज की सभी जमीनों पर कराधान प्रारम्भ हो गया, न सिर्फ कृष्य भूमि पर बल्कि ऊसर और गोचर जमीनों पर भी कर लगने लगा। इसका यह मतलब हुआ कि ऐसी जमीनें बिकने लगी जब कराधान की मात्रा बढ़ने लगी और लगान वसूलने के लिए ठेके दिए जाने लगे, इससे किसानों का शोषण और बढ़ गया। सत्रहवीं-अठारहवीं शताब्दी में सामन्तों के आपसी संघर्ष और औपनिवेशिक युद्धों ने भी किसानों के स्वत्वहरण और विनाश में महत्वपूर्ण भूमिका अदा की।

इसी समय कुछ इलाकों में भूमि के पुनर्वितरण की प्रणाली शुरू हुई। भूमि पाने की एक ही शर्त थी, वह यह कि जोतने के लिए किसान के पास हल और एक जोड़ी बैल होने चाहिए। इस पुनर्वितरण में किसान की एक ही योग्यता पर विचार किया गया कि वह जमीन जोतने और लगान अदा करने लायक है या नहीं। इस पुनर्वितरण में सामन्त वर्ग के हितों की ही रक्षा का प्रयत्न किया गया था, किसानों के हितों की बिलकुल भी परवाह नहीं की गई।

किसानों की जोतों में असमानता बढ़ती गई। कुछ चन्द लोगों ने उपजाऊ बड़े-बड़े खेत हथिया लिए और सामुदायिक भूमि के बड़े-बड़े भाग अपने कब्ज़े में कर लिए। ये वही व्यक्ति थे जिन्होंने निजी सामन्ती भूस्वामित्व के उदीयमान अधिकार समुदाय से छीनकर अपने पास रख लिए थे। किसान जो पहले सम्पन्न अवस्था में था, अब इनके सभी अधिकार छिन जाने से ये सामन्त वर्ग के निचले तबकों में आ गए। अब धनी किसानों के खेतों पर किराए के श्रमिक रखे जाने लगे। अब सम्पत्ति पर सामुदायिक अधिकारों का खात्मा होने लगा और वे सामन्त वर्ग की निजी सम्पत्ति बनती गई। किसानों को भूमि के जोतने और पट्टेदारी पर रखने का अधिकार मिलने लगा।

विचाराधीन काल में ग्राम-समाजों में कृषक सम्बन्धों की रूपरेखा स्पष्ट करने के लिए हमें ग्राम-समाज के हस्तशिल्पों के आर्थिक ढाँचे पर दृष्टि डालनी होगी।

जिससे यह पता लग सके कि ग्राम-समाज की कृषि की पुरानी प्रणाली के विघटन और नए कृषि सम्बन्धों के निर्माण का हस्तशिल्पों पर कितना गहरा प्रभाव पड़ा।

इस अध्याय में हम ग्रामीण हस्तशिल्पों के पारम्परिक आर्थिक ढाँचे का, विशेषकर उन घरेलू उद्योगों का अध्ययन करेंगे जो किसानों के घरों में फल-फूल रहे थे। घरेलू उद्योग से हमारा तात्पर्य उन कच्चे मालों का घर में (किसान के परिवार में) संसाधन करने से है जो वस्तुओं का उत्पादन करते थे। उद्योग अभी तक व्यापार नहीं बन पाया था। उसका अनिवार्य सम्बन्ध कृषि से था जिसे कृषि से अलग नहीं किया जा सकता था। दोनों मिलकर एक इकाई बनते थे। पितृ-सत्तात्मक कृषि और घरेलू उद्योगों अर्थात कच्चे माल से परिवार के काम की वस्तुएँ तैयार करना मध्यकालीन अर्थव्यवस्था की सबसे ख़ास बात थी, दरअसल यह उसका आवश्यक अंग रहा है।

सोलहवीं से अठारहवीं शताब्दी के मध्य भारत में घरेलू उद्योग का मुख्य अर्थ था- हाथ से कताई और बुनाई, खाद्य तेलों और दूध-घी, गन्ने और ताड़ के रस से गुड़ और शक्कर का उत्पादन, धान कूटना, चटाई बुनना, और टोकरियाँ बुनना। जो किसान खेती से फुरसत के वक्त अपने परिश्रम से तैयार करता था। भारतीय अर्थव्यवस्था में सबसे महत्वपूर्ण पारम्परिक उद्योग कताई-बुनाई था जो परिवार की जरूरतों को पूरा करता था। कपास की व्यापक रूप में खेती होती थी। कुछ भागों में जूट और शहतूत के पेड़ भी उगाए जाते थे, इसलिए अधिकांश ग्रामीण परिवारों में घरेलू कताई के लिए कच्चा माल उपलब्ध था। चरखा पारम्परिक जीवन-शैली का प्रतीक था।

किसानों के घरों में स्त्रियाँ आम तौर पर सूत कातती थीं। मध्यकालीन तेलुगु कवि श्रीनाथ ने (पन्द्रहवीं शताब्दी के पूर्वार्द्ध में) लिखा है कि विजयनगर के पालनाड जिले के किसान परिवारों में पुरुष तो खेतो में हल चलाते थे और स्त्रियाँ घरों में चरखा कातती थीं।[1] परिवार के लिए सूत सीधे-सादे कपड़े तैयार करने के काम आता था। सूत या कपड़े की बिक्री नहीं होती थी। श्रीनाथ जोर देकर कहते हैं कि पालनाड में व्यापार का विकास कमजोर था। गाँव में दुकाने नहीं थीं। आगे हम देखेंगे कि गाँवों में उसी काल में विशेषकर दक्षिण भारत में बड़ी संख्या में दुकानें खुल चुकी थीं।

यह बात स्पष्ट नहीं हो सकी है कि सोलहवीं-सत्रहवीं शताब्दी (और उससे पिछली शताब्दी) में कताई, बुनाई और अन्य गैर-कृषिक व्यापारों के प्रमाण अत्यल्प मात्रा में मिलते हैं जबकि नैसर्गिक किसान अर्थव्यवस्था में इनका महत्वपूर्ण स्थान था। इसकी शायद यह वज़ह है कि उस काल के दस्तावेज़ों में किसानों की आर्थिक दशा का वर्णन विरले ही मिलता है।

अठारहवीं शताब्दी और उन्नीसवीं शताब्दी में ऐसी सामग्री प्राप्त हुई है जिससे यह साफ-साफ प्रकट होता है कि उपमहाद्वीप के अनेक भागों में गृहस्थों

के घरों में कताई, बुनाई की परम्परा जीवित थी। यही नहीं गाँवों में अन्य गैर-कृषि व्यवस्था भी घर-घर में चल रहे थे। उदाहरण के लिए अठारहवीं शताब्दी के अन्त में मैसूर में कताई मैसूर की स्त्रियों का मुख्य व्यवसाय था।[2] एम. विल्क्स के कथनानुसार मैसूर के कुछ जिलों में कुछ वस्त्र गाँव की स्त्रियाँ अपने परिवार के लिए भी बुन लेती थीं।[3] दीनाजपुर (बंगाल) जिले में जूट की एक पुलिया हर घर के दरवाज़े के सामने लटकती रहती थी। परिवार में जब भी किसी को काम से फुरसत मिलती, वह तकुए पर कताई कर लेता था। इसी सुतली को बाँटकर खेती में इस्तेमाल के लिए रस्सी तैयार कर ली जाती थी।[4] दीनाजपुर में ही निचली जाति के हिन्दू और मुसलमान किसान के घर में एक करघा होता था। घर के सभी पुरुष और स्त्रियाँ फुरसत के वक्त इस करघे पर काम करते थे। इस तरह मोटे किस्म का कपड़ा तैयार हो जाता था।[5] बुकानन लिखता है कि- ''अधिकांश परिवारों में निचली हिन्दू जाति की स्त्रियाँ - कोंच, पोल्या और राजबोंगी स्त्रियों के पास एक करघा होता है, जिस पर लोग, ख़ासकर स्त्रियाँ परिवार के लिए मोटे किस्म का कपड़ा तैयार कर लेती हैं यह कपड़ा बिरले ही बाज़ार में बिकने के लिए जाता है, जूट का ऐसा मोटा वस्त्र इनकी आम वेशभूषा थी।''[6]

उन्नीसवीं शताब्दी के प्रारम्भ में महाराष्ट्र के किसान अपने इस्तेमाल के लिए वस्त्र तैयार करते थे। पंजाब के पश्चिमी जिलों में तो वे उन्नीसवीं शताब्दी के अन्तिम दशक तक में अपना वस्त्र स्वयं तैयार करते थे।[7] जे. टेलर ने 1840 में लिखा था कि-''भारत में रैयत खेती का हल छोड़कर करघे पर जा बैठता था, इसी प्रकार करघा छोड़कर हल की मूठ पकड़ लेता है। यह आम बात है, ख़ासकर उनके लिए जो मोटा कपड़ा तैयार करते हैं।''[8]

इस प्रकार गाँव में गृहस्थ किसान कुटीर उद्योगों में लगे हुए थे जो उन्हें आर्थिक स्थिरता प्रदान करते थे। जाहिर है कि इन गृह उद्योगों की 'स्थिरता' का कारण यह था कि अनेक ग्राम-समाजों में हस्तशिल्प और कृषि साथ-साथ चलती थी। 'स्थिरता' एक अन्य स्रोत से भी प्राप्त होती थी, वह था गाँव के पुश्तैनी कारीगर। इस संगठन पर ही गाँवों की आत्मनिर्भरता ग्राम-समाज की अर्थव्यवस्था की स्थिरता निर्भर थी।

भारत में श्रम का सामाजिक विभाजन था। इस पारम्परिक विधि की वजह से शिल्प और कृषि अलग-अलग व्यवसाय हो गए। इससे उत्पादक शक्तियों का और भी विकास हुआ। तथापि अनेक ग्राम-समाज की नैसर्गिक अर्थव्यवस्था के ढाँचे में कुछ शिल्प जो पहले कृषि से पृथक हो गए थे, वे फिर मिल गए। इस बार उनका आधार नया था।

शिल्प और कृषि के इस सम्मिश्रण ने एक बिलकुल नया रूप धारण किया। विभिन्न पेशोंवाले कारीगर बड़ी संख्या में किसान परिवारों को उनकी अलग-अलग

जरूरतों के मुताबिक सामान देने लगे। कभी-कभी पूरे समुदाय की तरफ से आर्डर मिलता था। इसका आधार सामान-मूल्य के सम्बन्धो पर न होकर वस्तु-विनिमय पर होता था। इसमें कोई बिचौलिया नहीं होता था।

विचाराधीन काल में भारत में शिल्पों के उत्पादन आर्थिक संघटन के इस पारम्परिक रूप की मुख्य विशेषता यह थी कि शिल्पी का पोषण समुदाय करता था। उनकी सेवाओं के बदले खाद्यान्न में उन्हें पारिश्रमिक दिया जाता था। दक्षिण में (ख़ासकर तमिलनाडु और कर्नाटक के कई जिलों में खाद्यान्न में मिलनेवाले पारिश्रमिक को आयम या आय कहते थे और शिल्पी को आयंगार कहते थे) अठारहवीं शताब्दी के एक दस्तावेज़ से प्रकट होता है कि दक्षिण भारत में गाँव के शिल्पियों के पारिश्रमिक की पारम्परिक दर निम्नलिखित थी: प्रत्येक जिले में 12 अधिकारी होते थे (पटवारी, मुखिया, बढ़ई, धोबी, पुरोहित, नाई, लुहार, मोची, सुनार, चौकीदार, कहार, कुम्हार) इन्हें आयंगार कहते थे। प्रत्येक गाँव में किसान अपनी हैसियत के अनुसार दो तरह के पारिश्रमिक देते थे। ये 12 आयंगार हर गाँव में होते थे और इनके पद वंशानुगत होते थे।[9]

एक ब्रिटिश सिविल सेवा के अधिकारी एम. विल्क्स ने मैसूर के कुछ जिलों के बारे में अठारहवीं शताब्दी के अन्त और उन्नीसवीं शताब्दी के प्रारम्भ में प्रचलित प्रथा का इस प्रकार वर्णन किया है-

भारत का हर गाँव एक पृथक समुदाय या गणंतत्र है, या सदा से रहा है। इसमें वास्तविक अवस्था का सजीव चित्र मिलता है...जब लोग परस्पर एक-दूसरे की आवश्यकताओं की पूर्ति के लिए सभा के रूप में इकट्ठे होते हैं: (1) गौड़, पटेल, मुकद्दम या मुंडिल जैसा कि भिन्न-भिन्न भाषाओं में कहते हैं गाँव का न्यायधीश और मजिस्ट्रेट होता है। (2) करणम्, षण्भाग या पटवारी रजिस्ट्रार होता है। (3) टलियारी या स्थूलवार और (4) ताती गाँव या फसलों के चौकीदार होते हैं। (5) नीरगुंटी सबके खेतों को ध्यान में रखकर नदी जलस्रोतों का जल बाँटता है। (6) ज्योतिषी या जोशी बीज और फसल के मौसम और खेती के सभी चरणों के लिए शुभ और अशुभ दिनों की घोषणा करता है। (7) बढ़ई और (8) लुहार खेती के लिए स्थूल उपकरण और किसान के लिए घर के दरवाज़े-चौखटे बनाता है। (9) कुम्हार गाँव के बरतन बनाता है। (10) धोबी गाँववालों के वस्त्रों की धुलाई करता है। ये सादे वस्त्र किसान स्वयं कताई और बुनाई कर तैयार कर लेता है या पास के बाज़ार से खरीद लाता है। (11) नाई लोगों की हजामत बनाकर सफाई में मदद देता है। (12) सुनार (कुछ भागों में 12 जातियों में सुनार की गिनती नहीं मिलती है। उसकी जगह भाट ले लेता है। वह गाँव का सबसे सस्ता सदस्य होता है जो अक्सर गाँव का अध्यापक भी होता है) गाँव की समृद्धि का सूचक है। यह गाँववालों के लिए सीधे-सादे आभूषण तैयार करता है जिससे वे अपनी बहुओं को और बेटियों

को सजाते हैं। ये बर्रा बुल्लावुती या आयंगदी (बारह अधिकारी या समाज के लिए आवश्यक सदस्य) अपने श्रम के बदले या तो भूमि पाते हैं या उन्हें शुल्क मिलता है। यह शुल्क गाँव का प्रत्येक किसान अपनी उपज का एक निश्चित अनुपात में देता है।[10]

उन्नीसवीं शताब्दी के प्रारम्भ में मसूलीपट्टनम जिला के कोरोमंडल तट पर ऐसी ही स्थिति थी। वहाँ के कलेक्टर, जी.ई. रसेल ने इस सम्बन्ध में लिखा है कि -

"यहाँ का ग्राम संगठन हमारे अधीन दूसरे इलाकों जैसा ही है। समाज का कामकाज मुखिया और करणम् देखते हैं।... पुरोहित, बढ़ई, लुहार, कुम्हार, धोबी, नाई, मोची, पनहारा और चौकीदार की तरह करणम् को भी सरकार के खेतो में पारिश्रमिक मिलता है। कुछ मामलों में इसके अलावा उन्हें विशेष भूमि में से भी जमीन दी जाती है। इनके व्यावसायिक नामों से ही इनके कार्यों का पता चल जाता है... ग्राम स्थापना में मणियम को निश्चित अवधि के लिए जोतने का अधिकार होता है।"[11]

मालाबार में उन्नीसवीं शताब्दी में किसानों और गाँव के शिल्पियों के बीच लगभग इसी प्रकार के आर्थिक सम्बन्ध विद्यमान थे।[12] गाँव समाज द्वारा पूरे गाँव के लिए शिल्पी रखना और उन्हें पारिश्रमिक की अदायगी खाद्यान्न (जिन्सों) में करने की प्रथा महाराष्ट्र के अनेक जिलों में सत्रहवीं-अठारहवीं शताब्दी में भी प्रचलित थी जो बड़ी मात्रा में उन्नीसवीं शताब्दी तक चलती रही। गाँव-समाज के सामूहिक शिल्पियों को वतनदार (बूलतदार और अलूतेदार), हक़दार और इनामदार कहते थे।[13]

महाराष्ट्र में उन्नीसवीं शताब्दी के प्रारम्भ में इन सामुदायिक कारीगरों के पारिश्रमिक की विस्तृत चर्चा मिलती है। अंग्रेज सिविल सर्वेंट जेम्स ग्रांट लिखता है-

> सुतार : बढ़ई का काम खेती के काम में आनेवाली सभी काष्ठ उपकरणों की मरम्मत है। इसके लिए वह किसान से किसी तरह का पृथक मेहनताना पाने का हक़दार नहीं क्योंकि उसे ग्राम-समाज की ओर से इनाम में भूमि मिली रहती थी फिर भी मेहनताना स्वरूप कुछ खाद्यान्न पाता है। गाँव के रिवाज़ के मुताबिक इसकी मात्रा निश्चित नहीं होती। हर गाँव का अलग-अलग रिवाज़ होता है। हर फसल पर वह अपना हक़ लेने आता है। साल में दो बार जब अनाज काटकर खलिहान में आता है फिर जब उसकी दँवाई/ओसाई हो जाती है तब। काम खत्म करने के बाद भी बढ़ई को मेहनताने के रूप में कुछ मिलता है...लुहार लोहे के औजार बनाता या उसकी मरम्मत करता है। उसे भी बढ़ई की तरह ही पारिश्रमिक दिया जाता है। मोची या चमार गाँव वालों के जूतों की मरम्मत करता है। वह कुओं से पानी निकालने के लिए चमड़े की मोटें भी बनाता है। किसानों

से इसके लिए उसे अलग से कुछ नहीं मिलता। वह बैंलो को हाँकने के लिए चाबुक भी देता है। वह गाँव का मशालची भी होता है। इन कार्यों के लिए उसे कर-मुक्त भूमि मिलती है और साथ ही हल पीछे निश्चित मात्रा में अनाज भी।[14]

महाराष्ट्र में उन्नीसवीं शताब्दी के प्रारम्भ के एक ब्रिटिश सिविल सर्वेंट टी. मार्शल ने इस व्यवस्था का विवरण देते हुए लिखा है कि- "यहाँ भी बढ़ई जैसे गाँव के कारीगर किसानों की सेवा के लिए उपलब्ध हैं। इन्हें कुछ मात्रा में जमीन के फायदे से मेहनताना दिया जाता है। उनके भरण-पोषण के लिए पर्याप्त भूमि होती है। परंतु मुझे विश्वास है कि इस तरह उन्हें गाँव की उत्तम भूमि देने की प्रथा नहीं है।"[15] गुजरात के कई जिलों में भी इसी प्रकार की प्रथा अठारहवीं शताब्दी के उत्तरार्द्ध और उन्नीसवीं शताब्दी के प्रारम्भ में प्रचलित थी।[16]

हिन्दुस्तान के बहुत से जिलों में गाँव-समाज द्वारा सम्मिलित रूप से कारीगरों को रखने की प्रथा अठारहवीं शताब्दी के अन्तिम भाग और उन्नीसवीं शताब्दी के प्रारम्भ तक चली आ रही थी। उत्तर प्रदेश में बिहार से सटे गोरखपुर जिले में बढ़ई और लुहार को हर जगह और अधिकांश जगहों में सुनार, महाजन और सर्राफ, नाई, चमार को अपने भरण पोषण के लिए भत्ता मिलता था।[17] बिहार के कुछ जिलों में इसी अवधि में इस प्रथा के कुछ ही तत्व शेष थे। उदाहरणार्थ, किसानों द्वारा लुहारों, बढ़इयों, कुम्हारों और मोचियों को उनकी सेवाओं के बदले अनाज में पारिश्रमिक दिया जाता था।[18]

महाराष्ट्र और उत्तर भारत में सोनार, पोतदार या पोतादार कभी-कभी सर्राफ, लक्ष्मण, गुजरात में सोनार, बंगाल में सुवर्णबानिक सोना या चाँदी के सामान (आभूषण और धार्मिक कार्यों के लिए बरतन) बनाता था। समुदाय के दस्तावेज़ों पर वह अपनी जाति का प्रतीक चिह्न हथौड़ी बनाता था। किन्तु धीरे-धीरे उसका काम ग्राम-समाजों द्वारा सामन्तो को दिए जानेवाले करों का मान निर्धारित करना और करों की अदायगी के समय दी जानेवाली मुद्रा और व्यापार में प्रयुक्त मुद्रा की गुणवत्ता की जाँच-पड़ताल करना तथा मुद्रा का विनिमय हो गया। इसमें मुद्रा विनिमय का काम कभी-कभी बनिया भी करता था जो गाँव का महाजन होता था।

इन कामों के करने से और सोनारी के व्यवसाय पर पैतृक अधिकार होने से वह गाँव का महाजन भी बन गया। इस प्रकार सोनार धनी शोषक वर्ग का प्रतिनिधि बन गया। उसका सामाजिक दर्ज़ा गाँव मुखिया (जिसे महाराष्ट्र में पाटील, गुजरात में पटेल, उत्तर भारत में मुकद्दम, चौधरी, बंगाल में मंडल, कर्नाटक में गंडा आदि) लेखपाल (महाराष्ट्र में कुलकर्णी, भोई, उ0प्र0 में पटवारी, तमिलनाडु में कनकपिल्ली, बंगाल में कायस्थ, मोहर्रिर, कर्नाटक में षणभाग, तेलंगाना में करणम, मालाबार में मेनोन, गुजरात में तलती आदि)

ज्योतिषी (जोशी, जोषी) आदि के बराबर हो गया। प्राय: (महाराष्ट्र में सत्रहवी-अठारहवीं शताब्दी में विशेषत:) सोनार लेखाकार बन गया। यह राजस्व विभाग में निचले स्तर का एक पद होता था जिसका काम गाँव के मुखिया द्वारा सामन्त या सरकार की तरफ से वसूल की गई लगान और अन्य कर अपने पास रखता था। गाँव के किसान उससे जो काम लेते थे उसका पारिश्रमिक पुरानी प्रथानुसार अनाज में देते थे (उत्तर प्रदेश, तमिलनाडु और महाराष्ट्र में यही रिवाज़ था)। महाराष्ट्र में लगान मुद्रा में मिलता था। महाराष्ट्र में सोनार को आभूषण बनाने के लिए जो सोना या चाँदी दिया जाता था उसका एक निश्चित भाग वह अपने पारिश्रमिक स्वरूप रख लेता था।[19]

गाँव में उत्पादन और आर्थिक जीवन में उसके महत्व की दृष्टि से बढ़ई (महाराष्ट्र और गुजरात में सुतार, उ0प्र0 में बढ़ई, कर्नाटक में बडिंगे, तेलंगाना में वर्धकी, पंजाब में तरखान) और लोहार (महाराष्ट्र, गुजरात, बंगाल में लोहार, कर्नाटक में कंभार, तमिलनाडु में करूमारी, तेलंगाना में कंभारी) को सामुदायिक कारीगरों में केन्द्रीय स्थान प्राप्त होता था। लोहार का जातिवाचक प्रतीक चिमटी थी और बढ़ई का बर्मा। तमिलनाडु में आयम और मान्य की प्रथा के अनुसार बढ़ई और लुहार को सभी तरह के कारीगरी के काम करने पड़ते थे। विशेषकर हल और कृषि के अन्य उपकरणों का निर्माण करना पड़ता था जिसके लिए वह किसी तरह की मजदूरी की माँग नहीं कर सकता था। अठारहवीं शताब्दी के अन्त में मैसूर में हल बनाने के लिए लुहार को आयम् मिलती थी। यह किसान की उपज का एक निश्चित भाग होता था। इसके अलावा उसे खेत का एक टुकड़ा भी मिलता था जिसे मान्य कहते थे। इस पर उसे सिर्फ आधी लगान अदा करनी पड़ती थी।[20] बिहार में सामुदायिक लुहार और बढ़ई को अनाज और प्राय: फसल का एक हिस्सा मिलता था। वे हर राज्य की स्थापना का अंग होते थे।[21] इसी तरह की अवस्था महाराष्ट्र, गुजरात और पंजाब में थी जहाँ गाँव के लुहार हल की फाल, हंसिए, घोड़ों की नालें, और बढ़ई हल आदि बनाता था जिसके लिए धातु या लकड़ी किसान देते थे। ये किसानों के लिए बरतन भी बना देते थे। इन्हें फसल का एक हिस्सा और खेत का टुकड़ा पारिश्रमिक स्वरूप दिया जाता था।[22] पंजाब में कारीगरों में बढ़ई, लुहार और कुम्हार सबसे ज्यादा पारिश्रमिक पानेवाले कारीगर थे। तथापि समाज में लुहार की अपेक्षा बढ़ई और कुम्हार का सामाजिक दर्ज़ा ऊँचा था।[23]

मराठों में 12 बलूतेदार होते थे। बलूतों को ध्यान में रखकर तीन बराबर के वर्गो में विभाजित किया जाता था। पहले वर्ग को सबसे ज्यादा बलूते मिलते थे। इस वर्ग में सुतार (बढ़ई), लुहार, चमार और महार (लकड़हारा) होते थे। दूसरे में कुमार (कुम्हार), न्हावी (नाई), धोबी और रज्जुकार (माँग) होते थे और तीसरे

वर्ग को सबसे कम बलूते मिलते थे। इस वर्ग में सोनार (पोतदार), जोशी, कोली (कहार), गुरु (पुजारी या मनलाना) होते थे। बलूता (फसल गन्ने की ढेरों को कहते थे) यह विभाजन बतलाता है कि कौन कारीगर गाँव के उत्पादन में कितना योगदान किया है। यह बलूतेदारों की सामाजिक हैसियत या सम्पन्नता का सूचक नहीं है। सोनार और जोशी गाँवों के धनी सम्भ्रान्त वर्ग में थे किन्तु उन्हें कम बलूते मिलते थे। उनकी अपेक्षा चमार और महार को ज्यादा बलूते मिलते थे। सम्भवत: सोनार और जोशी की सम्पन्नता का आधार उनको खाद्यान्न में मिलनेवाला पारिश्रमिक न था बल्कि, उनकी अन्य तरीकों से की गई कमाई की वज़ह से था। उनकी आय का मुख्य साधन उनकी अपनी जोतें थीं।[24]

अठारहवीं शताब्दी में मराठों में बढ़ई की सामाजिक-आर्थिक हैसियत की एक ख़ासियत यह थी कि उसे सामन्त स्वामी के यहाँ बेगार देनी पड़ती थी। बेगार के दिन प्रतिवर्ष में निश्चित होते थे। उन दिनों उसे मालिक की तरफ से मात्र भोजन मिलता था।

कुछ गाँवों में एक ही व्यक्ति कारीगरी के कई काम करता था। विजयनगर के एक गाँव में एक व्यक्ति बढ़ई, लुहार और सोनार तीनों के काम करता था।[25] बिहार में अठारहवीं शताब्दी के अन्तिम भाग और उन्नीसवीं शताब्दी के प्रारम्भ में बढ़ई और लुहार दोनों के काम करता था। कुछ स्थानों में खेती के उपकरणों में लकड़ी और लोहे दोनों वस्तुओं से निर्मित उपकरण एक ही व्यक्ति तैयार कर देता था। वह बढ़ईगिरी और लुहार दोनों का काम करता था। अन्य स्थानों में इन दोनों के लिए अलग-अलग कारीगर होते थे। सामान्य तौर पर बढ़ई और लुहार दोनों एक ही जाति के माने जाते हैं।[26]

गाँव के अनेक सामुदायिक कारीगरों की बन्धुता, लुहार, बढ़ई और सोनार का काम एक ही व्यक्ति द्वारा सम्पादित करना एक तार्किक परिणति था। सोलहवीं से अठारहवी शताब्दी और इससे पहले के प्रमाण स्त्रोतों से गाँव के पाँच प्रमुख महत्वपूर्ण व्यवसायों का ज्ञान होता है: वे हैं सोनार, लुहार, बढ़ई, राजमिस्त्री और कसेरा। दक्षिण भारत में कंभल (कंसलार, कम्सलार भी) जाति समूहों में या पंचाल के रूप में संघबद्ध थे। कभी-कभी पंचाल को वीरपांचाल भी कहते थे। समाज में इनकी विशिष्ट हैसियत थी।[27] कम्भालों के बारे प्राप्त जानकारी से विदित होता है कि चौदहवीं -अठारहवीं शताब्दी में दक्षिण भारत में गाँवों के सामुदायिक कारीगरों में विशेषाधिकार प्राप्त वर्ग थे।

गाँव के कुम्हार (महाराष्ट्र में कुम्हार, उत्तर प्रदेश और पंजाब में कुंभार, तेलंगाना में कुम्हार: तमिलनाडु में कुयकन आदि) की स्थिति 'कुछ मामलों में सोनार, लुहार और बढ़ई से मिलती-जुलती थी। उसे अपने पारिश्रमिकस्वरूप फसल का एक भाग मिलता था। किन्तु पंजाब या महाराष्ट्र या बिहार में उसे कत्तई

कोई जमीन जोतने के लिए नहीं दी जाती थी। पंजाब में कुम्हार के वतन (गाँव के निवासियों के सेवाओं के बदले एक वंशानुगत कर-मुक्त भूमि अनुदान) में कई गाँव शामिल होते थे। उसे हर गाँव से आयम् मिलती थी।

महाराष्ट्र में कुम्हार को गाँव के सभी किसानों के लिए काम करने के अलावा शोषक समुदाय के सम्भ्रान्त व्यक्तियों की भी सेवा करनी पड़ती थी। इनको प्रतिवर्ष बरतन देने पड़ते थे। कभी-कभी वह अनाज लाने और ले जाने का भी काम करता था। वह पुरोहित के भी काम के अलावा दवा दारू भी बाँटता था।[28]

धोबी (महाराष्ट्र में पारित, उत्तर प्रदेश, बिहार में धोबी, कर्नाटक में आयसी, तेलंगाना में चकली, तमिलनाडु में वेन्नुन) का पेशा ऐसा था जिसे अकेले एक व्यक्ति सम्भाल सकता था। वह गाँव के पुरुषों के कपड़े धोता था। पंजाब में वह कुछ जातियों के कपड़े धोता था। जाटों में उनकी स्त्रियाँ घर के कपड़े धो लेती थीं। तमिलनाडु में धोबी को आयम के अतिरिक्त हर परिवार से जिसके कपड़े वह धोता था, खाना भी मिलता था।[29]

गाँव का नाई (महाराष्ट्र में न्हावी, बिहार और पंजाब में नाई, गुजरात में नावी, बंगाल में नजाम, कर्नाटक में नैदा, तेलंगाना में मंगली, तमिलनाडु में अम्बट्टम) और कहार (महाराष्ट्र में कोली, पंजाब में जिवनार) को कई अन्य काम भी करने पड़ते थे। नाई गाँव का वैद्य और पशुओं का सर्जन (शल्य चिकित्सक), उत्सवों में संगीतकार और बारात का बावर्ची भी होता था। वह गाँव के समाचार पहुँचाता था। कहार (कोली) गाँव का पनभरा था जो लोगों के घरों में पानी पहुँचाता था। इसके अलावा आगन्तुक यात्रियों, शासन कर्मचारियों और आगन्तुक व्यापारियों को भी पानी पहुँचाता था। उसे अनाज में (लुहार या बढ़ई से कम मात्रा में) पारिश्रमिक मिलता था। महाराष्ट्र में नाई या धोबी को गाँव में खेत नहीं दिया जाता था। कुम्हार, नाई और धोबी की सामाजिक हैसियत की एक विशेषता यह थी कि किसान इनको अपने खेतों पर भी अतिरिक्त श्रमिक के रूप में लगा लेते थे।[30]

हालाँकि कारीगर तरह-तरह के काम करते थे, लेकिन अपने खानदानी जातीय पेशे पर उसका एकाधिकार रहता था। प्रथा और कानून दोनों इसकी रक्षा करते थे। मसूलीपट्टनम के एक अंग्रेज सिविल सर्वेंट ने अठारहवीं शताब्दी के प्रारम्भ में लिखा था, 'नाई (जो वंशानुगत हक़ के तौर पर हजामत बनाता है) उस व्यक्ति का वंशज है जो युगों पहले से यह पेशा करता रहा था। यदि उसे गाँव से बाहर निकाल देने का फैसला करते तो गाँव के लोगों की हजामत बढ़ी रह जाती थी। कोई दूसरा नाई अपनी बिरादरी के कोप की चिन्ता छोड़कर उनकी हजामत नहीं कर सकता था।[31]

गाँव के शिल्पियों में चमार और अस्पृश्य कही जानेवाली अन्य जातियों की विशेष स्थिति थी। ये गाँव के अछूत थे। इनकी सामाजिक और आर्थिक स्थिति

बड़ी खराब थी। इन दलितों का समाज के सम्भ्रान्त वर्ग और दूसरे किसान समान रूप से शोषण करते थे।

सत्रहवीं शताब्दी के प्रारम्भ में डब्ल्यू. मेथवोल्ड नाम के एक अंग्रेज सिविल सर्वेंट ने इनकी अवस्था का वर्णन करते हुए लिखा है कि -

सबसे खराब अवस्था घृणित पिरियावों (परया जाति के अछूतो) की थी। किसी शहर में कोई इन्हें अपने पड़ोस में नहीं बसने देता था। परया को छोड़कर सभी शहर में बस सकते थे। परया सबसे तिरस्कृत होकर अपनी बस्ती में अपने लोगों के बीच रहते थे यदि संयोगवश कोई इन्हें छू लेता था तो उसे तुरन्त स्नान करना पड़ता था। ये मृत पशुओं की खाल उतारते हैं और उसका मांस खाते हैं। चमड़े की सिलाई करके गाँव के रईसों के लिए चप्पलें तैयार करते हैं। इन रईसों से तात्पर्य हिन्दुओं का होता था। भूरों (मुसलमानों) के लिए इसी चमड़ें से जूते बनाते थे। शेष चमड़े का इस्तेमाल व्यापारियों द्वारा माल को भींगने से बचाने के लिए आच्छादन के तौर पर होता है। मलनाद का घृणित काम भी इन्हें ही करना पड़ता है। वे सबसे नीच, दुर्गन्धपूर्ण होते हैं जिनके सम्पर्क से बचा जाता है।''[32]

गाँव के अस्पृश्यों की ऐसी ख़ासियत सर्वत्र मिलती है। इन्हें चमार (मोची, महाराष्ट्र में चम्हार, उत्तर प्रदेश, बिहार में चमार, गुजरात में खलप, मोची, तमिलनाडु में चक्किली) कहते हैं इनका मुख्य काम चमड़े के जूते, चप्पल, शराब के कुप्पे, घोड़ों की रकाबें और साज बनाना होता है। ये वस्तुएँ ये गाँव वालों के आर्डर पर बनाते हैं इनका जातीय प्रतीक चमड़ा छेदने की टेकुई होती है। महाराष्ट्र में सत्रहवीं-अठारहवीं शताब्दी में चमारों को गाँव के सामन्त-स्वामियों और अन्य सम्भ्रान्त वर्ग को साल में निश्चित संख्या में बिना मूल्य के जूते देने पड़ते थे। यह सामन्ती सेवा का ही एक परिवर्तित रूप था। बिहार में सत्रहवीं शताब्दी के अन्त और अठारहवी शताब्दी के प्रारम्भ में चमार, बढ़ई, लुहार ग्राम-समाज की स्थापना के अनिवार्य अंग थे।[33]

महाराष्ट्र में मृत बैलों के चमड़े पर गाँव के किसानों का स्वामित्व होता था। वे चमारों को इसके चमड़ों के जूते, चप्पल, कमरबन्द, चाबुक, कोड़े, बैग बनाने के लिए दे देते थे। भेड़ों के चमड़ो पर चमार का हक़ होता था। इनसे वे मुख्य रूप से जूते बनाते थे। ये जूते गाँव के सामन्त-स्वामी और सम्भ्रान्त वर्ग को निःशुल्क देने पड़ते थे। चमार प्रथम वर्ग का बलूतेदार होता था। गाँव-समाज की ओर से उसे जमीन का एक टुकड़ा भी मिलता था। दक्षिण भारत के गाँवों में भी चमारों को ऐसा ही मेहनताना मिलता था।[34]

पंजाब में चमार, चमड़े उतारने के अलावा सफाई का भी काम करता था। वह गाँववालो के लिए लकड़ियाँ लाता था, चौकीदार का काम करता, किसानों के घरों

की मरम्मत करता और खेतों में भी काम करता था। उसे अपने काम का अनाजों (जिन्सों) में मेहनताना मिलता था जो बढ़ई और लुहार के बराबर होता था। किन्तु इनसे उसकी सामाजिक हैसियत नीची थी। लोग उसे अछूत मानते थे।[35]

गाँव के सामुदायिक कारीगरों और सेवकों की विशेषकर चमारों, महारो (ये सफाईकार, लकड़हारा और चौकीदारी करते थे) की सामाजिक-आर्थिक हैसियत की सबसे महत्वपूर्ण ख़ासियत यह थी कि इनके वतन सामुदायिक किसानों की भाँति खरीदे और बेचे जा सकते थे और उन्हें रेहन भी रख सकते थे तथापि इन अवसरों पर जाति की महत्वपूर्ण भूमिका होती थी। कोई वतन विक्रय की अवस्था में आम तौर पर उसी बिरादरीवाले के हाथों में जाता था।[36]

यह पारम्परिक अन्तर्सामुदायिक श्रमिक संगठन के ढाँचे में गाँव के कारीगरों की अवस्था की सबसे महत्वपूर्ण विशेषता की सामाजिक-आर्थिक संक्षिप्त रूपरेखा है। यह उनकी अनाज के माध्यम से सामूहिक पोषण की व्यवस्था थी।

इस प्रकार ग्राम-समाज में कृषि और शिल्प के मिलन का पारम्परिक रूप बनता था। इससे कुछ हद तक अर्थव्यवस्था का जीवन-निर्वाहवाला चरित्र सुरक्षित रहता था। कुछ सीमा में इस व्यवस्था ने आगे चलकर एक विविक्त, आत्मनिर्भर समष्टि बनकर किसान की गृहस्थी में कुटीर उद्योग का रूप धारण कर लिया। इसमें कृषि और शिल्प का स्पष्ट सम्मिश्रण हुआ इस व्यवस्था में गाँव के कारीगरों का खाद्यान्न के द्वारा सामूहिक जीवन-निर्वाह होता था। ये कारीगर किसानों की माँगों के अनुसार अपने परिश्रम से उनके लिए आवश्यक्क उपकरण बनाकर देते थे। श्रम-विभाजन का यह रूप सदियों तक चलता रहा। विचाराधीन काल में ग्राम-समाज में शिल्पी श्रमिकों का यह दोनों रूप कृषि के साथ-साथ चलता रहा। यह उत्पादन में सामन्ती तरीके के लिए आवश्यक था। इसी चौखटे में गाँवों की प्राधान्यतापूर्ण (प्रायः अनन्य भाव से) नैसर्गिक अर्थव्यवस्था काम करती थी।

सोलहवीं से अठारहवीं शताब्दी तक के दस्तावेज़ों में समग्र समाज की उत्पादक शक्तियों के विकास के बारे में जानकारी भरी पड़ी है। इसका सम्बन्ध ख़ासकर खेती और ग्रामीण दस्तकारी से है। इन दस्तावेज़ों से इस बात की भी अच्छी जानकारी प्राप्त होती है कि गाँव के किसानों के बीच सम्पत्ति का विभेद किस तरह उत्पन्न हुआ जिससे सामुदायिक जोत की परम्परा नष्ट हो गई और ग्राम-समाज में एक नया कृषि सम्बन्ध पैदा हुआ। अब निजी जोत के अधिकार की एक विशिष्ट भूमिका हुई और माल वस्तु-मुद्रा सम्बन्ध गाँवों में प्रविष्ट होते गए। इन सब प्रक्रियाओं से ग्राम-शिल्प के आर्थिक संगठन का पारम्परिक रूप टूटकर बिखर गया।

सबसे पहले कारीगर इस बात की कोशिश करने लगा कि वह अपने अतिरिक्त उत्पादों को गाँव के बाहर बेचा करे, वह दूर-दूर तक बेचने के लिए चीजें बनाए

इसके फलस्वरूप जिन नए सम्बन्धों का प्रादुर्भाव हुआ उनसे नैसर्गिक अर्थव्यवस्था की नींव कमजोर नहीं हुई। अब ग्राम-समाज द्वारा शिल्पियों के पालन-पोषण के अलावा उनके काम के अनुरूप कुछ अदायगी करने का भी प्रचलन हुआ। कभी-कभी तो पूरे ग्राम-समाज द्वारा सामूहिक रूप में कारीगर रखने के स्थान पर उनको काम के अनुसार पारिश्रमिक अदा करने की प्रथा चल पड़ी। इससे सामुदायिक शिल्प के आर्थिक ढाँचे का पारम्परिक रूप बिखर गया।

जैसे-जैसे गाँव के कारीगरों और किसानों के श्रम से उत्पादित वस्तुओं के सीधे विनिमय की प्रथा का विकास होता गया, वैसे-वैसे इसने माल-वस्तु सम्बन्धों का रूप ग्रहण कर लिया। इससे कारीगरों को नकद मजदूरी देने की पृष्ठभूमि तैयार हो गई।[37]

गाँव के किसान में सम्पत्ति विभेद बढ़ता गया। जमीन का बहुलांश सामन्त-स्वामियों सामन्तोन्मुखी शोषक सम्भ्रान्त वर्ग के कब्ज़े में चला गया। इससे कारीगरों और किसानों दोनों के भूमि सम्बन्धी अधिकारों का उल्लंघन हुआ। कभी-कभी तो भूमि उनके हाथ से जाती रही जो उनके जीवन निर्वाह के साधन का पारम्परिक और मुख्य आधार थी। इस प्रकार कृषि और शिल्प के सम्बन्धों पर आधारित पारम्परिक ग्रामीण अर्थव्यवस्था कमजोर पड़ गई। जैसे गुजरात में अठारहवीं शताब्दी के मध्य सामन्त-स्वामियों ने गाँव-समाज की भूमि पर अधिकार कर लिया। कारीगरों द्वारा उगाई फसल काट ली। सम्भ्रान्त वर्ग ने महाराष्ट्र में महारों को उनकी जमीनें रेहन रखने के लिए मजबूर कर दिया और उन पर बेड़िया कसते गए।[38]

इस प्रकार गाँवों में नए कृषि सम्बन्धों के उदय और विकास से पुराने पारम्परिक ग्रामीण शिल्प नष्ट होते गए और लघु विक्रय योग्य वस्तुओं के उत्पादन की अवस्था पैदा हो गई।

सन्दर्भ सूची

1. श्रीनाथ, सोशल कंडीशन इन दि फिफ्टीन्थ सेंचुरी : श्रीनाथ फर्दर सोर्सेज ऑफ विजयनगर हिस्ट्री, भाग-3, मद्रास, 1946, पृ. 52
2. बुकानन, एफ.एच., ए जर्नी फ्राम मद्रास थ्रू दि कन्ट्रीज ऑफ मैसूर, केनरा एंड मालाबार भाग 1 लन्दन, 07, पृ. 18

   डॉ. फ्रांसिस बुकानन (15 फरवरी,1762-15जून,1829) जिन्हें बाद में फ्रांसिस बुकानन-हैमिल्टन के नाम से जाना गया, एक स्कॉटिश चिकित्सक थे। जिन्होंने भारत में रहते हुए (1794 ई. से 1815 ई. तक) एक भूगोलवेत्ता, प्राणीविज्ञानी और वनस्पतिशास्त्री के रूप में महत्वपूर्ण योगदान दिया था। बुकानन ने अपने करियर की शुरूआत इंग्लैंड और एशिया के बीच चलनेवाले जहाजों पर एक शल्य चिकित्सक के रूप में की। सितम्बर, 1794 ई. में कलकत्ता पहुँचकर कलकत्ता प्रेसीडेन्सी की चिकित्सा सेवा में शामिल हो गए। उन्हें मुख्य रूप से उनके द्वारा किए गए दो सर्वेक्षण के लिए याद किया जाता है। पहला मैसूर, केनरा और मालाबार का 1800-1807 ई. में और दूसरा बंगाल का 1807-1814 ई. में। वे

1803 ई. से 1804 ई. तक कलकत्ता में भारत के गवर्नर-जनरल लॉर्ड वेलेस्ली के शल्य चिकित्सक थे, जहाँ उन्होंने एक चिड़ियाघर संगठित किया जो बाद में कलकत्ता अलीपुर चिड़ियाघर बना। 1804 ई. में बैरकपुर में लॉर्ड वेलेस्ली द्वारा स्थापित भारत के प्राकृतिक इतिहास को बढ़ावा देनेवाले संस्थान के वे प्रभारी थे।

1807 से 1814 ई. तक, बंगाल सरकार के निर्देशों के तहत, उन्होंने ब्रिटिश ईस्ट इंडिया के अधिकार क्षेत्र के भीतर के क्षेत्रों का व्यापक सर्वेक्षण किया उन्हें स्थलाकृति, इतिहास, पुरावशेष, निवासियों की स्थिति, प्राकृतिक उत्पादन (विशेष रूप से मत्स्य पालन, जंगल और खदान), कृषि (सब्जियाँ, उपकरण, खाद, बाढ़, घरेलू जानवर, बाड़ आदि), वज़न, माप, परिवहन, व्यापार और वाणिज्य पर रिपोर्ट करने को कहा गया था। उनके निष्कर्षों को ग्रन्थों की एक श्रृंखला में लेखबद्ध किया गया है। उनके द्वारा किए गए कार्यो में भारतीय मछली प्रजातियों पर एक महत्वपूर्ण कार्य शामिल है, जिसका शीर्षक है 'गंगा नदी और उसकी शाखाओं में पायी जानेवाली मछलियों का लेखा-जोखा', जिनमें 100 से अधिक प्रजातियों का वर्णन है जिन्हें पहले वैज्ञानिक रूप से मान्यता नहीं मिली थी। उन्होंने इस क्षेत्र के कई नए पौधों का संग्रह कर गहराई से वर्णन किया है। वह 1814 ई. में विलियम रॉक्सबर्ग के बाद कलकत्ता वनस्पति उद्यान के अधीक्षक बनें लेकिन 1815 ई. में खराब स्वास्थ्य के कारण उन्हें ब्रिटेन लौटना पडा़। उसी वर्ष उनको अपनी माँ की सम्पत्ति विरासत में मिली जिसके परिणामस्परूप उन्होंन हैमिल्टन उपनाम अपना लिया और स्वयं को फ्रांसिस हैमिल्टन नाम से सन्दर्भित किया। हालाँकि उनको अन्य लोगों द्वारा 'बुकानन हैमिल्टन' या 'फ्रांसिस बुकानन-हैमिल्टन' के नाम से जाना जाता है।

3. विल्क्स एम., हिस्टोरिकल स्क्रेचेज ऑफ दि साउथ ऑफ इंडिया भाग 1, लांगमैन, पाब्लिशर, लन्दन, 1810, पृ. 118
4. मांटगोमरी, मार्टिन आर., दि हिस्ट्री, ऐंटिक्विटीज, टेपोग्राफी एंड स्टैटिस्टिक ऑफ ईस्टर्न इंडिया, कम्पाइलिंग डिस्ट्रिक्ट्स ऑफ बिहार, शाहाबाद, भागलपुर, गोरखपुर, दीनाजपुर, पूर्णिया, रंगपुर एंड आसाम भाग 2, लन्दन, 1838, पृ. 961
5. मांटगोमरी मार्टिन, पृ. 975
6. मांटगोमरी मार्टिन, पृ. 976
7. चोकसी, आर.डी., इकोनामिक हिस्ट्री ऑफ दि बाम्बे, दकन एंड कर्नाटक (1818-1868) पूना, 1945, पृ. 213
8. टेलर जे.ए., ए डिस्क्रिप्टिव एंड हिस्टोरिकल अकाउंट ऑफ दि काटन मैन्यूफैक्चर्स ऑफ ढाका इन बंगाल, लन्दन, 1851, पृ. 73
9. शास्त्री, के.ए.एन., एंड वेकेंट रमनैय्या एन. (सम्पा.), फर्दर सोर्सेज ऑफ विजयनगर हिस्ट्री, भाग 1, मद्रास, 1946, पृ. 118
10. विल्क्स एम., हिस्टोरिकल स्केचेज ऑफ दि साउथ इंडिया...भाग-1, लन्दन, 1810, पृ. 118
11. (दि ईस्ट इंडिया कम्पनी, पेपर्स, रिपोर्ट्स एंड प्रोसिडिंग्स), मिनट्स ऑफ एविडेंस टेकन विफोर दि सेलेक्ट कमेटी आन दि अफेयर्स ऑफ दि ईस्ट इंडिया कम्पनी भाग-3 लन्दन, 1832, पृ. 359

12. लोगन, डब्ल्यू., मालाबार, भाग-2, मद्रास, 1887, पृ. cc,clxxiv
13. महाराष्ट्र में गाँव के सम्भ्रान्त वर्ग के कई प्रतिनिधियों को भी ये पदनाम मिले थे, वतन का अर्थ मौरूसी हैसियत होता था, समाज में उनके अलावा कोई दूसरा व्यक्ति उनके पेशे नहीं अपना सकता था और न ही पुरस्कार में बलूते या बलूतें ग्रहण कर सकता था। बलूता प्रत्येक खेत से वर्ष में हर फसल पर मिलनेवाला अंश था जिसका निश्चय परम्परानुसार हो गया था। कतिपय बलूतेदारों को खेत का एक टुकड़ा मौरूसी काश्त के लिए मिलता था, इसे मिरासित या 'इनाम' भी कहते थे। आमतौर पर उन सभी लोगों को हक़दार कहते थे जिनको ग्राम समाज में कोई ओहदा प्राप्त था। कारीगरों और ग्राम सेवकों को बलूतेदार या अलूतेदार कहते थे। मुग़ल सल्तनत के दस्तावेज़ों में सामुदायिक कारीगरों को बड़ा-बलूते, बड़ा बलवती कहा गया है, मराठा परम्पराओं में 12 बलूतेदारों और 12 अलूतेदारों का जिक्र आता है, किन्तु अठारहवी शताब्दी और उन्नीसवीं शताब्दी में अलूतेदारों का कोई निश्चित समुह न था, प्रायः ये बलूतेदारों में ही अन्तर्भुक्त हो गए थे, बलूतेदारों में आमतौर पर निम्नलिखित कारीगर शामिल होते थे, बढ़ई (सुतार), लुहार, कुम्हार, धोबी (परिज), नाई (न्हावी), चमार, चौकीदार (महार) आदि। अलूतेदार में सोनार (पोतदार, कभी-कभी वह बलूतेदार भी होता था), कोली (पनभरा), चौकीदार, मिराशी, आदि शामिल थे। उपमहाद्वीप के विभिन्न इलाकों में इनकी संख्या भिन्न-भिन्न होती थी, कभी-कभी तो यह 27 तक पहुँच जाती थी। कुल मिलाकर ग्राम-समाज के पूर्ण किसान सदस्यों की अपेक्षा इनकी सामाजिक हैसियत नीची होती थी, ये निचली जाति के माने जाते थे। सत्रहवीं-अठारहवीं शताब्दी में सामुदायिक कारीगरों की हैसियत के बारे में जानकारी आई.एम. ट्यस्नेर की सम फैक्ट्स एबाउट प्राब्लम्स ऑफ विलेज कम्युनिटी एंड मराठाज इन एंटीन्थ सेंचुरी एंड इन दि बिगिनिंग ऑफ नाइनटीन्थ सेंचुरी पृ. 179-217 से ली गई है इसमें उन प्रश्नों का विस्तृत विश्लेषण है जो मूल दस्तावेज़ों से उत्पन्न होते हैं। और भी देखिए-
मिनाएव आई. पी., एनशिएंट इंडिया, कमेंट्स आन अफानासी नीकितन वोयेजेज एक्रास थ्री सीज, सेंट पिट्सबर्ग 1881, पृ. 115
बेडन-पावेल बी., ए स्टडी ऑफ दकन विलेजेज, देयर ओरिजनल एंड डेवलपमेंट, ज.रा.ए.सो., 1957 पृ. 257-258
ग्रांट डफ जे., ए हिस्ट्री ऑफ मराठाज, भाग-1, लन्दन 1826, पृ. 29
साइक्स डब्ल्यू. एच., आन दि लैंड टैन्योर्स ऑफ दकन, भाग-2, लन्दन, 1835, पृ. 217-225
14. (दि ईस्ट इंडिया कम्पनी, पेपर्स, रिपोर्ट्स एंड प्रोसिडिंग्स) सेलेक्शन ऑफ दि पेपर्स फ्राम दि रिकार्ड्स ऐट दि ईस्ट इंडिया हाउस रिलेटिंग टू दि रिवेन्यू, पुलिस एंड सिविल एंड क्रिमिनल जस्टिस अंडर दि कम्पनीज गवर्नमेंट इन इंडिया, भाग-4, लन्दन, 1828, पृ. 661
15. मार्शल टी., स्टैटिस्टिकल रिपोर्ट्स आन दि परगनास ऑफ बादशाहपुर, बेलगाँव, कलानिद एंड चाँदगढ़, खानपुर, बागुलकोट एंड बादामी इन दि सदर्न मराठा कंट्री...बम्बई, 1822, पृ. 57
16. मार्शल टी., पृ. 25

17. मांटगोमरी मार्टिन, पृ. 542
18. मांटगोमरी मार्टिन, पृ. 235
19. मोरलैंड, डब्ल्यू., एच., रिलेशन ऑफ गोलकुंडा इन दि अर्ली एटीन्थ सेंचुरी लन्दन, 1931 पृ. 29
20. बुकानन, पृ. 265
21. मांटगोमरी मार्टिन, पृ. 26
22. साइक्स डब्ल्यू. एच., आन दि लैंड टैन्योर्स ऑफ दकन, भाग-2, लन्दन, 1835 पृ. 274
23. डिस्ट्रिक्ट्स गजेटियर पंजाब, भाग-13ए, होशियारपुर डिस्ट्रिक्ट, 1904, पृ.173
24. साइक्स डब्ल्यू. एच., आन दि लैंड टैन्योर्स ऑफ दकन, पृ. 226
25. आर्कियालाजिकल सर्वे ऑफ मैसूर, 1913, पृ. 22
26. मांटगोमरी मार्टिन, भाग-2, पृ. 255
27. कभी-कभी ढलाईकारों, खराद वालों, विभिन्न अनुष्ठानों के लिए सामान बनानेवालो आदि के नाम भी इनमें आते हैं, कारीगरों का इस प्रकार विभाजन हिन्दू धर्म सम्मत था, एक अनुश्रुति है कि विश्वकर्मा (या ब्रह्म) को पाँच पुत्र हुए हैं जिनके नाम हैं मनु, मय, त्वष्ट्रा, शिल्पि, विशगज (दैवस), सामुदायिक शिल्पी जातियों की इन्हीं पाँच पुत्रों से उत्पत्ति हुई है। मोरलैंड डब्ल्यू एच., रिलेशन ऑफ गोलकुंडा इन दि अर्ली एटीन्थ सेंचुरी लन्दन, 1931, पृ. 19
28. सेम्योनोवा एन.आई., विलेज कम्यूनिटी एंड फ्यूडल लैंड ओनिंग इन रणजीत सिंह, स्टेट इन ट्रांजेक्शन ऑफ इंस्टीट्यूट ऑफ ओरिएंटल स्टडीज, भाग-12, 1955, पृ.-77
29. सेम्योनोवा पृ. 80
30. मोरलैंड, पृ. 19
31. दि ईस्ट इंडिया कम्पनी पेपर्स, भाग 2, पृ. 359
32. मोरलैंड, पृ. 19
33. मांटगोमरी मार्टिन, भाग 2, पृ. 252
34. टैवर्नियर जे.बी., ट्रैवल्स इन इंडिया भाग 2, लन्दन 1925 पृ. 349
35. पंजाब डिस्ट्रिक्ट गजेटियर, भाग 13ए, 1904, पृ. 173
36. सेन एस., एडमिनिस्ट्रेटिव सिस्टम ऑफ दि मराठा (फ्रांस ओरिजनल सोर्सेज) कलकत्ता, 1925, पृ. 225
37. पावलोव, वी.आई. फार्मेशन ऑफ इंडिया बुर्जुआ, मास्को, 1958, पृ. 19
38. साइक्स, पृ. 225

2

लघु हस्तशिल्प उत्पादन

मध्यकालीन भारत (1500-1800) में विक्रय योग्य दो प्रकार के लघु हस्तशिल्प का उत्पादन होता था। प्रथम हस्तशिल्प वह होता था जिसमें उत्पादन बाज़ार के लिए किया जाता था, जो किसान परिवारों में कृषि के साथ जुड़ा हुआ था। दूसरा प्रकार वह था जिसे पेशेवर कारीगर तैयार करते थे, ये शहर और देहात में माल (विक्रय योग्य वस्तु) के उत्पादक थे।

विवेच्य-काल में हम देखते हैं कि किसानों के परिवारों में विक्रय योग्य लघु हस्तशिल्प का उत्पादन कृषि से पृथक हो गया अर्थात अब किसान अपना उत्पादन मंडी में भेजने लगा। यह बात विशेषकर कपास, जूट और तिलहन जैसी औद्योगिक फसलों के बारे व्यापक रूप में लागू थी। अठारहवीं शताब्दी के दस्तावेज़ों में इस बात के स्पष्ट प्रमाण हैं कि किसान खेती के अलावा मंडी में बेचने के लिए भी कुछ वस्तुओं का उत्पादन करते थे।

इस काल के भारतीय किसानों द्वारा सूत कातना एक प्रमुख कुटीर उद्योग था। अनेक लेखकों ने लिखा है कि, बंगाल, उड़ीसा, मैसूर और भारत के अन्य भागों के बाज़ारों में कपास का जो सूत बिकता था वह औरतें तैयार करती थीं। एफ. बुकानन के अनुसार दीनाजपुर (बंगाल) में ऊँचे घराने की स्त्रियाँ फुरसत के समय और किसानों की स्त्रियाँ अपने अधिकांश समय में सूत कातती थीं।[1] गोरखपुर के अधिकांश घरों में जो अच्छा सूत तैयार होता था, वह उच्च श्रेणी की महिलाएँ तैयार करती थीं।[2] मैसूर में सभी किसान और निम्न जातियों की स्त्रियाँ अच्छी कत्तिनें होती थीं।[3] विशाखापट्टन और गंजाम (आंध्रप्रदेश) में ब्राह्मणों को छोड़कर सभी सूत कातते हैं। मुख्य रूप से स्त्रियाँ बच्चे और अन्य विकलांग व्यक्ति जो दूसरा काम नहीं कर सकते थे, सूत कातते थे। सूत की सफाई, धुनाई और कताई एक भोंड़े से चरखे पर होती थी। बालक-बालिकाएँ अपनी माताओं की मदद करती थीं।[4] अठारहवीं शताब्दी के उत्तरार्द्ध के दस्तावेज़ों में गाँव की कताई का उद्योग धीरे-धीरे माल (विक्रय योग्य वस्तु) का रूप धारण करने लगा था।

कुटीर उद्योग से माल उत्पादन में परिवर्तन के प्रथम चरण में किसान महिलाएँ घरों में उत्पादित कपास से सूत बनाती थीं जो बाज़ार में बिकने जाता था। दीनाजपुर में कपास के अधिकांश का इस्तेमाल सूत कातने में किसानों की स्त्रियाँ करती थीं। शेष हाट में बिकने के लिए चला जाता था, जो हफ्ते में एक दिन लगती थी।[5] मैसूर में हरिहर के आसपास के इलाके में बहुत सा सूत काता जाता था, किसानों के खेत में जो कपास उगती थी उसका काफी हिस्सा उनकी स्त्रियाँ सूत कातने में इस्तेमाल कर लेती थीं[6] विशाखापट्टनम और गंजाम में किसान परिवारों की स्त्रियों और बच्चों द्वारा काता सूत बाज़ार में बिक जाता था।[7]

किसानों की कताई के रूप-परिवर्तन के दूसरे चरण में किसान स्त्रियाँ बाज़ार से कपास खरीदकर लाती थीं और उसका सूत कातकर बाज़ार में बेच देती थीं। दीनाजपुर में छोटे-मोटे व्यापारी उन स्त्रियों को कपास बेचते थे जो कत्तिनों का काम करती थीं। वे अपना सूत बुनकरों को बेच देती थीं।[8]

भारत के दूसरे भागों में लघु उद्योग के रूप में कच्चे रेशम से धागे बनाकर किसान बाज़ार में बेचते थे। बंगाल में जो लोग रेशम के कीड़े पैदा करते और कोये पालते थे उनको **चस्सर** कहते थे। पन्द्रहवी शताब्दी के आरम्भ में एक चीनी यात्री महुआन भारत आया था। उसने उस काल में रेशम की बुनाई के विकास पर रोशनी डाली है।[9] बंगाल में मालदा, मुर्शिदाबाद, कासिमबाज़ार के आसपास चस्सारों की बहुत बडी-बड़ी बस्तियाँ थी। गुजरात, कश्मीर और दूसरे भागों में रेशम का उत्पादन होता था।

शहतूत के पौधे उगाना, रेशम के कीड़ों का प्रजनन और कोयों से लच्छे बनाना ये सभी काम एक ही किसान करता था किन्तु उत्पादक शक्तियों के विकास और सामाजिक श्रम गहराते जाने से इन पेशों में विशेषता आती गई और फिर ये काम अलग-अलग समुदाय करने लगे। जहाँ तक जाति का प्रश्न था, जो किसान शहतूत पैदा करते थे (अर्थात शुद्ध रूप में किसान थे) प्रथानुसार समाज में उनका स्थान पेशेवर रेशम कातनेवालों और बुननेवालों से ऊँचा था। कोये पालनेवालों की सामाजिक हैसियत कभी ऊँची थी। वे प्राय: दूसरे पेशेवालों को अपने खेतों में किसानी के काम में लगाते थे। उनका काम खेत जोतना, पौधों की जड़ों पर मिट्टी चढ़ाना, आदि होता था। बंगाल में मुख्य रूप में पंडा जातिवाले पितृ-पितामह से रेशम के कीड़े पालने का काम करते थे किन्तु, दूसरी जातियों के लोग भी इस पेशे में थे। ब्राह्मण और कायस्थ रेशम के कीड़े के प्रजनन का काम नहीं करते थे क्योंकि उनको विश्वास था कि ये कार्य उनकी जाति के नियमों के विरुद्ध है जो लोग कोये पालते थे वे ही उनकी लच्छियाँ बनाते थे, किन्तु जरूरी न था कि वे हमेशा यह काम करते। रेशम के कोये पालनेवालों द्वारा बाज़ार में बेचने के लिए रेशम के धागों का उत्पादन करना इस बात का प्रमाण है कि गाँवों के सामुदायिक शिल्प अब अपनी आत्मनिर्भरता खो रहे थे।

बंगाल में उन्नीसवीं शताब्दी तक किसान परिवारों का **मटका** (मोटे किस्म का सूत) पुराने ढंग से हाथ से काता जाता था। यह सूत मोटे किस्म के रेशम के कपड़े बनाने के काम में आता था (उसको भी मटका कहते थे) गरीब कोया पालकों की स्त्रियाँ मटका सूत तैयार करती थीं। मोटी कारीगरीवाले रेशम के बुनकरों के परिवार भी मटका सूत बनाते थे। जमीन में एक गड्ढा करके उसमें कोये रखते जाते और उन पर मिट्टी डालते जाते थे या फिर एक ख़ास किस्म का घोल उन पर छिड़ककर उन्हें ढँक देते थे, फिर कोये में रेशम के धागे का एक कोना पकड़कर उसे एक तकुए पर और फिर रील (लटै, नटै) पर चढ़ा देते थे। इस तरह घर की स्त्रियाँ फुरसत के पलों में रेशम के लच्छे तैयार कर देती थीं। मटके का घर में बुनाई में इस्तेमाल होता था या उसे बाज़ार में बेच देते थे। मटका बुनकर परिवारों में स्त्रियाँ कोये खरीद कर लाती थीं।

चस्सर परिवारों में प्रचुर मात्रा में कच्चे रेशम की बाइंडिंग की जाती थी। उसके लिए वे एक सूक्ष्म तकनीक का इस्तेमाल करते थे। उन्नीसवीं शताब्दी के प्रथम चरण के एक अंग्रेजी दस्तावेज़ में इसका वर्णन हुआ है, जिसमें कहा गया है कि-चस्सर जो रेशम के कीड़े पालते हैं (ईंधन के स्थान पर उपलों का इस्तेमाल कर) मिट्टी के बरतन में कोयों को खोल देते हैं यह बंगाल की नतनी (बाँस की चरखी) पर रखी रहती है, इस तरह जो धागा तैयार होता है उसे **पटनी** कहतें हैं। जितना मोटा धागा तैयार करना हो उसे ध्यान में रखकर चार, पाँच या इससे ज्यादा कोयों को एक साथ खोलते हुए हाथ से उनकी बँटाई की जाती है। इस तरह के कच्चे रेशम को बंगाल में **खमरु** (खँगरु) या **पुतनी** कहते हैं। इसका मतलब यह था कि यह रेशम गाँव में तैयार हुआ है। इस तरह रेशम की बाइंडिंग और रीलिंग का कार्य उन गाँवों में खुब प्रचलन में था जहाँ रेशम के कोये पाले जाते थे। बाबिनो पर चढ़ाकर अच्छे किस्म के रेशम को मोटे किस्म के रेशम से पृथक कर लिया जाता था फिर इन्हें बाँटकर अच्छी लच्छी तैयार कर लिया जाता था। इसके बाद उसे नज़दीक हाट में व्यापारियों का बेच देते थे जो उसे शहरी बाज़ार में बेच देते थे।

बुनाई के व्यापार के जरिये हम लघु हस्तशिल्प कृषक उद्योगों के विकास को समझ सकते हैं। अठारहवीं शताब्दी के अन्तिम भाग में कपड़ों का -आमतौर पर मोटे किस्म का जिसका बंगाल और बिहार की निम्न कृषक जातियों में उत्पादन होता था, एक भाग मंडी में बिकने के लिए जाता था। इसी काल में कपड़ों की बढ़ती हुई माँग की पूर्ति के लिए किसान जातियों के भी कुछ लोग जो अन्य जातियों के थे बेचने के लिए कपड़े बुनने लगे।[10] मैसूर में किसान जूट की खेती करते थे। इस जूट के मोटे धागे तैयार कर वे टाट तैयार कर लेते थे जिसे बाज़ार में बेच देते थे। गड़ेरियों के परिवार भी फसलें उगाते थे और कम्बल बुनते थे।[11]

सोलहवीं, सत्रहवीं शताब्दी में किसान एक महत्वपूर्ण हस्तशिल्प का काम करते थे; वह था शोरे का उत्पादन। शोरे का मुख्य तौर पर बारूद के निर्माण में इस्तेमाल होता था। शोरा उत्पादन के सबसे बड़े केन्द्र गुजरात, बंगाल, बिहार के कई इलाकों में, आंध्रप्रदेश, मैसूर, विशेषकर आगरा के आसपास के जिलों में थे,[12] गुजरात में बोहरा शोरा बनाते थे। ये मुसलमान किसान थे। एफ. पेल्सर्ट ने नोनी मिट्टी से शोरा बनाने की विधि बतलाई है जो सत्रहवीं शताब्दी के प्रारम्भ में प्रचलित थी।

> नमक बनाने की क्यारियों की तरह पहले दो उथली क्यारियाँ बनाई जाती हैं। इनमें एक क्यारी दूसरे से बहुत बड़ी होती है। बड़ी क्यारी में नोनी मिट्टी भर देते हैं। जमीन में बनी नालियों के पानी में उन्हें भर देते हैं। इसके बाद मिट्टी को पैरों से खूब माड़ते हैं। इस काम के लिए बड़ी संख्या में मजदूर रखे जाते थे। मिट्टी सनकर पतला गारा बन जाती है। इसे दो दिन तक इसी हालत में छोड़ देते हैं ताकि पानी में सत उतर आए। फिर पानी एक बड़ी मोहड़ी से बाहर निकलकर दूसरी क्यारी में जमा हो जाता है और एक पतली सी पपड़ी बनने लगती है, यह कच्चा शोरा होता है। लोहे के कड़ाहों में इसका पानी सुखा देते हैं। पानी सुखाने के लिए उसकी सफेदी को देखकर एक या दो बार उबालते हैं। उबालते समय उसकी मैल निकालते जाते हैं। अन्त में जब वह बिलकुल साफ हो जाता है, तब रख देते हैं। रात में ओस पड़ने से उस पर एक पपड़ी पड़ जाती है। अगर उसमें कुछ मैल अभी तक बची रह गईं हो तो वह तल में बैठ जाती है। फिर घड़ों को फोड़कर शोरे को धूप में सुखा लेते हैं।[13]

पहली उबाल के बाद कच्चा शोरा बनता है। दूसरी उबाल के बाद **कलमी** (उससे साफ) तीसरी उबाल के बाद **सीठी** शोरा बनता है जो अच्छी किस्म का माना जाता है।

बंगाल, गुजरात (खम्भात के पास) आगरा के पास के इलाकों और अहमदाबाद और कोरोमंडल तट पर नील की खेती होती थी। जिसका इस्तेमाल रंग बनाने में होता था।[14] सत्रहवीं शताब्दी के प्रारम्भ में यूरोप के एक सौदागर ने लिखा था कि हम जो नील खरीदते हैं, वह अधिकांश इन पाँच जगहों में बनती है।[15]

सोलहवीं-अठारहवीं शताब्दी के अति विकसित लघु माल कृषि उद्योगों में शक्कर और तेल के उद्योग थे जो सिन्धु, गुजरात, मालाबार, मैसूर, बिहार, कोरोमंडल के तटीय प्रदेशों और ख़ासकर बंगाल में बड़े पैमाने पर चल रहे थे।[16] शक्कर मुख्य रूप से गन्ना, और दक्षिण भारत में ताड़ के रस से बनाते थे। गन्ना पेरने के लिए किसान हाथ से चलनेवाले कोल्हू का इस्तेमाल करते थे, किन्तु

बड़े-बड़े कारखाने भी होते थे। इनके कोल्हू में ईख पेरने के लिए कई जोड़ी बैल जोते जाते थे। ईख का रस लोहे के बड़े-बड़े कड़ाहो में उबाला जाता था। इस तरह गुड़ के बड़े-बड़े पिंड बना लेते थे। इन्हें सुखाकर कभी-कभी शक्कर बनाते थे।

किसानों द्वारा बेचने के लिए उत्पादन करने से उत्पादक शक्तियों का जिस तरह विकास हुआ उसके परिणामस्वरूप श्रम का सामाजिक विभाजन गहरा होता गया, कृषि से दस्तकारी अलग होती गई। इससे पेशेवर कारीगरों की संख्या बढ़ती गई। अब दस्तकारी इन कारीगरों के जीवनयापन का मुख्य साधन बन गई। कृषि माल हस्तशिल्पों के मुकाबले उनके क्रियाकलापों ने अब लघु माल उत्पादन का रूप ले लिया।

आलोच्य-काल की एक विशिष्ट विशेषता यह थी कि रुई के बने कपड़ों का उत्पादन काफी विकसित हो गया था, ख़ासकर सत्रहवीं-अठारहवीं शताब्दी में और इस व्यवसाय में विभिन्न जातियों के बहुत से लोग आ गए थे। उदाहरणार्थ-बंगाल के दीनाजपुर जिले में किसान जातियों की स्त्रियों के अलावा ऊँची हैसियत की स्त्रियाँ भी सूत कातती थीं। ऊँची जातियों की स्त्रियों के फुरसत का अधिकांश समय सूत कातने में जाता था।...यहाँ तक कि यहाँ ब्राह्मणों की स्त्रियाँ भी यह फायदे का काम करती थीं।[17]

ऊँची जातियों का सूत आम तौर पर बढ़िया होता था। ख़ासकर बंगाल में गरीब ब्राह्मण विधवाएँ बहुत अच्छा सूत कातती थीं। आम रैयतों की स्त्रियों का सूत मोटे किस्म का होता था। मेहनत का काम करने की वज़ह से उनकी उँगलियाँ कड़ी पड़ जाती थी, इसलिए वे महीन सूत नहीं कात सकती थीं।[18] कताई उच्च जाति के महिलाओं का पेशा होता गया जिससे वे अपना और अपने आश्रितों का जीवनयापन करती थीं।

सोलहवीं-सत्रहवीं शताब्दी में पेशेवर कताई के प्रचार के साथ-साथ बुनाई के व्यापार के बढ़ने से कताई की उत्पादक शक्तियों का और अधिक विकास हुआ। इस प्रकार श्रम का और विभाजन हुआ। कताई से पहले रुई के संस्कार से जुड़े परिचालन और धागे के संस्करण के कई दूसरे कार्य-जो पहले स्त्रियाँ करती थीं, अब स्वतन्त्र पेशे बन गए। इसमें रुई की सफाईकार, धुनिया, रज्जुकार, लच्छीकार (बाइंडर) आदि प्रमुख हैं।[19] अठारहवीं शताब्दी के अन्त और उन्नीसवीं शताब्दी के प्रारम्भ में तकिया, गद्दा बनाने का एक अलग व्यवसाय बन गया।[20]

मलमल आदि बनाने के काम आनेवाले महीन धागों के उत्पादन के लिए विशेष प्रकार की कताई होती थी। ये धागे हाथ से कातकर तकली से बनाए जाते थे। इसके लिए कत्तिनों की तेज दृष्टि और कोमल उंगलियों की आवश्यकता होती थी। अठारह से तीस साल के बीच की स्त्रियाँ सबसे अच्छा सूत कातती थीं। 40

वर्ष की उम्र के बाद उनकी आँखें कमजोर पड़ जाती थी जिससे वे उम्दा किस्म का सूत नहीं कात सकती थीं। कताई का काम दिन भर नहीं कर सकते थे क्योंकि कत्तिनों की उँगलियाँ और आँखें जल्द थक जाती थीं। दोपहर की गरमी में पतला धागा बीच से टूट जाता था। इसलिए लम्बे वक्त तक काम बन्द रहता था। जब कत्तिनें महीन सूत कातने के लिए बैठती थी तो सामने एक बरतन में साफ पानी रख लेती थी, जिसमें सूत दिखलाई पड़ता था। इस प्रकार आँखों पर कम जोर पड़ता था, आमतौर पर वे चार से पाँच घंटे काम करती थीं। सुबह के दो-तीन घंटे और शाम के दो घंटे सूत कातती थीं।[21]

यूरोपवासियों ने भारतीय रेशम कत्तिनों की भूरि-भूरि प्रशंसा की है। रेशम के धागे पूरने में अगर धागा जरा भी मोटा या पतला हो तो वो तुरन्त जान जाती थीं। ध्यान में रखने की बात यह है कि सत्रहवीं-अठारहवीं शताब्दी में पेशेवर कताई और रेशम वस्त्र निर्माण के विकास से कारीगरों के कौशल का स्तर तो उठा ही, इसके साथ-साथ रेशम के धागे बनाने के क्षेत्र में भी श्रम-विभाजन को प्रोत्साहन मिला और कारीगरों के उपकरणों में भी सुधार हुए। इससे व्यापार की उत्पादक शक्तियों में भी काफी विकास हुआ। हम देख चुके हैं कि अठारहवीं शताब्दी के उत्तरार्द्ध में इससे पहले भी बंगाल में रेशम के कोयों से रेशम निकालकर लच्छियाँ बनानेवाले परिवार विद्यमान थे जिन्हें नकाड़ या नकोड़ कहते थे। इनके तरीके पुराने न थे, यद्यपि ये हाथ से काम नहीं करते थे बल्कि इसके लिए वे एक देशी रीलिंग मशीन का इस्तेमाल करते थे, जिसे घई या बंक कहते थे। इसका यह नाम उस घई (तसली) की वज़ह से पड़ा जिसमें रेशम के कोये उबाले जाते थे। अठारहवीं शताब्दी के आठवें दशक में यूरोपीय इसके लिए इतालवी तकनीक लाए थे, परंतु भारत में घई वाली तकनीक उसके पहले से इस्तेमाल में आ रही थी।

डब्ल्यू. वार्ड ने लिखा है कि, ''बंगाल में कपास का सूत कातने वाली स्त्रियाँ प्रायः अपना सूत व्यापारियों या बुनकरों को बेचकर महीने में सात से दस शिलिंग (लगभग पाँच से आठ रुपये) कमा लेती थीं।''[22] तथापि एन.के. सिन्हा के अनुसार उनकी कमाई इतनी न थी। उनका कहना है कि अति कुशल कत्तिन जो अच्छे से अच्छा सूत तैयार करती थी उसकी मासिक कमाई तीन रुपये तक होती थी। कत्तिनों को सूत बेचने के लिए स्थानीय मंडी में नहीं जाना पड़ता था। कभी-कभी बुनकर उनके घर पर ही पेशगी भुगतान कर जाते थे। औसत दर्ज़े के सूत के लिए उनको दो रुपये मासिक मिल जाता था, मोटे सूत के लिए 12-14 आने मिलते थे। शान्तिपुर (बंगाल) में बहुत बढ़िया कपड़ा बनता था। यहाँ कत्तिने 4 से 5.50 रुपये मासिक कमा लेती थीं। एन.के. सिन्हा ने हिसाब निकाला है कि उस जमाने में एक व्यक्ति का करीब एक रुपये में भरण-पोषण हो जाता था।[23]

पेशेवर कत्तिनों को अपने परिवार के भोजन का खर्च चलाने के लिए पूरी तरह बाज़ार पर निर्भर रहना पड़ता था। इससे अकाल पड़ने पर उनको बड़ी कठिनाइयों का सामना करना पड़ता था। 1770 ई. में बंगाल में जो अकाल पड़ा था बहुत सी कत्तिनों और कपास उत्पादकों की मृत्यु हो गई थी, इससे सूत की कीमतों में 25 प्रतिशत की वृद्धि हो गई थी।[24]

सोलहवीं-सत्रहवीं शताब्दी में जहाँ तक रोजगार देने का प्रश्न है भारत में कपड़े बुनने का व्यवसाय सबसे प्रमुख था। उस जमाने के सामन्ती समाज की अर्थव्यवस्था में इसकी प्रमुख भूमिका थी। सोलहवीं शताब्दी में बंगाल, गोलकुंडा (कोरोमंडल तट), गुजरात, सिन्धु, आगरा, अवध, बनारस और कुछ दूसरे जिलों में बने कपड़े बड़े लोकप्रिय थे।[25]

दक्षिण भारत के गाँवों में चौदहवीं-सोलहवीं शताब्दी में पेशेवर बुनकरों के उल्लेख से पता चलता है कि अनेक जातियाँ खेती से आगे बढ़कर पृथक तौर पर कारीगरी पेशा अपना रही थीं। यह बात विशेषकर कपड़ा-बुनाई के बारे में लागू होती है। पहले यह किसानों का खाली समय के लिए सहायक काम था, अब बुनाई पेशेवर काम हो गया और बुनकर दस्तकारों की एक पृथक जमात बन गई। इसका सम्बन्ध इस नई परिस्थिति से भी था, जिसमें गाँव में जमीन का स्वामित्व समुदाय के हाथों से खिसक गया था। जो किसान अपनी जमीनों से बेदखल हो चुके थे, उन्होंने बुनकर पेशा अपना लिया।

खेती और दस्तकारी की पृथकता के फलस्वरूप शहर देहात से दूर होते चले गए। पेशेवर शहरों और उनसे जुड़े देहात में बसते चले गए। ये ही धीरे-धीरे उद्योग और व्यापार के केन्द्र बनते गए। इस प्रकार पन्द्रहवीं-सोलहवीं शताब्दी में खम्भात और अहमदाबाद (गुजरात), चोल (कोंकण), आगरा और बनारस, सतगाँव-सोनारगाँव, मसूलीपट्टनम, कांचीवरम और पुलिकट जैसे शहरों में बुनकरों की तादाद दूसरे शहरों से ज्यादा थी।[26] कभी-कभी बुनकरों को मन्दिर से जमीन इस शर्त पर दी जाती थी कि वे मन्दिर के लिए वस्त्र दिया करेंगे।[27]

कृषि से शिल्प और देहात से शहर का अलगाव विशेषकर पूरी सत्रहवीं और अठारहवीं शताब्दी में होता चला गया। इसका सम्बन्ध गाँवों में भूमि के सामुदायिक स्वामित्व की प्रथा के विघटन में वृद्धि होने से भी है। इसकी एक अन्य वज़ह कपड़ों की माँग में वृद्धि होना भी है। इस प्रक्रिया से बुनकरों की बस्तियाँ तेजी से बनती गईं। इसके साथ-साथ शहरों में बुनकरों की जनसंख्या भी बढ़ती गई।

प्रायः प्रत्येक भारतीय शहर में बुनकर थे। बड़े-बड़े शहरों में उद्योग और व्यापार के केन्द्रों में अनेक तरह के दस्तकारों की फौज तैयार होती गई जो बेचने के लिए सामान तैयार करते थे। उदाहरणार्थ-सत्रहवीं शताब्दी के तीसरे दशक में मसूलीपट्टनम में 7,000 बुनकर रहते थे।[28] हरिहरपुर (उड़ीसा) में 3,000 बुनकर

गृहस्थ थे, इनके अलावा भी बहुत से बुनकर थे। 1640 ई. के आसपास बनारस में 7,000 बुनकर थे।[29] 1630 ई. के आसपास सिन्ध के दो शहरों थट्टा और नसीरपुर में करीब 3000 बुनकर परिवार रहते थे।[30]

सत्रहवीं शताब्दी के तीसरे दशक में ढाका सूती वस्त्रों के उत्पादन का सबसे बड़ा केन्द्र था। उस समय उसकी आबादी डेढ़ से दो लाख थी।[31] इनमें सबसे बड़ी संख्या बुनकरों की थी। मालदा शहर में जो बंगाल में वस्त्रोत्पादन का अच्छा ख़ासा केन्द्र था, 1807 ई. में 4000 करघे चलते थे।[32] सत्रहवीं शताब्दी के प्रारम्भ में गुजरात में उद्योग और व्यापार के केन्द्रों के चारों तरफ बुनकरों की बस्तियाँ भरी पड़ी थीं।[33]

मसूलीपट्टनम, निजामपट्टनम (पेटपोल्लि) और मदपल्लम के चारों ओर बुनकरों की बस्तियाँ थीं।[34] एक अंग्रेज सिविल अधिकारी ने 1670 ई. में लिखा था - ''मदपल्लम में कपड़े की बहुत बड़ी मंडी है। इसके आसपास के सभी गाँवों में बुनकर बसे हुए हैं।''[35]

मद्रास कभी कोरोमंडल तट पर एक छोटा सा गाँव था, सत्रहवीं शताब्दी के अन्त तक यहाँ एक अच्छा ख़ासा उद्योग तथा व्यापार का केन्द्र बन गया। तब इसकी आबादी 1,50,000 थी। इसकी आबादी में बुनकरों की बहुतायत थी।[36]

सत्रहवीं शताब्दी के तीसरे दशक में एक डच यात्री एफ. पेल्सर्ट ने बंगाल के छबासपुर और सोनारगाँव के बारे में लिखा है कि- ''इन नगरों और इनके आसपास के गाँवों के निवासियों की जीविका बुनाई उद्योग से चलती है। इनका कपड़ा अच्छी कोटि का माना जाता है।''[37] ढाका के चारो तरफ भी बुनकरों की बस्तियाँ थी। अठारहवीं शताब्दी के मध्य में आर. ओर्म्स नामक एक अंग्रेज सिविल सर्वेंट कलकत्ता आया था, उसने लिखा है कि- ''बंगाल में मुख्य सड़कों और बड़े शहरों के आसपास गाँवों में ऐसा कोई निवासी, मर्द, औरत या बच्चा नहीं था जो कपड़ा उद्योग में न लगा हो।''[38]

आर. ह्यूज नामक एक अंग्रेज ने लिखा है कि बिहार में लखावर (लखवूर, लकहूर) गंजी के निवासी बुनकर थे। ये एक ख़ास किस्म का कपड़ा बनाते थे जिसे **अम्बर्ती** (अर्मिती, इमरती, अमिरती-मजबूत कपड़ा) कहते थे।[39] इसके दस साल बाद पीटर मंडी वहाँ आया था। उसने लिखा है कि इस गाँव के व्यापारी यह कपड़ा गाँव-गाँव घूमकर थोड़ी-थोड़ी मात्रा में इकट्ठा करते हैं।''[40]

सत्रहवीं-अठारहवीं शताब्दी में उड़ीसा के शहरों के इर्द-गिर्द भी बुनकरों की ऐसी ही बस्तियाँ थी। बालासोर के उपान्त में रहनेवाले बुनकर **सन्नो** या **सानू** (एक ख़ास किस्म का सूती कपड़ा) बनाते थे।

भारत में कपड़े खरीदने के लिए यूरोपीय व्यापारी भी बड़ी तादाद में आने लगे। बम्बई के आसपास अंग्रेजों के कारखाने थे। अब ईस्ट इंडिया कम्पनी

बुनकरों को करों में तरह-तरह की छूट देने का प्रलोभन देकर अपने कारखानों के इर्द-गिर्द बसाने लगी। सत्रहवीं शताब्दी के आठवें दशक में उन्होंने बुनकरों को बम्बई में बाहर से आनेवाली सूती धागों और कच्चे रेशम को करमुक्त कर दिया था।[41] 1790 ई. तक बंगाल के बुनकर जो ईस्ट इंडिया कम्पनी के आर्डर पूरा करते थे, अपनी जरूरत का सूत स्वयं खरीदते थे। मगर सूत की गुणवत्ता अच्छी न होने से कपड़े की गुणवत्ता पर बुरा असर पड़ता था, इसलिए 1790 ई. में अंग्रेजों ने फैसला किया कि वे स्वयं थोक में सूत खरीदकर बुनकर को दिया करेंगे।[42]

बुनकर अपने सूत के लिए ही नहीं, अपनी रोजी-रोटी के लिए भी बाज़ार पर आश्रित था। अगर फसल मारी गई तो उसे भूखों मरने की नौबत आ जाती थी। 1630 ई. में भयंकर अकाल पड़ा था। उस समय सूरत के आसपास बसे बहुत से बुनकर भूख से मर गए।

बुनकरों के उपकरण भी माल की श्रेणी में आ गए। महत्व की बात यह है कि बंगाल में सोलहवी शताब्दी में ख़ास कारीगर ही करघों के लिए ख़ास किस्म की बेंतें तैयार करते थे। मुकुन्दराम चक्रवर्ती कविकंकण ने अपनी पुस्तक चंडीमंगल में लिखा है कि- ''जो बेंतें बनाते (शाब्दिक अर्थ में बाँधते) थे उनको **शतकार** (शाब्दिक अर्थ में बेंत बनानेवाले) कहते थे। बुनकर परिवार से उनकी जीविका चलती थी।[43] दीनाजपुर में एक करघा 2.50 रुपये में मिलता था। सूत लपेटने का परेता और एक चरखा, दोनों दो-दो आने में मिलते थे।''[44]

अठारहवीं शताब्दी के मध्य में बंगाल में 'ताँती' (बुनकर जाति) के सम्भ्रान्त परिवारों के कारीगर आमतौर पर अपनी पूँजी लगाकर माल तैयार करते थे जिसे वे अपने ढंग से बेचते थे। सत्रहवीं शताब्दी में सूत की धुनाई और रंगाई भी बुनकरों के परिवारों में होती थी। लेकिन जब उत्पादन की मात्रा बढ़ गई और उत्पादन शक्तियों का विकास हो गया तो इस व्यापार में श्रम-विभाजन भी गहरा होता गया। अब बुनकर परिवार सिर्फ बुनाई का काम करते थे। पेशे के दूसरे सभी काम उन्होंनें छोड़ दिए। कताई, कोयों से रेशम के रेशे निकालना, उसे परेते पर लपेटना फिर उससे उतारकर कई रेशों को बाँटकर धागे तैयार करना, कपड़ों की धुलाई-रंगाई आदि सभी स्वतन्त्र पेशों में विकसित हो गए।

तकनीकी दृष्टि से भारत के बुनकर जिन उपकरणों का विशेषकर अठारहवीं शताब्दी के उत्तरार्द्ध में इस्तेमाल करते थे, वे अंग्रेजों के उपकरणों की अपेक्षा घटिया स्तर के थे। डब्ल्यू. वार्ड ने अपनी निजी जानकारी के आधार पर लिखा था कि- 'अठारहवीं शताब्दी के अन्तिम भाग में बंगाल के बुनकर का करघा तत्वत: अधिक सरल और अपूर्ण था।'[45] किन्तु भारतीय करघे की 'सरलता' का अर्थ यह न था कि उसका रूप 'आदिम' (प्रिमीटिव) था। इसका प्रमाण यह है कि ढाका

जिले में बुनकर सूती कपड़ा बनाने के लिए 120 उपकरणों का इस्तेमाल करते थे। उनका कपड़ा बहुत ही बढ़िया माना जाता था।[46] अठारहवीं शताब्दी के अन्तिम भाग में यह करघा क्षैतिज (होरिजेंटल) था। इसमें एक बीम, एक कंघा और एक ढरकी होती थी।

उत्पादन का अनुभव पीढ़ियों से जुटता रहा, पिता अपने पुत्र को और पुत्र अपने पुत्र को सिखाता चला गया। भारत में वस्त्र उत्पादन का यह तरीका बड़े महत्व की बात है। इस तरह भारत का मजदूर अत्यन्त मामूली उपकरणों से उदाहरणार्थ, इंग्लैंड के मजदूरों के उपकरणों की तुलना में, सरल-से-सरल उपकरणों के जरिये ऐसे उम्दा कपड़े तैयार करता रहा जिसकी बराबरी दुनिया में कोई नहीं कर सकता था। अठारहवीं शताब्दी के अन्त और उन्नीसवीं शताब्दी के प्रारम्भ में कपड़ा बनाने की मशीनों के आ जाने के बाद इस स्थिति में परिवर्तन आया।

बंगाल में अठारहवीं शताब्दी के उत्तरार्द्ध में रूमाल बनानेवाले कारीगरों की आमदनी के बारे में लिखित प्रमाण उपलब्ध है। मामूली किस्म का कारीगर एक महीने में तीन रूमाल बना लेता था। कुशल कारीगर पाँच रूमाल बनाते थे। एक रूमाल की आमदनी एक से डेढ़ रुपये थी। इस प्रकार एक कारीगर की औसत मासिक आय 5 से 6 रुपये होती थी। मलमल बनानेवाले कारीगर की आमदनी भी इतनी ही होती थी।[47]

एन.के. सिन्हा ने हिसाब लगाकर बतलाया है कि अठारहवीं शताब्दी के आठवें दशक में एक बालिग पर मासिक खर्च करीब एक रुपये होता था। इससे पता चलता है कि उस जमाने में बंगाल में ऐसे बुनकर थे जो अपनी आमदनी से अपने परिवार का भरण-पोषण कर कुछ बचा सकते थे। यह बात उन कारीगरों पर लागू थी जो खरीदारों के मुहताज न थे। अधिकांश बुनकर, विशेषकर वे जो ईस्ट इंडिया कम्पनी के लिए काम करते थे, वे कंगाली की हालत में रहते थे। उनके पास नए सिरे से काम करने के लिए पूँजी नहीं होती थी। इसलिए बहुत से कारीगर करघे फेंककर दूसरे कामों में लग गए।[48] जो अपने करघों से चिपके रहे, उनमें से अधिकांश धीरे-धीरे मरने को बाध्य थे।

उपलब्ध प्रमाणों से ज्ञात होता है कि ढाका, सोनारगाँव, पटना, सूरत, भड़ौंच, अहमदाबाद, मसूलीपट्टनम और अन्य शहरों में रंगाई और छपाई का कार्य विशेष कुशल कारीगर करते थे। कपड़ों के विरंजन के लिए विशेष रसायन डालकर उसे उबालते थे, उसके बाद कपड़ों की धुलाई करते और फिर उन्हें धूप में सुखा देते थे।

इसके लिए उसे मेहनताना मिलता था। दस कपड़ों के लिए उसे तीन रुपये मिलते थे।[49] कोरोमंडल तट पर सत्रहवीं शताब्दी के चौथे दशक में विरंजक की मासिक कमाई 2.5 पगोड़ा (एक पगोडा-तीन रुपये से 3.50 रुपये) होती थी। ऐसा ही रिवाज़ सूरत में भी था।[50]

गोलकुंडा के छीपी (छपाई का कारीगर) सोलहवीं-सत्रहवीं शताब्दी में अपनी कारीगरी के लिए मशहूर थे। मसूलीपट्टनम, निजामपट्टनम, नरसापुर, अरमागाँव, मद्रास और दूसरे नगरों के आसपास भी कपड़ों की अच्छी छपाई होती थी। रंगाई के दो तरीके थे: हाथ से पतली कूची के जरिये या लकड़ी के ठप्पों के जरिये छपाई होती थी। गोलकुंडा में कूची से छपाई की जाती थी। पश्चिम भारत (गुजरात आदि) में लकड़ी के ठप्पों से छपाई होती थी जिसमें डिजाइनें बनी होती थी। कूची से छपाई किए कपड़ों को **कलमदार** कपड़ा कहते थे। फ़ारसी में कूची को कलम कहते हैं।

कपड़े पर कूची से छपाई का काम कठिन होता था। सत्रहवीं शताब्दी के अन्त में भारत में आए एक डच यात्री डी. हैवर्ट ने पालकोल्लु में आँखों देखी विधि का ब्योरा लिख छोड़ा है- ''पहले वे एक खुरदरा कपड़ा लेते हैं। उसे धोकर सफेद कर लेते हैं। फिर कुछ कर्कायल पीटते हैं और उसे दूध में डाल देते हैं। इसी में सफेद कपड़े को भी भिगो देते हैं फिर उसे सुखा लेते हैं। फिर अपने हिसाब से वे कपड़ें की तह लगाते हैं। फिर उसकी कुंदी कर उसे घना कर लेते हैं। किसी गद्दी से उसका पानी सोख लेते हैं। पहले स्पंज पर रेखाकंन कर लेते हैं। अगर कोई रंग डालने होते हैं, जैसे लाल, बैगनी, हरा आदि तो हर रंग के लिए कपड़े पर फिटकरी का पानी लगाते हैं। जहाँ-जहाँ जो रंग लगाना होता है, उस हिसाब से फिटकरीवाली जगहों पर रंग भर देते हैं। ये रंग उनकी बगल में प्यालियों में रखे रहते हैं से लिया जाता है।''[51]

कपड़ों के व्यापारियों के पास डिजाइनों की किताबें रहती थी, कारीगरों को इनमें से जैसी डिजाइनों का आर्डर मिलता था, वे वैसी डिजाइनें बना देते थे। डिजाइनों का चुनाव स्थानीय माँग को ध्यान में रखकर करते थे। सत्रहवीं शताब्दी में छींट के छपाईवाले कपड़े का काम खूब बढ़ा। इसी जमाने में कपड़ों की छपाई के काम में भी श्रम-विभाजन बढ़ता गया।

सत्रहवीं शताब्दी के आठवें दशक में जे. फ्रायर नामक एक अंग्रेज यात्री भारत आया था, वह कोरोमंडल तट पर गया था। उसने वहाँ की छपाई के बारे में लिखा है, छोट-छोटे बच्चों और सयाने लोगों की मदद से जमीन पर कपड़ा फैला देते हैं। उसे वे बड़ी कुशलता के साथ पैरों से रौंदते हैं।[52] अक्सर छपाई का काम जमीन पर न करके मेजों पर करते हैं जो इस काम के लिए ख़ासतौर पर बनवाई जाती है। जे. ओलाफ्सन ने सत्रहवीं शताब्दी के तीसरे दशक में कोरोमंडल तट पर छपाई के एक कारखाने के बारे में लिखा है (जिसे वह रंगाई घर कहता है दरअसल, वह छपाईघर था) कि, बड़े-बड़े घर बने थे जिनमें उनका घर और कारखाना साथ-साथ होता था। वह बतलाता है कि इस काम में कई काम करने होते हैं; कपड़े के खाके बनाना, उनमे रंग भरना और सुखाना। इसमें उस्ताद छपाकार की सहायता में पूरा परिवार जुटा रहता था। कोरोमंडल तट पर छपाई वाले कपड़े बहुत ही उच्चकोटि के

बनते थे। इनके रंग इतने पक्के होते हैं कि बार-बार धुलाई के बाद भी इनकी चमक फीकी नहीं पड़ती जो कपड़े फट जाने पर भी यथावत रहते हैं।

कपड़े की बुनाई, विरंजन और रंगाई के अलग-अलग पेशे बन जाने से श्रम विभाजन गहरा होता गया। इस तरह शिल्प कृषि से और शहर गाँवों से पृथक होते गए। व्यापार और उद्योग केन्द्रों के चारो ओर बसे बहुत से गाँवों में बुनकरों और छपाईकारों और रंगरेजों के अलावा दूसरी किसी जाति का कोई घर नहीं होता था। ए. शोर ने सत्रहवीं शताब्दी के प्रारम्भ में लिखा था-''नरसापुर के पड़ोस में कोरोमंडल तट की भाँति बहुत से बुनकर रहते थे। इनके अलावा कपड़े पर चित्रकारी करनेवाले, लुहार, बढ़ई, सोनार, दज़ी और दूसरे कारीगरों के भी घर है किन्तु दूसरों (बुनकरों, चित्रकारों) के बराबर इनकी संख्या नहीं हैं।''[53] सोलहवीं शताब्दी में अहमदनगर में ताम्रकारों का महत्वपूर्ण स्थान था। सोलहवीं शताब्दी के अन्त में गोवा में ताम्रकारों की एक गली ही थी।[54] जे. ओलाफ्सन ने सत्रहवीं शताब्दी के पूर्वार्द्ध में गोलकुंडा के ताम्रकारों के बारे में लिखा है :

> टांका लगानेवाले शहर की गलियों में 'टांके लगवा लो' की हांक लगाते हुए मकानों के सामने से गुजरते थे। जिन्हें टूटे-फूटे बरतनों आदि की मरम्मत करानी होती है, वे अपना सामान लाकर रख देते हैं। ये कारीगर अपने साथ निहाई, धौकनी, हथौड़ी, चिमटे आदि उपकरण लाते हैं। इनके पीछे-पीछे इनके बच्चें कोयले की बोरी लिए साथ चलते हैं। इनकी धौकनियाँ हमारी तरह की नहीं होती है। इनमें तीलियाँ नहीं रहतीं। इनमें हवा भरी रहती है। इनके किनारे पर किसी किस्म की लकड़ी भी नहीं रहती, एक लम्बी नली रहती है। यह नली धौंकनी के ऊपरी हिस्से में कीलों से जुड़ी रहती है। किसी भी मकान के सामने ये अपनी धौंकनी और छोटी सी निहाई रख देते हैं और वहीं घुटनों के बल बैठकर ये धौंकनी चलाने लगते हैं। ये हमारी तरह उन्हें नहीं फुलाते। ये धौंकनी को बीच से पकड़कर उसे दबाते हैं और हवा के झोंके से आग को तेज कर लेते हैं।[55]

अठारहवीं शताब्दी के अन्त और उन्नीसवीं शताब्दी के प्रारम्भ में बिहार में ढलैयावालों के परिवार होते थे। ये बड़े आदिम तरीके से अयस को पिघलाकर लोहा तैयार करते हैं जिसे व्यापारी खरीदकर लुहारों को बेच देते हैं।

फ्रांसिस बुकानन जोर देकर बतलाता है कि इस जमाने के लुहार बिहार के गाँवों में ग्राम-समाज के अनुचर नहीं होते थे। इससे यह पता चलता है कि इस काल में श्रम विभाजन पक रहा था। लुहार व्यापारियों से घटिया दर्ज़े के लौह-पिंड खरीद लाते थे और उन्हें तपाकर अपनी मर्ज़ी के मुताबिक विभिन्न आकार की छड़ें बना लेते थे। इनसे ही हल की फालें बनती थीं और दूसरे औजार बनाए जाते थे।

लुहारों के कारखानें वहीं बनते थे जहाँ लौह अयस्क सुलभ होता था। एक भट्ठी पर प्राय: पूरा परिवार काम करता था। ये छड़ें, गुल्लियाँ, चादरें आदि तैयार करते थे जो बिक जाती थीं। लोहें की फालें बनाने के लिए गुल्लियाँ महँगी बिकती थीं। लुहार की एक दिन की आमदनी दो आना होती थी। होशियार व अनुभवी लुहार तीन आने तक कमा लेते थे। शहरी लुहार अलग किस्म के होते थे जो स्थानीय बाज़ारों के लिए उच्चकोटि के उपकरण तैयार करते थे, जैसे-भालों के फलक, तलवारें, तोपें और तरह-तरह के चाकू, छुरे आदि-आदि। मुँगेर के बने हथियार मशहूर थे। गाँवों के लुहारों की आमदनी शहरी लुहारो की आय की आधी होती थी। एक गाँव में आमतौर पर एक या दो परिवार लुहारों के होते थे। कभी-कभी तो एक ही परिवार छह से आठ गाँवों के लिए उपकरण बनाता था। गाँव का लुहार खेतिहरों को उपकरण बेचता था। तेल पेरने का उद्योग पहले किसानों का गृह-उद्योग था, अब पेशेवर तेली यह काम करने लगे।[56]

सोलहवीं-अठारहवीं शताब्दी में सिन्ध, गुजरात, बंगाल, उड़ीसा और गोलकुंडा (मैसूर) में तिलहन की अच्छी पैदावार होती थी। जिसके लिए देश ही नहीं बल्कि विदेशों में भी अच्छा बाज़ार था।[57] तेली कोल्हू (दक्षिण भारत में इसे शेक्कू कहते थे) से तेल पेरते थे, उन्हें एक विशेष कर देना पड़ता था। ये कोल्हू पत्थर के बने होते थे। कभी-कभी वे इतने विशाल होते थे कि उनको चलाने के लिए कई जोड़ी बैलों की जरूरत होती थी। तेल बाज़ार में बिक जाता था।

चीनी उत्पादन भी किसान उद्योग था। यह एक विशेष उद्योग के रूप में विकसित हुआ। चीनी निर्माता गन्ने और ताड़ के रस को पकाकर गुड़ और चीनी बनाते थे। पुर्तगाल के एक व्यापारी डी. बार्बोसा ने बंगाल में चीनी उत्पादन की प्रक्रिया पर प्रकाश डाला है। सोलहवीं शताब्दी के प्रारम्भ में उसने लिखा है कि- ''यहाँ गन्ने से सफेद चीनी बनती है। किन्तु इन्हें यह नहीं मालूम कि इसे दबाकर डलिया कैसे बनाई जाती है। इसलिए ये भुरभुरी चीनी को ही चमड़े के थैलों में भरकर भेज देते हैं।''[58]

अठारहवीं शताब्दी के आठवें दशक में चीनी उत्पादन की प्रक्रिया का जे. स्टावारिन्स का निम्नलिखित विवरण ध्यान देने लायक है—

> ये पक्की लकड़ी के दो मोटे रोलरों के बीच गन्ने को दबाकर उसका रस निकालते हैं। ये रोलर दो फुट लम्बे और छह इंच व्यास के होते हैं। ये दोनों रोलर सीधे बल एक के ऊपर एक करके रहते हैं। ये दोनों रोलर इस तरह जुड़े होते हैं कि जरा भी हिलते-डुलते नहीं। इनके बीच करीब चौथाई इंच ज़गह रहती है। हर एक रोलर के किनारे में चार अरे (स्पोक्स) या हत्थे होते हैं जिन्हें दो व्यक्ति विपरीत दिशाओं में घुमाते हैं। इन रोलरों के बीच से गन्ने की करीब चौथाई इंच चौड़ी खोईयाँ बाहर

निकलती जाती हैं और रस नीचे रखी नाद में भरता जाता है। इस रस को चूल्हें के छेदों पर रखे बरतनों में रखकर पकाते हैं। चूल्हें में सूखी खोईया ही इंधन के रूप में जलाई जाती हैं। इस तरह से गुड़/खाँडसारी शक्कर बनती है।[59]

नमक बनाना भी किसान उद्योग से पेशेवर शिल्प बना। नमक के कारीगरों को बंगाल में मलंगी (मौलंगी) कहते थे। ये दो वर्गों में बँटे थे-अजूरा (अजोरा) और ठीका। पहले वर्ग के कारीगरों के घर और जमीनें नमक के कारखाने (खलरियों) के पास होती थीं। नमक बनाना इनका खानदानी पेशा था। ठीकावाले कारीगर मालिकों के यहाँ साप्ताहिक मजदूरी के ठेके पर काम करते थे।[60] धूप में पानी सुखाकर बने नमक को **कुर्कुत्व** कहते थे। इससे उन्नत तरीका भी था जिसमें लवण-जल को उबालकर नमक बनाते थे। ऐसे नमक को **पुंगा** कहते थे। बंगाल और मैसूर में नमक बनाना खानदानी पेशा था।[61]

कुम्हारों और चमारों द्वारा बाज़ार के लिए सामान बनाना भी आत्मनिर्भर ग्रामीण सामुदायिक शिल्पों के विघटन का प्रमाण है। अठारहवीं शताब्दी के अन्त और उन्नीसवीं शताब्दी के प्रारम्भ में हम देखते हैं कि छोटे व्यापारी गाँव के कुम्हारों से बरतन खरीदकर बाज़ार में खुदरा बेच देते थे।[62] बिहार में चमार स्थानीय रुचि के जूते बनाता था। ऐसे ग्रामीण चमार 3 रुपये और शहरी चमार 5 से 6 रुपये के बीच कमाई कर लेता था।[63]

लघु शिल्प उत्पादन के विकास का आधार श्रम का सामाजिक विभाजन था। इसमें कृषि से शिल्प पृथक था। गाँव से शहर पृथक था। ये सभी प्रक्रियाएँ विवेच्य-काल में उभरकर सामने आईं। इसमें कोई शक नहीं कि पारम्परिक कृषक सम्बन्धों के विघटन और ग्राम-समुदाय में कृषकों की जोतों के बिखराव, समाज में सम्पत्ति की निरन्तर बढ़ती असमानता, आत्मनिर्भर अर्थव्यवस्था का विघटन, माल मुद्रा सम्बन्धों के विस्तार आदि कारणों से इस प्रक्रिया की गति ओर तेज हो गई। अठारहवीं शताब्दी के अन्तिम और उन्नीसवीं शताब्दी के पूर्वार्द्ध में भारत औपनिवेशिक अत्याचारों का शिकार हो गया। इसकी वज़ह से पुराने सामाजिक संगठन की चूलें हिल गईं। इससे सामुदायिक शिल्प का पारम्परिक रूप ढहने लगा। अठारहवीं शताब्दी के अन्त और उन्नीसवीं शताब्दी के प्रारम्भ तक कृषकों और कारीगरों के बीच खरीदने और बेचनेवाले का रिश्ता बनने लगा।

लघु माल उत्पादक कारीगरों की सामाजिक आर्थिक अवस्था की एक विशेषता यह थी कि अब हर पेशे के कारीगर की अपनी जाति होती थी। वंशानुगत पेशे से जाति का निर्णय होता था। इसकी दूसरी परम्परा अपनी जाति में ही विवाह करने की थी। सोलहवीं शताब्दी के अन्त में भारत की यात्रा पर आए डच यात्री जे.एच. लिंशोटन ने लिखा है कि-"भारत के विधर्मियों का रिवाज़ है कि कोई व्यक्ति अपना

पुश्तैनी पेशा नहीं बदल सकता। उसे अपने पिता का ही पेशा अपनाना होता है और उसी पेशे की कन्या से विवाह करना पड़ता है।''[64]

ई. आइव्स के मतानुसार, ''कारीगरों को पुराने ढर्रे से अलग नहीं कर सकते थे। यदि आप उन्हें कुछ सिखाना चाहते हैं तो या कोई बेहतर तरीका बतलाना चाहते हैं तो वे अपने पुरखों के रिवाज़ की दुहाई देंगे। जिनके प्रति उनके मन में असीम सम्मान होता है। वे अपनी प्राचीन परम्परा से एक इंच भी नहीं हटते।''[65] आइव्स एक अंग्रेज यात्री था जो अठारहवीं शताब्दी के मध्य में भारत आया था।

सामन्त शासक अपनी इच्छा से चाहे जिस वस्तु पर अपना एकाधिकार घोषित कर सकता था। सामन्त शासक क्रय के एकाधिकार का इस्तेमाल करते थे। वे ही इन वस्तुओं (ख़ासकर अच्छी कारीगरी की वस्तुओं) के प्रमुख उपभोक्ता थे। पीटर मंडी ने सोलहवीं शताब्दी के तीसरे दशक में लिखा है कि- ''अम्बरी अर्थात मलमल जिसे हम पटना के आसपास से खरीदते थे अब बहुत महँगा हो गया है क्योंकि स्थानीय सूबेदार यहाँ की मलमल खरीदकर बादशाह के महल के लिए भेज देता है। इस काम में यहाँ के अधिकांश बुनकर लगे रहते हैं। शाह और सामन्त सरदारों के इस्तेमाल के लिए बने कपड़ों और दूसरी वस्तुओं को सरकार कहते थे।''[66] विशेष शासकीय हुक्म से इनके दाम निर्धारित किए जाते थे और कारीगरों की मजदूरी तय होती थी। मुग़ल साम्राज्य की यही प्रथा थी।

कारीगरों के आर्थिक-राजनीतिक जीवन के अनेक पहलुओं पर सामन्ती शासकों की मनमानी का प्रभाव पड़ता था। शासक किसी नए शहर में या उपनगर में बसने पर मजबूर कर सकते थे। कभी-कभी ये शासक पुरानी तकनीक के स्थान पर यूरोपीयों द्वारा चालू किए गए प्रगतिशील तकनीकी सुधारों का भी विरोध करते थे।

भारत के कारीगरों का दारुण कष्टपूर्ण जीवन की व्याख्या डच यात्री फ्रांसिस्को पेल्सर्ट ने भी किया है जिसने सोलहवीं शताब्दी के दूसरे दशक (बीसवें वर्ष) में भारत की यात्रा की थी। कारीगरों के कष्ट दो प्रकार के हैं, पहला यह कि उन्हें मजदूरी कम मिलती है, दूसरा कष्ट सूबेदार द्वारा दमन है। सूबेदार के साथ-साथ उसके छोटे-बड़े अहलकार यानी दीवान, कोतवाल, बख़्शी, आदि उसकी गर्दन नापने को तैयार बैठे रहते हैं। यदि इनमें से किसी को किसी कारीगर की जरूरत पड़ती तो वह उससे यह नहीं पूछता था कि तुम्हारी मजदूरी कितनी होगी, वह काम करने को तैयार है या नहीं। होता यह था कि उसे उसके घर या सड़क/गली से ही पकड़वा लाते थे। अगर किसी तरह का विरोध करता तो उसकी अच्छी पिटाई की जाती थी। दिन भर काम कराकर शाम को उसकी मजदूरी का आधा चुकता कर देते थे। कभी-कभी तो बेचारे को एक छदाम भी नहीं देते थे।[67] कारीगरों पर स्थानीय सरकारी अमले ही अत्याचार नहीं करते थे। सत्रहवीं-अठारहवीं शताब्दी में यूरोप के व्यापारियों, ख़ासकर अंग्रेजों ने भी ऐसी भूमिका अपना ली थी।

मध्यकालीन ग्रामीण व्यवस्था के अन्तर्गत उन सामाजिक और आर्थिक आवश्यकताओं को ढूँढ़ा जा सकता है जिनके कारण कृषि पर आधारित हस्त उद्योग एवं बाज़ार के लिए उत्पादित वस्तुओं के उत्पादन का क्रम साथ-साथ चल रहा था। उत्पादन की इस प्रक्रिया में महत्वपूर्ण परिवर्तन सत्रहवीं शताब्दी में स्पष्ट देखा जा सकता है, जब उत्पादन का लक्ष्य स्थानीय आवश्यकताओं की पूर्ति से उठकर विस्तृत माँग की पूर्ति हो गया था। यह परिवर्तन केवल उत्पादन की मात्रा में वृद्धि तक ही सीमित न होकर नवीन उद्योग धन्धों की स्थापना एवं व्यवसायिक दक्षता के क्षेत्र में हुआ जिसने भारतीय आर्थिक एवं सामाजिक स्थिति पर महत्वपूर्ण प्रभाव डाला।

ग्राम-समाज में परम्परागत रूप से हस्तशिल्प उद्योग कृषि के साथ जुड़े हुए थे। ग्राम-समाज के अध्ययन में उन दस्तकारों का उल्लेख किया जा चुका है जो मुख्यतः कृषक वर्ग की आवश्यकताओं की पूर्ति के लिए विभिन्न वस्तुओं का उत्पादन करते थे। इनमें सुनार, लुहार, खाती, चमार आदि वर्ग दस्तकारी से सम्बन्धित विभिन्न कार्यों में दक्ष थे तथा स्थानीय माँग के अनुसार वस्तुओं का निर्माण करते थे। यद्यपि स्थानीय गृह उद्योग का यह स्वरूप मध्यकाल में बना रहा, तथापि मुग़लकाल में मौद्रिक अर्थ के विकास और विस्तार तथा कृषि उत्पादन की प्रकृति में परिवर्तन के परिणामस्वरूप कृषि पर आश्रित गृह-उद्योगों का स्थान धीरे-धीरे व्यावसायिक वस्तु उत्पादन ने ले लिया। दस्तकारी उद्योग के अन्तर्गत यह विशेषता सोलहवीं से अठारहवीं शताब्दी के मध्य में स्पष्ट रूप से देखने को मिलती है।

सन्दर्भ सूची

1. मांटगोमरी, मार्टिन आर., दि हिस्ट्री, ऐंटिक्विटीज, टपाग्राफी एंड स्टैटिस्टिक्स ऑफ ईस्टर्न इंडिया, कंपाइलिंग डिस्ट्रिक्ट्स ऑफ बिहार, शाहाबाद, भागलपुर, गोरखपुर, दीनाजपुर, पूर्णिया, रंगपुर एंड आसाम भाग 2, लन्दन, 1838, पृ. 959
2. मांटगोमरी मार्टिन, पृ. 277
3. बुकानन, एफ.एच., ए जर्नी फ्राम मद्रास थ्रू दि कंट्रीज ऑफ मैसूर, केनरा एंड मालाबार भाग 2 लन्दन, 1807, पृ. 263
4. रीड ए., दि बारामहल रिकार्ड्स सेक्शन IV प्रोडक्शन, मद्रास, 1912, पृ. 59
5. मांटगोमरी मार्टिन, भाग 3, पृ. 960
6. बुकानन, पृ. 317
7. रीड, पृ. 59
8. मांटगोमरी मार्टिन, पृ. 267
9. महुआन'स, 'अकाउंट ऑफ दि किंगडम ऑफ बंगाल', ज.रा.ए.सो. 1885, पृ. 53
10. मांटगोमरी मार्टिन, पृ. 975

11. बुकानन, पृ. 78
12. अबुल फज़ल अल्लामी, दि आइन-ए-अकबरी, भाग 1, कलकत्ता, 1939
13. पेल्सर्ट, एफ., जहाँगीर'स इंडिया : दि रिमोंस्तरांसी ऑफ फ्रांसिस्को पेल्सर्ट, कैम्ब्रिज, 1925, पृ. 46
14. लिंशोटन जे.एच., दि वायेज ऑफ ह्यूमेन वान लिंशोटन टु दि ईस्ट इंडीज, भाग 1 लन्दन, 1897, पृ. 62
15. मोरलैंड, डब्ल्यू. एच., रिलेशन ऑफ गोलकुंडा दि अर्ली सेंवेटीन्थ सेंचुरी, लन्दन, 1931, पृ. 61
16. महुआन'स अकाउंट, पृ. 531
17. मांटगोमरी मार्टिन, पृ. 959
18. सिन्हा, एन.के., दि इकोनामिक हिस्ट्री ऑफ बंगाल : फ्राम प्लासी टू दि परमानेंट सेटेंलमेंट, भाग 1, कलकत्ता, 1661, पृ. 183
19. फर्दर सोर्सेज ऑफ विजयनगर हिस्ट्री, (सम्पा.) के.ए.एन. शास्त्री और एन. वेंकटरमनैया भाग-3, मद्रास, 1946, पृ. 90
20. मांटगोमरी मार्टिन, पृ. 959
21. सिन्हा, पृ. 183
22. वार्ड, डब्ल्यू., ए व्यू ऑफ दि हिस्ट्री, लिटरेचर एंड रिलीजन ऑफ दि हिन्दुस्तान...भाग 1, लन्दन, 1817, पृ. 93
23. टेलर जे.ए., ए. डिस्क्रिप्टिव एंड हिस्टोरिकल अकाउंट ऑफ दि काटन मैन्युफैक्चर्स टाफ ढाका इन बंगाल, लन्दन, 1851, पृ. 72
24. सिन्हा, पृ. 160
25. बारबोसा, डी., दि बुक ऑफ डुआर्ट बारबोसा, एन अकाउंट ऑफ दि कंट्रीज बार्डरिंग आन दि इंडियन ओशन एंड देयर इनहैबिटेंट्स, भाग 2, लन्दन, 1919, पृ. 132
26. बार्थोमा, एल. दि ट्रैवेल्स ऑफ लुदोविको डी वर्थेमा इन ईजिप्ट, सीरिया, अरेबिया, पर्शिया, इंडिया 1508, ए.डी. लन्दन 1863, पृ. 107
27. बार्थोमा, पृ. 308
28. ओलाफ्सन, जे., दि लाइफ ऑफ दि आइसलैंड जान ओलाफ्सन ट्रैवेल टु इंडिया, ब्रिटेन बाई हिमसेल्फ एंड कंप्लीटेड अबाउट 1661 ए.डी., भाग 1, लन्दन, 1923, पृ. 158
29. मैनरिक, एस., ट्रैवेल्स ऑफ फ्रेसंवेशियन मैनरिक (1629-1643) भाग 2, आक्सफोर्ड, 1927, पृ. 147
30. दि इंग्लिश फैक्ट्रीज इन इंडिया ए कैलेंडर ऑफ डाक्यूमेंट्स, (सम्पा.) डब्ल्यू फोस्टर, आक्सफोर्ड, इन दि इंडिया ऑफिस, ब्रिटिश म्यूजियम एंड पब्लिक रिकार्ड, ऑफिस (1618-1969), भाग 1, 1906, पृ. 128
31. मैनरिक, पृ. 45
32. मांटगोमरी मार्टिन, पृ. 97
33. साल्बांके, जे., दि वायेज ऑफ एम. जोसेफ साल्बांके थ्रू इंडिया, पर्शिया, पार्ट ऑफ टर्की,

दि पर्शियन गल्फ एंड अरेबिया, 1609, ग्लासगो, भाग 3, 1905, पृ. 82

34. डब्ल्यू फोस्टर (सम्पा.), पृ. 309
35. बावरी टी., ए ज्याग्राफिकल अकाउंट ऑफ दि कंट्रीज राउंड दि बे ऑफ बंगाल, 1669-1679, कैम्ब्रिज 1905, पृ. 190
36. व्हीलर जे.टी., इंडिया अंडर ब्रिटिश रूल फ्राम दि फांउडेशन ऑफ ईस्ट इंडिया कम्पनी, लन्दन, 1886, पृ. 13
37. पाइरार्ड, एफ., दि वायेज ऑफ फ्रैंकोई पाइरार्ड ऑफ लेवल टु दि ईस्ट इंडीज, दि मालदीव, दि मलक्का एंड ब्राजील (1607-1610), भाग 102, लन्दन, 1607, पृ. 8
38. ओर्म्स आर., हिस्टोरिकल फैग्मेंट्स ऑफ दि मुग़ल एम्पायर, लन्दन, 1905, पृ. 409
39. डब्ल्यू. फॉस्टर (सम्पा.), पृ. 192
40. मंडी पी., दि ट्रैवल्स ऑफ पीटर मंडी, इन यूरोप एंड एशिया (1608-1667 ए.डी.) भाग 2, लन्दन, 1914, पृ. 145

पीटर मंडी या पीटर मुंडी (जन्म 1608 ई. - मृत्यु 1667 ई.) एक ब्रिटिश व्यापारी, यात्री और लेखक था। वह पेन्रीन के कोर्निश पायलकार्ड व्यापारी का बेटा था जो 1609 ई. में पेन्रीन से दक्षिणी कॉर्नवाल (ग्रेट ब्रिटेन) में आकर बस गए थे। उसने ब्रिटिश ईस्ट इंडिया कम्पनी में 25 पांउड वेतन पर सेवा प्रारम्भ की। मंडी भारत में 1628-1634 ई. के मध्य रहा। उसने इंग्लैंड से सूरत की यात्रा की, जहाँ 30 सितम्बर 1628 ई. में पहुँचा। 1630 ई. में पीटर मंडी को आगरा स्थानान्तरित करने पर सहमति हुई। उसने 11 नवम्बर को अपनी यात्रा शुरू की और 3 जनवरी, 1931 ई. को आगरा पहुँचा। उसने अपने वरिष्ठों की सेवा की लेकिन फिर उसे कपड़े पर निवेश करने के लिए पटना जाने के लिए कहा गया। 6 अगस्त 1632 ई. को वे पटना के लिए रवाना हुआ। उन्होंने 500 मील की यात्रा की और फिर 20 सितम्बर 1632 ई. को पटना पहुँचा। उन्होंने पटना में अच्छा लाभ नहीं कमाया फलस्वरूप 16 नवम्बर, 1632 ई. को आगरा लौटने का फैसला किया।

1632 ई. में आगरा से पटना जाने के दौरान उसने 200 मीनार या खम्भे देखे, जिन पर मोर्टार के साथ लगभग 7000 कटे हुए सिर चिन दिए गए थे। इसे उसने अब्दुल्ला खान और उसकी 12,000 घोड़े और 20,000 पैदल मुग़ल फौज का कारनामा बताया, उसके शब्दों में- ''अब्दुल्ला खाने ने हिन्दुओं के सभी कस्बों को नष्ट कर दिया, उनकी सारी सम्पत्ति को हड़प लिया, उनकी पत्नियों और बच्चों को ग़ुलाम बना लिया और उनके सभी प्रमुख पुरुषों के सिर काटकर मीनारों में चिनवा दिया।'' चार महीने बाद पटना से आगरा लौटने के दौरान, मंडी ने देखा कि इस बीच प्रत्येक मीनार पर 2100 से 2400 कटे हुए हिन्दू सिरों के साथ, 60 अन्य मीनारों को जोड़ा गया था और नई मीनारों के निर्माण अभी तक रुके नहीं थे।

वह 22 दिसम्बर 1632 ई. को आगरा पहुँचा और वहाँ दो महीने तक रहा, जहाँ उसने शाहजहाँ के दो बड़े बेटों की शादी देखी। उसे फतेहपुर सीकरी का दौरा करना पंसद था। उसने अपने यात्रा वृत्तान्त में आगरा के एक मकबरे (ताजमहल) के शुरूआती निर्माण का उल्लेख किया था। मंडी ने भारतीय त्योहारों, प्रथाओं, बागों, मकबरों, मवेशियों, अनाजों,

पण्य वस्तुओं के मूल्यों, रहन-सहन, आगरा और फतेहपुर सीकरी का किला, अकाल त्रासदी सहित भारतीय व्यंजनों आदि का विस्तार से वर्णन किया है।

उसने पान के पत्ते के खाने की विधि का रोचक वर्णन किया है। "हमने पान के कुछ टुकड़े भी देखे, जो इस देश में खाने के लिए इस्तेमाल किया जानेवाला एक प्रकार का पत्ता है। पान खानेवाले पहले सपरोज़ (सुपारी, सुपाड़ी) नामक एक प्रकार का नट लेते हैं, जिसे तोड़कर वे इन पत्तों में से एक में रखकर, उन पत्तों पर थोड़ा सा बुझा हुआ चुना लगाते हैं और अपने मुँह में डाल लेते हैं। पान को चबाते हुए उसके रस को तब तक निगलते रहते हैं जब तक कि वह सूख न जाए, फिर इसे थूक दिया जाता है लेकिन यह बहुत पौष्टिक, गन्ध में मीठा और स्वादिष्ट है।"

मंडी के अनुसार फरवरी, 1633 ई. में राजा के सबसे बड़े बेटे दाराशिकोह और दूसरे बेटे शुजा की शादी 8 दिनों के भीतर ही कर दी गई थी, पहले 17 वर्षीय दारू शुकूर (दारा-शिकोह) की सुल्तान परवेज की बेटी (लगभग 14 वर्षीय) से निकाह हुआ और सुल्तान शुजा का निकाह रुस्तम कन्धारी की बेटी से हुआ। दोनों ही अल्प आयु के थे।

मंडी ने 1630-32 ई. में गुजरात में आये भयंकर अकाल का विवरण दिया है। उसने भोजन के लिए बच्चों को बेचते हुए देखा। 25 फरवरी, 1633 ई. को आगरा से सूरत को प्रस्थान किया। 9 सितम्बर, 1634 ई. को सूरत से इंग्लैंड वापस लौट गया।

पुनः 14 अप्रैल, 1636 ई. को डाउन्स, इंग्लैड से शुरू हुई यात्रा पर वह भारतीय मार्गों से चीन और जापान की यात्राओं पर निकला। ईस्ट इंडिया कम्पनी के एक प्रारम्भिक और अल्पकालिक प्रतिद्वन्द्वी कूर्टेन एसोसिएशन (1635 में किंग चार्ल्स प्रथम द्वारा चार्टर्ड) के लिए एक फैक्टर (लाइसेन्स प्राप्त व्यापारी) के रूप में नियोजित हुआ। सर विलियम कूर्टेन द्वारा चार जहाजों और दो पिननेस के बेड़े को भेजा गया था, ऐसा प्रतीत होता है कि मंडी को यहीं एक फैक्टर के रूप में नियोजित किया गया था।

पन्द्रह महीनें बाद, वह मकाऊ पहुँचा। अपनी डायरी में उस शहर और उसके एशियाई, यूरोपीय और यूरेशियन निवासियों के महान धन और ग्लैमर को दर्ज़ किया। ब्रिटेन और चीन के बीच यह पहला सम्पर्क था। उसकी डायरी में उसे चीनीयों द्वारा "चा" या चाय परोसने और एक स्पेनिश व्यापारी जहाज पर चॉकलेट चखने का विवरण है। मंडी ने "चा" (चाय) का पहला अंग्रेजी सन्दर्भ दर्ज़ किया। मकाऊ में उसने जापानी (जिन्हें चीन में बसने की अनुमति नहीं थी) और पुर्तगाली शरणार्थियों को ईसाई उत्पीड़न से भागते हुए देखा, जो उस समय जापान में अपने चरम पर था। कालान्तर में उसने ईस्ट इंडिया कम्पनी में फैक्टर के रूप में कार्य किया। फालमाउथ में 1663 ई. में उसने यात्रा के दिनों की समाप्ति की घोषणा की। उसने डायरी में अपनी कई यात्राओं में तय की गई दूरी की गणना 1,00,833 और 5/8 मील के रूप में दर्ज़ की है। हक़्लुयट सोसायटी, लन्दन द्वारा प्रकाशित होने से पहले लगभग 300 वर्षों तक उनकी पांडुलिपियाँ खो गई थीं। पीटर मंडी के विवरण 1628 ई. से 1634 ई. के बीच भारतीय सामाजिक और आर्थिक इतिहास जानने के महत्वपूर्ण स्रोत हैं।

41. फासेट, सी.एच., दि इंग्लिश फैक्ट्रीज इन इंडिया (न्यू सिरीज) भाग 1, पृ. 165
42. सिन्हा, पृ. 186

43. चक्रवर्ती, मुकुन्दराम, कविकंकण, चंडीमंगल, (जे.एन.दास गुप्ता, बंगाल इन दि सिक्सटींथ सेंचुरी ए.डी., कलकत्ता, 1914, पृ. 92
44. मांटगोमरी मार्टिन, पृ. 973
45. वार्ड, पृ. 93
46. टेलर, पृ. 174
47. मांटगोमरी मार्टिन, पृ. 974
48. फोर्ट विलियम- इंडिया हाउस कॉरेस्पांडेन्स एंड अदर कंटेम्परारी पेपर्स रिलेटिंग देयर टु, भाग 5, नई दिल्ली, 1951, पृ. 139
49. डब्ल्यू. फोस्टर (सम्पा.), पृ. 192
50. डब्ल्यू. फोस्टर (सम्पा.), पृ. 287
51. हेवार्ट, डी., ओप एन एंडरगैंग वान कोरोमंडल, एम्स्टर्डम, 1963, पृ. 13
52. फ्रायर, एफ., ए. न्यू अकाउंट ऑफ दि ईस्ट इंडिया एंड पर्शिया, इन एट लेटर्स 1672-1681 भाग 1, लन्दन, 1909, पृ. 90
53. मोरलैंड, पृ. 63
54. ओलाफ्सन, पृ. 142
55. मांटगोमरी मार्टिन, पृ. 261
56. एनुअल प्रोग्रेस रिपोर्ट ऑफ दि असिस्टेंट आर्कियालाजिकल सुपरिंटेंडेंट फार दि एपिग्राफी सदर्न सर्किल 1910-11, पृ. 77
57. बार्थोमा, पृ. 158
58. बारबोसा, पृ. 146
59. सेलेक्ट डाक्यूमेंट्स ऑफ दि ब्रिटिश पीरियड ऑफ इंडियन हिस्ट्री (इन कलेक्शन ऑफ दि विक्टोरिया मेमोरियल, कलकत्ता) सम्पा. एल.सी. गांगुली कलकत्ता, 1958, पृ. 217
60. सिन्हा, पृ. 217
61. सिन्हा, पृ. 552
62. मांटगोमरी मार्टिन, पृ. 948
63. मांटगोमरी मार्टिन, पृ. 252
64. लिंशोटन, पृ. 231
65. आइब्स, ई., ए वायेज फ्राम इंग्लैंड टु इंडिया इन दि ईयर 1754, लन्दन, 1773, पृ. 52
66. बुकानन, पृ. 168
67. पेल्सर्ट, पृ. 60

❸

अन्त:देशीय एवं अन्तर्देशीय व्यापार

यह अध्याय प्रमुख व्यापारिक केन्द्रों के व्यापारिक गतिविधियों पर केन्द्रित हैं। इसमें बाज़ार और उनके लेन-देन, अन्तर्प्रान्तीय (अन्त:देशीय) और अन्तर्देशीय व्यापार, प्रमुख व्यापारिक मार्ग, व्यापारिक केन्द्रों का शहरीकरण और व्यापार के संगठनात्मक पहलू पर प्रकाश डाला गया है।

सोलहवीं-सत्रहवीं शताब्दी में राजनैतिक स्थिरता और उत्पादन में वृद्धि के कारण व्यापारिक गतिविधि में काफी तेजी आई जिससे व्यापार में कई गुना वृद्धि हुई। इस दौरान भारत की व्यापारिक गतिविधियों में कई यूरोपीय देश भी शामिल हुए। पन्द्रहवीं शताब्दी के उत्तरार्द्ध में हुई भौगोलिक खोजों ने दुमिया के विभिन्न देशों के वाणिज्यिक सम्बन्धों को गहराई से प्रभावित किया। वास्कोडिगामा द्वारा केप ऑफ गुड होप के माध्यम से यूरोप से भारत के लिए एक नए समुद्री-मार्ग की खोज ने सभ्य दुनिया पर दूरगामी प्रभाव डाला। सोलहवीं शताब्दी के आरम्भ में ही भारत के पश्चिमी भागों में पुर्तगालियों के आगमन के बाद सत्रहवीं शताब्दी में अन्य यूरोपीय समुदायों (डच, अंग्रेज, डेन और फ्रांसीसी) का आगमन हुआ। जल्दी ही भारत के तटीय और समुद्री व्यापार पर यूरोपीय लोगों का अधिकार हो गया। इस अवधि के दौरान भारत आनेवाले यूरोपीय व्यापारी पहले के विदेशी व्यापारियों से भिन्न थे जो राजनीतिक और अपने देश की सरकारों से समर्थित थे।

अधिशेष कृषि उत्पादन का अधिकांश हिस्सा गाँव में ही बेचा जाता था। इनमें से अधिकांश बाज़ारों (परम्परागत अनाज व्यापारी) द्वारा खरीद लिया जाता था और वे इसे दूसरे शहरों और बाज़ारों में ले जाया करते थे। टैवर्नियर नामक फ्रांसीसी यात्री जो सत्रहवीं शताब्दी में भारत आया था, वह बताता है कि लगभग प्रत्येक गाँव में चावल, आटा, मक्खन, दूध, सब्जी, चीनी और विभिन्न प्रकार की मिठाइयाँ खरीदी जा सकती थी। यहाँ तक कि कई गाँवों में भेड़, बकरी, मुर्गा आदि भी उपलब्ध होते थे। उसके अनुसार प्रत्येक बड़े गाँव में एक सर्राफ या मुद्रा विनिमयदाता होता था। इसके अलावा क्षेत्र विशेष के प्रत्येक शहर में एक बाज़ार होता था जहाँ आसपास के लोग सामानों की खरीद बिक्री किया करते थे। इन नियमित बाज़ारों के अतिरिक्त हाट या पेंठ भी लगते थे, जहाँ गाँव के लोग रोजमर्रा की वस्तुओं का आदान-प्रदान

कर सकते थे या खरीद-बेच सकते थे। हाट नियतकालिक बाज़ार होते थे जो सप्ताह में किसी ख़ास दिन लगाए जाते थे। इस प्रकार के कुछ हाट किसी ख़ास वस्तु के व्यापार के लिए भी होते थे।

विभिन्न क्षेत्रों में छोटे और बड़े बाज़ारों यथा हाट, पेंठ, मंडी और व्यक्तिगत रूप से व्यापारियों के माध्यम से व्यापारिक गतिविधियाँ चलती रहती थीं। तपन राय चौधरी के अनुसार प्रत्येक गाँव और उसमें स्थित मंडी विनिमय और वस्तुओं के वितरण की कड़ी के रूप में काम करती थी।

ये स्थानीय व्यापारिक केन्द्र उस क्षेत्र के बड़े वाणिज्यिक केन्द्रों से जुड़े होते थे। प्रत्येक मुग़ल प्रान्त में एक बड़ा वाणिज्यिक केन्द्र होता था जहाँ सूबा के विभिन्न हिस्सों में उत्पन्न वस्तुओं का व्यापार होता था। आमतौर पर ये बड़े शहर सूबा के प्रशासनिक मुख्यालय हुआ करते थे। पटना, अहमदाबाद, सूरत, ढाका, आगरा, दिल्ली, लाहौर, मुल्तान, अजमेर, थट्टा, बुरहानपुर, मसूलीपट्टम, बीजापुर, हैदराबाद, कालीकट, कोचीन, आदि इस प्रकार के व्यापारिक केन्द्रों के कुछ उदाहरण है। स्रोतों से पता चलता है कि इन वाणिज्यिक केन्द्रों में केवल उस प्रान्त की वस्तुएँ ही नहीं मिलती थीं, बल्कि यहाँ दूसरे प्रान्तों और विदेशों में बनी वस्तुएँ भी उपलब्ध होती थीं। प्रत्येक शहर में कई बाज़ार होते थे। केवल अहमदाबाद और उसके आसपास लगभग 19 मंडिया थी। बाज़ार पर लगाये गए वाणिज्यिक कर को बाज़ार के आकार का सूचकांक माना जा सकता है। दिल्ली, आगरा, ढाका और लाहौर में अलग-अलग वस्तुओं के लिए अलग-अलग बाज़ार होता था।

विवेच्य-काल में भारत का अन्तःदेशीय व्यापार काफी विकसित था। यातायात के खर्च और आवागमन में लगनेवाले समय को देखते हुए यह कहा जाता है कि अन्तःदेशीय व्यापार का परिमाण काफी ऊँचा था। व्यापार के लिए वस्तुएँ एक जगह से दूसरी जगह सैकड़ों और कभी-कभी हजारों मील दूर ले जाई जाती थीं। अन्तःदेशीय व्यापार में अनाज और विभिन्न प्रकार के कपड़ों का विशेष स्थान था। लम्बी दूरी के व्यापार में विलास की वस्तुओं के साथ धातु और अस्त्र भी शामिल होते थे।

सोलहवीं-सत्रहवीं शताब्दी में भारत के ग्रामीण इलाकों में कृषक उद्योगों (कताई, बुनाई, शक्कर उत्पादन, तेल आदि) के साथ विक्रय योग्य वस्तु उत्पादन से सम्बन्धित उद्योगों का विकास हुआ था। ग्रामीण कारीगरों, बुनकरों, छपाईगरों, लुहारों, कुम्हारों, सुनारों आदि की काफी तरक्की हुई थी।

मुख्य रूप से उनके पड़ोस के बाज़ार व्यापार के स्थान थे। गाँव में भी दुकानें खुल गई थी और कारीगर तैयार हो गए थे। चौदहवीं से सोलहवीं शताब्दी के मध्य दक्षिण भारत में अभिलेखों में ऐसे छोटे-मोटे बाज़ारों का उल्लेख है। पन्द्रहवी-सोलहवीं शताब्दी में इनकी संख्या काफी बढ़ चुकी थी। 1569 ई. के एक अभिलेख

में जो उत्तरी अर्काट से मिला है, इस बात का उल्लेख है कि वहाँ के सामन्त राजा मंगलवार और बुधवार को लगनेवाली बाज़ारों में बिकनेवाली कुछ वस्तुओं पर कम और कुछ पर तो बिलकुल टैक्स (विक्रय कर) नहीं वसूलते थे।[1] सोलहवीं शताब्दी के प्रारम्भ के एक अभिलेख में स्थानीय व्यापारियों की दुकानों पर नकद कर लगने का उल्लेख है।

गाँव के बाज़ारों या दुकानों पर जो माल बिकता था, वह मुख्य रूप से वही होता था जो स्थानीय किसान या दस्तकार तैयार करते थे। उनकी बड़ी माँग होती थी। उनमें सभी तरह के अनाज, सब्जियाँ, फल, घी, नमक, मिर्च, कपास, सूत, मोटे कपड़े, लोहा और स्टील की वस्तुएँ और दूसरी बहुत सी वस्तुएँ होती थीं।[2]

उत्तर भारत से प्राप्त प्रमाणों से चौदहवी-सोलहवीं शताब्दी में व्यापार के विकास पर प्रकाश पड़ता है। इब्नबतूता ने चौदहवीं शताब्दी के मध्य से हुगली नदी से यात्रा की थी। उसके वर्णन से पता चलता है कि नदी के दोनों तटों पर गाँवों की श्रृंखला बनी हुई थी। ''ऐसा लगता था जैसे हम एक बाज़ार से गुजर रहे हों।''[3]

सोलहवीं शताब्दी के उत्तरार्द्ध वाले कतिपय प्रमाणों से भी हुगली नदी के दोनों किनारों पर बसे बाज़ारों का पता चलता है जिनमें स्थानीय किसानों और कारीगरों द्वारा बनाई चीजें बिकती थी। सतगाँव के पास, अनेक व्यापारी अपने इस्तेमाल के लिए नावें खरीदते थे। बजरे में सामान लादकर वे गंगा नदी (शायद हुगली) से जगह-जगह मेलों में आते-जाते थे। वहाँ वे अपना सामान बेचते और वहाँ का सामान खरीदते थे। सप्ताह में हर दिन कहीं-न कहीं कोई-न-कोई मेला लगता रहता था। मैने भी एक बजरा किराये पर लिया और नदी में काफी घूमा और कारोबार किया।[4] फिंच भी ऐसा ही एक विवरण देता है।[5]

ध्यान में रखने की बात यह है कि कृषक अर्थव्यवस्था में उत्पादन बढ़ने का मुख्य कारण यह था कि कृषक अब अनाज में लगान देने के स्थान पर नकद भुगतान करने लगे थे। दक्षिण भारत में अनेक स्थानों में ऐसा संक्रमण हुआ। विजयनगर में तो चौदहवी शताब्दी में ही यह परिवर्तन हो गया था। मुग़ल साम्राज्य के कुछ भागों में सोलहवीं शताब्दी के मध्य में (इससे पूर्व भी छिटपुट प्रयत्न हुए थे) नकद लगान ली जाती थी। अबुल फज़ल लिखता है कि बंगाल के किसान राजस्व अदा करने के लिए निश्चित किए स्थानों पर मुहरें और रुपये लाते थे। यहाँ सरकार और किसान के बीच अन्न का बँटवारा करने की प्रथा न थी। भूमि का लगान नकद लेने के अलावा किसानों के मकान और बागों पर भी नकद कर लगता था। नकब बनाने और मछली मारने के अधिकार के बदले रुपये देने पड़ते थे। बाज़ार पर भी कर लगता था। नकदी फसलों पर कर लगता था। इसकी दर अन्य फसलों के अपेक्षाकृत कुछ अधिक थी।[6]

फिर भी भारत के कुछ भागों के गाँवों में विवेच्य-काल में मुद्रा वस्तु सम्बन्ध का विकास अपर्याप्त था, इसलिए फसल बर्बाद होने या सामन्ती शोषण से कुछ

किसानों के तबाह होने के कारण कुछ जिलों में शासन द्वारा लगान नकदी और अनाज में, दोनों तरह से लिया जाता था। अबुल फज़ल ने आइन-ए-अकबरी में लिखा है कि- सिर्फ नकद लेने की आदत नहीं पड़नी चाहिए। अनाज़ में भी वसूली होनी चाहिए।[7] सत्रहवीं शताब्दी के उत्तरार्द्ध में मुग़ल साम्राज्य में विदेशी व्यापार और शिल्पों की अवनति हुई। इसकी वज़ह युद्ध थे जिनसे अर्थव्यवस्था चरमरा गई थी। मुग़ल सेनाओं को सामान मिलता रहे, इस दृष्टि से औरंगजेब ने आदेश भी जारी किया कि गुजरात जैसे समृद्ध सूबे में भी फसल कटने के मौके पर खिराज़ वसूल की जाए और वसूली खाद्यान्न में हो।

कर अदायगी के लिए रुपये पास न रहने की वज़ह से किसानों को अक्सर महाजनों से कर्ज़ लेना पड़ता था। मैसूर, राजस्थान, गुजरात में भी अठारहवीं शताब्दी कें अन्त में यही दशा थी। यहाँ प्रजा जमीदारों को अनाज में लगान अदा करती थी या फिर महाजन से इस वादे पर कर्ज़ लेकर लगान चुकता करती थी कि अगली फसल बेचकर कर्ज़ चुका दिया जाएगा।[8]

सत्रहवीं-अठारहवीं शताब्दी में किसानों और बाज़ार के बीच रिश्ते घनिष्ठ हुए और वस्तु और मुद्रा के सम्बन्धों का भारत के कई भागों में गहरा प्रवेश हुआ। बंगाल, मैसूर और अन्य कई जिलों में जिनमें बाज़ार थे, कृषि अर्थव्यवस्था के सम्बन्धों के बारे में बहुमूल्य प्रमाण उपलब्ध है, कृषि उद्योगों से सम्बधित वस्तुओं की बिक्री होती थी। बुकानन ने अठारहवीं शताब्दी के अन्त में मैसूर की एक बाज़ार का वर्णन करते हुए लिखा है कि-पूरे तालुके में जगह-जगह साप्ताहिक हाटें लगती हैं। एक हाट से दूसरी हाट की दूरी दो से तीन मील है, इनमें किसान अपनी उपज ले जाते हैं और उन्हे बेचते हैं। कुछ तो सीधे ग्राहक्रों को फुटकर बेच देते हैं और कुछ थोक व्यापारियों को बेचते हैं। सभी हाटों में नकद सौदे होते हैं, गरीबों को छोड़कर वस्तु विनिमय का रिवाज़ नहीं है। वे अपने घर में उपजाई सब्जियों से अनाज खरीदते हैं।''[9]

बंगाल के गाँवों के बाज़ारों की भी यही दशा थी। बंगाल में हफ्ते में एक या दो दिन हाट लगती थी। रॉबर्ट मॉन्टगोमरी मार्टिन के अनुसार हर व्यक्ति सामान बेचने या खरीदने के लिए हाट में जाता है और फुटकर सौदा करता है। किसान अपने खेत की उपज लाता है, कलाकार अपनी कृति, मछुआरा मछली लाता है, छोटे-छोटे व्यापारी, जिनमें दुकानदार भी होते हैं, हाट में जाते हैं।[10]

मैसूर में अठारहवीं शताब्दी के अन्त में तोगोतारू जाति के गरीब बुनकर मोटी किस्म का सफेद कपड़ा बनाते थे। जिसमें लाल किनारे होते थे। अक्सर गाँव की औरतें उनको खरीदती थीं। मर्द और औरतें दोनों इसकी लुंगी पहनते थे। हाल्लियारू जाति के ग्रामीण बुनकर भी ऐसे ही उपभोक्ताओं के लिए कपड़े तैयार करते थे।[11] वेल्लुरू शहर में एक साप्ताहिक मेला लगता था, इसमें पड़ोस के कई गाँवों के

निवासी आते थे। यहाँ तरह-तरह की चीजें बिकती थीं, जैसे- मोटे किस्म की रूई, कपड़े, चादरें, चुन्नी, लोहे के सामान, वगैरह-वगैरह। वेल्लुरू में मुख्य काम सूती कपड़े बनाना था। बुनकर गाँवों में इस्तेमाल के लिए कपड़े बनाते थे। इसके अलावा वे बाहर भी भेजते थे। मोटे कपड़े वे हाट में बेच देते थे। एम. विल्क्स एक अंग्रेज सिविल सर्वेंट था, उसने लिखा है कि- ''मैसूर के सामुदायिक किसान अठारहवीं शताब्दी के अन्तिम भाग में कुछ कपड़े तो अपने घरों में बना लेते थे पर जरूरत के अनुसार बाज़ार से भी कपड़े खरीदते थे।''[12]

इस काल में कपड़ों की खरीद से बंगाल के किसानों का बाज़ार से और भी घनिष्ठ सम्बन्ध बन चुका था। दीनाजपुर के किसान अपने फुर्सत के समय जो कपड़ा बुनकर तैयार करते थे, अठारहवीं शताब्दी के अन्त और उन्नीसवीं शताब्दी के प्रारम्भ में कीमत की दृष्टि से उसका तिहाई तो उसी जिले में खप जाता था।[13] बंगाल में अधिकांश किसान बुनाई का काम नहीं करते थे। उन्हें जितने कपड़े की आवश्यकता होती थी उसे वे बाज़ार से खरीद लाते थे। एच. कोलब्रुक ने 1794 ई. में लिखा है कि बंगाली सादे कपड़े पहनते हैं और उन्हें वे बाज़ार से खरीदते हैं।[14]

कारीगर, विशेषकर बुनकर जो भी माल तैयार करते थे उसे गाँवों के बाज़ारों में ही नहीं बल्कि, शहरों के बाज़ारों में भी ले जाते थे। गाँवों के किसान और कारीगर जो भी सामान उपजाते या बनाते थे उसे शहरों के बाज़ारों में ले जानेवाले मुख्यतः व्यापारी होते थे। वे उत्पादकों से माल खरीद लेते थे। एम. मेथ्वोल्ड ने सत्रहवीं शताब्दी के प्रारम्भ में लिखा है कि- ''गोलकुंडा में कोमटी जाति के व्यापारी स्वयं गाँवों में जाकर या अपने नौकरों को गाँवों में भेजकर बुनकरों से कपड़े आदि इकट्ठा करवाते हैं, उसे वे पत्तन के बड़े व्यापारियों को बेच देते हैं। कभी-कभी नकद दाम लेते थे और कभी बदले में दूसरा माल। इनमें कुछ सर्राफ भी होते हैं।''[15]

कोमटी गाँवों से कपड़े ही नहीं बल्कि दूसरी वस्तुएँ भी खरीदते थे। मेथ्वोल्ड और कैरे ने भी लक्षित किया है कि कोमटियों में सबसे गरीब वह दुकानदार होता था जो सभी तरह के अनाज, सब्जियाँ, मसाले, घी, तेल और इसी तरह की वस्तुएँ बेचता था।[16] बंजारा की भी छोटे व्यापारियों में गिनती थी। वह किसानों और कारीगरों से शोरा, और नमक खरीदकर शहरों में बेचता था।[17]

विवेच्य-काल में प्रमुख व्यापार और औद्योगिक केन्द्रों के आसपास रहने वाले किसानों और कारीगरों की बाज़ार-व्यापार (मार्केट ट्रेड) में संख्या निरन्तर बढ़ती जा रही थी। सत्रहवीं शताब्दी के दस्तावेज़ों में इसके अनेक उल्लेख मिलते हैं। सूरत, खम्भात, आगरा, गौंड़, गोलकुंडा, मसूलीपट्टनम, मद्रास के आसपास के गाँवों में सूती कपडा बनता था। उड़ीसा में बालासोर, कटक, विशाखापट्टनम, गंजाम, पुरी आदि के आसपास कपड़ा व कृषि की उपज की वस्तुएँ बड़ी सस्ती मिलती थी। पटना में कपड़ा, नील, शोरा जैसी चीजें उसके आसपास से आती थीं।

कासिमबाज़ार, हुगली और दूसरे अन्य शहरों के आसपास बसे बुनकर और दूसरे कारीगर अपना माल बाज़ारों में बेचते थे।[18]

बड़े-बड़े नगर आसपास के जिलों के आर्थिक केन्द्र बन गए थे। ईस्ट इंडिया कम्पनी के एक कर्मचारी हटन ने 1657 ई. में लिखा था कि यहाँ (मसूलीपट्टनम में) सभी तरह के कैलिको (भारत में निर्मित कपड़े), रूई, सूत, छपाईदार सूती कपड़े, लोहा, स्टील और हर तरह का अनाज आसपास के गाँवों से बिकने आता है। टी. बावरी कहता है कि- मसूलीपट्टनम बहुत बड़ा बाज़ार था। दरअसल, 100 मील के घेरे में इतना बड़ा दूसरा बाज़ार न था।[19] सिन्धु नदी के किनारे बसे सहवान के शहर में भिन्न-भिन्न प्रकार के कपड़ों, नील, अफीम और हर तरह के खाद्य पदार्थो यानी चावल, घी, तेल आदि की बिक्री होती थी। इसमें अधिकांश माल नदी मार्ग से शहर में आता था।

गोलकुंडा के बन्दरगाह करेडु, पटना, निज़ामपट्टनम, मालदा, आगरा, खम्भात और दूसरे अनेक नगर क्षेत्रीय व्यापार केन्द्र थे।[20] उदाहरण के लिए नरसापुर में और वहाँ से 20-30 मील दूर तक गाँवों में जस्ते का एक छोटा सा सिक्का चलता था जिसे 'पीकन' कहते हैं।[21] जिस इलाके में यह सिक्का चलता था उससे प्रकट होता है कि नरसापुर का आर्थिक प्रभाव कितना विस्तृत था।

बड़े-बड़े व्यापारिक और औद्योगिक केन्द्र स्थानीय विपणन के केन्द्र बन गए थे। इस पर उनके माध्यम से न सिर्फ गाँवों के इलाके एकजुट हो गए थे बल्कि अनेक छोटे-मोटे शहर भी जुड़ गए थे। हरिहरपुर, जलासोर और दूसरे शहरों के कपड़े बालासोर में बिकते थे। वेटपल्लम (कृष्णा डेल्टा के दक्षिण), पालकोल्लु (गोदावरी डेल्टा) और अन्य नगरों से माल मसूलीपट्टनम में आता था।[22]

17वीं शताब्दी के अन्त के गोवा के बारे में लिखते हुए जे. लिंशोटन बताता है कि शहर के मुख्य मार्ग पर प्रतिदिन नीलामी होती थी। वह यह भी बताता है कि एक मार्ग पर बहुत सी दुकाने थीं जिनमे सभी प्रकार के रेशमी, मखमली, साटन के कपड़े चीन के बने चीनी मिटटी के बर्तन, रेशम और सभी प्रकार के वस्त्र मिलते थे। इन शहरों में बड़ी संख्या में व्यापारी, दलाल और सर्राफ रहते थे। बाहरी व्यापारियों के रहने के लिए इन शहरों में सरायों की व्यवस्था थी।

पूर्व में बंगाल का भारत के सभी हिस्सों से व्यापार सम्बन्ध काफी विकसित था। हुगली, ढाका, मुर्शिदाबाद, मालदा, सतगाँव, टाँडा, हिजली, श्रीपुर, सोनारगाँव बंगाल के महत्वपूर्ण व्यापारिक केन्द्र थे। इनमें हुगली व्यापार का सर्वप्रमुख केन्द्र था।

किसी भी क्षेत्र में जितने बड़े-बड़े शहर होते थे, उनके बीच घनिष्ठ व्यापारिक सम्बन्ध बने हुए थे। 1660 के दशक में आर. एडवर्ड्स ने लक्षित किया था कि मालदा जिले से रेशम के कपड़े दूसरे जिलों में जाते थे। उसने लिखा है कि अकेले तीन लाख रुपये का अलचा कपड़ा (रेशम और सूत के मेझरे से बनी पट्टियाँ) ढाका

जाता है। राजमहल और मुर्शिदाबाद के छोटे-छोटे व्यापारी भी उतनी ही कीमत के कपड़े वहाँ भेजते हैं।[23]

शहरों के निवासियों की आवश्यकताएँ पूरी करने के लिए बाज़ारों का जाल विद्यमान था। दुकानदारों के स्टाल या दुकानें होती थीं जहाँ हर तरह की खाद्य सामग्री, कपड़ा, सिले वस्त्र, जूते, चप्पलें, तश्तरियॉ, फर्नीचर, हथियार, कागज, हीरे-जवाहरात, और आभूषण, फूलमालाएँ, सीपियाँ तथा कच्चा माल जिसकी शहर के कारीगरों को जरूरत पड़ती थी, उपलब्ध थी।[24]

शहरों में मोटे कपड़े का व्यापार खूब चलता था जिसे यूरोपीय तो पसन्द नहीं करते थे किन्तु भारत के आम लोग मजे से पहनते थे।[25] सत्रहवीं शताब्दी की दिल्ली का वर्णन करते हुए फ्रांस्वा बर्नियर लिखता है कि—यहाँ कीमती चीजें आमतौर पर गोदामों में रखी जाती हैं। दुकानों पर मंहगे या तड़क-भड़क की चीजें आमतौर पर नहीं दिखलाई देती हैं। अगर एक दुकान में सोने-चाँदी की ज़री के कामवाले सुन्दर रेशम के कपड़े, सोने के कामवाली पगड़ियों और ब्राकेड के सामान मिलेंगे तो पच्चीस दुकानों में सिर्फ तेल या घी के कुप्पे, चावल, जौं, गेहूँ, बाजरा, दालों की बोरियों की छल्लियाँ भरी मिलेंगी। यह हिन्दुओं (जो मांस नहीं खाते हैं) के भोजन के साथ छोटी जाति के मुसलमानों और फौज का भी भोजन है। फलों की एक मंडी है जो सुन्दर दीखती है। इसमें बहुत सी दुकानें हैं जिनमें फारस, बल्ख, बोखारा और समरकन्द के मेवे बिकते हैं,[26] बंगाल का देश के प्रत्येक भाग से घनिष्ठ व्यापारिक सम्बन्ध था। सोलहवीं शताब्दी के प्रारम्भ में बंगाल का कोरोमंडल और मालाबार तट, कोंकण और गुजरात से व्यापार होता था। बंगाल से छोटे-छोटे जहाजों में चावल भरकर कोरोमंडल जाता था। इसके लिए वही जहाज काम में लाए जाते थे जो गंगा के डेल्टा में आसानी से चल सकें। डुआर्ट बर्बोसा के शब्दो में- ''मालाबार में जहाज हर साल, बड़ी तादाद में आते थे, इनमें अधिकांश में धान लदा रहता था। मालाबार तट पर खाद्यान्न की किल्लत रहती थी। वहाँ चावल बहुत जल्दी बिक जाता था।''[27]

बंगाल के भिन्न-भिन्न नगरों टाँडा, हिजिली, श्रीपुर, सोनारगाँव आदि से चावल के अलावा पश्चिमी तट को सूती कपड़ा भारी मात्रा में भेजा जाता था। प्रतिदिन सतगाँव से चावल, सूती कपड़ों और दूसरे सामानों से लदे 30 से 35 जहाज निकलते थे।[28]

भारत के बहुत से क्षेत्र अपने खाद्यान्नों के लिए बंगाल पर निर्भर थे। फ्रांसीसी यात्री फ्रेंकोई पाइरार्ड ने अपने यात्रा संस्मरण में लिखा है कि- ''अगर बंगाल के जहाज निर्धारित तिथि से देर से आते या रास्ते में खो जाते तो चावल के दाम बहुत बढ़ जाते थे, फिर अकाल जैसा हाहाकार मच जाता था।''[29]

बंगाल से माल बिहार में भी भेजा जाता था। पटना में मुर्शिदाबाद और सैदाबाद से रेशम, मोटा सूती कपड़ा (सहन-महीन मजबूत कैलिको) और सादा सूती कपड़ा

(हुम्माम या हुमाहुम) आता था। बंगाल के निचले भागों में मालदा से रेशम, दक्षिणी-पश्चिमी भागों से टसर, सरगाँव से कम्बल आते थे। बंगाल से जो रेशम पटना जाता था उसका बहुत बड़ा भाग पटना से आगरा और गुजरात भेज दिया जाता था।

सत्रहवीं शताब्दी में गुजरात में बंगाल के रेशम की बड़ी खपत थी। सूरत और अहमदाबाद से बंगाल के रेशम से बना कपड़ा सारे भारत में भेजा जाता था।[30] बंगाल का उत्तर भारत के साथ भी टिकाऊ व्यापारिक सम्बन्ध थे। उदाहरणार्थ—पंजाब (लाहौर और दूसरे नगर) को रेशम, सूती कपड़े और कच्चा रेशम भेजा जाता था।[31]

बंगाल में देश के दूसरे भागों को निर्यात के साथ-साथ आयात भी होता था। कोरोमंडल तट से ताँबा, जस्ता, टिन, तम्बाकू, मसाले और मसूलीपट्टनम की मशहूर वस्तुओं से लदे जहाज आते थे। कश्मीर से ऊन, उत्तर-पश्चिम सूबे से नमक, अफीम, टिन, कालीन और तरह-तरह की वस्तुएँ बंगाल आती थीं।[32]

बंगाल ही अकेला सूबा न था जिसका देश के भिन्न-भिन्न भागों से व्यापार चलता था। इस दृष्टि से कोरोमंडल तट भी कम सक्रिय न था। कोरोमंडल तट पर ताँबा, पारा, हिंगुल, मिर्च आदि गुजरात से आता था। मालाबार से मसाले आते थे। उड़ीसा का कोरोमंडल, मालाबार और खानदेश से घनिष्ठ व्यापारिक सम्बन्ध था। वहाँ समुद्री रास्ते से माल आता-जाता था। इसके अलावा नदियों और सड़कों से भी व्यापार होता था। बार्थोमा जोर देकर यह बतलाता है कि इस वक्त तक व्यापार में मुख्य रूप से देशी व्यापारियों की ही पूँजी लगी हुई थी।[33]

16वीं और 17वीं शताब्दी के दौरान भारत का अन्य देशों के साथ समृद्ध व्यापारिक लेन-देन कायम था। विदेशी व्यापार में भारतीय माल का निर्यात बहुत अधिक था जबकि आयात की मात्रा बहुत कम थी। मुख्य रूप से कपड़ा, शोरा और नील का निर्यात किया जाता था। चीनी, अफीम, मसाले और अन्य उत्पाद निर्यात की अन्य वस्तुएँ थीं। आयात कुछ चुनी हुई वस्तुओं तक ही सीमित था। मुख्य रूप से चाँदी का आयात होता था। यूरोप और एशिया के व्यापारी यहाँ से समान खरीदकर चाँदी से भुगतान करते थे। थोड़ा बहुत ताँबा, शीशा और पारा का भी आयात होता था। फारस से अच्छी किस्म की शराब कालीन और इत्र का आयात होता था। सैन्य उपयोग के लिए मध्य एशिया से धोड़ों का आयात किया जाता था। भूटान और नेपाल से कस्तूरी एवं नेपाल और तिब्बत से सुहागा का आयात किया जाता था।

बंगाल भारत का ऐसा प्रदेश था जिसका अत्यन्त प्राचीन काल से कोरिया-जापान-चीन, दक्षिण-पूर्व एशिया और मध्य-पूर्व एशिया (इसके माध्यम से यूरोप से) से व्यापार चलता था। चौदहवीं-पन्द्रहवीं शताब्दी में बंगाल से कपड़ों, रेशम और खाद्यान्नों का निर्यात किया जाता था। मसालों, सोना और अन्य धातुओं का मुख्य

रूप से आयात किया जाता था।[34] पन्द्रहवीं शताब्दी के प्रारम्भ में एक चीनी यात्री महुआन बंगाल आया था। उसने लिखा है कि बंगाल के व्यापारियों के पास दूसरे देशों को निर्यात के लिए बड़े-बड़े अच्छे जहाज थे।

सोलहवीं शताब्दी के उत्तरार्द्ध तक, बंगाल भारत का एक प्रमुख निर्यातक क्षेत्र था जहाँ चटगाँव, सोनारगाँव और बाकला कपास के सामानों के महत्वपूर्ण विनिर्माण केंद्र थे। मलमल एक महत्वपूर्ण वस्तु थी जिसे भारत के भीतर और बाहर दोनों जगह प्यार किया जाता था। यह एक श्रेष्ठ वस्त्र माना जाता था क्योंकि यह बहुत महीन और हल्का होता था। मुगल बादशाहों को भी मलमल से प्यार था और उन्होंने इसकी बारीक और हल्की प्रकृति के कारण इसे अब्रावन (बहता पानी), बाफ्ट हवा (बुनी हुई हवा) और शबनम (शाम की ओस) जैसे नाम दिए थे। ढाका की मलमल विशेष रूप से प्रसिद्ध थी। सोनारगाँव, बनारस, आगरा, मालवा, दक्कन, लाहौर, मुल्तान, बुरहानपुर और गोलकुंडा मलमल शिल्प के अन्य केंद्र थे, जैसा कि अबुल फज़ल ने आइन-ए-अकबरी में उल्लेख किया है। वास्को-डी-गामा ने एक निश्चित प्रकार के वस्त्र के बारे में बात की जिसे **एस्ट्रावेंटस** कहा जाता था जिसे एक बहुत ही पतले प्रकार के कपड़े के रूप में वर्णित किया गया था, जो महिलाओं के बीच बहुत सम्मानित था जिसका मलमल से संदर्भ होना चाहिए। विभिन्न यात्रा खातों में कपास की विविधताओं का उल्लेख सिनाबाफोस (एक अच्छा सफेद कपड़ा), काहुनार (चादर), बीतिल्हास और बेइरामेस (कई रंगों के महीन सूती कपड़े) के रूप में किया गया है। इस समय बंगाल की मलमल का व्यापार थाईलैंड और चीन और मध्य पूर्व में किया जा रहा था। ऑटोमन (तुर्कों) द्वारा पगड़ी के लिए मलमल को अत्यधिक पसंद किया गया। ढाका और श्रीपुर के पुर्तगाली व्यापारियों द्वारा इस वस्त्र का और अधिक व्यवसायीकरण किया गया।

सोलहवीं शताब्दी के प्रारम्भ में इथोपिया, अरब, सीरिया, तुर्की, ईरान, मलक्का, सुमात्रा, पेगू आदि देशों के साथ बंगाल का व्यापार फल-फूल रहा था। अनाज और कपड़ों का निर्यात प्रमुख था। पुर्तगाली टी. पायर्स के मतानुसार बंगाल से सालाना चार-पाँच जहाज कपास, शक्कर, अदरक लादकर मलक्का और जावा जाते थे। बंगाली व्यापारी मलक्का में कपड़े बेचकर खूब लाभ कमाते थे। वहाँ से कपूर, लौंग, जायफल, चन्दन, हीरे-जवाहरात, ताँबा, जस्ता, रांगा, पारा, पोर्सलीन (चीन से आयातित मिट्टी के बर्तन) आदि खरीद लाते थे। इन वस्तुओं पर स्थानीय मूल्य का 30 प्रतिशत निर्यात शुल्क लगता था, फिर भी व्यापारी इसे ठीक मानते थे, क्योंकि वे यही चीजें बंगाल में 250 प्रतिशत से 300 प्रतिशत के लाभ पर बेचते थे। बंगाल से मलक्का पहुँचने में जहाज को एक माह लगता था।[35]

कोरोमंडल तट के बन्दरगाहों का ईरान, अरब और अफ्रीका के पूर्वी तटों से पुराना व्यापारिक सम्बन्ध था। इसी प्रकार मलय द्वीप समूह, पेगू और चीन से भी

व्यापार की परम्परा चली आ रही थी। गोलकुंडा की मशहूर कपास, सूती धागे, लोहा, स्टील और अनाज का निर्यात होता था और बदले में सोना और चाँदी अफ्रीका, पेगू और चीन से तथा घोड़े अरब देशों से, मसालें और धातुएँ मलक्का से, रेशम और दूसरी चीजों का आयात चीन से होता था।[36]

सिन्ध, गुजरात, कोंकण और मालाबार के बन्दरगाहों से भी विदेशियों के साथ व्यापार होता था। स्थानीय व्यापारी (जिनमें बहुत से मुसलमान भी थे) लाल सागर और ईरान की खाड़ी के देशो, मलक्का और सुंडा द्वीपों के साथ व्यापार करते थे। वेनिस निवासी वर्थेमा लिखता है कि, ''सोलहवीं शताब्दी के खम्भात से हर साल 40 से 50 जहाज निकलते हैं। ये स्थानीय माल लेकर ईरान, अरब देशों, सीरिया और इथोपिया जाते हैं।'' कालीकट में उसकी मुलाकात ईरानी और अरबी व्यापारियों से हुई थी।[37]

टी. पायर्स ने लक्षित किया था कि मालाबार के व्यापारी कोरोमंडल की चीजें गुजरात ले जाते थे, जहाँ गोलकुंडा की रूई बेचकर उसके बदले कपड़े खरीदते थे जिसे वे मलक्का ले जाकर बेच देते थे। मलक्का से दक्षिण-पश्चिम एशिया और चीन की वस्तुएं लादकर मालाबार लौट आते थे।

15वीं शताब्दी में गुजराती वाणिज्य का विस्तार देखा गया, जो पूर्व में इंडोनेशियाई द्वीपसमूह में जावा वासियों के शिपिंग और व्यापार के उदय से मेल खाता था। मलक्का ने पूर्वी हिंद महासागर के 'प्रवेश द्वार' के रूप में और कमोडिटी एक्सचेंज के लिए एक पुनर्निर्यात केंद्र (गोदाम) के रूप में एक स्थान विशेष पर कब्जा कर लिया। गुजराती व्यापारी यहाँ मसाले खरीदने आते थे और मलाया से चीनी मिट्टी के बरतन, रेशम और टिन भी घर ले जाते थे। 16वीं शताब्दी की शुरुआत में, टॉम पायर्स ने उल्लेख किया है कि - ''1000 गुजराती व्यापारी हर साल 4000 नाविकों के साथ मलक्का की यात्रा करते थे।'' गुजरात की सल्तनत (1403-1573) के लिए कॉम्बे समुद्र का मुख्य आउटलेट (व्यवसायिक प्रतिष्ठान) था। समुद्री व्यापार में पर्याप्त गुजराती व्यापारी और साथ ही छोटे 'पेडलर' शामिल थे जो एक बाज़ार से दूसरे बाज़ार की यात्रा करते थे। गुजराती कपास के साथ सुमात्रन काली मिर्च का भुगतान इस हद तक किया गया था कि 17वीं शताब्दी में अचेह बाज़ार ने कोरोमंडल वस्त्रों को अस्वीकार कर दिया था। गुजराती व्यापारियों ने एक नया त्रिकोणीय व्यापार विकसित किया - कपड़े को अचेह तक और काली मिर्च को लाल सागर तक ले जाया गया तथा बुलियन को वापस गुजरात लाया गया।[38]

गुजराती मुस्लिम जहाज़ मालिक, गहरे समुद्र में नेविगेशन की स्वतंत्रता को संरक्षित करने और मध्य हिंद महासागर के व्यापार पर अपनी पकड़ बनाए रखने में रुचि रखते थे, जो शुरू से ही पुर्तगाली पैठ के सख्त विरोधी थे। 1511 ई. में मलक्का

पर पुर्तगाली विजय के बाद, गुजराती व्यापारी धीरे-धीरे बंदरगाह शहर से हट गए, जिन्हें तमिल केलिंग व्यापारियों द्वारा प्रतिस्थापित किया गया।

दक्षिण पूर्व एशिया में पुर्तगालियों द्वारा मांग की जाने वाली वस्तुओं में मलाकस से लौंग, बांदा से जायफल और गदा, सुमात्रा और सुंडा से काली मिर्च, इसके अलावा तिमोर से चंदन, बोर्नियो से कपूर, सुमात्रा से सोना और मलाया से टिन शामिल हैं। 17वीं शताब्दी में भारतीय समुद्री व्यापार शिखर पर था। प्रसिद्ध मसाला व्यापार की गिरावट गुजरात के व्यापारियों के लिए एक वास्तविक झटका नहीं थी। 1600 ई. में उनकी निरंतरता उल्लेखनीय है। गुजराती व्यापारी अभी भी हिंद महासागर के व्यापार में एक अनिवार्य व्यक्ति था 1605 ई. में मसाला द्वीप समूह में अंबोइना पर कब्जा करने के साथ, डच (Vereenigde Oost-Indische Compagnie) मसाले के व्यापार में पुर्तगालियों के सच्चे उत्तराधिकारी बन गए। 1641 में मलक्का की विजय के बाद, पुर्तगालियों की तुलना में डचों (V.O.C) ने मसालों में अधिक कुशलता से एकाधिकारवादी नीति अपनाई। उनका वाणिज्यिक संगठन जावा और मलाकस (Moluccas) में क्षेत्रीय ठिकानों और कारखानों के साथ समेकित था। हालाँकि, पुर्तगाली और गुजराती व्यापारियों द्वारा लाए गए सूरत के वस्त्र अभी भी व्यापक रूप से इंडोनेशियाई द्वीपसमूह में बेचे और वितरित किए गए थे। जैन पीटर्सन कोएन द्वारा तैयार किए गए ब्लूप्रिंट में, सुमात्रा के तट पर काली मिर्च और सोने के लिए गुजराती माल से अदला-बदली की जाती थी।*

18वीं शताब्दी में सूरत पर ग्रहण लगा और गुजरात के महान समुद्री व्यापार का पतन हुआ। इसके लिए अग्रणी कारकों में मुगल साम्राज्य का पतन, मराठा घुसपैठ, तट पर समुद्री डाकू, बंबई में स्थानांतरण और निजी क्षमता में काम करने वाले अंग्रेजी देश के व्यापारियों से कड़ी प्रतिस्पर्धा शामिल थी। मलय-इंडोनेशियाई दुनिया में, जावा, सुमात्रा और पूर्वी द्वीप डचों के कड़े नियंत्रण के तहत गरीब हो गए। अब मलेशिया के रूप में जाने जाने वाले क्षेत्रों में, व्यापारिक समूह लाभ के लिए एक नई खोज के साथ उभरे, जैसे कि- बुगिस। अंग्रेजों के निजी व्यापार ने दक्षिण पूर्व एशियाई व्यापार के चरित्र को पूरी तरह से बदल दिया। हिंद महासागर की व्यावसायिक वास्तविकता इसके भारतीय ढांचे से अविभाज्य थी। पूर्वी द्वीपसमूह में काली मिर्च और मसालों का लाभदायक व्यापार भारत से सूती वस्त्रों की सहायता के बिना लगभग असंभव था। क्षेत्र के कई द्वीपों की अर्थव्यवस्था केवल अपूर्ण रूप से मुद्रीकृत थी, और भारतीय हथकरघा बुनकरों द्वारा आपूर्ति किया गया कपड़ा एक

* मलोनी, रूबी, 'गुजरात ट्रेड विथ साउथ ईस्ट एशिया (सिक्सटीन्थ एंड सेवेंटिन्थ सेंचुरीज)', प्रोसीडिंग्स ऑफ द इंडियन हिस्ट्री कांग्रेस वॉल्यूम 75, प्लेटिनम जुबिली 2014, पृ. 336-340

आवश्यक वस्तु-विनिमय वस्तु प्रदान करता था जो रोजमर्रा के पहनने की जरूरतों के साथ-साथ एक लक्जरी (विलासिता) बाज़ार की माँग को भी पूरा करता था।*

सोलहवीं शताब्दी के उत्तरार्द्ध में, गुजरात के सरखेज और जंबुसर से नील का निर्यात किया जाता था और कोरोमंडल में नील मुख्य रूप से पुलिकट, कैंटिगन, तेगेनापट्टनम और दत्चेरोन से निर्यात होती थी। मध्ययुगीन काल के दौरान महत्व का एक अन्य स्थान अवध था। परिवहन का सामान्य मार्ग आगरा के माध्यम से सूरत के बंदरगाह तक था और सूरत से, वस्तुओं को विदेशों में भेज दिया जाता था। अवध से सूरत तक वस्त्रों का मुख्य बाज़ार आगरा था। इसलिए आगरा चौड़े बाफ्टा* और मोटे बाफ्टा जैसे वस्त्रों की उपलब्धता के लिए एक प्रमुख बाज़ार के रूप में उभरा। मुस्लिम व्यापारियों के बीच अवध के वस्त्रों की बहुत मांग थी, जो आगे चलकर कंधार के माध्यम से कारवाँ मार्ग के माध्यम से अवध के वस्त्रों का फारस, अरब और तुर्की को निर्यात करते थे। अवध के कुछ अन्य वस्त्र की किस्में **दरियाबाद** और **खैराबाद** और **मर्कूल** (एक प्रकार का चौड़ा बाफ्टा) थे।

पन्द्रहवीं-सोलहवीं शताब्दी में भारत और पश्चिमी तुर्किस्तान के बीच सूती कपड़ों, मसालों और दूसरी चीजों का व्यापार खूब फल-फूल रहा था। तुर्किस्तान से बुखारा और समरकन्द के रास्ते यह माल रूस जाता था।[39] सोलहवीं शताब्दी के अन्तिम चरण में रूस से कपड़े, जूते आदि वस्तुएँ तिब्बत और भूटान के रास्ते भारत आती थीं। सोलहवीं से अठारहवीं शताब्दी के मध्य रूस के साथ गुजरात और पंजाब के व्यापारी भी आयात-निर्यात करते थे। वे व्यापारी अस्त्राखान में जाकर बस गए थे।

अफनासी निकितिन (पन्द्रहवी शताब्दी) पहला रूसी व्यापारी था जिसने भारत की यात्रा की थी। सत्रहवीं शताब्दी के अन्तिम भाग में सैम्योन मार्लेकी नामक रूसी व्यापारी ने रूस के जार का परिचय पत्र औरंगजेब को पेश किया था। औरंगजेब ने उसे बिना शुल्क मुग़ल सम्राज्य में व्यापार की छूट दी थी किन्तु, अठारहवीं शताब्दी में रूस और भारत के बीच व्यापारिक रिश्ते आगे नहीं बढ़ सके क्योंकि उस समय भारत राजनीतिक संकट से गुजर रहा था।

---

* बाफ्टा (बाफ्ता या बफेता) एक फ़ारसी शब्द है जिसका अर्थ 'बुना हुआ' है। यह एक प्रकार का कैलिको है जो मूल रूप से भारत में बना है। इसका उत्पादन भरूच (गुजरात) में हुआ था। इसकी एक बंद सादा बुनााई संरचना है जिसे मोटे से महीन तक कई किस्मों में केवल कपास से या रेशम के साथ बनाया गया है। यह विभिन्न पोशाकों के लिए एक किफायती और आरामदायक सामग्री थी। बाफ्टा मध्यम वर्ग के पोशाक सामग्री में एक था। जहाँ धनी घरों की महिलाएं रेशम, महीन सूती और मलमल आदि से बने महंगे कपड़े पहनती थी, वहीं आम महिलाएं अलग-अलग रंगों में रंगे हुए बाफ्टा जैसे मोटे सूती वस्त्र पहनती थीं। सफेद सूती वस्त्र को बाफ्टा और धूमिल सफेद(ऑफ-व्हाईट) कपड़े को **मालती** या **मंसूरी** या खाम कहा जाता था।

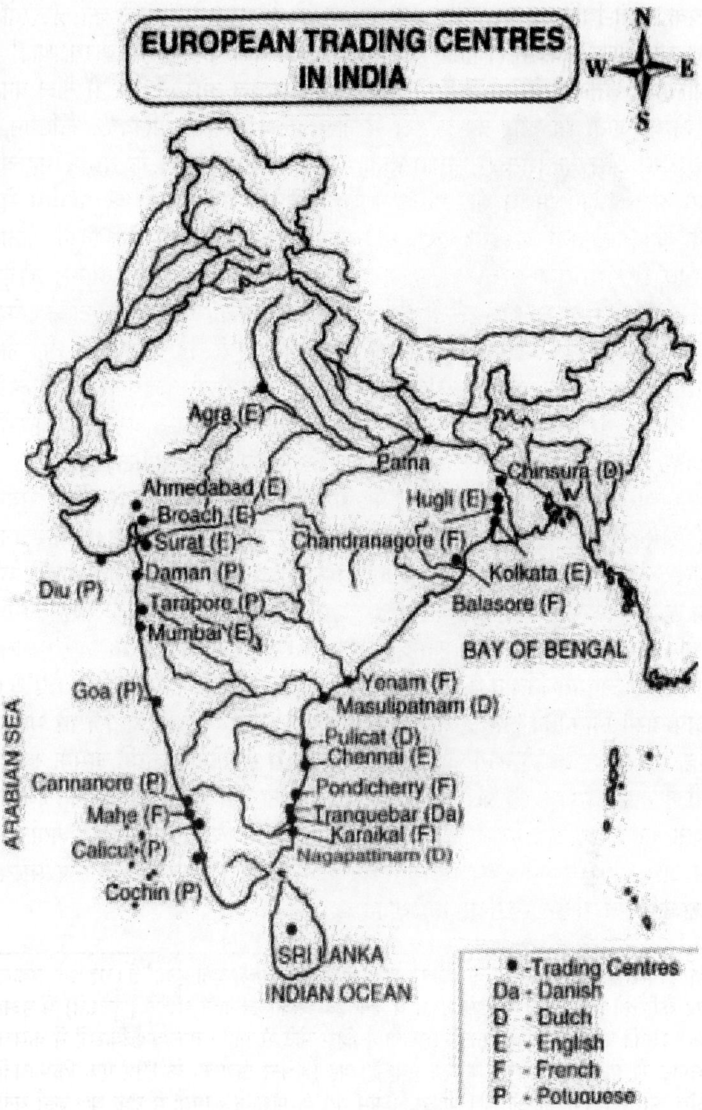

चित्र: मध्यकालीन भारत में वाह्य व्यापार के मार्ग मध्यकालीन भारत में वाह्य व्यापार के मार्ग

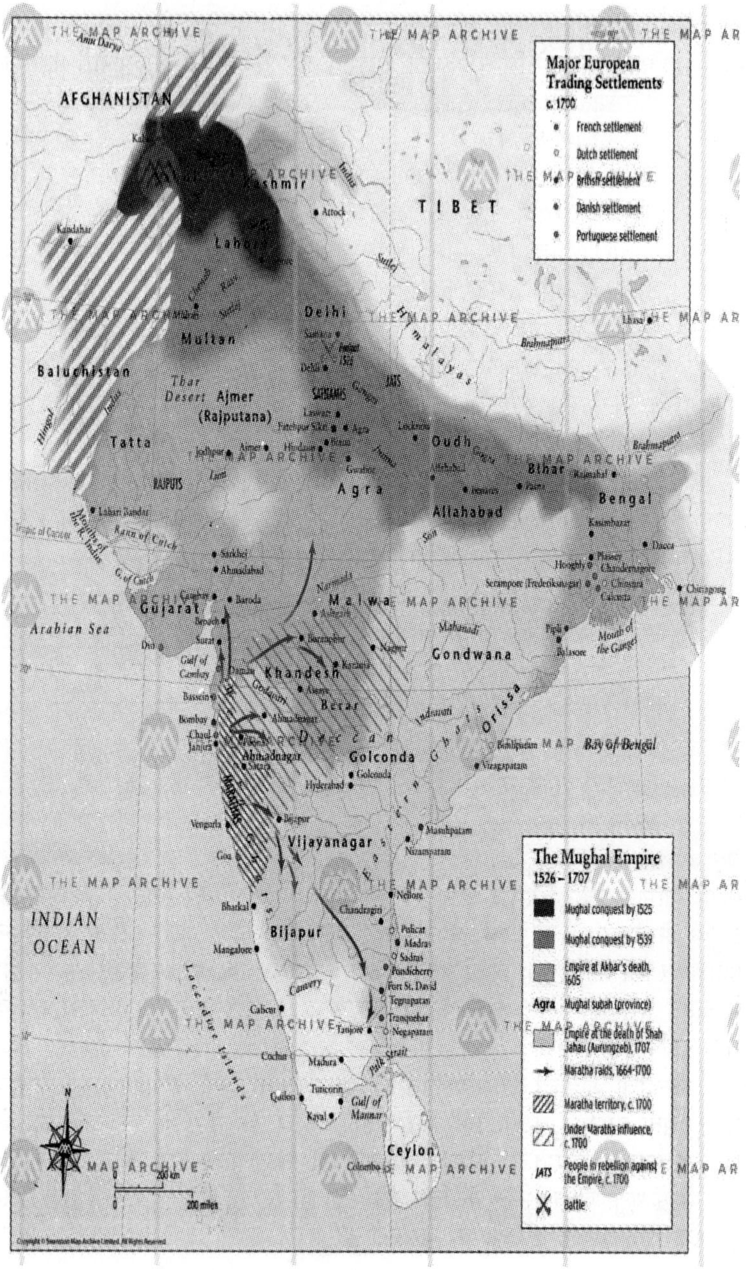
Major European Trading Settlements
c. 1700
French settlement
Dutch settlement
British settlement
Danish settlement
Portuguese settlement
AFGHANISTAN
Kashmir
TIBET
Lahore
Delhi
Multan
Himalayas
Baluchistan
Thar Desert
Ajmer (Rajputana)
Tatta
JATS
SATNAMIS
RAJPUTS
Oudh
Bihar
Bengal
Agra
Allahabad
Arabian Sea
Gujarat
Malwa
Gondwana
Khandesh
Berar
Orissa
Deccan
Golconda
Bay of Bengal
Vijayanagar
Bijapur
INDIAN OCEAN
Ceylon
The Mughal Empire
1526 – 1707
Mughal conquest by 1525
Mughal conquest by 1539
Empire at Akbar's death, 1605
Agra Mughal subah (province)
Empire at the death of Shah Jahan (Aurungzeb), 1707
Maratha raids, 1664-1700
Maratha territory, c. 1700
Under Maratha influence, c. 1700
JATS People in rebellion against the Empire, c. 1700
Battle
THE MAP ARCHIVE

ध्यान में रखने की बात यह है कि उत्तर पश्चिम के देशों के साथ व्यापार भू-मार्गों से होता था। इसमें सिन्ध, पंजाब, गुजरात और राजपूताना के व्यापारी भाग लेते थे। अफगानिस्तान (काबुल, कंधार, हेरात), ईरान (इस्फहान), पश्चिमी तुर्किस्तान (बुखारा), काकेशिया क्षेत्र (बाकू, शेमखा) और रूस (अस्त्राखान) में इन व्यापारियों की बस्तियाँ थी। गुजरात, कोंकण और मालाबार के व्यापारी लाल सागर से व्यापार करते थे। इनकी बस्तियाँ अरब (ख़ासकर मोचा) में थी। बंगाल और कोरोमंडल के व्यापारी दक्षिण-पूर्व एशिया के साथ व्यापार करते थे। इनकी बस्तियाँ अचिन (अचेह), मलक्का और दूसरे शहरों में थीं।

महत्व की बात यह है कि भारत के अनेक प्रदेशों; बंगाल, गोलकुंडा और गुजरात का व्यापारिक सन्तुलन इनके पक्ष में था। आयात की अपेक्षा निर्यात की गई वस्तुओं के मूल्यों में निरन्तर वृद्धि के कारण सोना-चाँदी भारत में खिंचा आ रहा था। इसका अधिकांश भाग सामन्त शासक और व्यापारियों को मिलता था।

पन्द्रहवीं शताब्दी के अन्त और सोलहवीं शताब्दी के प्रारम्भ में यूरोपीय व्यापारियों का भारत में प्रवेश हो चुका था। यह औपनिवेशिक शक्तियों के सैनिक और आर्थिक विस्तार का प्रारम्भ था। सबसे पहले पुर्तगालियों ने भारत में सैनिक और व्यापारिक केन्द्र बनाया।

पुर्तगाली भारत और दक्षिण पूर्व एशिया के वस्तुओं के व्यापार में अपना एकाधिकार बनाने की कोशिश करते रहे। ख़ासकर मसालों के व्यापार की तरफ उनकी आँखें लगी थी जिनकी यूरोप में बड़ी माँग थी और इनके व्यापार में अकूत लाभ होता था, इसलिए पूरी सोलहवीं शताब्दी में पुर्तगालियों ने यूरोप के व्यापार-मार्ग पर नियन्त्रण स्थापित करने की पूरी कोशिश की। पुर्तगाली नौसेना का पूरा इस्तेमाल करते थे और प्राय: हिंसा पर उतारू रहते थे। वे भारतीय और अरबी व्यापारियों के जहाजों को समुद्र में डुबो देते थे। उन्होंने स्थानीय शासकों के परस्पर संघर्ष का भरपूर लाभ उठाकर ओमान और ईरान की खाड़ी, अदन की खाड़ी, सिंगापुर और उसके आसपास के द्वीपों में अपने किलों का जाल बिछा रखा था। उन्होंने हिन्द महासागर की महत्वपूर्ण जगहों पर कब्जा कर लिया था। बाद में उन्होंने सुंडा द्वीप में अपने बेस बना लिए, चीन के दक्षिणी समुद्र तट पर जम गए और जापान के साथ व्यापार करने लगे।

सोलहवीं शताब्दी में पुर्तगालियों के आगमन के बाद भी दक्षिण-पूर्व एशिया में गुजराती व्यापार बेरोकटोक जारी रहा। 1534 ई. में दीव पर अधिकार के साथ पुर्तगाली गुजरात से समुद्री व्यापार को नियन्त्रित करने और दक्षिण-पूर्व एशिया में सूती वस्त्र भेंजने के लिए एक आदर्श स्थिति में थे। यह महसूस करते हुए कि दक्षिण-पूर्व एशिया के मसालों के लिए सूती वस्त्रों का आदान-प्रदान

अत्यधिक लाभदायक और अन्तर्देशीय व्यापार का आधार है, पुर्तगालियों ने गोवा और मलक्का के बीच एकाधिकार मार्ग की स्थापना की। जिसके प्रतिरोध में गुजराती व्यापारियों द्वारा अचेह (एकेह या अचे, इंडोनेशिया के सुमात्रा द्वीप उत्तर में स्थित एक प्रान्त) और अदन (यमन का एक शहर) के बीच एक वैकल्पिक काली मिर्च मार्ग स्थापित किया गया, जिसे सोलहवीं शताब्दी में पुर्तगालियों के साथ नौसैनिक जुड़ाव के बावजूद बन्द नहीं किया जा सका। सोलहवीं शताब्दी में गुजराती व्यापारियों ने दक्षिण-पूर्व एशिया पर ध्यान केन्द्रित किया और अगली शताब्दी में पश्चिम एशिया पर। गुजराती व्यापारियों द्वारा दक्षिण-पूर्व एशिया के साथ व्यापार कई चुनौतियों का सामना करते हुए भी एक विस्तृत अवधि में जारी रहा। गुजरात को दक्षिण-पूर्व एशियाई बन्दरगाह शहरों और समुद्री राज्यों से जोड़ने वाले मसाला व्यापार के राजमार्ग पर, गुजराती व्यापारियों ने व्यापार में सहयोग और प्रतिस्पर्धा दोनों में भाग लिया।[40]

पुर्तगालियों ने भारतीय समुद्र तट पर भीतर घुसने का प्रयत्न नहीं किया। उन्होंने पश्चिमी समुद्र तट पर किले और व्यापारी कारखाने बनवाए। कालीकट, गोवा, दीव, दमन में उनके किले और कारखाने थे। पूरब में कोरोमंडल में नागपट्टनम, ट्रैंकोबार में, बंगाल में हुगली, ढाका, चटगाँव में भी उनके किले और कारखाने थे। अधिग्रहीत जमीन पर कब्जा बनाए रखने के लिए उन्होंने मजबूत किलेबन्दी की जिसमें सिर्फ समुद्री मार्ग से प्रवेश कर सकते थे। उन्होंने बेलगाम में आंतक के जरिये स्थानीय प्रजा पर अत्याचार किए। 1560 ई. में भारत में पुर्तगालियों द्वारा बस्तियों का 'अधिग्रहण' शुरू किया गया। मन्दिरों और मस्जिदों को नष्ट कर दिया गया। हिन्दू-मुसलमानों का धार्मिक उत्पीड़न किया गया।

सोलहवीं शताब्दी के अन्त और सत्रहवीं शताब्दी के प्रारम्भ तक अपनी सैनिक शक्ति और नौसैनिक क्षमता के बल पर पुर्तगालियों ने भारत के समुद्री व्यापार के मुख्य स्थानों को अपने एकाधिकार में कर लिया था। ये मुख्यतः भारत के पश्चिमी तट पर स्थित थे। भारत से पुर्तगाली मुख्य रूप से मसाले (काली मिर्च, जायफल, आदि) का निर्यात करते थे। वस्त्रों का भी अल्प मात्रा में निर्यात कर रहे थे। इस बीच यूरोप में मसाले पर एकाधिकार स्थापित कर उन्होंने खूब धन बटोरा। वे लागत पूँजी पर 800 से 1000 प्रतिशत लाभ कमाते थे।[41]

सत्रहवीं शताब्दी के प्रारम्भ में पुर्तगाली बंगाल से खाद्यान्न, नील, शोरा, मोम, प्रसिद्ध बंगाली वस्त्र खरीदकर दक्षिण-पूर्व एशिया और भारत के विभिन्न हिस्सों में बेचते थे। बंगाल में वे मालाबार की मिर्च, लंका की दालचीनी, चीन की पोर्सलीन और रेशम, सुंडा द्वीपों का चन्दन, मलक्का का लौंग और जायफल तथा बोर्नियों की कपूर बेचते थे। इनमें से बहुत सी वस्तुएँ मुसलमान व्यापारी आगरा के दरबार को आपूर्ति करते थे।[42]

सत्रहवीं शताब्दी के प्रारम्भ में पुर्तगाली बंगाल में अपनी चौकियों से साल में एक बार पटना जाते थे। आमतौर पर अपने साथ मसाले, चीनी रेशम, टिन और आभूषण लाते थे। पटना से वे कालीन, कच्चा रेशम, सूती कपड़ा और हुगली से तरह-तरह के महीन वस्त्र लाते थे जिसे दक्षिण में बेचने के लिए वे लाल रंग में रंगवा देते थे।[43]

पुर्तगालियों ने बंगाल के नवाब को नमक के व्यापार पर एकाधिकार के लिए एक लाख रुपये वार्षिक देना शुरू किया। इस एकाधिकार से उन्हें अकूत फायदा होता था, जिससे वे बंगाल में खरीदारी करते थे। वे माल दलालों की मध्यस्थता से सीधे उत्पादकों से या छोटे व्यापारियों से खरीदते थे।[44]

सोलहवीं शताब्दी के अन्त में सी. फ्रेडरिक ने लिखा था कि प्रत्येक वर्ष में जब पुर्तगाली व्यापारी आते थे तो बंगाल में उनकी खरीद के लिए स्थानीय व्यापारी बट्टर (हुगली के किनारे, सतगाँव के दक्षिण) में बहुत बड़े मेले का आयोजन करते थे। सतगाँव्र तक नदी में पानी कम रहने से पुर्तगाली जहाज वहाँ तक नहीं पहुँच सकते थे।[45] इस तरह आढ़तियों का उदय हुआ। ये स्थानीय व्यापारी थे, जिनकी भलाई यूरोपियों के व्यापार पर निर्भर थी। वे जितना माल खरीदते उसमें इन आढ़तियों का हित निर्भर करता था। बाद में डच, अंग्रेज और फ्रांसीसी सभी शक्तियों ने भारत में अपने उपनिवेशों के विस्तार में इन व्यापारियों की मदद ली। पुर्तगाली अपनी नौसैनिक शक्ति के बलबूते पर अपना व्यापार बढ़ाकर लाभ तो कमाते थे पर इससे वे सन्तुष्ट नहीं थे। वे स्थानीय व्यापारियों के व्यापार में भी हिस्सा लेकर अपनी जेबें भरने लगे। इनका माल वे अपने जहाजों पर ढोने लगे। सत्रहवीं शताब्दी के प्रारम्भ में डब्ल्यू. पेटन ने लिखा है कि—'पुर्तगाली थट्टा (सिन्ध) में बड़े पैमाने पर व्यापार करते हैं। यहाँ पुर्तगाली अपना कारोबार तो करते ही हैं इसके अलावा वे अपने जहाज गुजरातियों और बनियों को भाड़े पर देते हैं, जिनसे उन्हें एक लाख रुपये मिल जाता है जो दस हजार पौंड के बराबर है।[46]

पुर्तगाली व्यापार का भारत के दूसरे हिस्सों पर उतना प्रभाव नहीं पड़ा। गुजरात और मालाबार तट पर उन्होंने जो लूटपाट और खूनखराबा किया, उससे इन इलाकों की अर्थव्यवस्था नष्ट हो गई। पुर्तगालियों ने पहले काम्बे के व्यापार को तबाह किया और बाद में उस कस्बे को ही नष्ट कर दिया। उन्होने मालाबार के कई कस्बे नष्ट कर दिए।[47]

बंगाल और गोलकुंडा में पुर्तगालियों के कारोबार से आर्थिक विकास पर विपरीत प्रभाव पड़ा। एक ओर जहाँ पुर्तगालियों ने स्थानीय व्यापारियों को मार भगाया जिनका विदेशी व्यापार पर एकाधिकार था, अब वहाँ सभी लाभ स्वयं उठाने लगे। इससे सामाजिक-आर्थिक जीवन में स्थानीय व्यापारियों की स्वतन्त्रता कमजोर हुई किन्तु आढ़तियों और कुछ दूसरे लोगों को इनसे फायदा हुआ। वहीं

दूसरी ओर पुर्तगालियों का व्यापार बढ़ा और बंगाल और गोलकुंडा का विदेशों से व्यापार चमकने लगा। तपन राय चौधरी के मतानुसार सोलहवीं शताब्दी के अन्तिम चरण में और सत्रहवीं शताब्दी के प्रारम्भ में पुर्तगालियों ने बंगाल के माल के लिए बाज़ार में वृद्धि की। उन्होंने सामान्य तौर पर एशियाई व्यापार को प्रोत्साहन प्रदान किया क्योंकि भारत की वस्तुएँ एशिया में बड़े पैमाने पर पहुँचने लगीं और नए बाज़ार भी खुले जैसे—चीन, जापान आदि।[48]

भारत के साथ व्यापार से पुर्तगालियों ने खूब लाभ कमाया। हुगली में अपने व्यापार के लिए वे शासकों को 4 लाख रुपये सालाना देते थे,[49] किन्तु जब पुर्तगालियों ने भारत के विदेशी व्यापार को हथिया लिया तब स्थानीय व्यापारियों पर अत्याचार और शोषण बढ़ने के साथ स्थानीय लोगों में पुर्तगालियों के प्रति घृणा बढ़ने लगी। मुग़लों की पुर्तगालियों के प्रति दृष्टि में भी परिवर्तन हुआ। 1630 के दशक में मुग़ल फौजों ने बंगाल में उनके सबसे बड़े कारखानों को जो हुगली और हिजली में थे, ध्वस्त कर दिया किन्तु सामन्ती शासक अब भी पुर्तगालियों के व्यापार में मिलनेवाले करों पर नजर गड़ाए हुए थे। उनके पास शक्तिशाली नौसेना न थी जो समुद्र पर पुर्तगालियों के वर्चस्व को खत्म कर सकें।

एशियाई समुद्री व्यापार पर पुर्तगालियों के एकाधिकार को पहला करारा धक्का डच ईस्ट इंडिया कम्पनी ने दिया। डच बुर्जुआओं ने इस कम्पनी का निर्माण किया था। सत्रहवीं शताब्दी के प्रारम्भ में डच व्यापारियों ने पुर्तगालियों की परवाह न कर गुजरात (सूरत और अन्यत्र) में कारखाने लगाने शुरू किए। इसके अलावा उन्होंने कोरोमंडल तट पर (मसूलीपट्टनम, पुलिकट, और अन्यत्र) और 1630 के दशक से 1650 के दशक तक बंगाल में (ढाका, कासिमबाज़ार और अन्यत्र) भी कारखाने खोल लिए। बिहार (पटना), उड़ीसा (बालासोर) और मालाबार तट पर (कोचीन में) उनके कारखाने खुल गए।[50] सत्रहवीं शताब्दी में यूरोप और एशिया के बीच जल-मार्गों पर वर्चस्व के लिए डच लोगों को अंग्रेजी ईस्ट इंडिया कम्पनी से संघर्ष करना पड़ा।

पुर्तगालियों के मुकाबले में डच व्यापारियों के पास मालाबार तट पर मसाले खरीदने के लिए पर्याप्त चाँदी न थी किन्तु जब उन्होंने देखा कि कोरोमंडल तट के सूती कपड़ों की दक्षिण-पूर्व एशिया में बड़ी माँग है तो उन्होंने व्यापार के अपने मुख्य कारखाने कोरोमंडल तट पर स्थापित कर लिए।

डच व्यापार 1640 के दशक और 1670 के दशक में अपनी उन्नति के शिखर पर था। भारत से यूरोप को डच निर्यात का 43 प्रतिशत भाग वस्त्र था,[51] तथापि डच बहुत बड़ी मात्रा में कपड़े दक्षिण-पूर्वी एशिया में भेजते थे। वहाँ कपड़ों के कारोबार से 1630 के दशक में डचों ने 125 प्रतिशत लाभ कमाया। मुख्य निर्यात मसाले का था जिसके व्यापार में 500-800 प्रतिशत का लाभ होता था। डच गोलकुंडा से

नील लेकर यूरोप के देशों में भेजते थे और शोरा, लोहा, स्टील और हीरे ईरान और दक्षिण-पूर्वी एशिया को।

डच गोलकुंडा में मलाया द्वीपसमूह से मसाले, टिन, राँगा, जायफल और पारा लाते थे (जिससे उन्हें 1660 और 1670 के दशक में 100 प्रतिशत लाभ होता था) जापान से ताँबा और चाँदी, चीन, जावा, स्याम से सोना (जिस पर 10 से 30 प्रतिशत लाभ होता था) भी गोलकुंडा में ले आते थे। डच व्यापार की वज़ह से कोरोमंडल तट, बंगाल और उड़ीसा में शिल्प उत्पादन के विकास को प्रोत्साहन मिला, ख़ासकर बुनकर उद्योग को लाभ हुआ।

सत्रहवीं शताब्दी के प्रारम्भ से अंग्रेज व्यापारियों ने भारत के विदेश व्यापार में सक्रिय रूप से भाग लेना आरम्भ किया। सत्रहवीं शताब्दी के उत्तरार्द्ध में इंग्लिश ईस्ट इंडिया कम्पनी सभी कम्पनियों पर छा गई। अंग्रेजों ने भारत के शासकों से गुजरात (सूरत, बड़ौदा, अहमदाबाद आदि), हिन्दुस्तान (आगरा), कोरोमंडल तट (मसूलीपट्टनम, पुलिकट अरमागाँव), उड़ीसा (हरिहरपुर, बालासोर आदि) में कारखाने लगाने की अनुमति प्राप्त कर ली। 1650 और 1660 के दशक में उन्होंने बंगाल (हुगली, कासिमबाज़ार, ढाका), बिहार (पटना), कर्नाटक (बीजापुर), कोंकण (बम्बई) और दूसरे शहरों में कारखाने खोल लिए। मुग़लों, गोलकुंडा और दूसरी रियासतों के शासकों को मामूली धन देकर इंग्लिश ईस्ट इंडिया कम्पनी ने फरमानों के जरिये बिना कोई कर दिए व्यापार करने की इजाजत प्राप्त कर ली। 1651 ई. में सिर्फ 3000 रुपये सालाना के बदले बंगाल के नवाब शाहशुज़ा ने बंगाल में ईस्ट इंडिया कम्पनी को व्यापार की इजाजत दे दी थी।

भारतीय व्यापारियों में जो बड़े पैमाने पर विदेशों से व्यापार करते थे में जो रिवाज़ प्रचलित था उसी रिवाज़ पर डच और पुर्तगाली भी चलते थे। अंग्रेजों ने भी व्यापार का वही तरीका अपनाया। अन्य व्यापारियों की तरह वे भी बिचौलियों और दलालों के द्वारा सौदे करते थे। वे उन्हें अपनी जरूरतें बतला देते और पेशगी के रूप में नकद रुपये दे देते थे ताकि वे उनके लिए माल खरीद सकें। यूरोपीय स्थानीय भाषाएँ नहीं जानते थे और न ही उन्हें बाज़ार की अच्छी समझ थी, इसलिए बिचौलियों के बिना उनका काम नहीं चल सकता था। ये बिचौलिए ही दूर-दूर से उनके लिए माल खरीदकर लाते थे।[52] बिचौलिए उनसे सौदा करना पसन्द करते थे जो माल की कीमत नकद चुकाते थे। यूरोप के व्यापारियों को (इनमें अंग्रेज भी शामिल थे) नकद रुपयों की तंगी रहती थी, इसलिए वे स्थानीय महाजनों से कर्ज़ लिया करते थे।[53]

यूरोप के व्यापारी भारत की ददन या ददनी प्रथा का पालन करते थे। इनमें बिचौलियों को पेशगी के रूप में नकद रुपये दे दिए जाते थे।[54] गोलकुंडा में अंग्रेज व्यापारी जिस किस्म के कपड़े खरीदना चाहते थे उसका नमूना दलाल को दे देते

थे। अगर आपूर्ति (सप्लाई) किया माल उस नमूने से घटिया किस्म का होता तो दलाल को उसी के मुताबिक कम दाम मिलता था। 1620 के दशक में गोलकुंडा में अंग्रेज व्यापारियों को लगा कि स्थानीय दलालों को बुनकरों, रंगरेजों और छीपियों को पेशगी देने के लिए जो रुपये दिए जाते हैं उनसे वे खूब मुनाफा कमा रहे है मगर, ये अंग्रेज उन दलालों को छोड़कर कारीगरों से सीधे सौदा नहीं कर सकते थे। इसलिए वे झख मारकर दलालों की शरण में जाते थे क्योंकि उनको कारीगरों को पेशगी में दी गई धनराशि डूबने का भय बना रहता था। अगर वे माल न दें या वक्त पर न दें तो वे उनका कुछ भी नहीं बिगाड़ सकते थे क्योंकि कारीगरों पर उनका कोई नियन्त्रण न था।[55]

ढाका में 1670 के दशक में कपड़े की खरीद दलालों के द्वारा होती थी। मुग़ल भी उन दलालों की सेवाएँ लेते थे। इंग्लिश ईस्ट इंडिया कम्पनी का दलालों से पट्टा होता था कि अमुक किस्म का इतना माल अमुक तारीख तक अमुक दर से पहुँचाया जाएगा। दलाल अपने सहायकों को जिन्हें पैकर कहते थे, बुलाता और उन्हें पेशगी में मिली धनराशि बाँट देता था। ये पैकर बुनकरों से संपर्क कर उन्हें पेशगी दे देते थे। माल का दाम पहले ही तय हो जाता था। आर्डर पूरा हो जाने पर दलाल को उसकी दलाली मिल जाती थी।

1670 के दशक में इंग्लिश ईस्ट इंडिया कम्पनी ने रेशम खरीद की एक नई प्रथा चलाई जिसे उन्होंने कासिमबाज़ार में लागू किया। जब कोये निकलने का मौसम आता तो अंग्रेज व्यापारी नए कोयों के छोटे से लाट का रेशम अपने कारखाने में निकाल लेते। इससे उन्हें लागत का पता चल जाता था और यह भी पता चल जाता था कि किस किस्म के कितने रेशम की उनको जरूरत होगी। इसके बाद वे रेशम के व्यापारी और पैकरो को बुलाकर उनसे सट्टा करते थे कि किस किस्म का, किस दर से, कितना रेशम, किस तारीख तक मिल जाएगा। पैकर की दस्तखती हुंडी में पेशगी की धनराशि लिख दी जाती थी, इसके साथ रेशम की गुणवत्ता भी बतला दी जाती थी। कासिमबाज़ार में अंग्रेज कभी-कभी सीधे बुनकरों को पेशगी देने लगे। उनके साथ करारनामों में पेशगी धनराशि, आर्डर पूरा करने की तारीख, माल की गुणवत्ता, रंग आदि का उल्लेख कर दिया जाता था।[56]

अंग्रेजों ने सत्रहवीं शताब्दी के उत्तरार्द्ध में स्थानीय व्यापारियों की कम्पनियाँ बनवाई और उनसे माल की आपूर्ति के क़रारनामे किए। क़रारनामा के अनुसार कम्पनी में शामिल हर व्यक्ति इस बात का जिम्मा लेता था कि वह अपने हिस्से का माल बनाकर दे देगा। कम्पनी के प्रधान व्यापारियों को इस बात का उत्तरदायित्व सौपा जाता था कि वे अपने सदस्यों से शर्तों का पालन कराएँगे। क़रारनामों में माल की डिलीवरी की तारीख आदि लिख दी जाती थी। यह शर्त भी होती थी कि अगर वे क़रारनामा की शर्तों का पालन नहीं करेंगे तो उन्हें हर्जाना भरना पड़ेगा। इसमें यह

भी लिखा जाता था कि व्यापारियों को दी गई पेशगी को कर्ज़ माना जाएगा व उस पर ब्याज देना होगा।

1675 ई. से 1680 ई. के बीच अंग्रेज व्यापारियों ने कोरोमंडल-तट पर भारतीय व्यापारियों को खरीद के लिए जो पेशगी रकम दी थी उसका लगभग 50 प्रतिशत नकद न होकर सामान के रूप में था। दरअसल, अंग्रेजों ने इंग्लैड में बना ऊनी कपड़ा दिया था, किन्तु इस तरह के कपड़े की उस इलाके में अच्छी माँग न थी, इसलिए यह व्यवस्था ज्यादा दिन नहीं चल सकी।

स्थानीय बड़े व्यापारियों में गुजरात में जयराम शाह, भीमजी पारेख और विरजी वोरा (1590-1670) प्रमुख थे। विरजी वोरा सूरत निवासी थे। ईस्ट इंडिया कम्पनी फैक्ट्री रिकार्ड्स ने उन्हें उस समय दुनिया के सबसे अमीर व्यापारी के रूप में वर्णित किया है। विरजी वोरा के व्यापारिक घराने की भारत में कई शहरों में शाखाएँ थीं, साथ-ही फारस की खाड़ी, लाल सागर और दक्षिण-पूर्व एशिया के बन्दरगाह शहरों में भी उनके प्रतिष्ठान थे। कोंकण से लेकर मालाबार तक व्यापार पर उनका प्रभुत्व था। कोरोमंडल-तट पर काशी वीरन्ना, उड़ीसा में खेमचन्द और बंगाल में जगत सेठ बड़ी ऊँची हस्तियाँ थीं। यूरोपीय व्यापारियों से कारोबार के जरिये वे खूब धन कमा रहे थे। कभी-कभी तो ये ही दाम तय करते थे। स्थानीय बाज़ार पर इनका नियन्त्रण होता था। इनके पास अकूत धन था। इसलिए इन एकाधिकारियों से ताल मिलाने में यूरोपीय कम्पनियों को कठिनाई का सामना करना पड़ता था। इंग्लिश ईस्ट इंडिया कम्पनी के कारखानेदार अक्सर विचार करते थे कि बड़े स्थानीय व्यापारियों को दरकिनार कर कारीगरों को सीधे पेशगी देकर माल लेना बेहतर होगा।[57] किन्तु अंग्रेज बड़े और छोटे दलालों से सम्पर्क तोड़ न सके क्योंकि उनसे सम्पर्क के जरिये वे बाज़ार को बेहतर ढंग से समझ पाते थे, इसलिए बड़े व्यापारियों के साथ कारोबार चलता रहा। भारतीय 'एकाधिकारियों' से सम्पर्क तोड़ लेने में घाटा था क्योंकि वे जो माल सप्लाई करते थे वह छोटे दलालो की अपेक्षा गुणवत्ता में उच्च होता था। बड़े व्यापारी थोक में कारोबार करते थे।

भारतीय माल की इंग्लैंड में बिक्री से इग्लिश ईस्ट इंडिया कम्पनी ने खूब लाभ कमाया। उदाहरण के लिए 1620 ई. में जो कपड़ा 7 शिलिंग में खरीदा जाता था उसे वे इंग्लैंड में 1 पौंड में बेचते थे अर्थात उनको 300 प्रतिशत लाभ मिलता था। भारत में एक पौंड लौंग या जायफल 8-9 पेनी में मिलती थी, जिसे वे इंग्लैंड में 6 शिलिंग में बेचकर 800 से 900 प्रतिशत लाभ कमाते थे।[58]

सत्रहवीं शताब्दी के प्रथम चरण में भारतीय कपड़ों के निर्यात में पर्याप्त विस्तार हुआ। यह कपड़ा मुख्य रूप से पश्चिमी समुद्र तट से जाता था। अहमदाबाद, खम्भात, सूरत आदि इस व्यापार के मुख्य केन्द्र थे। 1614 ई. में इंगलैंड में 12500

थान कपड़े का आयात हुआ था जो 1725 ई. में बढ़कर 165000 थान हो गया इसमें तेरह गुनी वृद्धि हुई।[59]

उस काल की दूसरी यूरोपीय कम्पनियों की तरह इंग्लिश ईस्ट इंडिया कम्पनी के पास भी व्यापार का विस्तार करने के लिए पर्याप्त पूँजी न थी, इसलिए दूसरे यूरोपीय (पुर्तगाली, डच) व्यापारियों की तरह अंग्रेज भी अन्तर्एशिया व्यापार के जरिये पूँजी इकट्ठा करते थे। भारतीय माल (ख़ासकर कपड़े) मलक्का में बेचने से 300 प्रतिशत लाभ मिलता था। इसी तरह दक्षिण भारत से मसाले और कुछ दूसरी चीजें सूरत में दस गुना दाम पर बिकती थीं।[60]

1658 ई. से 1681 ई. के बीच इंग्लैंड से जितने जहाज पूरब की दिशा में (ईरान, भारत, दक्षिण-पूर्व एशिया) चले, उनमें 70 प्रतिशत का गन्तव्य भारत था। 32000 टन माल सूरत के लिए, 43000 टन माल कोरोमंडल और बंगाल के लिए लादा गया। इस अवधि में कुल निर्यात माल का 88 प्रतिशत जिसमें सूरत की 33 प्रतिशत तथा बंगाल और कोरोमंडल-तट की 55 प्रतिशत भागीदारी थी। 1660 ई. से 1690 ई. के मध्य में अंग्रेजी कम्पनी के बंगाल और गोलकुंडा से निर्यात का अधिकांश वस्त्र के रूप में था।

अंग्रेजों की पूँजी सूती और रेशमी बुनाई उद्योगों के बड़े-बड़े केन्द्रों में जाती थी, जैसे-1676 ई. में 1,96,000 पौंड की अदायगी कोरोमंडल तट में हुई। इसमें से 10,5,000 पौंड फोर्ट सेंट जार्ज में और इसके आसपास के कारखानों-नागपट्टनम, पुलिकट में तथा 67,000 पौंड मसूलीपट्टनम और निजामाबाद, मदपोल्लम में खर्च हुए।[61]

1682-83 ई. में बंगाल में कपड़ों की खरीद पर विनिवेश की रकम 230000 पौंड थी। इसके विवरण इस प्रकार है: कासिमबाज़ार 1,40,000 पौंड, बालासोर 32,000 पौंड, ढाका 1,65,000 पौंड, पटना 1,45,000 पौंड, हुगली 12,000 पौंड। गौर करने की बात यह है कि रेशम उत्पादन और संग्रह का एक मुख्य केन्द्र कासिमबाज़ार में भी था।

1681 ई. में लन्दन के रेशम के बुनकरों ने पार्लियामेन्ट (ब्रिटिश संसद) को अर्जी दी कि जनता को भारतीय कपड़े पहनने से रोका जाए। यह अर्जी नामंजूर हो गई थी तथापि, भारतीय वस्त्रों पर आयात शुल्क बढ़ाकर 1685 ई. में 10 प्रतिशत किया गया फिर 1690 ई. में वह 20 प्रतिशत कर दिया गया। किन्तु भारत से वस्त्रों का आयात बराबर बढ़ता ही गया।

लन्दन के बुनकरों ने ईस्ट इंडिया कम्पनी के मकान को घेरकर नष्ट कर देने की कोशिश की। भारतीय वस्त्रों के विरुद्ध अभियान 1701 ई. में अपनी बुलन्दी पर पहुँचा जब बंगाल सिल्क पर रोक लगा दी गई। बंगाल सिल्क पहनने पर 200 पौंड जुर्माना की व्यवस्था की गई। इसके अलावा सफेद कपड़ों पर 15 प्रतिशत का अतिरिक्त शुल्क लगा दिया गया।[62]

बंगाल से निर्यात के मामले में सूती रेशमी कपड़ों के बाद कच्चे रेशम का स्थान था। सत्रहवीं शताब्दी के उत्तरार्द्ध में ईरान से अंग्रेजों ने रेशम खरीदना कम कर दिया। इससे बंगाल रेशम में उनका रुझान बढ़ा। बंगाल से रेशम के निर्यात में वृद्धि के फलस्वरूप रेशम के कीड़े पालने का रोजगार बढ़ा। 1658 ई. में ईस्ट इंडिया कम्पनी ने बंगाल से रेशम की 100 गाँठों का निर्यात किया जो 1673 ई. में 500, 1677 ई. में 1200, 1680-81 ई. में 2110 गाँठों तक पहुँच गया।[63] बंगाल के निर्यात के दूसरे पदार्थों में सूत और शोरा प्रमुख थे। शोरे के निर्यात से इसके उत्पादन को प्रोत्साहन मिला।

सत्रहवीं शताब्दी के उत्तरार्द्ध और अठारहवीं शताब्दी के प्रारम्भ में अंग्रेज और डच कम्पनियों का एशिया और अफ्रीका के समुद्र पार के व्यापार पर पूरा नियन्त्रण था। इस व्यापार से उन्होंने खूब लाभ कमाया और इसका इस्तेमाल यूरोप के निर्यात में वृद्धि करके किया। उस जमाने के बादशाहों, सुल्तानों और राजाओं से व्यापार के मामले में उन्होंने विशेषाधिकार प्राप्त कर लिए थे, जिसका लाभ उठाकर यूरोप के व्यापारियों ने भारत की पूँजी के विस्तार पर रोक लगा दी। इस तरह से उन्होंने भारत की अर्थव्यवस्था और उसकी राजनीतिक भूमिका को कमजोर किया।

डचों और अंग्रेजों की नौसेना मजबूत थी। उन्होंने व्यापार के विशेषाधिकार प्राप्त कर लिए थे। इन बातों का लाभ उठाकर उन्होंने भारत के उन स्थानों पर कब्जा कर लिया जो विदेशी व्यापार के केन्द्र थे। उन्होंने भारतीय व्यापारियों और एशिया के व्यापारियों के प्राप्त विशेषाधिकार समाप्त कर दिए। इस प्रकार विदेश व्यापार से पूँजी हटाकर भारतीय व्यापारी यूरोपीय कम्पनियों के महाजन बन गए। किन्तु विदेशी व्यापार का बहुत बड़ा भाग अभी तक भारतीय और एशियाई व्यापारियों के हाथ में रहा।

सत्रहवीं शताब्दी के प्रारम्भ में यूरोप के व्यापारियों ने जब दक्षिण-पूर्वी एशिया में अपना कारोबार फैलाने की कोशिश का श्री गणेश किया तो उन्हें भारतीय और अन्य एशियाई देशों के व्यापारियों से कड़ी प्रतिस्पर्धा का सामना करना पड़ा, जिन्होंने उन देशों में पहले से अपने पैर जमा रखे थे। यूरोपवासियों के एक पत्र से पता चलता है कि दक्षिण-पूर्वी एशिया में उनके सबसे बड़े शत्रु गुजराती थे।[64]

सत्रहवीं और अठारहवीं शताब्दी के दौरान वाह्य व्यापार का मुख्य स्रोत पश्चिम से दक्षिण और अंत में पूर्व में बंगाल में चला गया। पश्चिमी भारत में सूरत प्रारंभिक कपड़ा व्यापार का केंद्र था। दक्षिणी भारत में कोरोमंडल तट सत्रहवीं शताब्दी के मध्य से महत्वपूर्ण हो गया क्योंकि यूरोपीय कंपनियों ने तट के साथ व्यापारिक पदों की स्थापना की। ईस्ट इंडिया कंपनी व्यापार में इस क्षेत्र की हिस्सेदारी 1690 ई. के बाद घट गई क्योंकि राजनीतिक संघर्ष ने आपूर्ति को बाधित कर दिया था। अठारहवीं शताब्दी की शुरुआत में व्यापार में सुधार हुआ, यूरोप को निर्यात व्यापार में बंगाल

का महत्व बढ़ गया और सदी के अंत तक वह अन्तर्देशीय व्यापार का मुख्य केंद्र बना रहा।

भारत के कपड़ा उत्पादन में सैकड़ों प्रकार के कपड़े शामिल थे। अलग-अलग बाज़ारों में अलग-अलग उत्पाद बेचे गए। भारत के विभिन्न क्षेत्रों से विभिन्न प्रकार के वस्त्रों का निर्यात किया जाता था। इनमें मध्यम मोटे किस्में जैसे लांगक्लॉथ और कैलिको और मलमल जैसी नई किस्में शामिल थीं। एशियाई बाज़ार रंगों के बारे में चिंतित थे और बुने हुए कपड़े की लंबाई और चौड़ाई पर बहुत कम ध्यान देते थे। सत्रहवीं शताब्दी की शुरुआत तक, दक्षिण पूर्व एशिया के साथ कपड़ा व्यापार अच्छी तरह से स्थापित हो गया था। यूरोपीय लोग मानकीकरण चाहते थे। इसे संभव बनाने के लिए करघों में समायोजन किया गया। यूरोपीय मांग अपेक्षाकृत बेहतर गुणवत्ता वाले सामानों पर केंद्रित थी। अन्य बाज़ारों ने सस्ते और निम्न गुणवत्ता वाले उत्पादों को अवशोषित किया।

तालिका-01 बंगाल में कपड़ा व्यापार में अंग्रेजी और डच कंपनियों के व्यापार हिस्से को दर्शाती है। अठारहवीं शताब्दी में बंगाल में, डचों की कीमत पर अंग्रेजी कंपनी का हिस्सा बढ़ता रहा। अंग्रेजी व्यापार में कैलिको की तुलना में मलमल अधिक महत्वपूर्ण हो गए जबकि डच व्यापार ने विपरीत प्रवृत्ति दिखाई।

तालिका-01

डच ईस्ट इंडिया कंपनी और ब्रिटिश ईस्ट इंडिया कंपनी द्वारा व्यापार किए जाने वाले विभिन्न श्रेणी के वस्त्रों का हिस्सा (प्रतिशत में), 1730-59 ई.

वस्त्र उत्पाद	डच ईस्ट इंडिया कंपनी			ब्रिटिश ईस्ट इंडिया कंपनी		
	1730-39	1740-49	1750-59	1730-39	1740-49	1750-59
साधारण कैलिको	46	40	56	46	31	31
उत्कृष्ट कैलिको	15	20	13	20	22	19
मलमल	20	26	18	24	34	39
रेशम	10	10	11	3	5	6
हजार टुकड़े (पीस) प्रति वर्ष औसतन	278.3	275.2	427.1	760.2	763.5	565.9

स्रोत : सुशील चौधरी, फ्राम प्रास्पेरिटी टू डिक्लाइन: एटींथ सेंचुरी बंगाल (नई दिल्ली, मनोहर, 1995) तलिका 7.3, पृ. 184; के. एन. चौधरी, द ट्रेडिंग वर्ल्ड ऑफ एशिया एंड दि इंग्लिश ईस्ट इंडिया कंपनी, 1660-1760 (कैम्ब्रिज, कैम्ब्रिज यूनिवर्सिटी प्रेस, 1978), पृ. 547-48

तालिका-02 सत्रहवीं शताब्दी के मध्य से यूरोप को निर्यात में वृद्धि दर्शाती है। समय के साथ क्षेत्रीय संतुलन में बदलाव आया। अठारहवीं शताब्दी में बंगाल वस्त्रों के प्राथमिक निर्यातक के रूप में उभरा। निर्यात की मात्रा में उतार-चढ़ाव दिखा, लेकिन 1790 के दशक तक निरंतर गिरावट नहीं दिखा, जब भारतीय निर्यात में तेज गिरावट आई।

तालिका-02

ब्रिटिश ईस्ट इंडिया कंपनी और डच ईस्ट इंडिया कंपनी (V.O.C.) द्वारा यूरोप को वस्त्रों का भारतीय निर्यात, 1665-1759

(प्रति वर्ष 1000 टुकड़ों में)

वर्ष	ब्रिटिश ईस्ट इंडिया कंपनी द्वारा				(V.O.C.) द्वारा
	बंबई	मद्रास	बंगाल	कुल	
1665-69	96	37	7	140	127
1670-74	295	169	47	511	258
1675-79	310	193	67	570	127
1680-84	452	408	108	968	283
1685-89	201	244	169	614	316
1690-94	90	23	59	172	157
1695-99	149	108	131	388	365
1700-04	296	105	197	598	311
1705-09	34	99	71	204	295
1710-14	165	150	260	575	373
1715-19	82	200	252	534	436
1720-24	185	269	342	796	476
1725-29	120	142	559	821	399
1730-34	57	87	584	728	241
1735-39	67	137	581	785	316
1740-44	95	98	619	812	288

1745-49	60	144	480	684	262
1750-54	55	170	407	632	533
1755-59	56	106	308	470	321

स्रोत : के. एन. चौधरी, द ट्रेडिंग वर्ल्ड ऑफ एशिया एंड दि इंग्लिश ईस्ट इंडिया कंपनी, 1660-1760 (कैम्ब्रिज, कैम्ब्रिज यूनिवर्सिटी प्रेस, 1978), पृ. 540-45 ; माइकल मोरिन्यू, 'दि इंडियन चैलेंज: सेवेटींथ एंड एटींथ सेंचुरी', चौधरी, सुशील एंड माइकल मोरिन्यू (संपा.), मर्चेन्ट, कंपनी एंड ट्रेड: यूरोप एंड एशिया इन अर्ली मॉडर्न एरा (कैम्ब्रिज, कैम्ब्रिज यूनिवर्सिटी प्रेस, 1999), पृ. 273-74

सत्रहवीं शताब्दी के उत्तरार्द्ध और अठारहवीं शताब्दी के पूर्वार्द्ध में कोरोमंडल तट के व्यापारियों का विदेशों में अच्छा कारोबार चलता था। सी. हट्टन जो ईस्ट इंडिया कम्पनी का एक सेवक था ने लिखा है कि- वह 1657 ई. में मसूलीपट्टनम आया था। उस वक्त यह शहर बड़ी तरक्की कर रहा था। अराकान, पेगू, क्वेडा, मलक्का, जोहार, अचिन, ईरान और मालदीव द्वीपसमूह के लिए 20 जहाज बराबर आते-जाते थे, इनके मालिक भारतीय थे। इन पर स्थानीय उत्पादन, कपड़े, तरह-तरह के चित्र, लोहा, स्टील, हर किस्म का अनाज लदा रहता था। इन जगहों से भी अनेक प्रकार की चीजें लाकर मुग़लों के राज्य बीजापुर और गोलकुंडा के राज्यों में बेच देते थे।[65]

1670 के दशक में मालदा में मुख्य व्यापारी आगरा, गुजरात और बनारस के थे। ये सभी प्रकार के सूती, रेशमी कपड़े खरीदकर जल-मार्ग से जहाज द्वारा बाहर भेजते थे। इनका व्यापार 15 लाख से 25 लाख रुपये सालाना का था। इसके अलावा इससे करीब आधे मूल्य का सामान सड़क-मार्ग से बाहर भेजा जाता था। मालदा में डचों की पूँजी सिर्फ 50,000 रुपये सालाना होती थी जो भारत के व्यापारियों की पूँजी की तुलना में कहीं नहीं ठहरती थी। अंग्रेज व्यापारियों ने तो अभी इस इलाके में अपना कारोबार शुरू ही किया था।[66]

भारत और एशिया के व्यापारी भी माल का दाम नकद भुगतान करते थे। एफ. बर्नियर के अनुसार- "आगरा में विदेशों से माल आता था, फिर भी दुनिया के सोने और चाँदी का बहुत बड़ा भाग अनेक प्रणालियों से यहाँ इकट्ठा हो जाता है, जबकि यहाँ से उसके बाहर जाने के रास्ते शायद ही हों।"[67]

घोड़ों की भारतीय नस्ल आयातित घोड़ों के मानक और गुणवत्ता के अनुरूप नहीं थी, इसलिए शाही सेना में घोड़ों की श्रेष्ठ गुणवत्ता प्राप्त करने के लिए भारतीय शासक अरब, ईरान और मध्य एशिया के देशों से घोड़े के व्यापार पर बहुत अधिक निर्भर थे। फ्रान्सिस्को पेल्सर्ट का कथन है कि 76 प्रतिशत शाही घोड़े अरबी, फ़ारसी और तुर्की नस्ल के थे, जो मध्य एशिया और पूर्वी एशिया के देशों से आयात किए

जाते थे।[68] शाही दस्तावेज़ से पता चलता है कि मुग़लों ने अपने राजस्व हिस्से का अधिकतम भाग उच्च गुणवत्तावाले घोड़ों की खरीद पर खर्च किया।

बुखारा-काबुल-लाहौर (खैबर दर्रे को पार करते हुए), कन्धार-काबुल-लाहौर के भूमिगत मार्ग (खैबर दर्रे को पार करते हुए), कन्धार-मुल्तान (संधार, सरवंड और गोमल दर्रे को पार करते हुए) और कन्धार-शिकारपुर (बोलन दर्रे को पार करते हुए) मुख्य कारवाँ थल-मार्ग थे जिसके माध्यम से घोड़ों को उज्बेक और सफाविद क्षेत्रों से भारत में आयात किया जाता था। लाहौर, पेशावर, मुल्तान, कंधार, शिकारपुर, अटक और अमृतसर इन भू-मार्गों के प्रमुख ठिकाने थे।[69] भू-मार्गों के साथ-साथ अश्व व्यापार समुद्री मार्गों से भी होता था। अश्व व्यापार प्रारम्भिक मध्यकाल से ही समुद्री मार्गों से होता था।[70] अरबी और फ़ारसी घोड़ों को अरब, ईरान और अफ्रीका के उत्तर-पूर्वी हिस्से से समुद्री मार्गों से आयात किया जाता था।

कुल आयात बिल में सबसे महत्वपूर्ण एकल वस्तु कीमती धातुओं की थी- मुख्य रूप से चाँदी की रियाल और डुकाट और कई अन्य सिक्के। इनमें से लगभग सभी सिक्के लाल सागर और फारस की खाड़ी से आए थे। जहाँ उन्हें यूरोप से लेवेंट के रास्ते अपना रास्ता मिल गया था। जैसा कि ज्ञात है, मुग़ल भारत में सोने और चाँदी का घरेलू उत्पादन नगण्य था और इन धातुओं को प्राप्त करने वाला एकमात्र माध्यम विदेशी व्यापार था। कीमती धातुओं की आवश्यक खपत के अलावा, साम्राज्य की मुद्रा प्रणाली को चालू रखने के लिए इन धातुओं की नियमित आपूर्ति की आवश्यकता थी। विदेशी व्यापार के इस विशेष आयाम के महत्व को मुग़लों ने पूरी तरह पहचाना और इसका समर्थन किया। अन्य बातों के अलावा, आयातित कीमती धातुओं की तुलना में साधारण व्यापारिक वस्तुओं के लिए निर्धारित सीमा शुल्क की दर में अन्तर था, इस प्रकार सत्रहवीं शताब्दी के शुरूआती वर्षों में यूरोपीय लोगों द्वारा सूरत में आयात किए गए सामान पर 3.5 प्रतिशत का सीमा शुल्क लगता था, जबकि सिक्को और अन्य कीमती धातुओं के केवल 2 प्रतिशत का भुगतान करना पड़ता था।[71]

भारत-फारस भूमि व्यापार के मूल्य के बारे में कुछ जानकारी 1634 ई. की डच रिपोर्ट में उपलब्ध है। डच फैक्टर ने फारस को भेजे गए भारतीय सामानों की कुल लागत और इन सामानों की बिक्री से प्राप्त कुल आय, दोनों के बारे में जानकारी एकत्र करने का दावा किया है। दो आँकड़े क्रमश: 1.89 मिलियन और 3.63 मिलियन महमूदी थे, जो इस धारणा पर 91.62 प्रतिशत की सकल लाभ दर दे रहे थे कि टोल और अन्य लागत, कार्गो (माल) की कुल लागत का 20 प्रतिशत थी; फैक्टर्स ने 55.28 प्रतिशत की शुद्ध लाभ दर निकाली। इसी रिपोर्ट ने दोनों देशों के बीच समुद्री व्यापार पर औसत शुद्ध लाभ दर 41.1 फीसदी बताया।[72]

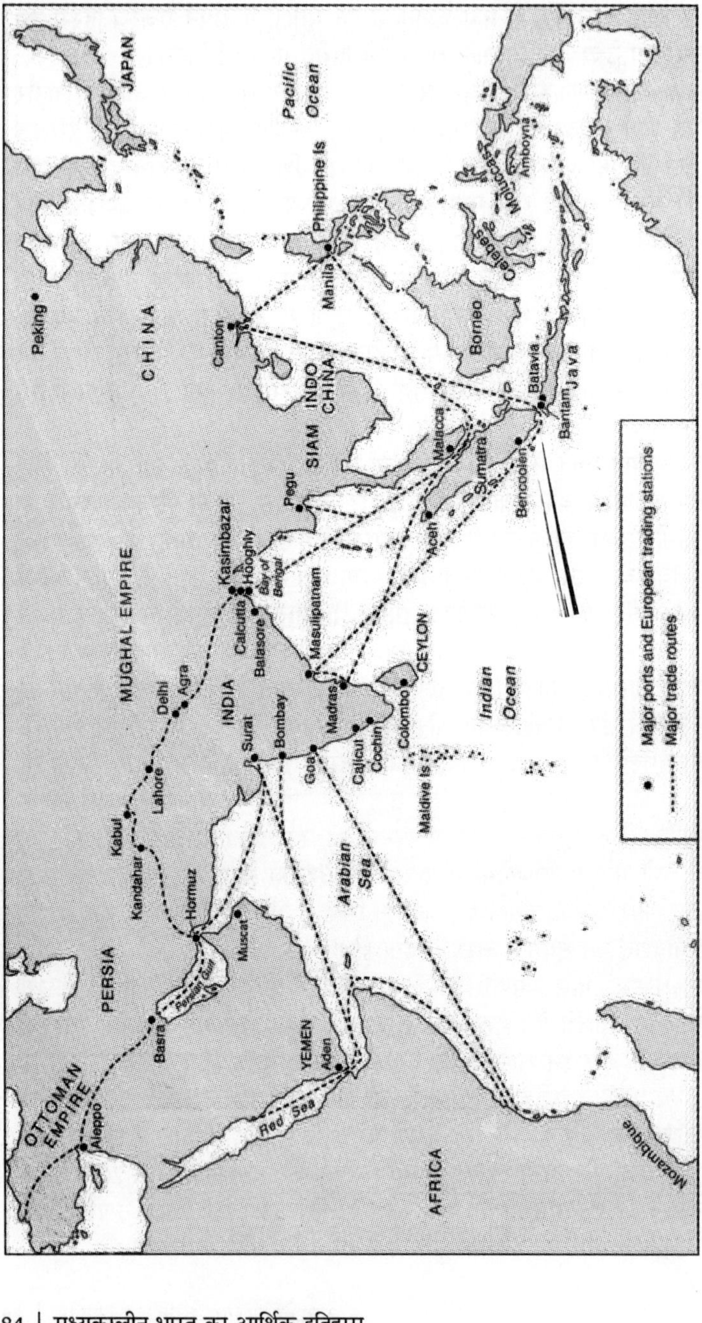

चित्र : मध्यकालीन भारत में ब्राह्य व्यापार के मार्ग

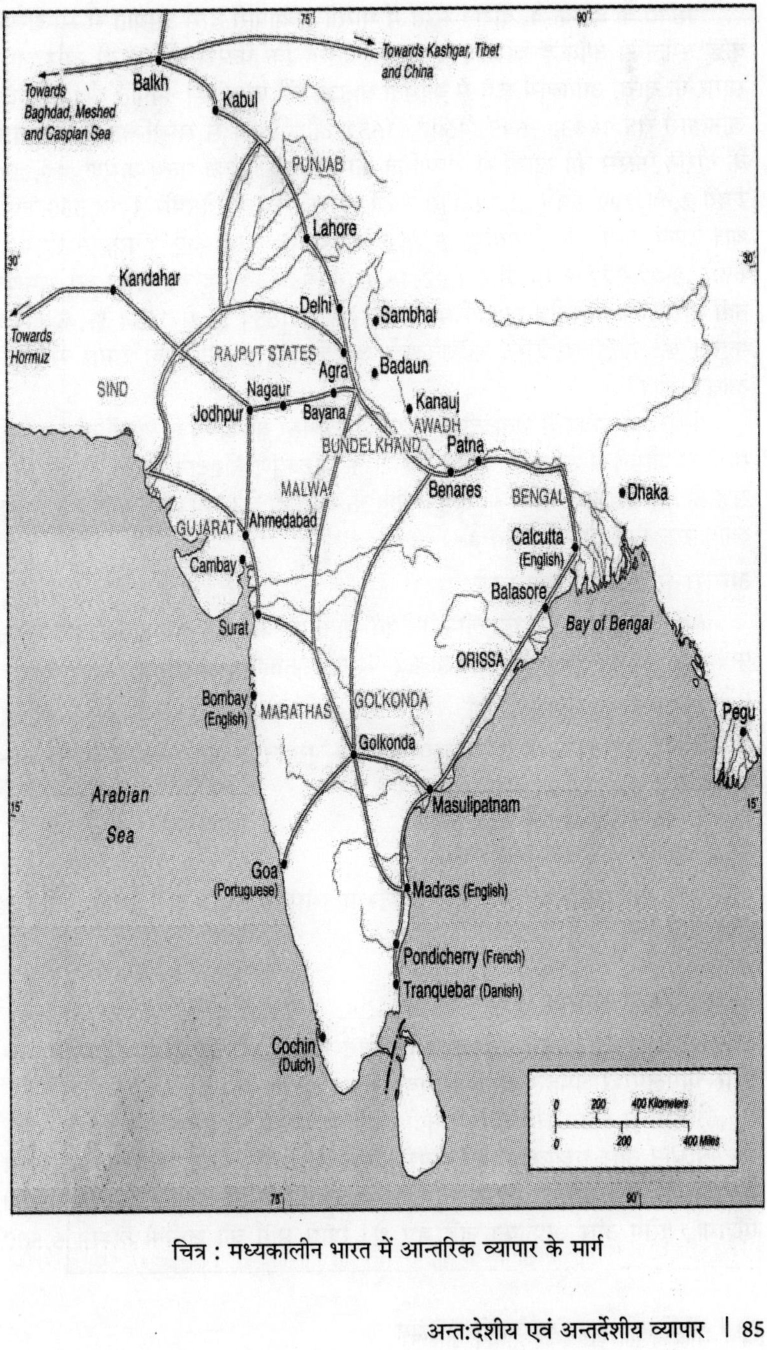

चित्र : मध्यकालीन भारत में आन्तरिक व्यापार के मार्ग

1640 के दशक के दौरान सूरत में भारतीय व्यापारी द्वारा आयात से सम्बन्धित कुछ उपलब्ध आँकड़े वास्तव में सुझाव देते हैं कि फारस की खाड़ी और लाल सागर के बीच, अनिवार्य रूप से कीमती धातुओं की एक बड़ी आपूर्ति थी। उपलब्ध जानकारी वर्ष 1643, 1645, 1647, 1651 और 1654 से सम्बन्धित है। इन वर्षों के दौरान फारस की खाड़ी से आयातित कीमती धातुओं का मूल्य क्रमश: 19,906 रुपये 2,41,799 रुपये, 2,14,110 रुपये, 5,75,904 रुपये और 1,17,330 रुपये था। लाल सागर का आँकड़ा 6,14,548 रुपये, 7,51,942 रुपये, 6,37,996 रुपये, 8,22,322 रुपये और 1,93,1620 रुपये था।[73] यह इस तथ्य का समर्थन नहीं करता कि भारतीय व्यापारियों के हिसाब से 1651 ई. से 1654 ई. के दौरान फारस की खाड़ी से सूरत पहुँचनेवाले जहाजों की संख्या लाल सागर से बहुत अधिक थी।[74]

सोलहवीं-सत्रहवीं शताब्दी में भारत के विभिन्न वाणिज्यिक स्थलों को व्यापारी मार्गों से जोड़ने में सूर और मुग़ल सम्राटों ने महत्वपूर्ण योगदान दिया। आमतौर पर सड़कों की देखभाल राज्य या क्षेत्र विशेष के राजा ही करते थे। उस काल के प्रमुख व्यापारिक मार्ग निम्नलिखित हैं-

आगरा-दिल्ली-काबुल मार्ग

आगरा-फरीदाबाद-दिल्ली-सोनीपत-पानीपत-करनाल-अम्बाला-लुधियाना-फतेहपुर-लाहौर-रावलपिंडी-शमसाबाद-पेशावर-फतेहाबाद-काबुल

आगरा-बुरहानपुर-सूरत मार्ग

आगरा-धौलपुर-ग्वालियर-नरवर-सिरोंज-बुरहानपुर-तलनेर-नन्दुरबार-किर्का-सूरत

सूरत-अहमदाबाद-आगरा मार्ग

सूरत-भड़ौच-बड़ौदा-अहमदाबाद-पालमपुर-जालोर-हिन्दुआना-फतेहपुर सीकरी-आगरा

आगरा-पटना-बंगाल मार्ग

आगरा-फिरोजाबाद-इटावा-इलाहाबाद-बनारस-सासाराम-दाउनगर-पटना-मुँगेर-भागलपुर-राजमहल-दामपुर-ढाका

आगरा से लेकर बंगाल तक नदी मार्ग थल मार्गों के समानान्तर था।

प्राचीन और मध्यकाल का सबसे प्रमुख थल मार्ग वृहद रेशम मार्ग था। यह ऐतिहासिक, व्यापारिक एवं सांस्कृतिक मार्गों का समूह था जिसके माध्यम से एशिया, यूरोप और अफ्रीका जुड़े हुए थे। रेशम मार्ग का जमीनी हिस्सा 6,500

किलोमीटर लम्बा था। इसका नाम चीन के रेशम के कारण पड़ा जिसका व्यापार इस मार्ग की मुख्य विशेषता थी। यह रेशम मार्ग बीजिंग से शुरू होकर काशघर, समरकन्द, बल्ख और काबुल होते हुए मध्य एशिया से गुजरता था। भारतीय थल मार्ग इस वृहद मार्ग से लाहौर में जाकर मिलता था। मुल्तान और कान्धार से गुजरता हुआ यह इस्फहान, बगदाद होते हुए फारस में प्रवेश करता था और यूफरेट्स को पार करने के बाद यह अलेप्पो पहुँचता था। वहाँ से यूरोपवासी वस्तुओं को जहाजों में लादकर ले जाया करते थे।

अरब सागर और बंगाल की खाड़ी प्रमुख समुद्री मार्ग थे। आशा अन्तरीप के रास्ते समुद्री मार्ग की खोज के पहले उत्तर से आने वाला समुद्री मार्ग खम्बात, सूरत, थट्टा से होकर फारस की खाड़ी और लाल सागर में मिलता था, दूसरा समुद्री मार्ग दाभोर, कोचिन, कलकत्ता से होकर अदन और मोछा पहुँचता था। मोछा में वस्तुओं को लाल सागर और उसके बाद थल मार्ग से अलेक्जेंडिया होते हुए काहिरा पहुँचाया जाता था। आशा अन्तरीप की खोज के बाद यूरोप के देशों को अलेक्जेंड्रिया या अलेप्पो पर निर्भर नहीं रहना पड़ा, वे भारत और दक्षिण एशियाई देशों से सीधे व्यापार करने लगे।

प्रत्येक मुग़ल बादशाह अपनी हुकूमत की सूचना देने के लिए नए रुपये ढालता था, जिसे सिक्का रुपया कहते थे। सरकारी कामकाज में सिर्फ उसी मुद्रा का इस्तेमाल हो सकता था। सभी पुराने रुपयों की कीमत घट जाती थी। इस प्रणाली को बट्टा कहते थे। सरकारी तौर पर पुराने रुपयों को स्वीकार नहीं किया जाता था। जो लोग नया सिक्का लेना चाहते थे वे अपनी तरफ से चाँदी टकसाल में पहुँचाकर सिक्का ढलवा लेते थे या फिर वे सिक्के सर्राफ के पास ले जाते जो उन्हें बट्टा काटकर नए सिक्के या दूसरे देशों के सिक्के दे देता था। सत्रहवीं शताब्दी के अन्त में इंग्लिश ईस्ट इंडिया कम्पनी अपने सिक्के खुद ढालने लगी थी।

कई सामन्ती कोठियाँ भी सिक्कों के विनिमय में प्रामिसरी नोट भी देती थीं और स्वीकार करती थीं। इन प्रामिसरी नोटों को हुंडी कहते थे। मुग़ल भारत में इनका बड़ा प्रचलन था। रुपये उधार देने और उन्हें विनिमय करनेवाले को गुजरात में शर्राफ और महाराष्ट्र में पोद्दार कहते थे। वे अपनी कोठियों से कारोबार करते थे। इनके मुख्य कर्मचारी मुनीम जी कहलाते थे जो कोठी के संस्थापक या मालिक के नीचे काम करते थे। महाजनों की इन कोठियों को कारोबार के लिए विशेष शाही फरमान लेने पड़ते थे और सरकारी अधिकारी इनकी देख-रेख करते रहते थे। कोठियों को शाही परिवार के सदस्यों और सल्तनत के प्रमुख अधिकारियों से प्रतिस्पर्धा की इज़ाजत न थी। मुद्रा-विनिमय की दर शाही फरमान से तय होती थी। अकबर और जहाँगीर के काल में कोठियों का कारोबार खूब फैला। इन्होंने साम्राज्य के अनेक शहरों में अपने दफ्तर खोल लिए। किन्तु आपस की प्रतिस्पर्धा

और राज्य के नियन्त्रण से अनेक कोठियों के दिवाले पिट गए। छोटी कोठियाँ अनेक बड़ी कोठियों के यहाँ बिक गईं।

विवेच्य-काल में सामाजिक विभाजन गहरा हो जाने, कृषि से दस्तकारी की पृथकता और वस्तु मुद्रा सम्बन्धों के विस्तार का एक महत्वपूर्ण फल भारत में नगरों की वृद्धि और विकास के रूप में सामने आया।[75] देसी और विशेषकर विदेशी व्यापार के विकास ने नगरों की वृद्धि पर बड़ा गहरा प्रभाव डाला। गाँवों का रूप बदल गया। वे बड़े-बड़े व्यापार और उद्योग केन्द्रों में परिवर्तित हो गए। इसका विशिष्ट उदाहरण मसूलीपट्टनम हैं। डब्ल्यू. मेथवोल्ड ने जो सत्रहवीं शताब्दी के प्रारम्भ में यहाँ आया था, लिखा है कि -

> मसूलीपट्टनम एक छोटा सा कस्बा है किन्तु घना बसा है। इसके चारो ओर कोई दीवार नहीं है। कस्बे की बनावट टेढ़ी-मेढ़ी है। इसकी स्थिति उससे भी बुरी है।...पहले यह मछुआरों का छोटा सा कस्बा था। इसके नाम में मसूली (मछली) अब तक जुड़ा है। (तेलुगु और तमिल में मछली को मसूली कहते हैं, पटम्, पट्टिनम का अर्थ नगर होता है)। बाद में सड़कें बनीं और यह व्यापारियों के रहने लायक जगह हो गईं, व्यापार बढ़ने के साथ बस्ती भी बढ़ती गई। हमारे और डचों के आने-जाने से यह स्वाभाविक था।

पन्द्रहवी और सत्रहवीं शताब्दी के मध्य प्रारम्भ हुए विदेशी व्यापार ने खम्भात के विकास को भी प्रोत्साहित किया और यह एशिया के बड़े से बड़े व्यापार केन्द्रों में एक हो गया। इसने चोल, सूरत, कालीकट, सरगाँव और दूसरे कस्बों पर भी अच्छा असर डाला।[76]

अरबों को एक बड़े औद्योगिक और व्यापारिक केन्द्र के रूप में गोवा का पता था। यहाँ दक्कन के हर हिस्से से माल से लदे कारवाँ आते थे।[77] सोलहवीं शताब्दी के उत्तरार्द्ध में पुर्तगालियों का व्यापार तेजी से बढ़ रहा था। उस समय गोवा भारत ही नहीं बल्कि समूचे एशिया का एक महत्वपूर्ण औद्योगिक और व्यापारिक केन्द्र बन गया। गोवा की आबादी में अधिकांश भारतीय व्यापारी और कारीगर थे। गोवा के चारो ओर एक नया व्यापारिक और औद्योगिक केन्द्र बन गया। इस अभिनव गोवा में धनी भारतीय व्यापारी (मुख्य रूप से गुजराती, कन्नड़ और बंगाली) और एशिया के दूसरे देशों के व्यापारी रहते थे।[78]

सोलहवीं शताब्दी के अन्त में भागीरथी नदी के तट पर पुर्तगालियों ने एक गाँव में एक नए कारखानें की नींव रखी। इस कारखाने के आसपास कारीगरों की बस्तियाँ बन गईं। इस प्रकार यह एक नया शहर बन गया। नदी तट तक यहाँ जहाज आसानी से आ-जा सकते थे। नदी के नाम से यह शहर हुगली के नाम से विख्यात हुआ।

मद्रास, बम्बई और कालीकट का अभ्युदय और विकास अंग्रेज व्यापारियों से जुड़ा था। 1639 ई. में इंग्लिश ईस्ट इंडिया कम्पनी ने फोर्ट सेंट जार्ज में एक फैक्ट्री लगाई। यह जगह कोरोमंडल तट पर थी और पहले यहाँ चिन्नपट्टम नाम का एक गाँव था। फैक्ट्री के इर्द-गिर्द एक 'ब्लैक टाउन' बस गया। इसमें कारीगरों की बस्तियाँ थीं जिनमें मुख्य रूप से बुनकर और रंगरेज़ थे। 'ब्लैक टाउन' की आबादी तेजी से बढ़ी। 1660 ई. के दशक में इसकी जनसंख्या 40,000 थी। अठारहवीं शताब्दी के प्रारम्भ में यहाँ की आबादी बढ़कर 80,000 और अठारहवीं शताब्दी के मध्य में 1,50,000 हो गई।[79] महत्व की एक बात जिससे मद्रास में भारतीय व्यापारी और कारीगर तेजी से आ बसे यह थी कि जहाँ अंग्रेजों की छत्रछाया में कोई भारतीय राजा या उसके कर्मचारी किसी तरह का जुल्म नहीं कर सकते थे और न ही युद्धों के दरमियान कोई इनका माल-मत्ता लूट सकता था। अठारहवीं शताब्दी के मध्य में समूचे दक्षिण भारत में लड़ाइयाँ चलती रहती थीं। ए. हैमिल्टन ने इस सम्बन्ध में लिखा है—

> '...1685 ई. से 1689 ई. तक अंग्रेज और मुग़ल रिआया के बीच बंगाल और बम्बई में लड़ाइयाँ होती रही। इससे फोर्ट सेंट जार्ज की शक्ल सुधर गई क्योंकि शान्तिप्रिय हिन्दुस्तानी व्यापारी जो झगड़ा फसाद से घृणा करते हैं, झुंड-के-झुंड यहाँ आ बसे क्योंकि यह व्यापार के लिए हानि पहुँचाने वाले तत्वों से दूर पड़ता था और इसके आसपास गोलकुंडा की हीरा की खानें थी जहाँ अक्सर अच्छे सौदे हो जाते थे और हमारे गर्वनरों को भी रुपये मिल जाते थे। काले व्यापारी हमारी बस्ती में आकर अच्छी कमाई कर लेते थे। यहाँ पर बाज़ार सुरक्षित था, इसलिए वे इसमें अपना माल आसानी से ला सकते थे। फलस्वरूप इसकी आबादी बढ़ती गई और यह घना और घनी हो गया। कुछ प्राकृतिक कठिनाइयों के बावजूद यहाँ की समृद्धि में कमी नहीं आने पाई।[80]

'तारीख-ए-दाऊदी' बतलाती है कि पटना का विकास कैसे हुआ? सोलहवीं शताब्दी के मध्य में पटना गंगा के किनारे बसा एक छोटा सा शहर था। इसके पास ही बिहार की राजधानी थी। 1541 ई. में शेरशाह बंगाल की चढ़ाई से लौट रहा था, उसने गंगा के किनारे नितान्त अनुकूल स्थिति में बसे पटना पर दृष्टि दौड़ाई तो उसने इसे देश के व्यापार की मुख्य धमनी के रूप में पहचाना। उसने यहाँ एक किला बनाने का फैसला किया और इसे बिहार की राजधानी बना दिया। पटना शीघ्र ही पूरे उत्तर भारत में व्यापार का एक मुख्य केन्द्र बन गया।[81]

ग़ुलाम हुसैन सलीम ने अपनी पुस्तक 'रियाज़-उस-सलातीन' (प्रथम प्रकाशन 1788 ई.) में मुर्शिदाबाद का इतिहास लिखा है। मख्सूस खाँ सौदागर ने एक कारवाँ सराय बनवाई थी। इसके आसपास कई दुकाने बन गई। वहाँ जो बस्ती बनी और

व्यापार केन्द्र विकसित हुआ उसका नाम मख्सूसाबाद था। धीरे-धीरे यहाँ पूरा शहर बस गया जो बंगाल के रेशम के व्यापार का केन्द्र बन गया। बंगाल का दीवान जफर खान (जो बाद में मुर्शिद कुली खाँ के तौर पर मशहूर हुआ) की बंगाल के नवाब अजीम-उस-शान से नहीं पटती थी इसलिए वह ढाका छोड़कर मख्सूसाबाद रहने लगा। उसने इस शहर का नाम मुर्शिदाबाद कर दिया। उसने यहाँ एक टकसाल और बहुत सी इमारतें बनवाई थी।[82]

शहरी व्यापार की अवनति होने पर शहर की भी अवनति हो जाती थी। पूरी सोलहवीं शताब्दी में सतगाँव बंगाल का सबसे बड़ा व्यापारिक केन्द्र था किन्तु हुगली की उस सहायक नदी ने जिसके किनारे यह शहर बसा था, अपना मार्ग बदल दिया। पुरानी नदी का पानी घट गया। अब वहाँ जहाज नहीं पहुँच सकते थे। इससे 16वीं शताब्दी के अन्त में इसके व्यापार में कमी आ गई। 'रियाज-उस-सलातीन' के लेखक ग़ुलाम हुसैन सलीम के कथनानुसार सतगाँव जैसा घना बसा शहर सिर्फ एक छोटा सा गाँव बनकर रह गया। सत्रहवीं शताब्दी के प्रारम्भ में खम्भात शहर की अवनति की भी यही वज़ह थी। 1960 के दशक में सिन्ध में थट्टा एक बड़ा व्यापारिक और औद्योगिक केन्द्र था, जिसकी भी ऐसी ही दुर्दशा हुई। टैवर्नियर ने 1667 ई. में लिखा है कि- ''थट्टा का पहले खूब व्यापार चलता था, अब तेजी से घट रहा है क्योंकि नदी का मुहाना दिन-प्रतिदिन खराब होता जा रहा है। रेत इकट्ठी होती जाती है, जिससे रास्ता करीब-करीब बन्द हो चुका है।''

सामाजिक-आर्थिक दृष्टि से भारत में सामन्तकालीन शहरों के कई खंड होते थे। उदाहरण के लिए सोलहवीं शताब्दी में कालीकट में 'पहले वर्ग' में धनियों के निवास थे, (ब्राह्मण भी इनमें शामिल थे) और कई हजार सौदागर भी इसमें रहते थे। दूसरे वर्ग में 'नायर' थे। ये सैनिक थे, तीसरे वर्ग में तीव (कारीगर) और अन्त में मेचुआ (मछुआरे) और पोलियार आते थे जो काली मिर्च, काजू आदि इकट्ठा करते थे। पोलियार और ईड़वा या एझवा (जो धान की रोपनी और कटाई करते थे) समाज में सबसे निचले सोपान पर थे और अछूत माने जाते थे।[83]

शहरी कामगारों में कारीगरों की संख्या अधिक थी। शहरी कारीगरों के प्राय: दो वर्ग होते थे: धनी और गरीब मजदूर। धनी कारीगर अपने उपकरणों से काम करते थे, दस्तावेज़ों में ऐसे बुनकरों को गृहस्थ या छीपी कहा गया है, इनके 'लम्बे-लम्बे मकान' या 'छपाईघर' होते थे।[84] शेष गरीब कारीगर होते थे।

शहरी आबादी (ख़ासकर छोटे शहरों में) का बहुत बड़ा भाग खेती करता था। इससे पता चलता है कि अभी तक गाँव और शहर पूरी तरह से पृथक नहीं हुए थे। ए. हैमिल्टन ने सत्रहवीं शताब्दी के अन्त और अठारहवीं शताब्दी के प्रारम्भ में उड़ीसा के कटक शहर का वर्णन करते हुए लिखा है कि शहर में करीब 1000 मकान हैं। नागरिकों में अधिकांश खेती, कताई-बुनाई या मथाई करते हैं...।[85]

माडपल्लम या पोलकोल्लु में आनेवाले यूरोपीय यात्री कभी इन्हें गाँव कहते हैं तो कभी शहर।[86]

जहाँ तक नगरों के वास्तु का प्रश्न है, भारतीय नगरों के बाह्य के रूप से भी निवासियों के बीच सामाजिक अन्तर स्पष्ट दिखलाई पड़ता था। सामन्त स्वामियों के शानदार महलों, धनी व्यापारियों की सुन्दर बड़ी-बड़ी कोठियाँ, अन्य धनिकों के सुंदर मकान नगर के बीच सड़कों के किनारे बने होते थे। इसके विपरीत छोटे व्यापारियों, कारीगरों के मामूली मकान होते थे। शहरी गरीबों के खपरैलों वाले कच्चे मकान होते थे। और नितान्त गरीबों की फूस की छाजन वाली झोपड़ियाँ इन सबसे अलग होती थी। नगर के ज्यादातर निवासी इनमें रहते थे।[87]

मध्यकाल में सम्पूर्ण भारत में व्यापार में वणिक वर्ग (बनिया) कुशल होते थे। इनमें गुजराती और मारवाड़ी प्रमुख थे। सोलहवीं-सत्रहवीं शताब्दी में भारत आए अनेक यूरोपीय यात्रियों ने इनकी महाजनी और व्यापार-कुशलता के बारे में लिखा है। उन्होंने लिखा है कि हर भारतीय बन्दरगाह में बनिया जरूर मिलेंगे वे बहुत धनी होते थे। जे. लिंशोटेन सोलहवीं शताब्दी के अन्त में इनके बारे में लिखता है कि-''गुजराती और बनिया खम्भात के रहनेवाले होते हैं। गोवा, दीव, चोल और कोचीन तथा अन्य स्थानों में भी रहते हैं। वे अनाज, रुई, कपड़ा, नील, चावल और दूसरी चीजों का भी व्यापार करते हैं, हीरा की परख अच्छी होने से उसका व्यापार इनकी ख़ासियत है।''[88]

व्यापारी संगठनों के अलावा भिन्न-भिन्न व्यापारियों और महाजनी कोठियों (बैंकिंग हाउसेज) ने भी व्यापार और महाजनी कार्यों में महत्वपूर्ण भूमिका निभाई। इसका उदाहरण जगत सेठ की महाजनी कोठी है। कोठी के संस्थापक हीराचन्द साहु मारवाड़ नगर से पटना आए जहाँ उन्होंने महाजनी का काम शुरू किया। उनके बड़े बेटे मानिकचन्द ने ढाका जाकर वहाँ कारोबार शुरू किया। उनका काम खूब चमका, उनकी कोठी का अजीम-उस्-शान और मुर्शिद कुली खान से अच्छा सम्बन्ध था। मुर्शिद कुली खान उस समय बंगाल का नवाब था। मानिकचन्द उसको कर्ज़ देते रहते थे। मानिकचन्द के बेटे फतेहचन्द को मुग़ल बादशाह ने जगत सेठ का खिताब दिया था। मानिकचन्द और फतेहचन्द की कोठी अठारहवीं शताब्दी के पूर्वार्द्ध में अपनी बुलन्दी पर थी। इस कोठी ने नवाबी व्यवस्था में खूब लाभ उठाया। वे कर उगाहने का ठेका लिया करते थे। उनको नवाबों का संरक्षण भी प्राप्त था। इन्होंने मुनीमी और ब्रिटिश ईस्ट इंडिया कम्पनी से लेन-देन बढ़ाया। जगत सेठ की कोठी ने 1757 ई. में बंगाल में अंग्रेजों की शक्ति की जड़ जमाने में मदद की थी। इसके बावजूद वे उपनिवेशवादी लूट के शिकार हो गए।

सत्रहवीं-अठारहवीं शताब्दी में व्यापारियों, महाजनों और शासकों में आपसी सहयोग खूब बढ़ा। इस सहयोग का खामियाजा जनता को भुगतना पड़ा। व्यापारी

सामन्त शासकों द्वारा प्रजा के शोषण में भागीदार हो गए। बड़े-बड़े व्यापारियों ने शासकों से कर वसूली के अधिकार खरीद लिए। गोलकुंडा के शहरों में कर-वसूली का अधिकार बिकने लगा। जिस इलाके में दस्तकारी और व्यापार का जितना विकास था, उसी के आधार पर दाम तय किया जाता था। मसूलीपट्टनम में सत्रहवीं शताब्दी के प्रारम्भ में कर वसूलने के अधिकार की कीमत 1,80,000 पगोडा वार्षिक थी और निजामपट्टनम में यह रकम 55,000 पगोडा थी।[89] विदित है कि व्यापारी खूब मुनाफा कमाना चाहते थे। उन्होंने किसानों, कारीगरों और छोटे दुकानदारों को बेरहमी से लूटा। इससे शिल्प और व्यापार का विकास रुक गया।

सामन्त वर्ग से व्यापारियों की सहभागिता का एकं रूप व्यापारियों द्वारा भूमि और सिंचाई योजनाओं की खरीद से शुरू हुआ, यह एक तरह से सौदागरी पूँजी का सामन्तीकरण था।

एक इटालियन यात्री पी. वेल ने लिखा है कि "सत्रहवीं शताब्दी के प्रारम्भ में सूरत में व्यापारियों और कारीगरों की अवस्था प्रायः अच्छी है। उन्हें पूरी सुरक्षा मिली हुई है क्योंकि शासक उन्हें झूठे अभियोग लगाकर परेशान नहीं करता। उनको शान शौकत से रहते देखकर उनसे कुछ छीनने की युक्ति नहीं बनाता जैसा कि प्रायः मुस्लिम देशों में होता रहता है।"[90]

सोलहवीं शताब्दी के अन्त और सत्रहवीं शताब्दी के प्रारम्भ में मुग़ल बादशाह अकबर के शासनकाल में राज्य हस्तशिल्प उत्पादन के विकास और उनके व्यापार को प्रोत्साहित करता था। कारीगरों और व्यापारियों को करों में छूट देता था। अन्य सामन्त स्वामियों के अत्याचारों से उनकी रक्षा का प्रयत्न करता था। अकबर के शासन के मुख्य विशिष्टताओं में एक यह भी थी। जहाँगीर और शाहजहाँ ने अकबर की इस नीति पर अमल किया और वे भी शिल्पियों और व्यापारियों को प्रोत्साहित करते रहे।

अबुल फज़ल ने अपनी पुस्तक 'आइन-ए-अकबरी' में लिखा है कि, "अकबर ने अपने साम्राज्य के बन्दरगाहों से गुजरनेवाले माल पर निर्यात और आयात शुल्क घटाकर उनके मूल्य का 2.5 प्रतिशत कर दिया।[91] यह कर इतना कम है कि व्यापारी इसे न के बराबर मानते हैं।"[92] आइन-ए-अकबरी में करों की एक लम्बी सूची दी गई है जिसमें या तो कमी की गई है या छूट दी गई। जजिया गैर मुसलमानों पर लगनेवाला कर था इसकी वज़ह से हिन्दू शिल्पियों और व्यापारियों को गैरबराबरी का सामना करना पड़ता था। अकबर ने जजिया उठा लिया। उसने मीरबहरी कर भी खत्म कर दिया, यह बन्दरगाहों में लगाया जाता था। इसी तरह बाज़ार में जानवरों की बिक्री पर लगनेवाला कर, घी, सन आदि वस्तुओं पर लगनेवाले कर, माल के यातायात पर पारगमन टैक्स, कई वस्तुओं के उत्पादन पर लगनेवाला कर, दलाली, रंगरेजी, मछुआरी पर लगनेवाले कर भी समाप्त कर दिए।

किन्तु अकबर के शासनकाल को सामन्त वर्ग, व्यापारियों और शिल्पी वर्गों के हितों में पूर्ण सामंजस्य और व्यापारियों और शिल्पियों की निर्बाध समृद्धि के काल के रूप में पेश करना बहुत ही बड़ी भूल होगी। अनेक प्रमाणों से सिद्ध होता है कि अकबर और उसके उत्तराधिकारियों के शासनकाल में सामन्त-स्वामियों ने व्यापारियों और शिल्पियों पर अत्याचार किए।

सामन्त स्वामियों के आर्थिक और राजनीतिक शासन का सबसे बड़ा हथियार राज्य द्वारा लगाए जानेवाली कर-प्रणाली थी। सौदागरी पूँजी पर तरह-तरह के अनेक कर लगाए जाते थे। इनमें एक कर पनधरी (पनधर पट्‌टी) था जो ख़फ़ी खान के विवरण के अनुसार मासिक भूमि और भवन किराया था। कसाई से लेकर कुम्हार तक और फल सब्जी बेचनेवालों से लेकर कपड़ा व्यापारियों, सुनारों, सर्राफों अर्थात हर कारीगर और खुदरा व्यापारी को यह कर अदा करना पड़ता था। बाज़ार में जमीन के हर टुकड़े के इस्तेमाल पर प्रत्येक टेंट या दुकान में जहाँ किसी वस्तु का क्रय-विक्रय होता हो उसे वक्त के रिवाज़ के मुताबिक राज्य को कर (टैक्स) देना पड़ता था। इस तरह सैकड़ों रुपये मूल्य का सोना राजकोष में जाता था।

जनता पर बहुत बड़ा बोझ राहदारी कर का था। पहाड़ी दर्रो, दो जिलों की सीमाओं, नदियों को पार कर माल ले जाने पर जो कर देना पड़ता था उसे राहदारी कहते थे। सरकारी आय का यह प्रमुख साधन था। कर की दरें इतनी ऊँची थीं कि जो सामान कारखाने या बन्दरगाह में खरीदा जाता था, राहदारी अदा करने के बाद उसकी लागत दोगुनी हो जाती थी। राहदारी वसूलने के लिए सभी व्यापार मार्गों पर चौकियाँ बनी होती थीं। हर चौकी के प्रधान अधिकारी को जमादार और उसके सहायक को चौकीदार कहते थे। प्रत्येक चौकी पार करने पर माल पर एक छाप लगा दी जाती थी। जे. मार्शल के कथनानुसार चौकी के कर्मचारी बख्शीस ऐंठते थे।[93] सल्तनत के करों के अलावा व्यापारियों को छोटे-मोटे सामन्त स्वामियों के इलाके से गुजरने पर उनको भी कर देना पड़ता था, इससे वस्तुओं की कीमतें और बढ़ जाती थीं।

सोलहवीं-अठारहवीं शताब्दी में मुग़ल सल्तनत, गोलकुंडा, बीजापुर आदि रियासतों में राज्य प्रणाली प्रचलित थी। इसमें कुछ वस्तुओं के उत्पादन और व्यापार पर शासक का एकाधिकार होता था। इनमें कुछ विशेष तरह के कपड़े, सोना, रेशम, रंग, नमक, हीरे आदि प्रमुख थे। एकाधिकारवाली वस्तुओं के उत्पादन और व्यापार पर विशेष आज्ञा लेनी पड़ती थी जिसे 'दस्तक' या 'छाप' कहते थे। इससे राज्य को अतिरिक्त आय होती थी। किसी भी वस्तु पर, जिसकी खूब माँग हो (इसमें खाद्य-सामग्री और पशुओं का चारा भी शामिल है) शासक अपना 'एकाधिकार' घोषित कर सकता था। दस्तक या छाप कभी भी खारिज किया जा सकता था।

ढाका में अठारहवीं शताब्दी के मध्य में शासकों ने सिर्फ नौ दलालों और ग्यारह पैरोकारों को कपड़े का व्यापार करने की अनुज्ञप्ति (लाइसेन्स) दी थी। इसके लिए उनसे भारी रकम वसूल की गई। इन एकाधिकारों और बाज़ार में कतिपय वस्तुओं की खरीद पर शासन की तरजीह के अधिकार का प्रयोग कर सूबेदार और अमीन व्यापारियों और शिल्पियों से घूस लेते थे।

सत्रहवीं-अठारहवीं शताब्दी में अनेक इलाकों में मुग़ल साम्राज्य की कमजोरी का लाभ उठाकर राज्य के कर्मचारियों और भूस्वामियों ने व्यापारियों और शिल्पियों पर नए कर लगा दिए और इनको खुद हड़प कर लिया। यह प्रक्रिया विशेषकर औरंगजेब के शासनकाल में सत्रहवीं शताब्दी के अन्त और अठारहवीं शताब्दी के प्रारम्भ में प्रकट हुई। जैसा कि ख़फ़ी खान लिखता है कि-'इस जमाने में जागीरदारों, फौजदारों और जमींदारों को सजा का कोई खौफ नहीं रह गया था।' औरंगजेब की प्रतिक्रियावादी धार्मिक नीति, हिन्दुओं पर उसके अत्याचारों का व्यापार और हस्तशिल्प के विकास पर बड़ा बुरा असर पड़ा। उस जमाने में मुस्लिम सामन्ती प्रतिक्रिया जोरों पर थी। उस जमाने में यूरोपीय व्यापारियों को मुसलमानों और हिन्दू व्यापारियों की अपेक्षा कम कर देना पड़ता था, यह सिद्ध करता है कि इस प्रथा से स्थानीय व्यापारी पूँजी को जबरदस्त धक्का लगा (मुस्लिम और हिन्दू व्यापारी को 200 फीसदी ज्यादा कर देना पड़ता था)।

सत्रहवीं शताब्दी के मध्य में राज्य की कमजोरियों और स्थानीय सामन्त स्वामियों के कारनामों पर अदालती नियन्त्रण ढीला पड़ने का विवरण देते हुए बर्नियर लिखता है—

> किसानों, कारीगरों, व्यापारियों पर किए गए जुल्मों की फरियाद सुनने वाला कोई न था। फ्रांस की भाँति इस मुल्क में बदमाशों और जालिमों को रोकनेवाले बड़े लॉर्ड नहीं हैं, न संसद है और न ही स्थानीय अदालतों के न्यायधीश। इन मजलूमों को न्याय देने के लिए काज़ी को पर्याप्त अधिकार नहीं है। ग़ुलामी की इस दूषित परिस्थिति में व्यापार की उन्नति रुक जाती है और हर व्यक्ति की जीवन शैली पर बुरा प्रभाव पड़ता है। वाणिज्य के लिए कोई उत्साह नहीं होता। यदि किसी को सफलता मिल जाती है तो इससे उसका पड़ोसी खुश होने की बजाय अपनी अत्याचारी लोलुप दृष्टि उस पर टिका देता है। यदि कोई धन कमा लेता है तो वह अपना रहन-सहन बेहतर करने के लिए उत्साहित नहीं होता। वह अपने मकान के फर्नीचर नहीं बदलता, न बेहतर कपड़े ही पहनता है। वह इसी उधेड़बुन में पड़ा रहता है कि लोगों को इसका पता न चल जाए। अपनी सुख-सुविधा का ध्यान नहीं रखता। वह अपने सोना-चाँदी घरों में जमीन में दबाए रखता है। किसान, कारीगर, व्यापारी सभी ऐसा ही करते हैं। चाहे वे हिन्दू हो या मुसलमान,

ख़ासकर हिन्दू जिनके पास देश के प्राय: समूचा व्यापार और धन है। हिन्दुओं का विश्वास है कि इस जीवन में छिपाया धन अगले जन्म में उनके काम आएगा।[94]

जॉन अल्बर्ट मैंडे ल्लो (1616-1644 ई.) ने 1639 ई. में गुजरात की स्थिति के बारे में आँखों देखा विवरण प्रस्तुत किया है। उसके अनुसार- "व्यापारी, कुशल दस्तकारों से कई गुना खुश होता है, किन्तु उनको भी यह असुविधा होती है कि जैसे इन्होंने धन कमाया, कि पड़ोसी बड़े आदमी को ईर्ष्या हो जाती है और वह सोचने लगता है कि कैसे उसका माल-मत्ता हड़पे ले। न्याय मार्ग से तो ऐसा सम्भव नहीं होता, इसलिए वह दूसरे हथकंडे अपनाता है। कभी-कभी तो धन कमानेवाले को अपनी जान से भी हाथ धोना पड़ता है।"[95]

किन्तु कई यूरोपीय व्यापारियों ने स्थिति को बढ़ा-चढ़ाकर पेश किया है। यह नहीं सोचना चाहिए कि सत्रहवीं शताब्दी के उत्तरार्द्ध और अठारहवीं शताब्दी के प्रारम्भ में समूचे भारत में ऐसी परिस्थिति थी। बंगाल, बिहार, उड़ीसा में इसी काल में व्यापारियों और दस्तकारों की दशा मुग़ल साम्राज्य के कई सूबों से बेहतर थी, इसका श्रेय बंगाल के नवाब शाइस्ता खान की कर नीति को है। अनेक प्रमाणों से सिद्ध है कि उसने करों का बोझ कम करने के लिए कई उपाए किए थे,[96] किन्तु व्यापारियों और दस्तकारों पर अत्याचारों के भी उदाहरण मिलते हैं। सत्रहवीं शताब्दी में दक्षिण भारत में भी सामन्त शासकों ने व्यापारियों और दस्तकारों पर अत्याचार किए। मसलन, गोलकुंडा और बीजापुर की विजय के पश्चात औरंगजेब की फौजों के हाथों इन इलाकों के निवासियों को काफी नुकसान उठाना पड़ा।[97]

कृषि के विस्तार, उत्पादन वृद्धि एवं व्यापारिक फसलों की उन्नति के फलस्वरुप जहाँ एक ओर स्थानीय व्यापार में वृद्धि हुई वहीं दूसरी ओर स्थानीय व्यापारिक केन्द्रों से व्यापारिक वस्तुओं का आदान-प्रदान दूरस्थ क्षेत्रों के साथ विकसित हुआ। कृषि पर आधारित पारिवारिक कुटीर-उद्योग की क्षमता एवं विकास की प्रकृति से स्पष्ट है कि कृषक परिवारों द्वारा वस्तु उत्पादन का व्यापारिक विस्तार सोलहवीं एवं सत्रहवीं शताब्दी में सीमित क्षेत्र में व्याप्त था किन्तु इसी अवधि में उन तत्वों का समावेश एवं प्रगति हुई जिनके कारण व्यापारिक क्षेत्र का विकास निरन्तर बढ़ता गया।

सन्दर्भ ग्रन्थ-सूची

1. एनुअल रिपोर्ट आन साउथ - इंडियन एपिग्राफी (1928/29), पृ. 41
2. महालिंगम, टी.वी., एडमिनिस्ट्रेशन एंड सोशल लाइफ अंडर विजयनगर, मद्रास/1951, पृ. 114
3. 'इब्नबतूता ट्रैवेल्स इन बंगाल एंड चाइना', कैथे एंड दि वे दिदर: बीइंग ए कलेक्शन ऑफ मेडिवल नोटिसेज ऑफ चाइना भाग 4, लन्दन, 1916, पृ. 80

4. फ्लोरिस, पी., पीटर फ्लोरिस : हिज वायेज टु दि ईस्ट इंडीज इन दि 'ग्लोब' 1611-1615, लन्दन, 1934, पृ. 114
5. फिंच, आर., दि वायेज ऑफ मास्टर राल्फ फिंच मर्चेंट ऑफ लन्दन, भाग 10, ग्लासगो, 1905, पृ. 182
6. अबुल फज़ल अल्लामी, दि आइन-ए-अकबरी, भाग-1, कलकत्ता, 1939, पृ. 285

'आइन' की अहमियत की वज़ह से कई विद्वानों ने इसका अनुवाद किया। हेनरी ब्लॉकमेन ने इसे सम्पादित किया और कलकत्ता (आज का कोलकाता) के एशियाटिक सोसाइटी ने अपनी बिब्लियोथिका शृंखला में इसे छापा। इस किताब का तीन खंडो में अंग्रेजी अनुवाद भी किया गया। पहले खंड का मानक अंग्रेजी अनुवाद ब्लॉकमेन का है (कलकत्ता, 1873), बाकी के दो खंडों के अनुवाद एच. एस. जैरेट ने किए।

'आइन-ए-अकबरी' आँकड़ों के वर्गीकरण के एक बहुत बड़े ऐतिहासिक और प्रशासनिक परियोजना का नतीजा था जिसका जिम्मा बादशाह अकबर के हुक्म पर अबुल फज़ल ने उठाया था। अकबर के शासन के बयालीसवें वर्ष, 1598 ई. में, पाँच संशोधनों के बाद, इसे पूरा किया गया। आइन इतिहास लिखने के एक ऐसे वृहत्तर परियोजना का हिस्सा थी जिसकी पहल अकबर ने की थी। इस परियोजना का परिणाम था **अकबरनामा** जिसे तीन जिल्दों में रचा गया। पहली दो जिल्दों ने ऐतिहासिक दास्तान पेश की। तीसरी जिल्द, आइन-ए-अकबरी को शाही नियम कानून के सारांश और साम्राज्य के एक राजपत्र की सूरत में संकलित किया गया था।

'आइन' कई मसलों पर विस्तार से चर्चा करती है: दरबार, प्रशासन और सेना का संगठन; राजस्व स्रोत और अकबरी साम्राज्य के प्रान्तों का भूगोल; और लोगों के साहित्यिक, सांस्कृतिक व धार्मिक रिवाज़। अकबर की सरकार के तमाम विभागों और प्रान्तों (सूबों) के बारे में विस्तार से जानकारी देने के अलावा, आइन इन सूबों के बारे में पेंचीदे और आँकड़ेबद्ध सूचनाएँ बड़ी बारीकी के साथ देती है।

इन सूचनाओं को इकट्ठा करके, उन्हें सिलसिलेवार तरीके से संकलित करना एक महत्वपूर्ण शाही कवायद थी। इसने बादशाह को साम्राज्य के तमाम इलाकों में प्रचलित रिवाज़ों और पेशों की जानकारी दी। इस तरह हमारे लिए आइन अकबर के शासन के दौरान मुग़ल साम्राज्य के बारे में सूचनाओं की खान है। फिर भी यह ध्यान रखना महत्वपूर्ण है कि आइन का नजरिया क्षेत्रों के बारे में केन्द्र का नजरिया है, या यूँ कहें कि समाज के शीर्ष से देखी हुई समाज की तस्वीर।

'आइन' पाँच भागों (दफ्तर) का संकलन है जिसके पहले तीन भाग प्रशासन का विवरण देते हैं। **मंजिल-आबादी** के नाम से पहली किताब शाही घर-परिवार और उसके रख-रखाव से ताल्लुक रखती है। दूसरा भाग, **सिपह-आबादी** सैनिक व नागरिक प्रशासन और नौकरों की व्यवस्था के बारे में है। इस भाग में शाही अफसरों (मनसबदारों), विद्वानों, कवियों और कलाकारों की संक्षिप्त जीवनियाँ शामिल है।

तीसरा, **मुल्क-आबादी**, वह भाग है जो साम्राज्य व प्रान्तों के वित्तीय पहलुओं तथा राजस्व की दरों के आँकड़ों की विस्तृत जानकारी देने के बाद बारह प्रान्तों का बयान देता है। इस

खंड में सांख्यिकी सूचनाएँ विस्तार से दी गई हैं, जिसमें सूबों और उनकी तमाम प्रशासनिक व वित्तीय इकाईयों (सरकार, परगना और महल) के भौगोलिक, स्थलाकृतिक और आर्थिक रेखाचित्र भी शामिल है। इसी खंड में हर प्रान्त और उसकी अलग-अलग इकाइयों की कुल मापी गई जमीन और निर्धारित राजस्व (जमा) भी दी गई हैं।

सूबा स्तर की विस्तृत जानकारी देने के बाद, 'आइन' हमें सूबों के नीचे की इकाई सरकारों के बारे में विस्तार से बताती है। ये सूचनाएँ तालिकाबद्ध तरीके से दी गई हैं, जहाँ हर तालिका में आठ खाने हैं जो हमें निम्नलिखित सूचनाएँ देते हैं: (1) परगनात/महल; (2) किला; (3) अराज़ी और जमीन-ए-पाईमूद (मापे गए इलाके) ; (4) नकदी (नकद निर्धारित राजस्व); (5) सुयूरग़ाल (दान में दिया गया राजस्व अनुदान); (6) जमींदार ; (7) खाने और (8) में जमींदारों की जातियाँ और उनके घुड़सवार, पैदल सिपाही (प्यादा) व हाथी (फ़ील) सहित उनके फौज की जानकारी दी गई है। मुल्क-आबादी उत्तर भारत के कृषि समाज का विस्तृत, आकर्षक व पेंचीदा चित्र पेश करती है। चौथी और पाँचवीं किताबें (दफ्तर) भारत के लोगों के मज़हबी, साहित्यिक और सांस्कृतिक रीति-रिवाज़ों से ताल्लुक रखती है इनके आखिर में अकबर के ''शुभ वचनों'' का एक संग्रह भी हैं।

7. अबुल फज़ल, पृ. 270
8. बुकानन, एफ.एच., ए जर्नी फ्राम मद्रास थ्रू दि कन्ट्रीज ऑफ मैसूर, केनरा एंड मलाबार भाग-1 लन्दन, 1807 पृ. 265

   इसे भी देखें-फोर्बीस जे., ओरियन्टल मेमोयर्स: सेलेक्टेड एंड एब्रिज्ड फ्राम ए सिरीज ऑफ फेमिलियर लेटर्स रिटर्न डयूरिंग सेवेंटीन ईयर्स रेजिडेन्ट इन इंडिया, भाग 1-4, लन्दन, 1813
9. बुकानन, भाग-1, पृ. 125
10. मॉन्टगोमरी, मार्टिन आर., दि हिस्ट्री, ऐंटिक्विटीज, टपाग्रफी एंड स्टैटिस्टिक्स ऑफ ईस्टर्न इंडिया, कंपाइलिंग डिस्ट्रिक्ट्स ऑफ बिहार, शाहाबाद, भागलपुर, गोरखपुर, दीनाजपुर, पूर्णिया, रंगपुर एंड आसाम भाग 2, लन्दन, 1838, पृ. 1007
11. बुकानन, पृ. 208
12. विल्क्स एम., हिस्टोरिकल स्केचेज ऑफ दि साउथ ऑफ इंडिया, भाग 1, लन्दन, 1810, पृ. 118
13. मांटगोमरी मार्टिन, पृ. 971
14. कोलब्रुक एच.टी., रेमार्क्स आन दि हस्बेंड्री एंड इंटर्नल कामर्स ऑफ बंगाल, लन्दन, 1806, पृ. 175
15. मोरलैड डब्ल्यू एच., रिलेशन ऑफ गोलकुंडा इन दि अर्ली सेंवेटींथ सेन्चुरी, लन्दन, 1931, पृ. 16
16. कैरे द शैबोंन, दि ट्रैवेल्स ऑफ दि एवे कैरे इन इंडिया एंड नियर ईस्ट, 1972-1974, भाग 2, लन्दन, 198, पृ. 595
17. दि इंग्लिश फैक्ट्रीज इन इंडिया ए कैलेंडंर ऑफ डाक्यूमेंट्स इन दि इंडिया ऑफिस, ब्रिटिश म्यूजियम एंड पब्लिक रिकार्ड्स ऑफिस (1655-57) (सम्पा.), डब्ल्यू. फोस्टर, आक्सफोर्ड,1908, पृ. 75

18. मोरलैड, पृ. 79
19. बावरी टी., ए ज्याग्राफिकल अकाउंट ऑफ दि कंट्रीज रांउड दि ऑफ बंगाल,1669-1679, कैंब्रिज 1905, पृ. 106
20. मास्टर एस., 'दि डायरीस ऑफ स्ट्रींशाम मास्टर', 1675-1680 एंड अदर कंटेम्पररी पेपर्स रिलेटिंग देअर टु, भाग 1, लन्दन, 1911, पृ. 399
21. मोरलैड, पृ. 34
22. मास्टर एस., पृ. 86
23. मास्टर एस., पृ. 40
24. महुआन'स अकाउंट ऑफ दि किंगडम ऑफ बंगाल जर्नल ऑफ दि रायल एशियाटिक ऑफ ग्रेट ब्रिटेन एंड आयरलैंड, लन्दन, 1895, पृ. 530
25. टैवर्नियर जे.वी., ट्रैवेल्स इन इंडिया भाग-2 लन्दन, 1925 पृ. 7
26. बर्नियर, एफ., ट्रैवेल्स इन दि मुग़ल एम्पायर (1656-1668) लन्दन, 1934, पृ. 248
27. बारबोसा, डी, दि बुक ऑफ डुआर्ट बारबोसा, एन अकाउंट ऑफ दि कंट्रीज बॉर्डरिंग आन दि इंडियन ओशन एंड देयर इंहैबिटेंट्स, भाग 2 पृ. 125
28. फ्रेडरिक, सी., एक्सट्रैक्टर्स ऑफ मास्टर सीजर फ्रेडरिक, हिज एटीन ईयर्स ऑफ इंडियन आब्जर्वेशन, ग्लासगो 1905, पृ. 112
29. पाइरार्ड, एफ., दि वायेज ऑफ फ्रैकोई पाइरार्ड ऑफ लेबेल ईस्ट इंडीज, दि मालदीव, दि मलक्का एंड ब्राजील, (1607-1610), भाग 1, पृ. 327
30. पेल्सर्ट, एफ, जहाँगीर'स इंडिया: दि रिमोंस्तरांसी ऑफ फ्रांसिस्को पेल्सर्ट, कैम्ब्रिज 1925, पृ. 7
31. बर्नियर, पृ. 437
32. बार्थोमा, एल., दि ट्रैवेल्स ऑफ लुडोविको दि बार्थोमा इन ईजिप्ट, सीरिया, अरेबिया, पर्शिया, इंडिया 1508, लन्दन 1863, पृ. 151
33. बार्थोम, पृ. 122
34. पोलो, एम., 'दि बुक' मार्कोपोलो, मास्को, 1956, पृ. 145
35. पायर्स, टी., दि सुमा ओरिएंटल ऑफ टोम पायर्स, एन. अकाउंट ऑफ दि ईस्ट फ्राम दि रेड सी टु जापान, रिटेन इन मलक्का एंड इंडिया इन 1512-1515, भाग 1, लन्दन, 1944, पृ. 92
36. चाउ जु-कुआँ, चाउ-जु-कुआँ दिस वर्क आन दि चाइनीज एंड अरब ट्रेड इन ट्रैवेल्स एंड थर्टीन्थ सेन्चुरी, न्यूयार्क, 1966, पृ. 96
37. बार्थोमा, पृ. 107
38. मलोनी, रूबी, 'गुजरात ट्रेड विथ साउथ ईस्ट एशिया (सिक्सटीन्थ एंड सेवेंटिन्थ सेंचुरीज)', प्रोसीडिंग्स ऑफ द इंडियन हिस्ट्री कांग्रेस वॉल्यूम 75, प्लेटिनम जुबिली 2014, पृ. 336-340
39. क्लैविखो, आर., ट्रैवेल अकाउंट्स इन तैमूर'स कोर्ट इन समरकन्द, 1403-1416, सेंट पीट्सवर्ग, 1881, पृ. 328

40. मलोनी, पृ. 336-340
41. लिंशोटंन, जे. एच., दि वायेज ऑफ जान ह्यूजेन वान लिंशोटन टु दि ईस्ट इंडीज, भाग 2, लन्दन, 1897, पृ. 220
42. मैनरिक, एस., ट्रैवेल्स ऑफ फ्रै सेबेशियन मैनरिक (1629-1643) भाग-1, आक्सफोर्ड, 1927, पृ. 194
43. फोस्टर (सम्पा.), पृ. 194
44. टैवर्नियर, पृ. 30
45. फ्रेडरिक, पृ. 113
46. पेटन, डब्ल्यू., ए. जर्नल ऑफ आल प्रिन्सिपल मैटर्स पास्ड इन दि ट्रेवेल्स वायेज टु दि ईस्ट इंडिया आब्ज़र्व्ड बाई मी वाल्टर पेटन, ग्लासगो, 1905, पृ. 206
47. अली मुहम्मद खान, दि पालिटिक्स एंड स्टैटिस्टिकल हिस्ट्री ऑफ गुजरात लन्दन, 1935
48. रायचौधरी, टी., बंगाल अंडर अकबर एंड जहाँगीर, कलकत्ता, 1953, पृ. 68
49. पोर्तुगीज वायेजेज (1498-1663), लन्दन, 1942-पृ. 263
50. अन्तनोवा, के.ए., कंक्वेस्ट ऑफ दि इंग्लिश आन इंडिया इन एंटींथ सेंचुरी, मास्को, 1958, पृ. 37
51. मांसरेट, ए., 'फादर एंटोनियो मांसरेट'स अकाउंट ऑफ अकबर (26 नवम्बर 1582) जर्नल ऑफ प्रोसीडिंग्स ऑफ दि एशियाटिक सोसाइटी ऑफ बंगाल, कलकत्ता, 1912, पृ. 156
52. फासेट, सी.एच., दि इंग्लिश फैक्ट्रीज इन इंडिया (न्यू सीरीज), भाग-2, आक्सफोर्ड, 1938
53. फोस्टर, (सम्पा.), पृ. 157
54. हैजेज, डब्ल्यू., दि डायरी ऑफ विलियम हैजेज डयूरिंग हिज एंजेसी इन बंगाल (16181-1887) भाग-1, लन्दन, 1887, पृ. 133
55. फोस्टर, (सम्पा.), पृ. 104
56. मास्टर एस., पृ. 146
57. मास्टर एस., पृ. 86
58. पार्सस, पृ. 241
59. बालकृष्ण, आर., इंडस्ट्रियल डेवलपमेंट ऑफ मैसूर, बंगलौर, 1940, पृ. 92
60. बालकृष्ण, पृ. 80
61. मास्टर एस., पृ. 257
62. बालकृष्ण, पृ. 255
63. बालकृष्ण, पृ. 142
64. लेटर्स रिसीव्ड बाई दि ईस्ट इंडिया कम्पनी फ्राम इट्स सर्वेंट्स इन दि ईस्ट (1602-1617), भाग 1, लन्दन, 1896
65. मास्टर एस., पृ. 113
66. मास्टर एस., पृ. 399
67. बर्नियर, पृ. 204

68. मूसवी, शिरीन, दि इकॉनमी ऑफ दि मुग़ल एम्पायर, 1987, पृ. 274
69. बनर्जी, अरूप, ओल्ड रूट्स; नार्थ इंडियन नोमैड्स एंड बैंकर इन अफगान उज्बेक एंड रसियन लैंड, नई दिल्ली, 2011, पृ. 121
70. ट्रैवेल ऑफ मार्कोपोलो, अनुवादित और सम्पादित द्वारा हेनरी यूले और एच. कार्डियर लन्दन, 1903 v.o.c. 13वीं शताब्दी के एक यात्री मार्कोपोलो (1292 ई.) ने यह टिप्पणी की थी कि भारत की अरब, फारस और मध्य एशिया के देशों के साथ समुद्री व्यापार करने की एक सदियों पुरानी परम्परा है और भारतीय राजस्व का एक बड़ा हिस्सा अरबी और फ़ारसी घोड़ों के आयात पर खर्च किया जाता है। मालाबार अरबी और फ़ारसी घोड़ों के आयात का मुख्य केन्द्र था जिसे आगे चलकर भारतीय मेलों और बाज़ार में भूमि मार्गों द्वारा स्थान्तरित कर दिया गया था, जहाँ से उन्हें राज्य को आपूर्ति किया जाता था।
71. ओमप्रकाश, प्रेशिडेंशियल एड्रेस; सम एस्पेक्ट्स ऑफ ट्रेड इन मुग़ल इंडिया (प्रोन्सिडिंग ऑफ दि इंडियन हिस्ट्री कांग्रेस, 1981, वोल्यूम 42, पृ. 173-187), पृ. 177
72. ओमप्रकाश, पृ. 178
73. ओमप्रकाश, पृ. 181
74. ओमप्रकाश, पृ. 181
    1651 में लाल सागर से आनेवाले जहाजों की संख्या 8 थी, जबकि फारस की खाड़ी से आनेवाले जहाजों की संख्या 14 थी। 1954 के लिए संगत आँकड़ा 12 और 17 था। (स्टेटमेंट इन ff 1188 v.o.c. 566-572 v.o.c. 1208 ff 456-459)
75. मोरलैड, पृ. 6
76. कोंटि एन., दि ट्रैवेल्स ऑफ निकोलो कोंटि इन दि ईस्ट इन दि अर्ली पार्ट ऑफ दि फिफ्टीन्थ सेंचुरी, इंडिया इन दि फिफ्टीन्थ सेचुरी, लन्दन, 1857, पृ. 20
77. कैथे, पृ. 444
78. लिंशोटन, पृ. 220
79. बावरी, पृ. 6
80. हैमिल्टन ए., ए न्यू अकाउंट ऑफ दि ईस्ट इंडीज, बीइंग दि आब्जर्वेशन्स एंड रिमार्क्स ऑफ कैप्टन ए0 हैमिल्टन (1688-1723), भाग 1, एडिनबर्ग, 1727, पृ. 36
81. अब्दुल्ला, 'तारीख-ए-दाऊदी ऑफ अब्दुल्ला' दि हिस्ट्री ऑफ इंडिया, ऐज टोल्ड बाई इट्स ओन हिस्टोरियंस भाग 1, कलकत्ता, 1952, पृ. 477
82. ग़ुलाम हुसैन सलीम, दि रियाज-उस-सलातीन, ए हिस्ट्री ऑफ बंगाल, कलकत्ता, 1902, पृ. 27
83. बार्थोमा, पृ. 141
84. ब्रुटन, डब्ल्यू., न्यूज फ्राम दि ईस्ट इंडीज ऑफ वायेज टु बगांल ऑफ विलियन बुटन इस्लामिक कल्चर, भाग 5, हैदराबाद, 1812, पृ. 55, पृ. 392
85. हैमिल्टन, पृ. 392
86. बावरी, पृ.100
87. कृष्णदास कविराज, चैतन्याज, लाइफ एंड टीचिंग्स फ्राम कंटेम्परी बंगाली बायोग्राफी दि चैतन्यामृतम, लन्दन, 1922 पृ. 289

88. चौधरी, सुशील, फ्रॉम प्रास्पेरिटी टू डिक्लाइन : एटींथ सेंचुरी बंगाल, नई दिल्ली, 1995
89. मोरलैड, पृ. 6
90. वेल्ले, पी., दि ट्रैवेल्स ऑफ पेट्रो डेल्ला वेल्ले इन इंडिया, भाग 1, लन्दन, 1892, पृ. 42
91. अबुल फज़ल, पृ. 233
92. पार्सस, सी.ई., मैसूर सिटी, लन्दन, 1930, पृ. 83
93. मार्शल, जे., जान मार्शल इन इंडिया: नोट्स एंड आब्जर्वेशन इन बंगाल 1668-1672, इलाहाबाद, 1927, पृ. 115
94. बर्नियर, पृ. 65
95. मैंडेल्स्लो, जे. ए., 'दि वायजेज एंड ट्रैवेल्स ऑफ जे. अल्बर्ट डी. मैंडेल्स्लो इन टु ईस्ट इंडीज, विगन इन दि ईयर 1638 एंड फिनिस्ट इन 1640, लन्दन, 1669, पृ. 65
96. मास्टर एस., पृ. 60
97. शास्त्री, के.ए.एन. एवं एन. वेंकट रमनैय्या, (सम्पा.) पृ. 178

4

भू-राजस्व व्यवस्था

मुग़ल साम्राज्य में राजस्व को दो भागों में बाँटा जा सकता हैं। केन्द्रीय अथवा शाही तथा स्थानीय अथवा प्रान्तीय। स्थानीय राजस्व स्पष्टत: बिना केन्द्रीय सरकार के वित्त-सम्बन्धी अधिकारियों से पूछे ही वसूला तथा खर्च किया जाता था। यह विभिन्न छोटे-छोटे करों से प्राप्त किया जाता था, जो उत्पादन एवं उपभोग, व्यापार एवं धन्धों, सामाजिक जीवन की विभिन्न घटनाओं तथा सबसे अधिक परिवहन पर लगाया जाता था। केन्द्रीय राजस्व के प्रधान साधन थे—भू-राजस्व, चुंगी, टकसाल, उत्तराधिकार, लूट एवं हर्जाना, उपहार, एकाधिकार तथा प्रत्येक मनुष्य पर लगनेवाला कर (पॉल-टैक्स)। इनमें पुराने जमाने की तरह राज्य की आय का सबसे महत्वपूर्ण साधन था भू-राजस्व।

मुग़लों के समय भू-राजस्व उत्पादन का हिस्सा होता था। यह भूमि पर कर नहीं वरन उत्पादन और उपज पर कर होता था। आइन-ए-अकबरी के अनुसार भू-राजस्व राजा द्वारा दिए जानेवाले संरक्षण और न्याय व्यवस्था के बदले लिए जानेवाला सम्प्रभुता शुल्क था। मुग़ल शासन में भू-राजस्व के लिए फ़ारसी शब्द 'माल' और 'मालवाजिब' का प्रयोग किया जाता था। 'खराज' शब्द की नियमित रूप से चर्चा नहीं मिलती थी।

मुग़ल साम्राज्य के संस्थापक बाबर के काल में भू-राजस्व के निर्धारण के सन्दर्भ में कोई विशेष परिवर्तन दृष्टिगत नहीं होता है। लोदी वंश के शासनकाल में जो नियम निर्धारित किए गए थे वही नियम बाबर के अल्पकालीन शासनकाल में भी चलते रहे। भू-राजस्व के निर्धारण सम्बन्धी नियमों में हुमायूँ के शासनकाल में कुछ परिवर्तन हुए। हुमायूँ ने सिकन्दर लोदी द्वारा प्रचलित गज $41\frac{1}{2}$ 'इस्कन्द्री'[1] (41 इस्कन्द्रियों के व्यास तथा एक इस्कन्द्री के त्रिज्या के योग के बराबर लम्बाई। लोदी काल के एक कांसे के सिक्के का नाम इस्कन्द्री था) को परिवर्तित करके 42 इस्कन्द्री कर दिया। अकबर के शासनकाल की अपेक्षा हुमायूँ के शासनकाल में कम मालगुजारी ली जाती थी। हूमायूॅ के शासनकाल में एक खरबार (8 मन से कुछ अधिक) अनाज पर दो बाबरी चार तनका मालगुजारी कर दिया था। अकबर के समय इसी वज़न पर चार बाबरी देना पड़ता था।[2]

अकबर के पूर्व शेरशाह ने जिस राजस्व व्यवस्था को अपनाया वह सल्तनतकालीन शासकों से कुछ भिन्न थी। हालाँकि उसकी राजस्व व्यवस्था लगभग वही थी जो युवा फरीद के रूप में उसने अपने पिता की जागीरों में प्रारम्भ की थी।[3] अब्बास खाँ सरवानी कहते हैं कि जब उसे मियाँ हसन ने अपनी जागीरों का प्रशासन सौंपा तो उसने जागीरों में पहुँचते ही अपने इलाके के मुकद्दमों कृषकों तथा पटवारियों को बुला भेजा। वह भली-भाँति जानता था कि राज्य की उन्नति का आधार कृषकों के परिश्रम पर ही निर्भर होता है इसलिए उन्हें कृषि तथा रचनात्मक कार्यों में सहयोग का आदेश दिया। उसने कर्मचारियों को आदेश दिए कि अत्याचार और उदंडता को छोड़कर उपज के समय कृषकों पर जो भूमि-कर निर्धारित किया जाए वही उगाहा जाए। फरीद के रूप में शेरशाह ने राजस्व व्यवस्था के जिन सिद्धान्तों को अपनाया वे इस प्रकार है-

(1) रैयत की भलाई-सम्पूर्ण अर्थव्यवस्था कृषि पर आधारित थी जिसकी रीढ़ किसान थे इसलिए वह उनकी भलाई के लिए चिन्तित रहता था। रैयत की रक्षा राजस्व व्यवस्था में निहित उत्पीड़न को रोककर ही की जा सकती थी।

(2) राजस्व अधिकारियों पर नियन्त्रण-वसूली करनेवाले अमले पर उचित नियन्त्रण रखा जाता था, लेकिन कर-निर्धारण और वसूली के शुल्क के रूप में तथा जमीदारों को नियन्त्रित रखने के लिए उनका देय हिस्सा उन्हें अवश्य प्रदान किया जाता था।

शेरशाह ने मसाहत (मापन) या बँटाई में से किसी एक विकल्प के चुनने की छूट दे रखी थी। चूँकि विकल्प का चयन किसान की इच्छा पर निर्भर था इसलिए दोनों विकल्पों का चलन जारी रहा। दोनों विकल्पों के चलन से एक बात स्पष्ट हो जाती है कि दोनों में लाभ-हानि का कोई विशेष अन्तर नहीं रहा होगा। शेरशाह ने रैयत को भुगतान के माध्यम अर्थात नकद या जिन्स (अनाज) सम्बन्धी छूट भी दे रखी थी। शेरशाह ने कृषकों की सहमति (कबूलियत) को लिखित रूप से लिया और इसके बाद उसने ज़रीब (भूमि मापक, इसकी लम्बाई 60 हिन्दुस्तानी गज या 55 अंग्रेजी गजों के बराबर होती थी।) से भूमि को बीघों में नपवाकर कृषकों पर उचित भूमि-कर निर्धारित किया। प्रत्येक बीघे का क्षेत्रफल 3600 वर्ग गज था। इसके साथ ही कर उगाहने वाले कर्मचारियों का ज़रीबाना (ज़रीब से भूमि मापनेवाले कर्मचारी का शुल्क), महासिलाना (कर वसूलनेवाले कर्मचारी या नाज़िर का शुल्क) और खुराक-ए-महासिलाना (कर वसूल करनेवाले कर्मचारी का भत्ता या खुराक) भी निश्चित कर दिया था, जो किसान द्वारा देय था।[4] उसने यह व्यवस्था भी की थी कि खरीफ और रबी की फसलों का भूमि-कर रबी की फसल के अन्त में ही लिया जाये। उसने अपने कर्मचारियों और अधिकारियों को आगाह करते हुए कहा था कि—''मैने भूमि की नाप के अनुसार उन (कृषकों) पर

भूमि कर निश्चित कर दिया है साथ ही कर्मचारियों का **ज़रीबाना, महासिलाना** और **खुराक-ए-महासिलाना** भी निर्धारित कर दिया है। यदि किसी कर्मचारी ने किसी कृषक से निश्चित राशि के अतिरिक्त भूमि कर उगाहा तो यह राशि वापस करनी होगी।''

शेरशाह की राजस्व सम्बन्धी व्यवस्था के बारे में इतिहासकारों में कुछ मतभेद है। जैसे-कानूनगो का मानना है कि शेरशाह ने अन्य सभी प्रथाओं को छोड़कर कर-निर्धारण के लिए मापन की प्रथा को ही आधार बनाया और इसे अपने पूरे साम्राज्य में लागू किया[5] लेकिन मोरलैंड इसे सही नहीं मानते क्योंकि उनके मुताबिक ''उत्तर भारत में प्रचलित भू-राजस्व व्यवस्था की प्रथा तब से चली आ रही थी, जब से हिन्दुत्व की पवित्र विधि निर्मित हुई थी और तब तक चलती रही जब तक 19वीं शताब्दी में उसमें कुछ परिवर्तन नहीं कर दिए गए।''[6] इसका अर्थ यह हुआ कि राजस्व की पारम्परिक व्यवस्था ही अखंड रूप से सूर-काल में चलती रही। यह अलग बात है कि शेरशाह ने उसमें कुछ परिवर्तन किए, लेकिन उसने भी राजस्व निर्धारण की पद्धति, भुगतान का प्रकार कृषि उत्पादन में राजस्व का हिस्सा आदि आधारभूत बातों को नहीं बदला।

निष्कर्षत: शेरशाह ने राजस्व प्रशासन की पहले से चली आ रही व्यवस्था को कभी समाप्त नहीं किया, क्योंकि वह ऐसा कर ही नहीं सकता था। मापन सम्बन्धी अपने विचारों को वह लागू भी नहीं कर सकता था और उसने लागू भी नहीं किया, जैसे मुल्तान में राजस्व-निर्धारण और संग्रह के लिए बँटाई व्यवस्था पहले से चली आ रही थी, शेरशाह ने उसी को जारी रखा। मालवा, राजपूताना और पश्चिमी पंजाब के प्रदेश उस समय पूरी तरह शान्त नहीं थे, इसलिए मापन व्यवस्था को चाहते हुए भी वह वहाँ लागू करने में असमर्थ रहा। 'दौलत-ए-शेरशाही' के लेखक हसन खाँ ने उस समय प्रचलित राजस्व प्रशासन की तीन पद्धतियाँ गिनाई हैं- नकदी अथवा ज़ब्ती, गल्ला-बख्शी (बँटाई) और मसाहत (मापन)। पहली के बारे में हसन खाँ का कहना है कि—''इसके अन्तर्गत गाँव के किसी व्यक्ति को यह जिम्मेदारी सौंप दी जाती थी कि वह शासन की देनदारी की भरपाई करे। ऐसी स्थिति में उससे अपेक्षा की जाती थी कि वह खेतों से देनदारी एकत्रित करे और शासन के पास एक नियत राशि जमा कर दे किन्तु ऐसी स्थिति में जोर-जबरदस्ती या शक्ति के प्रयोग को छिपाना अवश्यम्भावी हो जाता है। इसलिए यह आवश्यक समझा गया कि शासकीय कर्मचारियों को अनुदेश दिए जाएँ कि वे लोगों के बचाव और उनकी सुरक्षा का ध्यान रखें, ताकि कोई भी मालगुजार कहीं भी कृषक को दबाने के लिए प्रयास न कर सके...।'' लेकिन एस.सी. मिश्र का कहना है कि इस व्यवस्था में किसी व्यक्ति विशेष को इस बात की जिम्मेदारी सौंपी जाती थी कि वह आवंटित क्षेत्र में से राजस्व इकट्ठा करे और नियतांश राज्य के कोष में जमा करे।[7]

इस ज़रीब पद्धति को लागू नहीं किया जा सकता था क्योंकि नकद (कैश) भुगतान व्यवस्था को क्रियान्वित करने में कई व्यवहारिक उलझनें थीं। इसके अतिरिक्त जो दो व्यवस्था थी जो पहले से चली आ रही थी, उनमें शेरशाह ने किसी प्रकार का हस्तक्षेप नहीं किया बल्कि केवल उनकी क्रियाविधि को अपने अनुसार व्यवस्थित किया। शेरशाह ने खेतों के नक्शे बनवाए, मिल्कियत का वर्गीकरण कराया, दौलत-ए-शेरशाही के फरमान संख्या 10 से पता चलता है कि उसने कृषि और परती (कृषि-अयोग्य) भूमि की माप करवाई। इसके लिए निर्धारित दायित्व उसने अहमद खाँ को सौंपे। उसने यह काम ब्राह्मणों की मदद से किया। इस सर्वेक्षण के आधार पर एक रजिस्टर (खसरा-खतौनी) तैयार किया गया। जिसमें मालिकों के अधिकारों व सारी खेतिहर जमीनों के माप और उनकी किस्में दर्ज़ की गईं। मापन के लिए 32 अंक (32 इंच) वाला सिकन्दरी गज और सन की डंडी काम में लाया गया।[8]

शेरशाह के शासनकाल में राजस्व व्यवस्था में सबसे महत्वपूर्ण थी **रै*** अथवा भू-राजस्व निर्धारण के लिए 'फसल दरों की सूची' का लागू किया जाना। शेरशाह ने राज्य की ओर से पोलज (जिस पर लगातार बुआई की जाती थी) तथा परती (वह भूमि जिसे यदा-कदा खाली छोड़ा जाता था) के लिए रै (फसल दर) का प्रतिपादन किया था। रै ज्ञात करने के लिए उसने उपज के आधार पर भूमि को तीन श्रेणियों (अच्छी, मध्यम या मँझोली तथा खराब) में बाँटा और दोनों मौसमों की सभी प्रकार की प्रमुख फसलों की एक-एक बीघा अच्छी, मँझोली और खराब भूमि की पैदावार के आँकड़ों के प्रति बीघा औसत पैदावार को एकत्र किया। इस औसत उपज का एक तिहाई हिस्सा भू-राजस्व के रूप में निश्चित किया गया।

यहाँ पर यह स्पष्ट कर देना अधिक उचित होगा कि शेरशाह के समय औसत उपज के आधार पर रै का निर्धारण जिन्सों (अनाज; वस्तु; गल्ला) के रूप में होता था। नकद में भुगतान के लिए अनाज की मात्रा कों स्थानीय कीमतों से गुणा कर दिया जाता था। उपज में राज्य का हिस्सा कितना था इस बारे में इतिहासकार एक मत नहीं हैं। कानूनगों और कुरैशी का मानना है कि शेरशाह के समय राजस्व की मात्रा उपज का 1/4 भाग थी।[9] यहाँ तक कि अबुल फज़ल भी इस बात का समर्थन करता है कि शेरशाह के समय राजस्व की दरें सबसे कम थी। उन्हें अकबर ने बढ़ाकर 1/3 कर दिया[10] लेकिन मोरलैंड इन दोनों आधारों पर कानूनगों के मत को खारिज करते हुए कहते हैं कि मुल्तान के प्रति शेरशाह ने सदैव पक्षपात का रुख अपनाया। इससे यह निष्कर्ष नहीं निकाल लेना चाहिए कि सारे साम्राज्य के प्रति शेरशाह का मुल्तान जैसा नज़रिया ही रहा था। परमात्मा सरन भी मोरलैंड के मत

---

* कुछ किताबों में रे या राई नाम से सम्बोधन मिलता है।

का समर्थन करते हैं और **रै** की व्याख्या करते हुए कहते हैं कि राज्य की माँग कुल उपज की 1/3 भाग थी। इसके अतिरिक्त किसान को ज़रीबाना (सर्वेक्षण शुल्क), महासिलाना (कर संग्रह शुल्क) और खुराक-ए-महासिलाना चुकाना पड़ता था। उसे ज़रीबाना के रूप में 2.5 प्रतिशत तथा महासिलाना के रूप में 5 प्रतिशत देना पड़ता था।[11] **दौलत-ए-शेरशाही** एक और बात का उल्लेख करती है जिसके अनुसार शेरशाह ने इस तरह की व्यवस्था कर रखी थी कि प्रत्येक भू-धारक और कर-दाता अपने कर का 2.5 प्रतिशत सार्वज़निक कोषागार में जमा करवाए, ताकि वह धन आकस्मिक घटनाओं के समय खर्च किया जा सके।

इस प्रकार से इस निष्कर्ष पर पहुँचा जा सकता है कि शेरशाह-कालीन राजस्व व्यवस्था पूर्ववर्ती तुर्क शासकों से काफी समानता रखती थी। उसने ऐसी व्यवस्था स्थापित करने की कोशिश की कि रैयत का उत्पीड़न रोका जा सके। उसने मध्यवर्ती वर्ग को समाप्त तो नहीं किया पर उनके अधिकारों को नगण्य कर दिया। वास्तव में उसने रैयत और सरकार के मध्य सीधा सम्बन्ध स्थापित करने की व्यवस्था की, इसलिए उसकी राजस्व व्यवस्था को रैयतवारी व्यवस्था के अधिक करीब माना जा सकता है, ना कि जमींदारी व्यवस्था के। कुल मिलाकर उसने अपने अल्पकालीन शासन में अपने लक्ष्यों को पूरा करने का भरसक प्रयास किया, जिसमें वह सफलता की सीमा तक पहुँचा भी।

अकबर ने प्रारम्भ में शेरशाह की ज़ब्त व्यवस्था को ही जारी रखा, लेकिन इसके साथ-साथ अन्य पद्धतियाँ भी जारी रही। ऐसा प्रतीत होता है कि भू-राजस्व जिंस के रूप में नहीं बल्कि नकदी के रूप में सुनिश्चित करने की प्रक्रिया आरम्भ की गई। वस्तुतः उन कीमतों अथवा अनुबन्धित कीमतों का, जिसके आधार पर राज्य की माँग वस्तु से नकदी में परिवर्तित की जाती थी, किसान द्वारा फसल के समय दिए गए हिस्से की कीमत के अनुरूप होना अस्वाभाविक था। क्योंकि फसल के समय अनाज की कीमतें कम होती थी और इस तरह रैयत द्वारा चुकाए जानेवाले लगान की मात्रा उपज के एक तिहाई हिस्से से अधिक हो जाती थी। इसके अतिरिक्त चूँकि ज़ब्त व्यवस्था के अन्तर्गत राज्य की माँग प्रथमतः एक समान फसल दर तथा द्वितीय एक समान नकदी पर आधारित होती थी, इसलिए फसल के अनिश्चित स्वभाव की स्थिति में रैयत को अकेले ही सारी जोखिम उठानी पड़ती थी।

मुग़ल साम्राज्य की पुनर्स्थापना के बाद ही अकबर ने राजस्व प्रणाली को सुव्यवस्थित रूप देने का उपाय किया। इस क्रम में उसने विभिन्न प्रयोग किए और अन्ततः शेरशाह द्वारा विकसित लगान-व्यवस्था को कुछ सुधारों के साथ ग्रहण किया।

अकबर ने शेरशाह की व्यवस्था में सबसे महत्वपूर्ण संशोधन भूमि के वर्गीकरण के क्षेत्र में किया। उसने भूमि को खेती की बारम्बारता (Frequency of cultivation) के आधार पर चार श्रेणियों में विभक्त कर दिया जो निम्नलिखित थीं-

1. **पोलज-** जिसमें प्रतिवर्ष खेती का काम होता था।
2. **परती** (पड़ौती) - जिसमें एक वर्ष के अन्तर पर खेती की जाती थी।
3. **चाचर**-जो दो से चार साल तक खेती के काम में नहीं लाई जाती थी।
4. **बंजर**- जो पाँच साल या उससे अधिक समय तक खेती के काम में नहीं लाई जाये।[12]

प्रत्येक श्रेणी की भूमि का उपज के आधार पर उत्तम, मध्यम और निम्न श्रेणियों में विभाजन कर उनकी औसत दर के आधार पर भू-राजस्व की राशि तय की गई। पोलज और परती उत्तम श्रेणी की भूमि थी जिस पर सामान्य दर से लगान दिया जाता (1/3 भाग), जबकि चाचर और बंजर निम्न श्रेणी की भूमि थी जिस पर रियायती दर से लगान लगता था (1/4 भाग)। लगान वसूली के लिए उसने नया संवत आरम्भ किया जो इलाही संवत कहलाता था और जो सौर्य पंचाग पर आधारित होने के कारण मौसम के अनुरूप था। इसमें लगान की वसूली नियमित रूप से करना आसान हो गया।[13] चाचर भूमि में जब पहले वर्ष खेती होती थी तो निश्चित दर का 2/5 भाग, दूसरे वर्ष 3/5 भाग तथा तीसरे एवं चौथे वर्ष 4/5 भाग लिया जाता था। पाँचवे वर्ष खेती के पश्चात सामान्य दर से भू-राजस्व वसूल किया जाता था।[14]

अकबर के काल में प्रचलित भू-व्यवस्था में प्रचलित पद्धतियों में बँटाई और ज़ब्ती के अन्तर्गत रैयत से सम्भवतः उपज का 1/3 से अधिक और 1/2 से कम लिया जाता था। कश्मीर, थट्टा एवं अजमेर में बँटाई पद्धति चलन में थी और यहाँ पर भू-राजस्व के रूप में उपज का लगभग आधा भाग लिया जाता था। 'मज़हर-ए-शाहजहानी' से संकेत मिलता है कि रबी की सभी फसलों पर (गेहूँ को छोड़कर, जिसकी दर 1/3 भाग थी) कनकूत के अन्तर्गत भू-राजस्व की दर 1/2 भाग थी, जबकि खरीफ की सभी फसलों पर यह दर 1/3 भाग थी। शाहजहाँ के समय गुजरात में यह दर 3/4 भाग थी तथा थट्टा में 1/2 भाग। औरंगजेब ने राजस्व की दर को धार्मिक आधार देने की कोशिश की और घोषित किया कि भू-राजस्व शरीअत के अनुसार अर्थात कुल उत्पादन के आधे से ज्यादा नहीं लिया जाना चाहिए। लेकिन गुजरात में भूमि के अधिक उर्वर होने के कारण यह दर अधिक ऊँची थी। लाहौर, कश्मीर, सिन्ध और दिल्ली में 1/2 भाग थीं। इसका तात्पर्य यह हुआ कि राजस्व की दरें एक जैसी नहीं थीं।

अबुल फ़ज़ल कहता है कि—"राजा के अपनी प्रजा से वसूली करने के अधिकार पर कोई नैतिक सीमा निर्धारित नहीं की जा सकती बल्कि प्रजा के जीवन और सम्मान के संरक्षक द्वारा अगर उसका सब कुछ हरण कर लिया जाता है

तो भी उसे अपने संरक्षक के प्रति कृतज्ञ होना चाहिए।'' वह आगे कहता है कि ''न्यायप्रिय शासक प्रजा से अपनी आवश्यकता से ज्यादा वसूल नहीं करता है। परन्तु यह सीमा उसी के द्वारा निर्धारित की जाती है।'' इससे कई बात साबित हो जाती है कि यह शासक की इच्छा पर निर्भर करता था कि वह रैयत से कितना वसूल करना चाहता है। हालाँकि अबुल फज़ल के मुताबिक शासक कुछ नैतिक मर्यादाओं से बंधा हुआ था इसलिए एक सीमा के आगे ऐसा नहीं कर सकता था। इरफान हबीब की बात मानें तो किसानों पर केवल करों का ही बोझ नहीं था बल्कि अन्य देयताएँ भी उसी पर निर्भर करतीं थीं। इसलिए देयताओं का कुल योग, जो किसान को माल या राजस्व के रूप में देना होता था, राजस्व की वैधानिक मात्रा सें बहुत अधिक हो जाता था क्योंकि राज्य को निर्धारित लगान देने के अतिरिक्त जमींदारों को भी 'दस्तूरी' अथवा 'मालिकाना' या 'हुकूके जमींदारी' के रूप में उपज का लगभग 1/10 भाग अतिरिक्त कर देना पड़ता था।[15] यूरोपीय यात्री पेल्सर्ट (17वीं शताब्दी) कहता है कि, ''किसानों से इतना ज्यादा ले लिया जाता है कि अपना पेट भरने के लिए उन्हें सूखी रोटी तक नहीं मिलती है।''[16] मोरलैंड का कहना है कि इस प्रकार की वृद्धि औरंगजेब के काल में हुई। इरफान हबीब इस वृद्धि को अकबर के काल से ही जारी मानते हैं लेकिन वे यह भी तर्क देते हैं कि चूँकि कर की मात्रा में होनेवाली वृद्धि, उत्पादन में होनेवाली वृद्धि के अनुपात में थी, इसलिए किसानों को अतिरिक्त भार वहन नहीं करना पड़ा।[17]

किसान सीधे-सीधे भू-राजस्व की नियत मात्रा को चुकाकर ही दायित्व से मुक्ति नहीं पाता था बल्कि राजस्व की दरों के अन्तर्गत उत्पादन पर लगनेवाली राज्य की माँग (माल) के अतिरिक्त किसानों को अपनी उपज में से अन्य करों का भुगतान भी करना पड़ता था, जिन्हें 'माल-ओ-ज़िहात' व 'सैर-ज़िहात' या 'सायर-ज़िहात' के नाम से जाना जाता था।[18] माल-ओ-ज़िहात व सैर ज़िहात के सन्दर्भ में जो जानकारियाँ हासिल हुई हैं उनसे संकेत मिलता है कि फसल दर के अनुसार किसानों के उत्पादन में से जो भाग राज्य के लिए निर्धारित किया जाता था उसे माल कहते थे जबकि विभिन्न प्रकार के हस्त उद्योगों (कुटीर उद्योगों) से वसूल किया जानेवाला कर ज़िहात था अन्य कर सैर ज़िहात के नाम से जाने जाते थे। लेकिन औरंगजेबकालीन एक प्रशासनिक दस्तावेज़ के अनुसार माल का सम्बन्ध मूल कर से था जबकि ज़िहात, माल के निर्धारण की प्रक्रिया के सम्बन्ध में हुए खर्च की पूर्ति के लिए वसूल किए जाते थे। इस तरह से ज़िहात शब्द का अर्थ औरंगजेब के काल में आकर 'आइन' में दिए गए अर्थ से भिन्न हो गया। नोमान अहमद सिद्दीकी के अनुसार औरंगजेब कालीन प्रशासनिक दस्तावेज़ में माल व ज़िहात की परिभाषा देने के पश्चात 'सायरूल वज़ूह' की परिभाषा दी गई है।

जिसके अन्तर्गत 'माल-ओ-ज़िहात' के अतिरिक्त वसूल किए जानेवाले कर आते थे। सामयिक दस्तावेज़ों के विवरण से ऐसा जान पड़ता है कि 'सैर-उल-वजूह' उन करों को सम्बोधित करता था जो करोड़ी द्वारा 'माल-ओ-ज़िहात' के अतिरिक्त वसूल किए जाते थे और इन्हें 'सैर-ज़िहात' अथवा 'सैर-उल-ज़िहात' के नाम से पुनः वर्गीकृत कर दिया जाता था। जहाँ तक 'माल' तथा 'माल-ओ-ज़िहात' का सम्बन्ध है तो ये निर्धारित भू-राजस्व (माँग) का प्रमुख आधार थे जो औरंगजेब की मृत्यु के पश्चात अठारहवीं शताब्दी के मध्य में तथा कुछ एक क्षेत्रों में इस शताब्दी के अन्त तक जारी रहे। ज़ब्त व्यवस्था के अन्तर्गत 'माल-ओ-ज़िहात' करों का भार कुल भू-राजस्व का 5 प्रतिशत था। इस तरह किसान को एक-तिहाई माल के रूप में देने के अतिरिक्त लगभग 5 प्रतिशत माल-ओ-ज़िहात के रूप में देना पड़ता था। नोमान अहमद सिद्दीकी द्वारा प्रस्तुत आँकड़ों के अनुसार 'सायर-ज़िहात' करों का संकलन ग्रामीण कृषक वर्ग से किया जाता था जो कुल राजस्व का 15 प्रतिशत था।[19]

इन आँकड़ों को यदि आधारभूत तत्वों के रूप में स्वीकार कर माल की दर एक तिहाई मान ली जाए तो ज़ब्त क्षेत्र में रैयत की उपज का आधा या उससे अधिक भाग राजस्व के रूप में राज्य द्वारा अधिग्रहीत कर लिया जाता था। बँटाई क्षेत्र के अन्तर्गत, जहाँ राजस्व की दर 50 प्रतिशत थी, वहाँ 'माल-ओ-ज़िहात' और 'सैर-ज़िहात' करों का भार कम देखने को मिलता है। सम्भवतः 'माल-ओ-ज़िहात' और 'सैर-ज़िहात' करों का भार सभी जगह समान नहीं था। सतीश चन्द्र और दिलबाग सिंह का अध्ययन एक और जानकारी देता है कि विशेषाधिकार प्राप्त किसानों, ब्राह्मण, राजपूत व महाजन आदि पर कर-भार सामान्य किसानों (पाहीकाश्त व मुज़ारियन) की अपेक्षा कम था।[20] इसका मतलब तो यही हुआ कि करों की प्रकृति प्रतिगामी थी, क्योंकि इसमें बड़े किसानों की अपेक्षा छोटे किसानों पर बोझ (करों का) अधिक पड़ जाता था।

राज्य की आय के साधनों को नियमित करने एवं वास्तविक आय के ज्ञान के लिए राजस्व-निर्धारण की प्रक्रिया एवं सम्बन्धित तन्त्र को सार्थक बनाना आवश्यक था। इसको देखते हुए अकबर के शासनकाल में एक विशाल क्षेत्र में भू-राजस्व प्रणाली के मानकीकरण के प्रभावी प्रयास किए गए। हालाँकि अकबर ने ज़ब्त पर आधारित राजस्व व्यवस्था को अपनाया लेकिन इसके साथ-साथ राजस्व की अन्य पद्धतियाँ भी जारी रहने के साक्ष्य मिलते हैं।

मुग़लकाल में भू-राजस्व दो प्रकार का होता था। प्रथम **'जमा रकम कलमी** और दूसरा **जमा हाल हासिल**। मोरलैंड के अनुसार ज़मा का अर्थ था राज्य द्वारा निर्धारित किसी क्षेत्र अथवा जागीर का कुल राजस्व। अनुमानित आँकलित भू-राजस्व 'ज़मा रकम कलमी' कहलाती थी। जबकि वसूल किया गया भू-

राजस्व 'जमा हाल हासिल' कहलाती थी। वसूल किए गए भू-राजस्व की कुल रकम आँकलित भू-राजस्व रकम से बहुत कम होती थी। इसलिए कर्मचारियों एवं पदाधिकारियों को उनके पदानुसार उनके वेतन को ध्यान में रखकर ही उतनी ही भूमि जागीर में प्रदान की जाती थी, जिस पर वास्तव में वसूल किया गया भू-राजस्व उनके वेतन के बराबर हो।

इस प्रकार मुग़लकालीन राजस्व व्यवस्था दो प्रक्रियाओं पर अवलम्बित थी। प्रथम-निर्धारण और द्वितीय-संकलन। 'जमा' शब्द का अर्थ था आँका गया कुल लगान, जिसे किसी व्यक्ति को राज्य को अदा करना होता था। 'हासिल' शब्द का अर्थ है राज्य द्वारा वसूल की गई वास्तविक राशि। भू-राजस्व का निर्धारण करने के पश्चात राज्य की तरफ से एक दस्तावेज़ जारी किया जाता था जिसे पट्टा, कौल अथवा क़रार के नाम से जाना जाता था। इसमें भू-राजस्व की दर (राज्य की माँग) दर्ज़ होती थी, जिसे पट्टा धारक को स्वीकार (कबूलियत) करना होता था। कबूलियत में किसान द्वारा अपने उत्तरदायित्व के परिपालन का वचन देते हुए लगान देने का समय तथा तिथि का उल्लेख किया जाता था।[21]

राजस्व-निर्धारण की पद्धतियों में सर्वप्रमुख ज़ब्त व्यवस्था मालूम पड़ती थी जिसमें वैज्ञानिकता का पुट अधिक था। ज़ब्त व्यवस्था का चलन सही अर्थों में शेरशाह के समय से शुरू हुआ जब उसने रै अथवा फसल दर को सुनिश्चित करते हुए राजस्व की मात्रा निर्धारित की। यू.एन. डे का कहना है कि—''उस समय राज्य नकद माँग को सुनिश्चित करने के लिए मूल्यों का निर्धारण कुछ विशेषज्ञों तथा सम्राट के आदेश द्वारा होता था। इसलिए जमा सम्बन्धी आँकड़े अत्यधिक स्फीतिक रहते थे जिससे कि अधिकारियों को जागीरें प्रदान करने के लिए जमा में पर्याप्त वृद्धि की जा सके। लेकिन इससे रैयत और अधिकारियों, दोनों के ही समक्ष कठिनाईयाँ उत्पन्न होती थी।''[22]

मुग़लकाल में ज़ब्त व्यवस्था पर प्रकाश डालते हुए अबुल फज़ल कहता है कि—''शासनकाल के आरम्भ से ही, प्रतिवर्ष विशेषज्ञ मूल्यों की जानकारी प्राप्त करते थे और सिंहासन के समक्ष पेश करते थे और राजस्व की नकदी दर ज्ञात करने के लिए कृषि उपज तथा उसकी कीमतों की सूची तैयार करते थे...।'' लेकिन 'आइन-ए-अकबरी' में अकबर के शासनकाल के छठे वर्ष से राजस्व दर का ब्यौरा दिया गया है, जिसमें ज़ब्ती क्षेत्र से सम्बन्धित विभिन्न फसलों का वार्षिक दस्तूर अंकित किया गया है। उल्लेखनीय है कि इन तालिकाओं में छठे से नवें शासकीय वर्ष तक के ज़ब्ती प्रदेशों (मालवा को छोड़कर) के प्रत्येक फसल के अंक लगभग समानान्तर है। इससे ऐसा लगता है कि अकबर के शासन के आरम्भिक वर्षों में एक प्रामाणिक रै (फसल दर) नहीं बल्कि एक ही कीमत तालिका कुछ आंशिक परिवर्तनों के साथ साम्राज्य के सभी प्रदेशों पर लागू थी।

चूँकि समकक्षी फसल दर सम्पूर्ण साम्राज्य पर एक साथ लागू करना मुश्किल और अवास्तविक था, अतः इन्हें कागजी दर मानना अधिक उचित होगा।

सुधार की तरफ पहला कदम अकबर के शासन के 8वें राज्यवर्ष (1563 ई.) में उठाया गया जब एतमाद खान को ख़ालसा क्षेत्र को संगठित करने का दायित्व सौंपा गया। 9वें राज्यवर्ष (1564 ई.) में राज्य में यथोचित सुधार हेतु मुज़फ्फर खान तुरबती को 'दीवान-ए-कुल' नियुक्त किया गया और टोडरमल को उनका सहायक। लेकिन ये दोनों बहुत अच्छा काम नहीं कर पाए। मोरलैंड का कहना है कि इन सुधारों का क्रम 11वें राज्यवर्ष (1567 ई.) से शुरू होकर 15वें राज्यवर्ष में पूर्ण हुआ। इन उपायों के अन्तर्गत मुज़फ्फर खाँ एवं टोंडरमल के कानून से देश के विभिन्न क्षेत्रों (तकसीमात-ए-मुल्क) के अधीन आनेवाले स्थानीय भू-भाग एवं राजस्व सम्बन्धी आँकड़े प्राप्त कर नवीन जमा के निर्धारण में उत्पादन का मूल्याँकन नहीं किया गया। इस प्रकार संक्षिप्त प्रामाणिकता के अनुसार वास्तविक उत्पादन तथा फसल दरें निश्चित की गई जिसके कारण नवीन जमा में अवास्तविकता का दोष बना रहा।[23] 13वें राज्यवर्ष (1568-69 ई.) में ख़ालसा क्षेत्र में राजस्व आँकलन की पद्धति में परिवर्तन कर पूर्व व्यवस्था के स्थान पर नश्क़ को अपना गया। अबुल फज़ल कहता है कि इस भाग्यशाली वर्ष (13वें) में मुज़फ्फर खान को कार्यमुक्त कर दिया गया और शिहाबुद्दीन अहमद खान को दीवान-ए-ख़ालसा के रूप में नियुक्ति किया गया। उसने ज़ब्त के आधार पर आँकलन की वार्षिक व्यवस्था (ज़ब्त-ए-हरसाला) को समाप्त कर दिया, जो कि बहुत ही खर्चीली और अप्रासंगिक थी।

गुजरात-विजय के बाद 1573-74 ई. में वहाँ पर टोडरमल को सर्वेक्षण एवं नवीन जमा के मूल्याँकन का कार्यभार सौंपा गया। टोडरमल ने वहाँ पर जिन मानकों को आधार बनाकर कार्य किया, वे बाद में उत्तर भारत के लिए बन्दोबस्त का आधार बने। अकबर ने 1575-76 ई. में राजस्व एवं प्रशासनिक आदेश को ध्यान में रखते हुए परम्परागत स्थानीय प्रशासनिक इकाइयों (परगना) को समाप्त कर अपने साम्राज्य को (बंगाल, बिहार व गुजरात को छोड़कर) 182 कृत्रिम इकाइयों में विभक्त किया, जिनमें से प्रत्येक की आय एक करोड़ दाम अथवा दो लाख पचास हजार रुपये थी। इस पर करोड़ी की नियुक्ति की गई। सम्पूर्ण जागीर भूमि को ख़ालसा भूमि में परिवर्तित कर दिया गया। करोड़ियों द्वारा अपने क्षेत्र की उत्पादकता, वास्तविक उपज और स्थानीय मूल्यों के बारे में जानकारी उपलब्ध कराई गई। इसी जानकारी के आधार पर अकबर के शासन के 24वें वर्ष (1580 ई.) में अकबर ने 'आइन-ए-दहसाला' नामक नयी व्यवस्था की शुरूआत की।[24] इसके लिए विभिन्न फसलों के औसत उत्पादन और पिछले दस वर्षों (15वें-24वें शासकीय वर्ष) के उनके औसत मूल्यों की गणना की गई। मोरलैंड का कहना

है कि **जमा-ए-दहसाला** (आइन-ए-दहसाला) का प्रतिपादन किसानों पर पिछले दस वर्षों की राज्य की माँग का औसत निकालकर किया गया। लेकिन अबुल फज़ल ने स्पष्ट किया कि इस प्रयोग के पीछे गत वर्षों में प्रत्येक परगने की कृषि क्षेत्रों की वार्षिक आय तथा कीमतों के स्तर के आधार पर दसवाँ हिस्सा **माल-ए-हरसाला** (वार्षिक मालगुजारी) निश्चित किया गया।[25] इस तरह से यदि राज्य का उद्देश्य केवल विगत वर्षों की वास्तविक आय का ही पता लगाना था तो उत्पादन एवं कीमतों के विषय में जानकारी प्राप्त करना अनावश्यक था। चूँकि कीमतों का विवरण भी प्राप्त किया था, अतः यह मानना स्वाभाविक है कि स्थानानुसार वार्षिक उत्पादन दर तथा साथ ही कीमतों की अनाज के हिसाब से सारणी तैयार की गई जिससे पहले के प्रत्येक वर्ष की भू-राजस्व दरें तैयार की जा सके। 'आइन' के विवरण से स्पष्ट है कि 20वें राज्यवर्ष के बाद के तथ्य वास्तविक जानकारी (तहक़ीक) पर आधारित थे। लेकिन पिछले पाँच वर्ष (15वें से 19वें शासकीय वर्ष) की सूचनाएँ एवं जानकारी विश्वसनीय लोगों से प्राप्त की गई थी। यह बात वास्तव में 19वें शासकीय वर्ष में हुए परिवर्तनों को अंकित करती है, जिस वर्ष बिहार को छोड़कर सम्पूर्ण हिन्दुस्तान का वृहत क्षेत्र ख़ालसा के अन्तर्गत लाया गया तथा ज़ब्त व्यवस्था लागू की गई। उपलब्ध तथ्यों से स्पष्ट है कि विगत वर्षों के वास्तविक फसल दरों का औसत निकालकर सर्वप्रथम यह व्यवस्था प्रत्येक भू-राजस्व इकाई में लागू की गई तत्पश्चात पहले के दस वर्षों की नकद दरों का औसत निकालकर तथा सर्वज्ञात कीमतों को ध्यान में रखकर अन्तिम दस्तूर (नकद भू-राजस्व दर) तैयार किया गया जिसे 'दस्तूर-उल-अमल' के नाम से जाना जाता है।[26] औसतन क्षेत्रीय अंकों का इन दस्तूरों से गुणा करके 'जमा-ए-दहसाला' प्राप्त किया जा सकता था। फसल के अन्तिम रूप से निर्धारण के अन्तर्गत यह उल्लेखनीय है कि इन दरों में समय-समय पर परिवर्तन होता रहता था। इस पर टिप्पणी करते हुए इरफान हबीब कहते हैं कि स्थायी दरों को क्रियान्वित करने का अर्थ था राजस्व दरों का प्रतिवर्ष फसल की किस्म के आधार पर निर्धारित न होना। फसलों के नष्ट होने की स्थिति में राजस्व दरों में कमी कर किसी तरह की रियायत नहीं दी जाती थी बल्कि कृषि-भूमि में कमी कर रियायत दी जाती थी।[27] इस दस वर्षीय व्यवस्था के सन्दर्भ में हिदायतुल फवायद ने जो विवरण दिया है उससे स्पष्ट है कि दहसाला से सम्बन्धित कागजातों, विभिन्न परगनों के पीछे 10 वर्षों की उर्वरता, भाव दरों व प्रत्येक महाल के कृषि क्षेत्रफल का पूर्ण विवरण होता था। गत वर्षों में जो धनराशि किसानों से लगान या मालगुजारी के रूप में ली गई थी, उसी का मध्यमान जमा दहसाला थी।[28]

'आइन' के अनुसार अकबर के शासनकाल के 31वें वर्ष तक भूमि मापने की मानक इकाई 'इस्कन्द्री गज़' या 'सिकन्दरी गज़' थी। 1587 ई. में भूमि की

पैमाइश की पुरानी इकाई 'सिकन्दरी गज़' (32 इंच) के स्थान पर 'इलाही गज' का प्रयोग प्रारम्भ किया गया। जो लगभग 33 इंच के बराबर था। अबुल फज़ल के अनुसार इलाही गज 41 अंगुल के बराबर था। इसके पहले जो सिकन्दरी गज़ भूमि पैमाइश के लिए प्रयोग में लाया जाता था वह 39 अंगुल के बराबर था। इस तरह 'सिकन्दरी गज़' और 'इलाही गज़' में 39: 41 का अनुपात था। उसने ज़रीब में कुछ नए सुधार किए। शेरशाह के जमाने में जमीन नापने के जो ज़रीब प्रयोग में लाई जाती थी वह मूंज की रस्सी की बनी होती थी और इसके माप में काफी त्रुटियाँ आती थीं। रस्सी पर मौसम का प्रभाव पड़ जाता था और वह या तो घट जाती थी या बढ़ जाती थी। इसलिए टोडरमल ने इसकी जगह बाँस के डंडों की बनी कड़ियों (जो आपस में लोहे की चूड़ियों से जुड़ी होती थीं) की बनी ज़रीब का प्रयोग शुरू किया।[29] जिसे वर्तमान अर्थों में पहली ज़रीब कहा जा सकता है। अबुल फज़ल लिखता है कि रस्सी द्वारा मापने से एक बीघा में 13 प्रतिशत की कमी हो जाती थी क्योंकि रस्सी भींगने पर सिकुड़ जाती थी। रस्सी द्वारा भूमि पैमाइश में जो घटने या बढ़ने की आशंका थी वह इस व्यवस्था से समाप्त हो गई। इस ज़रीब की लम्बाई 60 इलाही गज होती थी और 3600 वर्ग इलाही गज एक बीघा होता था। एक बीघा को 20 बिस्वा में उपविभाजित किया जाता था। प्रत्येक बिस्वा को पुनः 20 बिस्वान्सों में बाँटा जाता था। नौ बिस्वान्सों तक कोई राजस्व नहीं लिया जाता था। किन्तु दस बिस्वान्सों की गणना एक बिस्वा के रूप में की जाती थी।

अकबर के अधीन अपनाई गई ज़ब्ती व्यवस्था की निम्नलिखित विशेषताएँ थी-

(i) भूमि की नाप अनिवार्य थी।

(ii) प्रत्येक फसल के लिए 'दस्तूर-उल-अमल' या 'दस्तूर' के नाम से जाना जानेवाला नगद राजस्व निर्धारित किया गया, तथा

(iii) सभी वसूली नगद में की गई।

प्रशासनिक दृष्टि से ज़ब्ती व्यवस्था के कुछ लाभ इस प्रकार थे - भूमि के नाप को कभी भी जाँचा जा सकता था, निर्धारित दस्तूरों के कारण पदाधिकारी अपनी मनमानी नहीं कर सकते थे, और स्थाई दस्तूरों के निर्धारण के बाद भू-राजस्व माँग की अनिश्चितता और उतार चढ़ाव में काफी कमी आ गई।

इस व्यवस्था की कुछ सीमाएँ भी थी - भूमि की उर्वरता समान न होने पर इसे लागू नहीं किया जा सकता था, उत्पादकता की अनिश्चितता का दंड केवल किसानों को ही भुगतना पड़ता था और यह किसानों के लिए हानिकारक था। अबुल फज़ल कहता है कि- ''अगर किसानों में ज़ब्त को वहन करने की क्षमता नहीं होती है तब राजस्व के रूप में उत्पादन का एक तिहाई हिस्सा लिया जाता है।''

यह एक खर्चीली प्रणाली थी क्योंकि इसमें माप करनेवाले दल को पारिश्रमिक के रूप में प्रति बीघा एक दाम की दर से **ज़ाबिताना** देना पड़ता था। माप करते समय कर्मचारियों द्वारा गड़बड़ी और धोखाधड़ी की सम्भावना बनी रहती थी।

आंशिक खामियों के बावजूद भी ज़ब्त व्यवस्था मुग़लकाल में सर्वाधिक प्रामाणिक रूप से प्रचलित रही, क्योंकि यह व्यवस्था पूर्व प्रतिपादित किसी भी व्यवस्था से अधिक वैज्ञानिक थी लेकिन जहाँ एक ओर इस प्रणाली के संशोधित रूप को लागू किया गया वहीं दूसरी तरफ परम्परागत बँटाई व्यवस्था भी साम्राज्य में लागू रही। अबुल फज़ल ने अनेक स्थानों पर नश्क़ पद्धति[30] का उल्लेख किया है लेकिन इसका अर्थ कहीं भी स्पष्ट नहीं है। वास्तव में इसे एक पद्धति कहना कठिन है क्योंकि अलग-अलग क्षेत्रों में इसके अलग-अलग रूप देखने को मिलते हैं। हिन्दुस्तान (प्रत्यक्ष मुग़ल प्रशासित क्षेत्रों को विदेशी लेखक हिन्दुस्तान नाम से सम्बोधित करते हैं जिसका मुख्यालय प्रारम्भ में आगरा था जो बाद में दिल्ली स्थानांतरित हो गया। पहले हिन्दुस्तान का अर्थ था सिन्धु नदी का क्षेत्र, फिर बना मुग़ल प्रशासित क्षेत्र। सल्तनत काल का हिन्दुस्तान वह नहीं था जो मुग़ल काल में था। बाबर का हिन्दुस्तान हुमायूँ के हिन्दुस्तान से अलग और अकबर का हिन्दुस्तान उन दोनों से बड़ा था। जहाँगीर, शाहजहाँ और औरंगजेब का हिन्दुस्तान उनकी विजयों के साथ क्रमशः आकार में बड़ा होता गया।) में इसका स्वरूप बंगाल, बिहार व कश्मीर से भिन्न था। अकबर के शासनकाल के 31वें वर्ष में उल्लेख मिलता है कि शिहाबुद्दीन खाँ ने ख़ालसा क्षेत्र में ज़ब्त (ज़ब्त-ए-हरसाला) को छोड़कर नश्क़ पद्धति लागू की। यहाँ उल्लेखनीय है कि नश्क़ ने ज़ब्त का स्थान नहीं लिया था बल्कि वार्षिक निर्धारण को छोड़ दिया गया था। यह स्पष्ट है कि ज़ब्त व्यवस्था का सही तकनीकी अर्थ भू-पैमाइश है तथा 'मदद-ए-माश' दस्तावेज़ों में 'ज़ब्त-ए-हरसाला' सही अर्थों में प्रतिवर्ष माप के लिए प्रयुक्त हुआ है। 'आइन' के विवरण से स्पष्ट है कि यद्यपि नश्क़ का अर्थ वार्षिक भार को त्यागने से था, लेकिन इसके बावजूद भी पहले के वर्ष का पैमाइश क्षेत्र का लेखा-जोखा निर्धारण के काम में आता रहा। किसान यदि चाहता तो पुनर्निर्धारण के उद्देश्य से अपने क्षेत्र की पुनः पैमाइश स्वीकार करनी होती थी। दूसरें शब्दों में कहें तो नश्क़ का अर्थ ज़ब्त के अन्तर्गत वार्षिक पैमाइश के विकल्प से था जो क्षेत्र विशेष में पूर्व में निर्धारित आँकड़ों के प्रचलन में होने का उल्लेख करता है। यह (नश्क़) व्यवस्था अलग-अलग क्षेत्रों में अपने कुछ विशिष्ट रूपों में थी। गुजरात में यह ज़ब्त के अन्तर्गत थी, क्योंकि 'आइन' के अनुसार यह क्षेत्र अधिकांशतः नाबूदी था तथा पैमाइश की कार्यरूपता बहुत कम होती थी। बरार, बिहार व कश्मीर में इसका स्वरूप भिन्न था। बरार में नश्क़ प्राचीनकाल से चली आ रही थी तथा मुग़लों ने इसे यथावत चालू रखा। इस प्रथा के अनुसार गाँवों में हलों की संख्या के

अनुसार परम्परागत दर से भू-राजस्व वसूल किया जाता था।[31] प्रति हल कर वसूल करने की प्रथा का उल्लेख हमें राजस्थान में भी मिलता है जो मुग़ल प्रभाव के पहले से चला आ रहा था। वस्तुतः मुँहणोत नैणसी की ख्यात से मारवाड़ के सन्दर्भ में एक हल के अन्तर्गत जोते जानेवाले भू-क्षेत्र का भी उल्लेख मिला है। कश्मीर में अबुल फज़ल ने नश्क़-ए-गल्ला अर्थात गल्ला-बख्शी को नश्क़ के अन्तर्गत माना है। इस व्यवस्था के अन्तर्गत विभिन्न फसलों की बाज़ार दरें (रै) निश्चित करने के पश्चात उन्हें प्रत्येक गाँव के कृषि क्षेत्र पर लागू किया जाता था। इस तरह नश्क़ पद्धति में भिन्नता के होते हुए भी इसमें प्रमुख समानता देखने को मिलती है कि भू-राजस्व निर्धारण प्रतिवर्ष नहीं होता था। एक बार निर्धारित दरें बाद के वर्षों के लिए भी लागू रहती थीं, किन्तु नश्क़ सही अर्थों में ज़ब्त के अन्तर्गत वार्षिक पैमाइश का विकल्प मात्र था।

अब्बास खाँ सरवानी तथा अबुल फज़ल के विवरण से स्पष्ट है कि शेरशाह के शासनकाल से बँटाई के स्थान पर ज़ब्त व्यवस्था को हिन्दुस्तान पर लागू करने का प्रयत्न प्रारम्भ हुआ था। राज्य द्वारा उत्पादन का निश्चित भाग वस्तु के रूप में लेना प्राचीन प्रथा थी जो विभिन्न सुधारों के बावजूद भी मुग़लकाल में जारी रही। वास्तव में यह भू-राजस्व निर्धारण की पद्धति न होकर संकलन की पद्धति थी। यह बँटाई, गल्ला-बख्शी या भावली के नाम से जानी जाती थी।[32] आइन-ए-अकबरी में फसल बँटवारे के लिए तीन तरह की पद्धतियों का उल्लेख मिलता है।

क- खलिहान में अनाज को अलग करने के तुरन्त बाद ही राजस्व का बँटवारा: इसके अन्तर्गत खलिहान में फसल के आने पर राज्य के प्रतिनिधियों व उत्पादक की उपस्थिति में समझौते (क़रार-दाद) के अनुसार कुल उपज का विभाजन किया जाता था। सम्भवतः वास्तविक रूप में यह व्यवस्था ही बँटाई थी।

ख- खेत बँटाई: फसल के खेत में लगे रहने के वक्त ही खेत में निशान लगाकर खेत को हिस्सों में बाँट लिया जाता था।

ग- लांग बँटाई या लंक बँटाई: फसल काटकर (उसे अनाज से अलग किए बिना) खलिहान में गट्ठर बनाकर रख दिया जाता था और इसके बाद फसल के इन गट्ठरों का बँटवारा होता था।

मलिकजादा कृत 'निगारनामा-ए-मुन्शी' (सत्रहवीं शताब्दी के उत्तरार्द्ध में लिखित) में फसल बँटवारे को सर्वोत्तम प्रणाली कहा गया है। इस प्रणाली के अन्तर्गत राज्य और किसान दोनों को एक बराबर मौसम की मार झेलनी पड़ती थी। एक दृष्टि से यह पद्धति किसान के लिए सर्वोत्तम थी क्योंकि इसमें किसान अपने जोखिम में राज्य को सहभागी बना लेता था। राज्य के लिए यह इसलिए लाभप्रद भी थी, क्योंकि उत्पादन वृद्धि के साथ-साथ राज्य के हिस्से में भी वृद्धि स्वाभाविक रूप से हो जाती थी।

राजस्व निर्धारण की पद्धतियों में एक अन्य निर्धारण पद्धति थी हस्त-ओ-बूद'। इसके अन्तर्गत निर्धारणकर्ता गाँव का निरीक्षण करता था। अच्छी या खराब भूमि को मिलाकर कुल उत्पादन का योग निश्चित करता था तत्पश्चात उसके आधार पर राज्य का हिस्सा निर्धारित किया जाता था। इसमें कुछ दोष भी थे, जैसे मूल्यांकनकर्ता की कार्यकुशलता एवं निष्पक्षता तथा राजस्व माँग का असामान्य होना, जिनका निराकरण **कनकूत** या **दानाबन्दी** द्वारा किया जाता था। कनकूत शब्द 'कन' और 'कूत' के मिलने से बना है। 'कन' का अर्थ अनाज और 'कूत' का मतलब मूल्याँकन या आँकलन होता है। इसी प्रकार 'दाना' का अर्थ अनाज है और 'बन्दी' का मतलब निर्धारण करना या निश्चित करना होता है।[33] इस प्रणाली में अनाज उत्पादन (उत्पादकता) का आँकलन किया जाता था। कनकूत में सर्वप्रथम रस्सी या चलकर कदमों द्वारा, खेत को नापा जाता था। इसके बाद उत्तम, मध्यम और खराब तीनो प्रकार की जमीनों की प्रति बीघा उत्पादकता का आँकलन किया जाता था और तदनुरूप कुल भूमि पर राजस्व माँग तय की जाती थी। इस व्यवस्था के तहत भूमि के मापन के बाद प्रति इकाई फसल के उत्पादन (फसलवार) का निर्धारण किया जाता था। इस पद्धति की प्रमुख विशेषता यह थी कि इसमें भू-राजस्व का निर्धारण नकदी में न करके वस्तु (जिन्स) के रूप में किया जाता था। इस तरह उत्पादित फसल का बाज़ार दर के आधार पर निर्धारण करने के पश्चात किसान के हिस्से को अलग कर दिया जाता था। शेष हिस्सा राज्य का होता था जिसे बाज़ार-दरों के आधार पर नकदी में परिवर्तित कर लिया जाता था। यह व्यवस्था फसल के वास्तविक उत्पादन पर आधारित होने के कारण बँटाई-व्यवस्था से मिलती जुलती थी। इसके अतिरिक्त साम्राज्य के कई सूबों में अन्य पद्धतियाँ भी चलन में थीं।

कश्मीर में परम्परागत बँटाई व्यवस्था लागू रही। इसके अन्तर्गत उत्पादन का एक तिहाई भू-राजस्व के रूप में लिया जाता था। कुछ साक्ष्यों से जानकारी मिलती है कि अकबर के 34वें शासकीय वर्ष में उपज का आधा भाग राजस्व के रूप में लिया गया।[34] मुल्तान सूबे के अन्तर्गत शक्खर में 1575-76 ई. में कनकूत व्यवस्था के स्थान पर एकरूपेण 'दस्तूर-उल-अमल' स्थापित किया गया। इस दस्तूर में राज्य की माँग वस्तु के रूप में प्रस्तुत की गई। गुजरात में टोडरमल के प्रयोग के साथ-साथ नश्क़ व्यवस्था लागू की गई।[35] बंगाल के विषय में अबुल फज़ल का कहना है कि वहाँ के किसान आज्ञाकारी एवं राजस्व देनेवाल थे। वहाँ राजस्व की मॉग किसानों से प्राप्त न कर जमीदारों से की जाती थी। जहाँ तक दक्षिण भारत (मुग़ल अधिकृत) का सम्बन्ध है तो 'आइन-ए-अकबरी' में इस विवरण के अतिरिक्त कि बँटाई क्षेत्र नश्क़ के अन्तर्गत था, कोई अन्य विवरण प्राप्त नहीं होता है। मुहम्मद सादिक खाँ (शाहजहाँनामा) के अनुसार परम्परागत व्यवस्था के अन्तर्गत कम या अधिक भूमि का जोतना एवं फसल की किस्म किसान एवं ग्रामिक

की इच्छा पर निर्भर थी तथा वह प्रति हल के हिसाब से कुछ पैसा राज्य को देता था। इसकी अलग-अलग स्थानों पर दरें भिन्न-भिन्न थीं।[36]

इस प्रकार से मुग़लकाल में मुख्य रूप से ज़ब्त व्यवस्था ही राजस्व संकलन का प्रमुख आधार थी, लेकिन इसके साथ-साथ क्षेत्रीय या पारम्परिक प्रथाओं के रूप में बँटाई, कनकूत और नश्क़ जैसी व्यवस्थाएँ कुछ परिवर्तन और विशिष्टताओं के साथ क्षेत्रानुसार प्रचलित थीं।

दक्कनी राज्यों की भू-राजस्व व्यवस्था के निर्माण में निजामशाही प्रधानमन्त्री मलिक अम्बर का महत्वपूर्ण योगदान है। उसने पहली बार राजस्व-निर्धारण और वसूली का सर्वोत्तम वैज्ञानिक तरीका विकसित किया। उस पर टोडरमल के नियमों का प्रभाव था। कुछ फेर बदल के साथ सभी दक्कनी राज्यों (बीजापुर, गोलकुंडा और अहमदनगर) और मराठों ने अपनी राजस्व व्यवस्था उसी के बनाये अधिनियमों पर निर्धारित की। मलिक अम्बर के अधीन कर-निर्धारण वास्तविक जमीन पर की गई खेती और उत्पादित फसल के नगद मूल्य के आधार पर किया जाता था। लेकिन उसने कभी भी भूमि का सर्वेक्षण नहीं कराया। कर-निर्धारण और मूल्याँकन वास्तविक माप के आधार पर नहीं बल्कि अनुमान पर आधारित था।[37]

मराठवाड़ा में कर का निर्धारण वंशानुगत ग्रामीण पदाधिकारियों, देशमुखों और पाटिलों की सहायता से किया जाता था। परन्तु शिवाजी ने जमीन को मापने पर सबसे ज्यादा ध्यान दिया। रस्सी की कमियों (बदलते मौसम के साथ इसमें परिवर्तन होता रहता है) को देखते हुए शिवाजी ने इसके स्थान पर काठी (मापने की छड़) का प्रयोग आरम्भ करवाया। बीस काठी मिलकर एक बीघा और 120 बीघे मिलकर एक **चवर** बनता था। लेकिन बीघे के आकार में स्थानीय अन्तर मौजूद थे।[38]

मलिक अम्बर ने मोटे रूप से भूमि को दो कोटियों में विभक्त किया। बागयत (बागीचा भूमि) और जिरायत (खेती की भूमि)। जिरायत भूमि का प्रारम्भिक काल में चार श्रेणियों में विभक्त किया गया। शिवाजी के शासनकाल में जिरायत भूमि कुल मिलाकर बारह कोटियों में विभक्त थी। आमतौर पर बंजर भूमि का कर-निर्धारण नहीं किया जाता था। लेकिन जैसे-जैसे जमीन पर दबाव बढ़ता गया वैसे-वैसे खेती योग्य बंजर जमीन पर खेती की जाने लगी और इन नई जमीनों का कर-निर्धारण किया गया।[39] मलिक अम्बर ने प्रगतिशील कर-निर्धारण की व्यवस्था विकसित की। सम्भवत: निज़ामशाही राज्य में इस प्रकार की भूमियों पर पहले दो साल तक कर नहीं लगाया गया लेकिन तीसरे साल में राज्य द्वारा कुल उत्पादन का एक छोटा हिस्सा वसूला जाता था, आठवें साल में पूर्ण दर पर राजस्व की वसूली की जाती थी। लेकिन मराठों के शासनकाल में खेती योग्य खाली पड़ी भूमि पर कृषि के पहले ही साल से कर की वसूली

शुरू कर दी जाती थी। प्रत्येक वर्ष धीरे-धीरे इसकी दर में वृद्धि की जाती थी और आठवें साल पूर्ण दर पर कर वसूल किया जाता था।[40] मराठों के अधीन कभी-कभी बीघा के स्थान पर हलों की संख्या के आधार पर भी कर-निर्धारण किया जाता था। कभी-कभी राजस्व के उद्देश्य से 6-7 बीघाओं का मूल्याँकन एक बीघा के रूप में किया जाता था। मिट्टी की उर्वरा शक्ति के आधार पर भी राजस्व-निर्धारण का मानदंड बदलता रहता था। फसलों के आधार पर भी, जैसे गन्ना, दालें, कपास, आदि पर करों का निर्धारण अलग-अलग किया जाता था। यहाँ तक कि जब दूसरी फसल (मुख्य फसल से अलग) उगाई जाती थी तो द्वितीय फसल का निर्धारण कम दर पर किया जाता था। मिट्टी की उर्वरा शक्ति और अनुमानित उत्पादन के आधार पर भी कर कर-निर्धारण की दर स्थायी रूप से तय कर दी जाती थी। सभी किसानों के लिए कर-निर्धारण अलग-अलग होता था, परन्तु वसूली के लिए पूरे गाँव को एक इकाई माना जाता था।[41]

अहमदनगर के वज़ीर मलिक अम्बर ने मीरासदारों के पुश्तैनी अधिकारों को स्वीकार किया था और उनको कृषक भूस्वामी माना था। शिवाजी के नेतृत्व में मराठों ने सिद्धान्तः इसी प्रथा का अनुसरण किया। वे पुश्तैनी जमींदारों को भूखंडों के स्वामी ही नहीं मानते थे बल्कि 17वीं शताब्दी में मराठा सत्ता की स्थापना में उनके योगदान को भी स्वीकार करते थे जिसे रामचन्द्रपन्त आमात्य ने इन शब्दों में व्यक्त किया है-"ये लोग वास्तव में राज्य के दायाद हैं।" शिवाजी वतनदारों की कमियों के प्रति सजग थे, लेकिन उन्होंने कभी भी उनके पुश्तैनी अधिकारों को समाप्त करने की बात नहीं सोची। इन अधिकारों में उनका भू-स्वामित्व भी शामिल था। तत्कालीन दस्तावेज़ों से स्पष्ट है कि सत्रहवीं शताब्दी में मराठा शासन के दौरान भू-स्वामियों के भूमि सम्बन्धी अधिकारों का सृजन किया गया, उनमें निरन्तरता को बनाए रखा गया और उनका अधिग्रहण किया गया। भू-धारक अपनी जमीन अथवा भू-राजस्व सम्बन्धी अधिकारों को बेच अथवा गिरवी रख सकता था लेकिन ग्राम समुदाय के पारम्परिक नियमों के कारण वतन भूमि की खुली खरीद बिक्री में अनेक बाधाएँ थीं।

मध्यकालीन दक्कन की भू-राजस्व प्रणाली और भू-स्वामित्व की व्यवस्था में गहरा सम्बन्ध है। ग्राम-समुदायों के जन्म से उपजे भूमि कानूनों में विभिन्न प्रकार के ग्रामवासियों और सरकार के सम्बन्धों को परिभाषित किया गया है। मराठा राज्य में वतनदार (तुर्क-अफगान काल का देशक) स्थायी निवासी था जिसका ग्राम में निहित स्वार्थ था और शेष ऊपरी (अथवा बाहरी) की श्रेणी में आते थे जिन्हें कोई अधिकार प्राप्त नहीं था। तत्कालीन भूमि पट्टेदारियों को निम्नलिखित श्रेणियों में विभक्त किया जा सकता है- वतन, इनाम, मीरास, बलूत, ऊपरी, मोकासा, अग्रहार आदि। मराठा राज्य में वतन पट्टेदारियाँ ग्राम अधिकारियों के हाथों में होती थीं

जिनमें पाटील या मुकद्दम (मुखिया), कुलकर्णी (गाँव का पटवारी), चौगुला (पाटिल का सहायक), शेटे महाजन (गाँव की हाट का अधिकारी) और महार (गाँव का सेवक) आदि आते थे। दस्तावेज़ों में इन्हें वतनदार कहा गया है।[42] वतन की पट्टेदारियाँ पुश्तैनी होती थीं और तब तक वतनदार के परिवार के पास रहती थीं जब तक वह अपना कर्तव्य पूरा करता रहता था। यहाँ उल्लेखनीय बात यह है कि वतन मराठा सरदारों के लिए केवल आय का स्रोत ही नहीं था, बल्कि सामाजिक स्थिति का द्योतक भी था। इसलिए सामन्त सरदार सत्ता के सोपान में ऊपर पहुँच जाने पर भी मूल वतनों को अपने हाथों में ही रखने के इच्छुक रहते थे।

इनाम वह स्थायी भूमिदान था जिसके साथ कोई शर्त नहीं जुड़ी होती थी। यह सेवाओं के बदले नहीं मिलता था बल्कि अतीत में की गई सेवाओं का पुरस्कार होता था। मीरासी व्यवस्था भूमि व्यवस्थाओं की सबसे महत्वपूर्ण और प्रमुख श्रेणी थी। यह कृषक स्वामित्व की व्यवस्था थी। मीरास का तात्पर्य उस भूमि से है जिस पर व्यक्ति का एकछत्र पुश्तैनी अधिकार हो। मराठी दस्तावेज़ों में इसका प्रयोग ऐसे किसी पुश्तैनी और हस्तान्तरित अधिकार के लिए किया गया है जिसे व्यक्ति ने उत्तराधिकार में खरीदकर या उपहार के द्वारा प्राप्त किया हो। ऐसा व्यक्ति मीरासदार कहलाता था और इसका जमीन पर तब तक अधिकार बना रहता था जब तक वह उसे बिक्री, गिरवी अथवा उपहार द्वारा हस्तान्तरित न कर दे। मीरास के विपरीत, ऊपरी पट्टेदारी अस्थायी होती थी। उसका धारक गैर-मौरूसी काश्तकार होता था। 'आन दि टेरिटरीज कांकर्ड फ्रॅाम दि पेशवा' नामक रिपोर्ट में एलफिंस्टन ने लिखा है-"सरकार की कृषि योग्य भूमि में मामलतदारों द्वारा प्रबन्धित कुछ भूमि को छोड़ शेष भूमि हमेशा ही ऊपरियों को पट्टे पर दे दी जाती थी और पट्टों के समाप्त होने पर उनके दावे और कर्तव्य भी समाप्त हो जाते थे।"[43] यद्यपि यह एक साल के लिए जबानी समझौते पर लिया गया पट्टा होता था, लेकिन शासक या उसके प्रतिनिधि को नज़र देकर कोई भी ऊपरी, मीरासदार बन सकता था। मराठी दस्तावेज़ों में मोकासा जागीर और संरजाम व्यवस्थाओं का पर्यायवाची के रूप में जिक्र किया गया है। ये मूलतः सैनिक व्यवस्थाएँ थीं, जो सिद्धान्त में अस्थायी होती थीं, लेकिन व्यवहार में आमतौर पर ये आगे चलकर पुश्तैनी हो जाती थीं। यद्यपि मोकासा पट्टेदारी असैनिक और सैनिक दोनों प्रकार की सेवाओं के बदले दी जा सकती थी, लेकिन मुख्यतः ये सैन्य सेवाओं के बदले ही दी जाती थी। मोकासादार कभी-कभी अपने सम्बन्धियों या सहायकों को अनुग्रहीत करने के लिए दर पट्टेदारी (सब टेन्योर) भी बना लेता था। मराठा दस्तावेज़ों में कहीं-कहीं पर जागीर और मोकासा का एक साथ प्रयोग किया गया है। सम्भवतः इन दोनों में थोड़ा सा अन्तर था। शायद मोकासा पट्टेदारी जागीर पट्टेदारी की अपेक्षा कम स्थायी थी। एक दूसरे प्रकार की पट्टेदारी भी थी जो 'सरंजाम' कहलाती थी।[44] यह विशुद्ध रूप से सैनिक थी।

इस प्रकार ग्राम अथवा ग्रामों के राजस्व में मुख्य रूप से दो हिस्सेदार होते थे- वतनदार और मोकासादार। सामान्य तौर पर मोकासादार को राजस्व तीन चौथाई हिस्सा (3/4) प्राप्त होता था लेकिन व्यावहारिक तौर पर राज्य का हिस्सा निकालने के बाद उसके तीन भाग किए जाते थे। प्रथम भाग **सहोत्र** होता था जो राजस्व का 6 प्रतिशत था जिस पर पन्तसचिव की दावेदारी होती थी। 3 प्रतिशत भाग **नादगोण्डा** कहलाता था जो राजा की इच्छा पर निर्भर करता था कि वह किसे दे। इसमें से भी यदि राजा की **बबती** (10 प्रतिशत) निकाल दी जाए, जैसा कि कुछ विद्वान मानते हैं तो फिर यह धनराशि केवल 56 प्रतिशत ही बचती थी। लेकिन कुछ विद्वान बबती को चौथ में शामिल मानते हैं इसलिए यह दावेदारी नहीं की जा सकती कि बबती 66 प्रतिशत में से ही निकाली जाती थी।[45] वतनदारों की भूमि पर पुश्तैनी स्वामित्व होता था, जबकि मोकासादार भू-राजस्व में एक हिस्से मात्र तक ही सीमित था। मराठा राज्य भी अन्यों की तरह भूमि की कुल उपज में अपना भाग लेता था। सामान्यत: यह कुल उपज का 8 से 30 प्रतिशत तक होता था।

मराठों ने अपने क्षेत्र में मलिक अम्बरी पद्धति लागू की और राज्य का हिस्सा कुल उपज का 2/5 भाग (40 प्रतिशत) निर्धारित किया। शिवाजी के तत्कालीन विवरण तथा अन्य दस्तावेज़ों से शिवाजी के शासन में राज्य की माँग के रूप में राजभाग पंचादुई (उपज का 2/5 भाग) का उल्लेख मिलता है। यह राजस्व नकद अथवा जिन्स (अनाज; वस्तु) दोनों ही रूपों में लिया जाता था।[46]

शिवाजी के शासनकाल में राज्य की आय के दो और स्रोत थे **सरदेशमुखी** और **चौथ**। उनका मानना था कि देश के वंशानुगत और सबसे बड़े सरदेशमुख होने के नाते और लोगों के हितों की रक्षा करने के बदले उन्हें सरदेशमुखी लेने का अधिकार है। चौथ के सम्बन्ध में इतिहासकार एक मत नहीं हैं रानाडे कहते हैं कि यह सेना के लिए दिया जानेवाला अंशदान मात्र नहीं था जिसमें कोई नैतिक और कानूनी बाध्यता नहीं होती, बल्कि यह बाह्य शक्ति के आक्रमण से सुरक्षा प्रदान करने के बदले लिया जानेवाला कर था।[47] जबकि सरदेसाई इसे शत्रुता रखनेवाले अथवा विजित क्षेत्रों से वसूल किया जानेवाला कर (ट्रिब्यूट) मानते हैं[48] और जदुनाथ सरकार का कहना है कि- यह मराठा आक्रमण से बचने के एवज़ में वसूल किए जानेवाले शुल्क से अधिक कुछ नहीं था। चौथ उन प्रान्तों से लिया जाता था जिन्हें 'मुग़लई' कहा जाता था। ये प्रान्त प्रत्यक्षत: मुग़ल आधिपत्य में थे किन्तु मराठा शक्ति से आतंकित होने के कारण उनकी लूटमार से बचने के लिए मराठों को सिद्धान्त रूप में अपने भू-राजस्व का एक चौथाई देते थे जिसे **खानदानी** भी कहा जाता था जो व्यवहार में एक चौथाई से अधिक होता था। इसके बदले इन 'मुगलई' प्रान्तों को यद्यपि किसी प्रकार की मराठा सैनिक सहायता का आश्वासन तो नहीं था तथापि उनको लूटमार से मुक्ति अवश्य मिलती थी।[49] अत: इसे एक

प्रकार का भयादोहन ही कहा जाना चाहिए। जो राज्य चौथ या सरदेशमुखी नहीं देते थे शिवाजी उन्हें लूट लेते थे। इसीलिए वी.ए. स्मिथ ने शिवाजी के राज्य को 'डाकू राज्य' (Robber State) की संज्ञा दी है[50] जो अनुचित है। चौथ से प्राप्त धन मराठा राज्य के प्रशासन के लिए खर्च किया जाता था जबकि सरदेशमुखी से प्राप्त धन छत्रपति या मराठा शासक के निजी उपयोग हेतु था।[51] पेशवाओं के काल में चौथ वसूलने का अधिकार भी अधीनस्थ सरदारों को हस्तान्तरित कर दिया गया।

दक्षिण भारत में, इस काल में नायक राज्यों का उदय हुआ। हालाँकि भू-राजस्व का कुछ अंश केन्द्र (विजयनगर के राजाओं) तक भी पहुँचता था परन्तु नायक शासक लगभग स्वतन्त्र रूप से कार्य करते थे। नायकों के अधीन अधिकाश भूमि पोलिगरों के बीच वितरित थी जो पलयमों के प्रभारी थे। ये एक मुश्त रकम, राजस्व के रूप में भुगतान कर देते थे जो कुल उत्पादन के 1/3 अंश के बराबर होता था।[52] 'आनुवंशिकता' के उदय के साथ इन पोलिगरों ने, ख़ासकर कमजोर नायकों को, नियमित रूप से भुगतान करना बन्द कर दिया। मैसूर के ओडियार शासक चिक्कदेव राजा ओडियार और शिवप्पा नायक ने दक्षिण भारत के राजस्व प्रशासन को निश्चित स्वरूप प्रदान करने का कार्य किया।

शिवप्पा नायक (1645-1660 ई.) के पहले भू-राजस्व व्यवस्था अविकसित थी। उसने पहली बार राजस्व व्यवस्था को नियमित किया। उसकी भूमि व्यवस्था और कर-निर्धारण आदेश को 'शिवप्पा नायक शिस्त' के नाम से जाना जाता था। उसने भूमि का वर्गीकरण किया मिट्टी की उर्वरा शक्ति निश्चित की, और औसत उत्पादन के आधार पर लगान तय किया। भूमि को पाँच श्रेणियों में विभक्त किया गया।[53]

1) **उत्तम :** काली मिट्टी
2) **मध्यमम् :** लाल और मिश्रित मिट्टी
3) **कामोष्ठम :** कम पानी मिली मिश्रित काली मिट्टी
4) **अधम :** नमीरहित अर्थात कड़ी मिट्टी और
5) **अधमाधमम् :** गर्म बालुई सूखी मिट्टी-बंजर भूमि।

इनमें से प्रत्येक श्रेणी के एक टुकड़े पर लगातार बारह साल तक राजा के लिए खेती होती थी। बोए गए बीज और उत्पादन के मूल्य का सही-सही हिसाब रखा जाता था। पाँच वर्षों के कुल उत्पादन और उसके बाज़ार मूल्य का आँकलन किया जाता था। तब प्रत्येक वर्ष का औसत निकाला जाता था। इस औसत का 1/3 भाग राज्य के कोष में जाता था। इसके अलावा अधिकतम और न्यूनतम कर-निर्धारण की दरें भी निर्धारित की गई थी।[54]

मैसूर में ओडियार शासक चिक्कदेव राजा ओडियार (1673-1704) ने भूमि कर को व्यवस्थित करने की कोशिश की थी। वह अपने पदाधिकारियों को वेतन

आधा नगद और आधा फसल (वस्तु) के रूप में दिया करता था। उसने आदेश दिया था कि कोई भी पदाधिकारी अपनी आय से अधिक व्यय नहीं करेगा। कुशल राजस्व नीति के फलस्वरूप उसके कोष में 9 करोड़ पगोडा जमा हो गए थे। उसकी जनता उसकी राजस्व सम्बन्धी इन सफलताओं के कारण उसे 'नौकोटि नारायण' कहती थी।[55]

मालाबार के राज्य वे अपवाद थे जहाँ कोई भूमि कर नहीं लगाया जाता था। हालाँकि कुछ इतिहासकारों ने इस अनुमान पर प्रश्नचिह्न लगाया है। यहाँ राज्य की आय का मुख्य स्रोत सीमाकर, सरदारों/राजाओं की व्यापार में व्यक्तिगत हिस्सेदारी और राजा/शासन के सीधे नियन्त्रणवाले क्षेत्रों से प्राप्त आमदनी थी। वस्तुत: मालिक कृषक अपनी जमीन मन्दिरों को भेंट दे देते थे और उनके काश्तकार के रूप में खेती करते थे। इसके बदले में वे मन्दिरों को कुल उपज का 1/8 से 1/6 अंश देते थे। मन्दिरों को कर देना किसानों के लिए लाभप्रद था क्योंकि राज्य की माँग की तुलना में यह कम होता था। इसके अलावा मन्दिरों को दान दी गई सारी जमीनें राजस्व मृत थीं।

सन्दर्भ सूची

1. वर्मा, हरिश्चन्द्र, मध्यकालीन भारत भाग-2 (1540-1761), नई दिल्ली, 1998, पृ. 396
2. श्रीवास्तव, हरिशंकर, मुग़ल सम्राट हुमायूँ, आगरा, 1965 पृ. 417
3. वर्मा, हरिश्चन्द्र, मध्यकालीन भारत भाग-2 (1540-1761), नई दिल्ली, 1999, पृ. 30
4. श्रीवास्तव, आशीर्वादी लाल, अकबर महान, भाग-2, आगरा, 1965, पृ. 180
5. कानूनगो. के.आर., शेरशाह, कलकत्ता, 1921, पृ. 65
6. मोरलैंड, डब्ल्यू.एच., एग्रेरियन सिस्टम ऑफ मुस्लिम इंडिया, कैम्ब्रिज, 1929, पृ. 244
7. मिश्रा, एस.सी., रिवेन्यू सिस्टम ऑफ शेरशाह, पी.आई.एच.सी., ग्वालियर, 1952 पृ.
8. वर्मा, हरिश्चन्द्र, मध्यकालीन भारत भाग-2 (1540-1761), नई दिल्ली, 1998, पृ. 31
9. कुरैशी, इश्तियाक हुसैन, दी एडमिनिस्ट्रेशन ऑफ दी मुग़ल एम्पायर, नई दिल्ली, 2004, पृ. 118,
10. अबुल, फज़ल अल्लामी, आइन-ए-अकबरी, भाग-2, कलकत्ता, 1939, पृ. 62
11. सरन परमात्मा, दि प्राविन्शियल गवर्नमेंट अंडर दि मुग़ल, लन्दन, 1991, पृ. 102
12. अबुल फज़ल, भाग-2, पृ. 60
13. अबुल फज़ल, भाग-2, पृ. 61
14. अहमद, इम्तियाज़, मध्यकालीन भारत: एक सर्वेक्षण, पटना, 2003, पृ. 280
15. अहमद, इम्तियाज, पृ. 281
16. पेल्सर्ट, एफ., जहाँगीर' स इंडिया: दि रेमोंस्तरांसी ऑफ फ्रांसिस्को पेल्सर्ट, कैम्ब्रिज, 1925, पृ. 174

    डच ईस्ट इंडिया कम्पनी के अधिकारी फ्रान्सिस्को पेल्सर्ट (1595-1630) का जन्म बेल्जियम के एंटवर्प में हुआ था। जिसे बटाविया के कमांडर के रूप में उसकी उल्लेखनीय भूमिका के लिए जाना जाता है। 1618 ई. में वह डच ईस्ट इंडिया कम्पनी की वाणिज्यिक सेवा में पूर्व के देशों के लिए रवाना हुआ और दो साल बाद 1620 ई. में भारत पहुँचकर वहाँ कनिष्ठ

व्यापारी के रूप में तैनात हुए। भारत में उसे डच 'गुमाश्ता' (दलाल या प्रतिनिधि) के रूप में जाना जाता है। मसूलीपट्टनम से सूरत तक की यात्रा करने के बाद उसे आगरा भेजा गया जहाँ वह सात साल तक रहा, इस बीच वह कम्पनी में वरिष्ठ व्यापारी बन गया। उस प्रवास के दौरान जहाँगीर ने उसे आगरा टकसाल का अध्यक्ष बना दिया था। 1626 ई. में उसने मुग़ल साम्राज्य पर एक लेख लिखा, जिसका डच से अंग्रेजी भाषा में अनुवाद डब्ल्यू. एच. मोरलैंड और पी.गेल ने किया जो जहाँगीर'स इंडिया (जहाँगीर का भारत): दि रेमोंस्तरांसी ऑफ फ्रान्सिस्को पेल्सर्ट (कैम्ब्रिज, 1925 ई.) के रूप में प्रकाशित हुआ। जून से अक्टूबर 1628 ई. तक हालैंड में रहने के बाद वह तीन जहाजों का प्रभारी बन जावा के लिए रवाना हुआ। लेकिन उसके अपने जहाज बटाविया का अटलांटिक में अन्य दो के साथ सम्पर्क टूट गया। यह चालक दल के साथ झगड़ालू सदस्यों के बीच एक कठिन यात्रा थी। 4 जून, 1629 ई. को बटाविया हाउटमैन एब्रोलहोस के प्रवाल भित्तियों पर गेराल्डटन के वर्तमान शहर से लगभग 25 मील (72 किमी) दूर क्षतिग्रस्त हो गया। अधिकांश चालक दल और यात्रियों को दो द्वीपों पर छोड़कर पेल्सर्ट ने 8 जून को जहाज की नाव में तीस लोगों के साथ पड़ोस में ताजे पानी की तलाश में निकला जब यह खोज असफल साबित हुई तो उन्होंने बटाविया (जाकार्ता) की यात्रा की जहाँ 5 जुलाई को पहुँचा। सितम्बर, 1629 ई. में इस बीच कुछ बचे लोगों ने जेरोनिमस कार्नेलिज (1598 ई.-2 अक्टूबर, 1629 ई.) के नेतृत्व में एक खूनी विद्रोह को अंजाम दिया। विद्रोहियों ने 125 पुरुषों और महिलाओं का नरसंहार किया था। पेल्सर्ट ने विद्रोह को दबाकर कानून और व्यवस्था बहाल की और विद्रोहियों को सजा दिलवाई।

पेल्सर्ट का स्वास्थ्य गिरता जा रहा था लेकिन फिर भी उसने सुमात्रा के एक अभियान में भाग लिया। बटाविया लौटने के तुरन्त बाद सितम्बर, 1630 ई. में उसकी मृत्यु हो गई। फ्रान्सिस्को पेल्सर्ट ने उपमहाद्वीप के सम्पूर्ण उत्तरी और पश्चिमी भागों में उत्पादन और व्यापार से सम्बन्धित महत्वपूर्ण स्थलों का भ्रमण किया। उसने अपने यात्रा-वृत्तान्त में इन स्थलों की सामाजिक और आर्थिक परिस्थितियों का अत्यधिक रोचक वर्णन किया है।

पेल्सर्ट के विवरणानुसार, लाहौर एक प्रमुख व्यापारिक केन्द्र था। मुल्तान और थट्टा, वस्त्र उद्योग, चीनी, सल्फर और नील के लिए प्रसिद्ध थे। फ्रान्सिस्को पेल्सर्ट ने कश्मीर की भी यात्रा की। उसने भारत में गरीबी और कृषकों की अत्यन्त दयनीय दशा का मार्मिक चित्रण किया है। नील उत्पादन से सम्बन्धित विशेष रूप से बयाना में नील के उत्पादन के विषय में जो बातें उसने लिखी है वह किसी भी यूरोपीय यात्री के नील सम्बन्धी विवरण में अद्वितीय है। उसके अनुसार बयाना में अत्यधिक मात्रा में नील उत्पादित किया जाता था, जिसका इस वस्तु पर एकाधिकार था। वह आगरा में अपने प्रवास के अन्तिम दिनों में जहाँ उसने मुख्य रूप से कपास और नील का कारोबार किया, व्यापार और अर्थव्यवस्था के बारे में एक रिपोर्ट तैयार की, साथ ही मुग़ल साम्राज्य के समाज और रीति-रिवाज़ों के सम्बन्ध में भी लिखा। वह आगरा को प्रमुख शहरों से सम्पर्क मार्ग द्वारा जुड़ा हुआ बताता है। उसकी इस रिपोर्ट को आधिकारिक रिपोर्ट के रूप में कभी प्रकाशित नहीं किया गया था, लेकिन इसे फ्रांसीसी यात्री थेवेनॉट ने पढ़ा था और उसने 1663 ई. में फ्रेंच में इसका एक संक्षिप्त संस्करण प्रकाशित किया था।

17. हबीब, इरफान, दी एग्रेरियन सिस्टम ऑफ मुग़ल इंडिया (1556-1707), बाम्बे, 1965, पृ. 272
18. हबीब, इरफान, एग्रेरियन रिलेशन्स एंड लैंड रेवेन्यू (रायचौधरी तपन (सं.): दि कैम्ब्रिज

इकोनामिक हिस्ट्री ऑफ इंडिया, भाग-1, 1200-1750),कैम्ब्रिज, 1982, पृ. 238
19. सिद्दीकी, नोमान अहमद, मुग़लकालीन भू-राजस्व प्रशासन, नई दिल्ली, 1989, पृ. 60
20. सिद्दीकी, पृ. 61
21. कानूनगो, पृ. 65
22. डे.यू.एन., सम आस्पेक्ट्स ऑफ मेडिवल इंडियन हिस्ट्री, नई दिल्ली, 1998, पृ. 192
23. मोरलैंड, पृ. 261
24. श्रीवास्तव, पृ. 150
25. अबुल फज़ल, भाग-3, पृ. 413-14
26. अबुल फज़ल, भाग-3, पृ. 421
27. हबीब, इरफान, पृ. 340
28. मोरलैंड, पृ. 96-97
29. सुन्दरम, लंका, मुग़ल लैंड रेवेन्यू सिस्टम, लन्दन, 2007, पृ. 234
30. मोरलैंड के अनुसार, इस प्रथा में भूमि की माप के बिना सामान्य रूप से लगान निर्धारित किया जाता था। कुछ इतिहासकारों के अनुसार यह प्रत्येक किसान पर अलग-अलग लगान निर्धारित करने की बजाय एक क्षेत्र पर सामूहिक रूप से लगान निर्धारित करने की प्रथा थी। इसका अभिप्राय यह था कि आँकलन की इकाई एक किसान की जोत न होकर ग्राम, टप्पा या परगना थी। कुछ इसे निश्चित समय के लिए लगान निर्धारित के रूप में देखते हैं। इरफान हबीब के अनुसार, यह कोई विशिष्ट प्रणाली नहीं थी बल्कि विभिन्न प्रणालियों का मिला-जुला रूप था। सत्रहवीं शताब्दी के उत्तरार्द्ध तक यह प्रणाली चलती रही। इस प्रकार की व्यवस्था के अन्तर्गत आँकलित जमा के वितरण का काम बड़े जमींदारों या तालुकेदारों के हाथों में छोड़ दिया गया जो भू-राजस्व की वसूली तथा अदायगी का प्रबन्ध करते थे। इससे बड़े जमींदारों या किसानों को यह आवश्यक अधिकार व मौका मिल गया कि वे छोटे जमींदारों के खिलाफ राजस्व की माँग में वृद्धि कर सकते थे। छोटे जमींदारों ने अपना भार किसानों पर डाल दिया। पिछले अभिलेखों पर आधारित होने के कारण नश्क़ व्यवस्था अपेक्षाकृत सरल थी तथा उस पर अतिरिक्त व्यय भी खर्च नहीं करना पड़ता था।
(वर्मा, हरिश्चन्द्र, मध्यकालीन भारत भाग-2 (1540-1761), नई दिल्ली, 1998, पृ. 398/ अहमद, इम्तियाज, मध्यकालीन भारत (8वीं से 18वीं शताब्दी) एक सर्वेक्षण, पटना, 2003, पृ. 281
आर.पी. त्रिपाठी के अनुसार इसमें न तो भूमि की पैमाइश की जाती थी और न तो फसलों का वर्गीकरण किया जाता था, यह शासन तथा कृषक अथवा भू-स्वामी के मध्य मोटे अनुमान पर आधारित शुद्ध एवं सरल समझौता था।
31. श्रीवास्तव, हरिशंकर, मुग़ल शासन प्रणाली, आगरा, 1969 पृ. 167
32. सिद्दीकी, पृ. 77
33. हबीब, इरफान, पृ. 199-200
34. सरकार, जगदीश नारायण, स्टडी इन इकोनामिक लाइफ इन मुग़ल इंडिया, नई दिल्ली, 1975, पृ. 174
35. रायचौधरी, तपन, एंड इरफान हबीब (सं.) - दि कैम्ब्रिज इकोनामिक हिस्ट्री ऑफ इंडिया, वैल्यूम 1, 1200-1750, कैम्ब्रिज 1982, पृ. 236-37
36. मेहता, जे. एल. - एडवान्स स्टडी इन दि हिस्ट्री ऑफ मेडिवल इंडिया, वैल्यूम 2, मुग़ल

एम्पायर (1526-1707), नई दिल्ली, 1979, पृ. 61
37. रायचौधरी, हबीब, पृ. 250
38. रायचौधरी, हबीब, पृ. 251
39. रायचौधरी, हबीब, पृ. 252
40. सरदेसाई, गोविन्द सखाराम, ए हिस्ट्री ऑफ मॉडर्न इंडिया... मराठी रियासत, वैल्यूम 2, नई दिल्ली, 1935, पृ. 235
41. कुलकर्णी, ए. आर., विलेज लाइफ इन दि डेकन इन दि सेवेन्टीन्थ सेन्चुरी, (दि इंडियन इकोनामिक एंड सोशल हिस्ट्री रिव्यू वैल्यूम 4), 1967, पृ. 38
42. गॉडर्न स्टीवर्ट, द मराठाज्, 1600-1818, कैम्ब्रिज, 1993, पृ. 74
43. एलफिंस्टन एम., रिपोर्ट आन दि टेरिटरीज कांकर्ड फ्राम दि पेशवा, सबमिट टू दि सुप्रीम गवर्नमेन्ट ऑफ ब्रिटिश इंडिया, (फारेस्ट, जार्ज डब्ल्यू., (सम्पादन), सिलेक्शन फ्राम दि मिनट्स एंड अदर आफिशियल राईटिंग ऑफ दि आनरेबल मांटस्टुअर्ट एलफिंस्टन, गवर्नर ऑफ बाम्बे), कैम्ब्रिज 1884, पृ. 251
44. सेन, सुरेन्द्रनाथ, एडिमिनिस्ट्रेशन सिस्टम ऑफ दि मराठाज्, कलकत्ता, 1925, पृ. 162
45. मुखर्जी, राधाकुमुद,: दि इकोनामिक हिस्ट्री ऑफ इंडिया, (1600-1800), इलाहाबाद, 1967, पृ. 112
46. शर्मा, एस.आर., मराठा हिस्ट्री रि-एक्ज़ामिन, 1595-1707, बाम्बे, 1944, पृ. 232
47. रानाडे, एम.जी.: राइज ऑफ दि मराठा पावर, बाम्बे, 1900, पृ. 87
48. सरदेसाई, पृ. 175
49. सरकार, जे.एन.: शिवाजी एंड हिज टाइम्स, कलकत्ता, 1961, पृ. 112
50. स्मिथ, वी.ए., अकबर दि ग्रेट मुग़ल, नई दिल्ली, 1962, पृ. 221
51. डफ, जे.वी., ए हिस्ट्री ऑफ दि मराठाज, वैल्यूम 2, कलकत्ता, 1921, पृ. 84
52. फुकाज़ावा, हिरोसी, दि मेडिवल डेकन: पेंजेंट्स, सोशल सिस्टम एंड स्टेट्स, नई दिल्ली, 1991, पृ. 186
53. एपस्टाइन, टी.एस., इकोनामिक डेवलपमेंट एंड सोशल चेंज इन साउथ इंडिया, मानचेस्टर, 1964, पृ. 128
54. शेरवानी, एच.के. (सं.) एंड पी.एम. जोशी: हिस्ट्री ऑफ मेडिवल डेकन, 1295-1724, भाग-2, हैदराबाद, 1974, पृ. 422
55. स्टेन, बर्टन, स्टेट फार्मेशन एंड रिकन्सीडर्ड, पार्ट वन, माडर्न एशियन स्टडीज, 19 (स्पेशल इस्यू, पेपर्स प्रजेन्टेड एट दि कान्फ्रेंस ऑफ इंडियन इकोनामिक एंड सोशल हिस्ट्री, कैम्ब्रिज यूनिवर्सिटी, अप्रैल, 1984,) पृ. 387-88

5

वित्तीय और मौद्रिक प्रणाली

राज्य का वित्तीय प्रबन्धन से आशय धन का दक्ष एवं प्रभावी प्रबन्धन है ताकि राज्य के लक्ष्यों की प्राप्ति की जा सके। मुग़ल साम्राज्य की कुल आय में भू-राजस्व के अतिरिक्त अन्य क़रों के योगदान का ठीक-ठाक ब्योरा देना बहुत कठिन है। शीरीन मुसवी के अनुसार गुजरात और आगरा सूबे (प्रान्त) में यह क्रमश: 18 प्रतिशत और 15 प्रतिशत के आसपास था जबकि अन्य सूबों में यह 5 प्रतिशत से भी कम था।[1]

भू-राजस्व के अतिरिक्त अन्य करो में हस्तशिल्प उत्पादन पर कर, बाज़ार कर, अन्त:राष्ट्रीय और अन्तर्राष्ट्रीय दोनों तरह के व्यापारों पर सीमा शुल्क और राहदारी (पथकर) और सिक्कों की ढलाई पर कर आय के मुख्य स्रोत थे। इनके अलावा युद्ध की लूट, नज़रानों और भेंटों से भी राजकोष समृद्ध होता था।

बाज़ार में बेची जानेवाली लगभग सभी वस्तुओं पर कर लगता था। इनमें कपड़ा, चमड़ा, अनाज, पशु आदि प्रमुख हैं। कोई चीज जितनी बार बेची जाती थी उस पर उतनी बार कुछ कर देना होता था। हमारे पास कराधान की सही-सही दर का गणना करने के लिए पर्याप्त आँकड़े उपलब्ध नहीं है। आमतौर पर जो उल्लेख मिलता है उससे पता लगता है कि ये कर काफी ज्यादा थे। पीटर मंडी (1632 ई.) के विवरण के अनुसार, पटना का राज्यपाल कर वसूलने में बहुत निर्ममता बरतता था और यहाँ तक कि दूध बेचने वाली औरतों से भी कर वसूल किया जाता था। एक अन्य समकालीन लेखक ने भी लिखा है कि फूल बेचनेवाले से लेकर मिट्टी का बर्तन बेचनेवाले तक, अच्छी कोटि का मलमल बनानेवालों से लेकर मोटा कपड़ा बनानेवालों तक, हर तरह के व्यापारी को कर देना पड़ता था।[2]

व्यापारियों के अलावा कारीगरों को भी अपने उत्पादन पर कर देना पड़ता था। सभी प्रकार के कपड़ों, रेशम और ऊनी वस्त्र पर **कटरापार्चा** कर लगाया जाता था। नील, शोरा और नमक पर भी कर लगाया जाता था। कुछ मामलों में, जैसे कि अकबर के समय में पंजाब में नमक पर कर लगाया गया जो उसकी मूल लागत के दोगुना से भी ज्यादा था।

जब कोई वस्तु एक जगह से दूसरी जगह ले जाई जाती थी तब भी उस पर कर लगाया जाता था। हमें सीमा शुल्क दरों की थोड़ी-बहुत जानकारी मिलती है।

बन्दरगाहों से लाई जानेवाली प्रत्येक वस्तु पर कर लगाया जाता था। अबुल फज़ल के अनुसार अकबर के समय में इस प्रकार के शुल्क ढाई प्रतिशत (2.5%) से ज्यादा नहीं लगाए जाते थे। सत्रहवीं शताब्दी के आरम्भ के एक दस्तावेज़ में बताया गया है कि वस्तुओं पर ढाई प्रतिशत, खाद्य सामग्री पर तीन प्रतिशत और धन (सोना और चाँदी) पर दो प्रतिशत कर लगाया जाता था। सत्रहवीं शताब्दी के अन्त में सीमा शुल्क चार से पाँच प्रतिशत के बीच था।

औरंगजेब ने अलग-अलग समुदायों पर अलग-अलग पारगमन कर लगाया था। यह दर मुसलमानों के लिए ढाई प्रतिशत, हिन्दुओं के लिए पाँच प्रतिशत और विदेशियों के लिए साढ़े तीन प्रतिशत थी। यह दर पूरे साम्राज्य में लागू थी।[3]

52 रुपये से कम मूल्य की वस्तु कर से मुक्त होती थी। कुछ समय के लिए औरंगजेब ने मुसलमानों को सभी सीमा-शुल्कों से मुक्त कर दिया परन्तु जल्द ही उसने फिर से उन पर ढाई प्रतिशत कर लगा दिया।

सम्राट के निर्देशों के बावजूद व्यापारियों से अक्सर निर्धारित सीमा-शुल्क से ज्यादा राशि वसूल कर ली जाती थी। हमें सीमा शुल्क के बारे में विदेशियों की शिकायतों का पता चलता है। अंग्रेजों ने 1615 ई. में शिकायत की थी कि अहमदाबाद से सूरत तक वस्तुओं को लाने में तीन बार अलग-अलग शुल्क वसूला जाता था। समय-समय पर अंग्रेज और डच सीमा शुल्क में छूट प्राप्त करने के लिए सम्राट से फरमान प्राप्त किया करते थे फिर भी अक्सर सीमा शुल्क चौकियों पर शुल्क का भुगतान करना पड़ता था। मुग़ल सीमा क्षेत्र के अतिरिक्त स्वायत्त शासक भी अपने इलाके से गुजरनेवाली वस्तुओं पर शुल्क लगाते थे। मोरलैंड कहता है कि—''व्यापार और वाणिज्य पर करों के बोझ की ठीक-ठीक गणना करना सम्भव नहीं है क्योंकि सभी अपनी मनमर्ज़ी से कर लगाते थे और शुल्क उगाहते थे। एक राज्य में या क्षेत्र में कर देने के बावजूद व्यापारियों को दूसरे क्षेत्र में पुनः कर देना पड़ता था।''[4]

सीमा-शुल्क के अलावा राहदारी कर या पारगमन शुल्क भी वसूल किया जाता था। यह एक प्रकार का पथकर या चुंगी थी। विभिन्न क्षेत्रों से गुजरनेवाली वस्तुओं पर यह चुंगी लगायी जाती थी। हालाँकि प्रत्येक स्थान पर थोड़ी-थोड़ी राशि ही देनी पड़ती थी परन्तु कुल मिलाकर यह राशि बड़ी हो जाती थी। यहाँ तक कि अपने क्षेत्र से गुजरनेवाली वस्तुओं पर ज़मींदार भी चुंगी वसूला करते थे।

सत्रहवीं शताब्दी के एक समकालीन विवरण (ख़फ़ी ख़ाँ) के अनुसार राहदारी को अवैध माना जाता था परन्तु इसके नाम पर व्यापारियों और व्यवसायियों से बड़ी मात्रा में राशि वसूल कर ली जाती थी। यह कर नदी मार्गों पर भी लगाया जाता था।

टकसाल में लिया जानेवाला शुल्क साम्राज्य के लिए आय का एक अन्य प्रमुख स्रोत था। राज्य द्वारा वसूले गए टकसाल-शुल्क को 'महसूल-ए-दारूल जर्ब' कहा जाता था। यह शुल्क कुल ढाली गई मुद्रा का पाँच प्रतिशत था।

इसके अतिरिक्त दो अन्य शुल्क भी लिए जाते थे। इन्हें 'रूसूम-ए-अहलकारान' (पदाधिकारियों का देय) और 'उजरत-ए-कारीग़रान' (कारीगरों की मजदूरी) कहा जाता था।[5]

भू-राजस्व के समान करों की वसूली के लिए भी एक सुगठित और व्यवस्थित तन्त्र स्थापित किया गया था। साम्राज्य में भू-राजस्व और अन्य करों से हुई आयों का अलग-अलग हिसाब रखने का प्रयत्न किया जाता था। इस दृष्टि से करों को 'माल-ओ-ज़िहात' और सैर या 'सायर ज़िहात' में वर्गीकृत किया गया। पहले वाला भू-राजस्व से और दूसरा व्यापार और वाणिज्य पर लगाये गए करों से सम्बद्ध था।[6] कर-निर्धारण और वसूली की सुविधा की दृष्टि से 'महालात-ए-सायर' या 'सायर महाल' नामक राजस्व सम्बन्धी अलग क्षेत्र विभाजन बड़े शहरों और नगरों में किया गया। महाल शुद्ध राजस्व क्षेत्र था जो परगना (जो राजस्व और क्षेत्रीय विभाजन दोनों था) से भिन्न था।

'आइन-ए-अक़बरी' में अहमदाबाद, लाहौर, मुल्तान और भड़ौच जैसे क्षेत्रों के लिए सायर महाल और शहरों के राजस्व आँकड़ों को अलग से दर्ज़ किया गया है। सत्रहवीं शताब्दी के उपलब्ध राजस्व आँकड़ों में प्रत्येक शहर के सायर महालों (राजस्व क्षेत्रों) का उल्लेख अलग से किया गया है। उदाहरण के लिए, सूरत की सूची में दिए गए राजस्व महालों में महाल फर्जा, महाल खुश्की, महाल नमकजार, महाल चबूतरा-ए-कोतवाली, महाल दलाली, जौहरी व मनहारी, महाल दारूल जर्ब, महाल गल्ला मंडी और महाल जहाजात का उल्लेख मिलता है। ये राजस्व क्षेत्र या तो जागीर के रूप में दिए जाते थे अथवा इनका राजस्व वसूल करके राजकोष में सीधे जमा करा दिया जाता था।

सीमा-शुल्क चौकियाँ और टकसालों को छोड़कर अन्य करों को वसूल करनेवाले अधिकारियों की पदवी भू-राजस्व पदाधिकारियों के अनुरूप ही होती थी। बन्दरगाहों पर अधिकारियों का एक अलग वर्ग होता था। मुतसद्दी बन्दरगाह का मुख्य पदाधिकारी या अधीक्षक होता था। उसकी नियुक्ति सीधे-सम्राट करता था। कर की वसूली करना उसका काम था। सीमा-शुल्क चौकियों में व्यापारियों से बात करके निर्धारित किए गए मूल्यों के आधार पर ही वस्तुओं का बाज़ार मूल्य तय होता था। मुतसद्दी के अधीन कई पदाधिकारी कार्यरत होते थे जो सीमा शुल्क लगाने, वसूल करने और खातों के रखरखाव में उसकी सहायता करते थे। इनमें मुशरिफ, तहसीलदार और दरोगा-ए-खज़ाना प्रमुख हैं। इन पदाधिकारियों की नियुक्ति भी राजदरबार से होती थी। इन सीमा शुल्क गृहों के अपने कर्मचारी और कुली भी हुआ करते थे।

विस्तृत आँकड़ों के अभाव में कुल वसूली जानेवाली राशि का अनुमान करना कठिन है। शीरीन मूसवी ने प्राप्त आँकड़ों का आँकलन करके अनुमान लगाया है

कि राज्य की आय में इन करों का योगदान लगभग 10 प्रतिशत के करीब होता था।

मुग़लों के शासनकाल में मौद्रिक व्यवस्था पूरी तरह सुव्यवस्थित थी। इस समय धातुओं की शुद्धता बनाए रखने में काफी सफलता प्राप्त कर ली गई थी। मुग़ल मुद्रा व्यवस्था त्रिपदात्मक थीं। यहाँ तीन प्रकार के सिक्के ढाले जाते थे, ताँबा, चाँदी और सोना। जिनकी एकरूपता तथा शुद्धता सराहनीय है। चाँदी का सिक्का रुपया इस व्यवस्था का आधार था।

चाँदी के सिक्कों का मुगलों से पहले का लम्बा इतिहास है। दिल्ली सल्तनत में इसका प्रयोग किया गया और इसे टंका (तनका) कहा गया। शेरशाह ने पहली बार चाँदी के सिक्के का मानकीकरण किया। इसे रुपया कहा जाता था और इसका वज़न 178 ग्रेन (ट्राय) होता था।[7] (ट्राय वज़न मापने की अंग्रेजी प्रणाली थी जिसका प्रयोग सोने, चाँदी और बहूमूल्य रत्नों के सन्दर्भ में किया जाता था। इसके अनुसार 1 पाउंड = 12 आउन्स = 5760 ग्रेन) ढलाई करने के लिए सिक्के में अन्य धातु भी मिलाई जाती थी। जो सिक्के के कुल वज़न के 4 प्रतिशत से अधिक नहीं होती थी। शेरशाह ने ताँबे का सिक्का दाम भी जारी किया था जो 330 ग्रेन वज़न का होता था।[8] 40 दाम का 1 रुपया होता था। दामों का विभाजन इस प्रकार था :

अधेला = 1/2 दाम
पओला = 1/4 दाम
दमड़ी = 1/8 दाम
जीतल = 1/25 दाम

अकबर ने भी 175 ग्रेन वज़न के साथ रुपया को आधार मुद्रा के रूप में अपनाया। औरंगजेब के शासनकाल में रुपया का वज़न बढ़कर 180 ग्रेन (ट्राय) हो गया। व्यापार और राजस्व आदि के लिए मुख्य रूप से चाँदी के सिक्के का ही उपयोग किया जाता था। मोरलैंड ने उल्लेख किया है कि अकबर के समय में 175 ग्रेन का चाँदी का रुपया मूल्य में 2 शिलिंग 3 पेन्स (स्टर्लिंग) के बराबर होता था।[9] टैवर्नियर जिसने 17वीं शताब्दी में कई बार भारत का भ्रमण किया था, ने विवरण दिया है कि एक रुपया में 46 से 56 पैसे होते हैं जो ताँबे के टकसाल से अधिक या कम दूरी होने पर निर्भर था।[10]

अकबर के पूर्व बाबर ने काबुल में चाँदी का **शाहरूख** तथा कन्धार में **बाबरी** नामक सिक्के का प्रवर्तन किया था। बाबर ने **किपकी** नामक ताँबें के सिक्के का उल्लेख किया है जो अर्सकीन महोदय के अनुसार अंडाकार आकृति का ताँबे का सिक्का था।[11] मुगलकाल में सर्वप्रथम स्वर्ण सिक्के चलाने का श्रेय अकबर को है। अकबर ने सिक्कों पर साल हज़ारी (इस्लाम) की मुहर लगाई। इलाही संवत (1583 ई.) प्रारम्भ करने के बाद अकबर की मुद्राओं पर सूर्य एवं चन्द्रमा की महिमा का बखान करनेवाले पद्य अंकित हैं। मुग़ल काल में सर्वप्रथम आकृति युक्त सिक्कों

अकबर द्वारा प्रवर्तित राम-सिया रजत सिक्के (1604-05 ई.)

का निर्माण अकबर ने किया। उसके सियाराम सिक्कों पर अग्र भाग पर धनुर्धारी राम एवं सीता की आकृति और देवनागरी लिपि में राम-सिया का अंकन तथा पृष्ठ भाग में कलमा का अंकन हुआ है परन्तु, शासक की आकृतिवाले सिक्कों को सर्वप्रथम जहाँगीर नें चलाया था। उसके सिक्कों पर उसके पिता अकबर के आकृति का अंकन हुआ। दूसरे जहाँगीर सर्वप्रथम शासक था जिसने अपनी आकृतिवाले सिक्के चलाया।

अबुल फज़ल के अनुसार अकबर ने 26 प्रकार के सोने के सिक्के, 9 प्रकार के चाँदी के सिक्के और 4 प्रकार के ताँबे के सिक्के चलवाए थे। सर्वप्रथम अकबर ने अपने शासन के प्रारम्भ में स्वर्ण मुद्राएँ जारी की जिसे अशर्फी या **मुहर** कहते थे। इसका वज़न 169 ग्रेन (ट्राय) होता था।[12] यह सिक्का मुख्य रूप से वाणिज्यिक लेन-देन में काम में नहीं लाया जाता था। इसे मुख्य रूप से संचय निधि के रूप में रखा जाता था और इसे उपहार देने के काम में भी लाया जाता था। यही मुग़लकाल में सर्वाधिक प्रचलित सिक्का था। एक मुहर 9 रुपये के बराबर होता था। **शंसब** सबसे बड़ा स्वर्ण सिक्का था जो तौल में 101 तोला के बराबर था। इसे शहंशाह भी कहते थे। शहंशाह का 1/4 भाग **आत्मा,** (लगभग 25 तोला) 1/5 भाग **बिसात** (लगभग 20 तोला) एवं 1/50 भाग **चुगुल** कहलाता था। **इलाही** गोलाकार स्वर्ण

जहाँगीर द्वारा प्रवर्तित अकबर की छविवाले मुहर

सिक्का था। इलाही पर कलमा का अंकन नहीं हुआ हैं। उसकी जगह 'अल्लाहु अकबर जल्ला जलालहु' का अंकन हुआ। एक इलाही सिक्का दस रुपये के बराबर होता था। **लाल-ए-जलाली, ऑफ़ताबी** (225 ग्रेन्स) और **अदल गुटका** स्वर्ण सिक्का था। अकबर ने वर्गाकार चाँदी का रुपये भी चलाया जिसका नाम **ज़लाली** (176.5 ग्रेन्स) था। इस्लाम धर्म के प्रवर्तक मुहम्मद साहब के चार दोस्त थे अबु बकर, उमर, उस्मान और अली जिनके नाम ज़लाली के किनारों पर अंकित किया गया था। जिसके कारण इस सिक्के को **चहार-यारी** भी कहा जाता था। गँवार लोग जलाली रुपये को ताबीज़ के तौर पर इस्तेमाल करते थे और मानते थे कि उसमें करिश्माई शक्ति है। दरब (1/2 रुपये), चर्न या चरण (1/4 रुपये), पनडाऊ (1/5 रुपये), अस्ता (1/8 रुपये), दस या दस्सा (1/10 रुपये), काला (1/16 रुपये), सूफी या सूकी (1/20 रुपये) अन्य प्रमुख चाँदी के सिक्के थे।[13]

शेरशाह की मुद्रा पद्धति के समान अकबर के समय लेन-देन में प्रयुक्त होनेवाला आम सिक्का ताँबे का दाम था जिसका वज़न 323.5 ग्रेन हुआ करता था।[14] इसे पैसा या 'फुलूस' भी कहा जाता था।[15] वह धनी निर्धन दोनों के लिए नकद सिक्का था। हिसाब के लिए यह 25 भागों में विभक्त था जो जीतल कहलाते

ताँबा का सिक्का—निस्फी

थे। अबुल फज़ल की आइन-ए-अक़बरी में दाम की सर्वोच्च चर्चा है। सम्भवत: ताँबे की आपूर्ति में कमी के कारण औरंगजेब के शासनकाल में ताँबे के दाम का वज़न एक तिहाई घटा दिया गया। अकबर ने ताँबें का सिक्का **निस्फी** (1/2 दाम) चलाया जिसका वज़न 9.85-10.35 ग्राम था। 2 निस्फी एक दाम के बराबर होता था।[16] इसकी ढलाई साम्राज्य के भिन्न-भिन्न क्षेत्रों में स्थित 14 टकसालों में होती थी। यह गोलाकार सिक्का था। अकबर द्वारा जारी किए गए निस्फी 4 प्रकार के थे, पहला प्रकार उन सिक्कों का था जिनके मुख भाग पर टकसाल का नाम और पृष्ठ भाग पर इलाही तिथि और फ़ारसी माह का फ़ारसी लिपि में अंकन है। दूसरा प्रकार उन सिक्कों का था जिनके मुख भाग पर किनारे बिन्दीदार बार्डर (सीमा) बना होता था और उस सीमा के भीतर निस्फी शब्द फ़ारसी लिपि में अंकित है और पृष्ठ भाग

पर बिन्दीदार बार्डर के भीतर ज्यामितीय आकार या सितारा का अंकन है। इस पर टकसाल का नाम अंकित नहीं है। तीसरा प्रकार उन सिक्कों का था जिनके अग्र और पृष्ठ दोनों भाग के किनारे पर बिन्दीदार बार्डर (सीमा) बना होता था। चौथा प्रकार वाले सिक्के के अग्र भाग पर अकबरशाही और पृष्ठ भाग पर इलाही तिथि और फ़ारसी माह का फ़ारसी लिपि में अंकन है।

अकबर ने 1601 ई. में असीरगढ़ का किला जीतने के उपलक्ष्य में 'बाज' की छविवाले स्वर्ण सिक्के का प्रवर्तन किया। अपने अन्तिम समय में 22 मई - 23 जून, 1605 ई. के मध्य अकबर ने 'बत्तख' की छविवाले मुहर जारी किया।

अकबर के शासन के अन्तिम 20 वर्षों में जारी किए गए स्वर्ण, रजत और ताँबे के सिक्कों पर हिजरी संवत की जगह इलाही संवत का अंकन होने लगा। साथ ही सिक्कों पर 'कलमा' उत्कीर्णन की परम्परा पूर्णरूपेण बन्द कर उसकी जगह 'अल्लाहु अकबर जल्ला जलालहु' का उत्कीर्णन होने लगा। सिक्कों पर इलाही माह (1. फरवर्दीन, 2. अर्दीबिहिश्त, 3. खुर्दाद, 4. तीर, 5. अमरदाद, 6. शहरेवार, 7. महर, 8. आबान, 9. आज़र, 10. दे, 11. बहमन, 12. अस्फन्दयार) का अंकन स्पष्ट देखा जा सकता है।

राज्य के विभिन्न टकसालों में निर्मित सिक्कों का परीक्षण करने पर हम पाते हैं कि उनके भार (वज़न) में भिन्नता थी। जहाँ आगरा टकसाल (**दार-उल-खिलाफत**) में निर्मित दरब (1/2 रुपये) का वज़न 5.48 ग्राम है वहीं लाहौर टकसाल (**दार-उल-सल्तनत**) में निर्मित दरब का वज़न 5.69 ग्राम हैं। निम्नांकित तालिका-01 में वज़न की भिन्नता को देखा जा सकता है :

तालिका-01

रुपया (रजत सिक्का)			दाम/फुलूस (ताँबा का सिक्का)		
टकसाल का नाम	**निर्मित वर्ष**	**भार**	**टकसाल का नाम**	**निर्मित वर्ष**	**भार**
दिल्ली	1561	11.35 ग्राम	अजमेर	1588	20.66 ग्राम
जौनपुर	1569	11.43 ग्राम	बनारस	1596	20.61 ग्राम
आगरा	1572	11.16 ग्राम	आगरा	1578	20.43 ग्राम
लाहौर	1578	11.32 ग्राम	मुल्तान	1592	20.07 ग्राम
अहमदाबाद	1584	11.25 ग्राम	अहमदाबाद	1579	20.52 ग्राम
इलाहाबाद	1586	11.36 ग्राम	इलाहाबाद	1586	20.66 ग्राम

नोट : 1 ग्राम = 15.4323584 ग्रेन

किसी एक ही टकसाल में अलग-अलग वर्षों में निर्मित सिक्कों के वज़न में भी भिन्नता थी। आगरा टकसाल (दार-उल-खिलाफत) से निर्गत रुपये (रज़त सिक्का) का वज़न 1567 ई. में 11.32 ग्राम, 1570 ई. में 11.35 ग्राम और 1572 ई. में 11.16 ग्राम था। अहमदाबाद टकसाल (दार-उल-सल्तनत) से निर्गत रुपये का वज़न 1577 ई. में 11.16 ग्राम, 1584 ई. में 11.25 ग्राम था। उपर्युक्त विवरण से यह स्पष्ट है कि किसी एक टकसाल में अलग-अलग वर्षों में जारी किए गए सिक्कों के वज़न में भिन्नता थी।

तटीय इलाकों में छोटे-मोटे खरीद। फरोख्त के लिए कौड़ियों (समुद्री सीपी) का उपयोग किया जाता था। ये मुख्य रूप से मालदीव द्वीपों से लाई जाती थीं। लगभग 2500 कौड़ी एक रुपये के बराबर होती थी।

मौद्रिक व्यवस्था सम्बन्धी जहाँगीर का विवरण अत्यन्त समृद्ध है और वह अपने वृतान्त में राज्य में प्रचलित सिक्कों, विभिन्न टकसालों और उनकी ढलाई आदि के सम्बन्ध में विस्तारपूर्वक चर्चा करता है। केवल अपने समय में ही नहीं अपितु अपने पिता अकबर के दौर में प्रचलित सिक्कों के विषय में भी वह विशेष जानकारी देता है।

जहाँगीर अपनी आत्मकथा के प्रथम वर्ष सम्बन्धी विवरण में ही अपने राज्य में प्रचलित सिक्कों के विषय में विस्तारपूर्वक चर्चा करता है। सिक्के ढाले जाने की बात करता है। जहाँगीर केवल मुद्रा के नाम की ही जानकारी नहीं देता बल्कि प्रत्येक मुद्रा के वज़न, तौल और मूल्य सम्बन्धी चर्चा भी करता है।

जहाँगीर बताता है कि 100 तोले की मुहर का नाम **नूरशाही**, 50 तोले की मुहर का नाम **नूर सुल्तानी**, 20 तोले की मुहर का नाम **नूर दौलत**, 10 तोले की मुहर का नाम **नूर करम**, 5 तोले की मुहर का नाम **नूर मिहर** और 1 तोले की मुहर का नाम **नूरज़हानी** रखा गया था जबकि आधे तोले की मुहर **नुरानी** और पाव तोले की मुहर **रवाज़ी** कहलाती थी।[17] सोने के सिक्कों के विवरण के पश्चात जहाँगीर के चाँदी के सिक्कों में 100 तोले के सिक्के का नाम **कोकब-ए-ताली**, 50 तोले के सिक्के के नाम **कोकब-ए-इकबाल**, 20 तोले के सिक्के के नाम **कोकब-ए-मुराद**, 10 तोले के सिक्के के नाम **कोकब-ए-बरत्त** और एक तोले के सिक्के का नाम **जहाँगीरी** रखा गया जबकि चाँदी के आधे तोले के सिक्के का नाम **सुल्तानी** और पाव तोले के सिक्के का नाम **निसारी** रखा गया।[18] इसके अलावा जहाँगीर ने दाम को **खैर कबूल** नाम दिया। सोने और चाँदी के सिक्को के अलावा ताँबे के सिक्के भी इसी अनुपात में बनाए गए और प्रत्येक वर्ग के सिक्को को एक विशेष नाम दिया गया।[19]

यथार्थ में प्रशासनिक एवं व्यापारिक कार्यो के लिए नकद विनिमय की आधारभूत इकाई चाँदी का सिक्का था जिसे रुपया या रूपी कहा जाता था। मुद्रा की यह इकाई अकबर ने शेरशाह से विरासत में प्राप्त की थी जो परिमाण के अनुसार अपेक्षाकृत भारी थी। वस्तुतः अकबर के शासनकाल में रुपये का भार यथावत बना रहा जो आइन के अनुसार $11^{1}/_{2}$ (साढ़े ग्यारह) ग्राम अथवा लगभग 178 ग्रेन था। सिंहासनारूढ़ होने के बाद जहाँगीर ने रुपये का भार 20 प्रतिशत तक बढ़ा दिया था। उसने चाँदी के सिक्के का मानक भार पारित किया जिसके अनुसार **रुपये-ए-जहाँगीरी** एक तोले के बराबर था। सिंहासनरूढ़ होने के लगभग चौथे वर्ष में जहाँगीर ने दूसरे रुपया के प्रचलन का आदेश जारी किया जिसे सांवल कहा जाता था। इसका भार अकबरकालीन रुपये से 25 प्रतिशत अधिक था, किन्तु छठे वर्ष में प्रचलन की कठिनाइयों के बारे में शिकायत होने के फलस्वरूप उसने नवीन मुद्रा को ढलवाना बन्द कर दिया और पुनः पुराने रुपये को प्रचलित कर दिया। वस्तुतः उसमें चाँदी-तोले का भार यथावत् रखा गया जिससे पुनः स्थापित रुपये का भार 10 मासा बना रहा।[20] जहाँगीर के सिक्कों पर बादशाह के नाम के साथ-साथ कलमा को भी उद्धृत किया गया था। सिक्के के दूसरी ओर शासन वर्ष का भी ठप्पा लगाया गया।[21] जहाँगीर ने अपने शासनकाल के 13वें वर्ष में सिक्कों में कुछ संशोधन किया। इससे पहले सिक्कों पर एक तरफ बादशाह का नाम, दूसरी तरफ टकसाल का नाम और शासन का संवत और माह का नाम होता था। जहाँगीर ने माह के स्थान पर राशि का उल्लेख करना शुरू कर दिया। जहाँगीर स्वयं इस बात का दावा करता है कि उससे पहले ये प्रथा किसी भी मुग़ल शासक ने नहीं अपनाई।[22]

जहाँगीर के सिक्को के विषय में एडवर्ड टेरी बताता है कि जहाँगीर के सिक्के दुनिया में किसी भी देश के सिक्कों से कहीं अधिक शुद्ध होते थे। एडवर्ड टेरी सिक्कों के मूल्य के बारे में बताता है कि एक सिक्के का मूल्य दो शीलिंग व सबसे अच्छे सिक्के के मूल्य दो शीलिंग और नौ पेन्स के बराबर था। एडवर्ड टेरी गुजरात में प्रचलित महमूदी नामक सिक्के का भी उल्लेख करता है जिसकी कीमत लगभग 12 पेन्स के बराबर थी।[23] जहाँगीर के राशि चक्र अंकित रजत सिक्कों का निर्माण अहमदाबाद टकसाल में होता था।

जहाँगीर ने गरीबों को दान के लिए **निसार** नामक चाँदी का सिक्का चलाया था। उसके कुछ सिक्कों पर उसका व नूरजहाँ का अंकन मिलता है। कुछ सिक्कों पर मुख्य भाग पर जहाँगीर शराब का प्याला पकड़े हुए है और पृष्ठ भाग पर मध्य में सूर्य की आकृति व उसके चारों तरफ लेख खुदे हुये हैं। इसप्रकार के छवि चित्र (पोट्रेट) वाले सिक्के जहाँगीर के अजमेर प्रवास के दौरान 1615-1619 ई. के मध्य अजमेर टकसाल में ढाले गए और वहीं से जारी हुए थे।[24]

राशि चक्र अंकनवाले जहाँगीर के सिक्के (1618-19 ई.)

जहाँगीर का स्वर्ण सिक्का मुहर

शाहजहाँ ने अपने सिक्कों पर कलमा का अंकन करवाया। उसने सिक्कों पर 'साहिब-ए-किरान सानी' उपाधि अंकित करवाया। उसके पूर्व तैमूर ने भी अपने सिक्कों पर इस उपाधि को अंकित करवाया था। शाहजहाँ ने जहाँगीर के छवि चित्र और राशि चित्रवाले सिक्कों को पिघलाने का आदेश देकर रूढ़िवादी मुस्लिम धर्म गुरूओं को खुश करने का प्रयत्न किया। उसने सिक्कों पर इलाही संवत के अंकन को निरूत्साहित किया। शाहजहाँ ने दाम एवं रुपया के बीच ताँबा का 'आना' नामक सिक्का चलाया। जो रुपया का 1/16 वाँ हिस्सा होता था। 80 जीतल का 1 आना होता था। चाँदी के रुपये के अलावा अन्य प्रकार के सिक्के भी उपयोग में लाए जाते थे। इनमें सबसे महत्वपूर्ण 'महमूदी' था जो गुजरात का बहुत पुराना चाँदी का सिक्का था। यहाँ तक कि गुजरात में मुग़ल शासन की स्थापना के बावजूद इसकी ढलाई जारी रही और यह गुजरात में वाणिज्यिक लेन-देन में प्रयुक्त होता रहा। कश्मीर में **रूप ससनू** व मालवा में **मुजफ्फ़रशाही** नामक सिक्का प्रचलन में था। औरंगजेब ने सिक्कों पर कलमा अंकन की प्रथा बन्द करवा दी तथा शासनकाल के अन्तिम समय में जारी सिक्कों पर 'मीर-अब्दुल-बाकी' शाहबाही द्वारा रचित पद्य अंकित करवाया। मुग़लकाल में सर्वाधिक रुपये की ढलाई औरंगजेब के काल में ही हुई थी।

अकबर के साम्राज्य के विभिन्न स्थानों की खुदाई से अकबर द्वारा प्रचलित जो शुद्ध चाँदी के सिक्के (रुपये) प्राप्त हुए हैं, उनका वज़न 170 ग्रेन से 175 ग्रेन है। अपवादस्वरूप अल्प मात्रा में उज्जैन से 177 ग्रेन के सिक्के मिले हैं। जहाँगीर, शाहजहाँ और औरंगजेब के चाँदी के सिक्के के जो नमूने मिले हैं उनका औसत वज़न 175 ग्रेन और शुद्धता वही है जो अकबर के शासनकाल में थी। वहीं मानक थोड़े परिवर्तन के साथ मुहम्मद शाह 'रंगीला' के समय तक दृष्टिगोचर होता हैं।

उदाहरणार्थ - मुग़ल शासकों के कालानुक्रम में उनके द्वारा साम्राज्य के विभिन्न स्थानों के टकसालों में ढाले गए सिक्कों का विवरण तालिका-02 में निम्नवत है।

तालिका-02

शासक का नाम	टकसाल का नाम	सिक्के का वज़न
अकबर (1556-1605 ई.)	आगरा	174.0 ग्रेन्स
	लाहौर	175.0 ग्रेन्स
	दिल्ली	175.1 ग्रेन्स
	अहमदाबाद	173.6 ग्रेन्स
	इलाहाबाद	175.3 ग्रेन्स

जहाँगीर (1605-1627 ई.)	आगरा	174.6 ग्रेन्स
	इलाहाबाद	173.6 ग्रेन्स
	कन्धार	173.9 ग्रेन्स
	अहमदाबाद	174.23 ग्रेन्स
शाहजहाँ (1627-1658 ई.)	आगरा	175.0 ग्रेन्स
	अहमदाबाद	174.2 ग्रेन्स
	दिल्ली	174.6 ग्रेन्स
	सूरत	175.0 ग्रेन्स
	लाहौर	174.2 ग्रेन्स
	पटना	173.3 ग्रेन्स
औरंगजेब (1658-1707 ई.)	इटावा	175.77 ग्रेन्स
	शाहजहाँबाद	176.7 ग्रेन्स
	सूरत	178.09 ग्रेन्स
	बुरहानपुर	171.14 ग्रेन्स
	अकबराबाद	175.46 ग्रेन्स
	उज्जैन	179.2 ग्रेन्स
बहादुरशाह प्रथम (1707-1712)	लाहौर	177.63 ग्रेन्स
जहाँदार शाह (1712 ई.)	सूरत	177.47 ग्रेन्स
फर्रूखसियर (1713-1719 ई.)	शाहजहाँबाद	175.93 ग्रेन्स
	इटावा	176.55 ग्रेन्स
रफी-उद्-दरज़ात (1719 ई.)	लाहौर	177.16 ग्रेन्स
शाहजहाँ द्वितीय (1719 ई.)	शाहजहाँबाद	175.16 ग्रेन्स

मुहम्मदशाह (1719-1748 ई.)	ग्वालियर	174.69 ग्रेन्स
	मुर्शिदाबाद	179.17 ग्रेन्स
	शाहजहाँबाद	175.46 ग्रेन्स
अहमदशाह (1748-1754 ई.)	कैम्बे	178.09 ग्रेन्स
आलमगीर द्वितीय (1754-1759 ई.)	शाहजहाँबाद	175.47 ग्रेन्स
शाहजहाँ तृतीय (1759-1760 ई.)	शाहजहाँबाद	174.85 ग्रेन्स
शाहआलम द्वितीय (1760-1806 ई.)	शाहजहाँबाद	173.15 ग्रेन्स
	इलाहाबाद	177.47 ग्रेन्स

स्रोत: न्युमिसमेटिक डाइजेस्ट भाग-39, 2015, प्रिन्सेप, जेम्स-यूज़फुल टैबलेट फार्मिंग एन अपेंडिक्स टू दि जर्नल ऑफ दि एशियाटिक सोसायटी: क्वाइन्स, वेट्स एंड मेज़र्स ऑफ ब्रिटिश इंडिया, पार्ट-1, बैप्टिस्ट मिशन प्रेस, कलकत्ता, 1834, पृ. 22

उपर्युक्त उद्धरण यह दिखाने के लिए पर्याप्त है कि मुग़ल शासकों ने अपने विशाल साम्राज्य में मुद्रा की एकरूपता बनाए रखी। वे मौद्रिक नीति के प्रति सचेत थे। अबुल फज़ल के अनुसार सोने के सिक्के केवल आगरा, बंगाल, अहमदाबाद (गुजरात) और काबुल में ढाले जाते थे।

विजयनगर साम्राज्य में हूण या पगोडा नामक सोने के सिक्कों का चलन था। इसका वास्तविक नाम **वाराह** था जिसे यूरोपीय यात्री पगोडा तथा मुस्लिम लेखक हूण से सम्बोधित करते थे। सोने का छोटा सिक्का प्रताप और फणम कहलाते

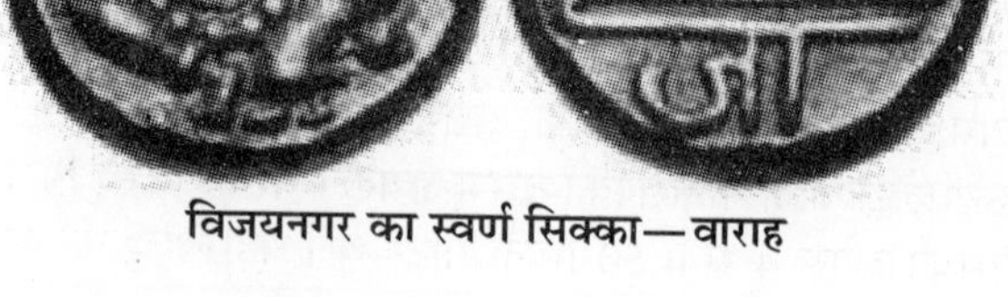

विजयनगर का स्वर्ण सिक्का—वाराह

थे।[25] चाँदी के छोटे सिक्के तार कहलाते थे। ताँबे के सिक्के काशु या कश या पण कहलाते थे। कश को डोडो और फुलुस भी बोला जाता था। ईरानी राजदूत अब्दुर्रज़्ज़ाक जिसने 1443 ई. में देवराय द्वितीय के समय विजयनगर की यात्रा की थी के अनुसार :

1 वाराह	=	2 प्रताप
1 प्रताप	=	10 फणम
1 फणम	=	6 तार
1 वाराह	=	120 तार

पुराने फणम केवल सोने के बने होते थे। बाद में चाँदी का भी फणम प्रचलन में आ गया था।

1 कश (काशु)	=	80 रत्ती ताँबा	=	1 पण
80 काशु	=	1 फणम (चाँदी)		
42 फणम (चाँदी)	=	1 पगोडा[26]		

18वीं शताब्दी में बाज़ार मूल्य घटते-बढ़ने रहने से 1 पगोडा 35 से 45 फणम (चाँदी) के बराबर होते थे। पगोडा का वज़न 52.56 ग्रेन था जो 19.33 कैरेट सोने का बना होता था।[27]

विजयनगर के विघटन के बाद बीजापुर और गोलकुंडा राज्यों में इसका उपयोग होता रहा। कई दक्कनी राज्यों में ताँबे और चाँदी की मिश्रधातु का सिक्का **तनका** के नाम से उपयोग में आता रहा। दक्कन में मुग़ल शासन की स्थापना के बाद उस इलाके में मुग़ल चाँदी के सिक्के की ढलाई के लिए कई टकसाल खोले गए।

अठारहवीं शताब्दी के उत्तरार्द्ध में दक्षिणी मालाबार में सोने का सिक्का फणम या फनम मुद्रा चलन में था जो अलग-अलग नाम व अलग छाप/चिन्ह् (Stamp) के साथ कई प्रकार के थे। जैसे- कटेमनी फणम, कन्नापुथन फणम, कोटापुथन फणम, राजापुथन फणम आदि।[28] ये सभी मूल्यों में एक बराबर न होकर थोड़े कम ज्यादा थे। **बेली** (चाँदी का फणम) नामक सिक्का केवल कालीकट और कवई में लोकप्रिय था।[29] इस प्रकार के सिक्के कोट्टायम के राजा व कन्नानूर के अराकल परिवार जारी करते थे। मालाबार में एक अन्य छोटा चाँदी का सिक्का **तारम्** प्रचलन में था[30] उसे 'विज' भी कहा जाता था। जिसका व्यास 4 से 4.50 मिली मीटर था। यह विश्व का सबसे छोटा चाँदी

चाँदी का सिक्का—तारम्

का सिक्का माना जाता है। अब्दुर्रज्ज़ाक के अनुसार 6 तारम् 1 फणम (फनम) के बराबर था वहीं महुआन के अनुसार यह फणम का 1/15 वाँ भाग था। बार्थोमा के विवरण से पता चलता है कि 1 फणम 16 तारम् के बराबर था।[31] कृष्णा अय्यर कहते हैं कि '16 कश (ताँबे का सिक्का) 1 तारम् के 16 तारम् 1 फणम के बराबर होता था।[32]

अठारहवीं शताब्दी में मालाबार क्षेत्र में 29 स्वर्ण सिक्के, 10 चाँदी के सिक्के और 2 ताँबे के सिक्के प्रचलन में थे। अठारहवीं शताब्दी के उत्तरार्द्ध में हैदर अली के मालाबार आक्रमण के समय वहाँ का सबसे महत्वपूर्ण सोने का सिक्का वेरारी फणम और कन्नानूर फणम थे।[33] वेरारी फणम जिसको **वीर-राया** या **वीर रायन** या **वीराया** के नाम से भी जाना जाता है को कालीकट के राजा जेमोरिन द्वारा जारी

वीर राया (वेरारी) फणम्

किया गया था।[34] वीर-राया का अर्थ था साहसी राजा। ऐतिहासिक अभिलेखों में वीर-राया फणम के दर्ज़न से अधिक प्रकारों की मौजूदगी का उल्लेख है। अभी हाल के आँकड़ों से पता चलता है कि यह 12 से 14 कैरेट सोने का बना होता था और इसका वज़न 5 से 6 ग्रेन (एक ग्राम = 15.4 ग्रेन) था। 1800 ई. के कालीकट वीर-राया (वेरारी) फणम का रासायनिक विश्लेषण करने पर हम पाते हैं कि इसमें 53.5 प्रतिशत स्वर्ण, 29 प्रतिशत रजत और 17.5 प्रतिशत ताँबा होता था। कन्नानूर फणम चार रुपये (सूरत) के बराबर था। 1774 ई. के बाद स्वर्ण फणम के दो प्रकारों कन्नानूर व वीर राया (वेरारी) पर हम ध्यान देते हैं तो पाते हैं कि लेन-देन में उनके मूल्यों में थोड़ा सा अन्तर था।

पुथिया फणम कालीकट का एक छोटा स्वर्ण सिक्का था जिसे जमोरिन का नया सिक्का भी कहा जाता था। यह देखने में बहुत सुन्दर नहीं था पर कई विद्वान इसे अपने पास रखते थे। सम्भव है कि इसका प्रयोग पुरोहित और पुजारियों (धार्मिक अनुष्ठान करने वाले व्यक्ति) को 'दक्षिणा' देने और सगे सम्बन्धियों को उपहार देने में किया जाता था।[35]

1761 ई. में मैसूर का शासक बनने के पश्चात हैदर अली ने विभिन्न क्षेत्रों पर अधिकार किया और वहाँ के स्थानीय सिक्कों में मामूली परिवर्तन कर उसे नया नाम देकर जारी किया। हैदर अली ने 1763 ई. में इक्केरी (केलादी) पर आक्रमण कर उसको विजित कर लिया। उनका पगोडा (जिन्हें इक्केरी पगोडा कहा जाता था, जिस पर शिव व पार्वती की आकृति उत्कीर्ण है) तथा ढेर सारा सोना ज़ब्त कर लिया जो उसके अपने स्वर्ण सिक्के का कच्चा माल था। हैदर अली ने उसी डिजाइन का अनुसरण कर स्वर्ण सिक्के के अग्र भाग पर शिव व पार्वती की आकृति और पृष्ठ भाग पर फ़ारसी लिपि में 'He' उत्कीर्ण कराया जिसे **बहादुर** या **बहादुरी** पगोडा कहा गया।[36]

1779-80 ई. में हैदर अली के मालाबार विजय के बाद उसमें वीर रायन फणम पर अपने नाम के पहले अक्षर की मुहर लगवाई तबसे वह हैदरी या बहादुर फणम या बहादुरी फणम कहा जाने लगा। हैदर अली ने 'हैदरी पगोडा' (स्वर्ण सिक्का) का भी प्रवर्तन किया जिसका मूल्य चार रुपये के बराबर था। मुद्रा विनिमय में ईस्ट इंडिया कम्पनी $14^1/_2$ हैदरी फणम के बदले 1 पगोडा देती थी जबकि 1 पगोडा के लिए स्थानीय सर्राफ 15 हैदरी फणम लेते थे।[37]

बहादुरी पगोडा

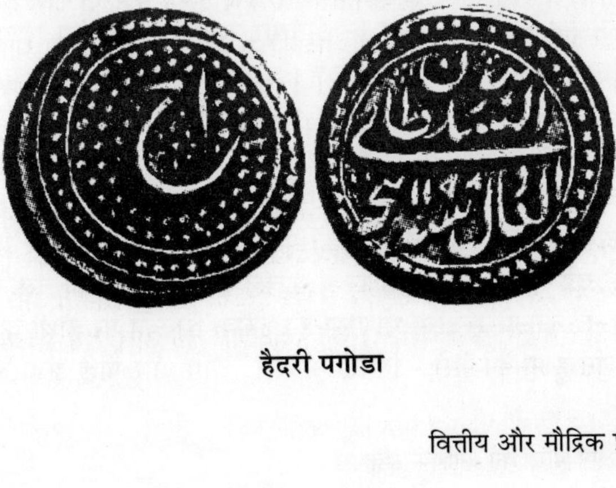

हैदरी पगोडा

जब टीपू सत्ता में आया तो उसने अपने राज्य के मौद्रिक प्रणाली में उल्लेखनीय परिवर्तन किया। उसने न केवल स्वर्ण, रजत और ताँबे के सिक्कों के द्वारा सम्प्रदाय की विविधता का परिचय कराया बल्कि उन पर डेटिंग पैटर्न भी बदल दिया। शासनकाल के 5वें वर्ष से उसके सिक्कों पर डेटिंग हिजरी संवत से मौलूडी संवत में बदल गई।[38] उसने सोने के सिक्कों को पैगम्बर और सुन्नी मुसलमानों के नाम पर तथा चाँदी के सिक्कों को शिया इमामों के नाम पर रखा जो उसकी खुली मानसिकता का द्योतक है। सोने और चाँदी के सिक्के विशेष रूप से अरबी लिपियों में सजावटी किंवदन्तियों के लिए जाने जाते हैं। उसके सोने के सिक्कों के नाम क्रमशः 'अहमदी' (पगोडा), **सादिकी** (2 पगोडा) और **फारूखी** (1 पगोडा) है।[39] उसके चाँदी के सिक्को के नाम क्रमशः **हैदरी** (2 रुपये), **इमामी** (1 रुपये), **आबिदी** (1/2 रुपये), **बांकिरी** (1/4 रुपये), **ज़ाफरी** (1/8 रुपये), **काज़िमी** (1/16 रुपये) और **खिज़री** (1/32 रुपये) है।[40] टीपू सुल्तान के सिक्कों को बारह टकसालों में ढाला गया था जो पूरे दक्कन में फैले हुए थे। टीपू ने कभी-कभी परिस्थितियों के अनुसार भी सिक्का जारी करता था यहाँ दो उदाहरण निम्नवत है:-

1. जब मराठों ने श्रृंगेरी पर आक्रमण किया और न केवल मन्दिर की सम्पत्ति लूटी, बल्कि शारदा देवी की मूर्ति को भी विस्थापित कर दिया तब श्रृंगेरी के असहाय जगत् गुरु श्री सच्चिदानन्द भारती तृतीय ने टीपू से मदद माँगी। टीपू ने मन्दिर को विविध उपहार दिये जिसमें विशेष स्वर्ण सिक्के भी शामिल थे जिन्हें **रहथि** के नाम से जाना जाता है जिसपर एक तरफ देवी शारदा की छवि अंकित है।[41]

2. जब टीपू सत्ता में आया तो दिल्ली दरबार (मुग़ल सम्राट) को भेंट देने के लिए **नज़राना** नामक स्वर्ण मोहर जारी किया।

खगोल विज्ञान में अत्यधिक रुचि के कारण उसने अपने ताँबे के सिक्कों का नामकरण ग्रहों और तारों के नाम पर किया। उसने अपने ताँबे के सिक्कों के पहले तीन मूल्यवर्ग का नाम **मुश्तरी** (बृहस्पति), **ज़ोहरा** (शुक्र) और **बहराम** (मंगल) रखा जिसका बाज़ार मूल्य क्रमशः 2 पैसा, 1 पैसा और 1/2 (आधा) पैसा था।[42] ध्यातव्य हो कि हर ग्रह के आकार के अनुसार मूल्यवर्ग का नाम दिया गया हैं। बृहस्पति सौरमंडल का सबसे बड़ा ग्रह हैं। उसको ध्यान में रखकर मुश्तरी (2 पैसा) को मूल्यवर्ग में उच्च स्थान प्रदान किया गया है। प्रारम्भ में 2 पैसा को **उस्मानी** नाम से जाना जाता था लेकिन टीपू ने नामकरण में एकरूपता लाने के लिए इसे मुश्तरी में बदल दिया।[43] उसने अपने सभी ताँबें के सिक्कों पर हाथी चित्र का अंकन किया। टीपू के ताँबें के सिक्कों पर चित्रित हाथियों के बारे में जो बात सामने आती है वह यह है कि उत्कीर्णन न केवल असली हाथी की तरह दिखता है बल्कि उसे सुन्दर ढंग से सजाया भी गया हैं। उसके सिक्को पर हाथी का विभिन्न मुद्रा में उत्कीर्णन हुआ है। जैसे - स्थिर, अग्रसर, आगे और पीछे झंडा लेकर।

ताँबे का सिक्का—मुश्तरी (2 पैसा)

ताँबे का सिक्का—जोहरा (1 पैसा)

ताँबे का सिक्का—बहराम (1/2 पैसा)

अहमदी (स्वर्ण पगोडा)

ताँबे के छोटे मूल्य का सिक्का **अख़्तर** (1/4 पैसा) और **कुत्ब** (1/8 पैसा) थे।[44] टीपू ने 1786 ई. में अपने पिता के सम्मान में **हैदरी** नामक चाँदी के सिक्के का प्रवर्तन किया।[45] जिसका वज़न 23.86 ग्राम और व्यास 35 मिली मीटर था।

1686-87 ई. में मालाबार में टीपू ने हैदरी फणम व पगोडा को बन्द कर उसकी जगह **सुल्तानी फणम** और पगोडा का प्रचलन किया।[46] 1 पगोडा 4 रुपये के और $12^1/_2$ फणम 1 सुल्तानी पगोडा के बराबर था। धीरे-धीरे सुल्तानी फणम के मूल्यों में कमी होती गई जिससे 1790-91 ई. में 1 पगोडा $13^1/_2$ फणम के बराबर हो गया।

विदेशी व्यापारियों ने 2 तरह के पगोडा के चलन में होने की बात कही हैं।

1- स्टार पगोडा

ईस्ट इंडिया कम्पनी (स्टार पगोडा)

2- पोर्टोनोवो पगोडा

डच पगोडा (पोर्टोनोवा पगोडा)

फेंच पगोडा

स्टार पगोडा जिसका प्रवर्तन ईस्ट इंडिया कम्पनी ने मद्रास में किया था, 3.50 रुपये के बराबर होता था।[47] पोर्टोनोवो पगोडा जिसको अर्काट के नवाब ने और डच ईस्ट इंडिया कम्पनी ने तूतीकोरिन में जारी किया था, यह मूल्य में स्टार पगोडा से 25 प्रतिशत कम था।[48]

फ्रेंच ईस्ट इंडिया कम्पनी ने पांडिचेरी से 1705-1780 ई. के मध्य दक्षिणी भारत में व्यापार में भुगतान के लिए 'स्वर्ण पगोडा' जारी किया जिसका व्यास 11 मिली मीटर और वज़न 3.42 ग्राम होता था जिसके ऊपरी भाग पर भगवान वेंकटेश्वर की आकृति और पृष्ठ भाग पर मध्य में अर्ध चन्द्र और उसके चारो ओर छोटे-छोटे बिन्दु अंकित हैं। यह **एक स्वामी** या **पोर्टोनोवो पगोडा** का एक प्रकार

था। पोर्टोनोवो पगोडा एक वाणिज्यिक सिक्का था। लगभग सभी औपनिवेशिक शक्तियाँ कोरोमंडल तट पर इसको अपनी विशिष्ट विविधता के साथ जारी व संचालित करती थी। डच पगोडा व फ्रेंच पगोडा आकार और वज़न में एक समान थे। उनमे एकमात्र अन्तर डच पगोडा के पृष्ठ भाग में अर्द्ध चन्द्र आकृति की अनुपस्थिति थी।[49]

सोना, चाँदी और ताँबे के सिक्कों का आदान-प्रदान मूल्य बाज़ार में इन धातुओं की उपलब्धता के आधार पर बदलता रहता था। पूरे मुग़लकाल में सोने के सिक्के की तुलना में चाँदी के सिक्के का मूल्य अधिक ऊपर-नीचे होता रहा। एक सोने के सिक्के का मूल्य 10 से लेकर 14 रुपये तक बदलता रहा।[50]

ताँबे के सिक्के के मामले में 1595 ई. को अधार वर्ष बनाकर इरफान हबीब दिखाते हैं कि 1668 ई. तक यह ढाईगुना ऊपर बढ़ा परन्तु 1700 ई. तक आते-आते यह लगभग दोगुना हो गया (1595 ई. की तुलना में) और फिर 1730 ई. में लगभग 1660 ई. के स्तर पर आ गया।

अकबर के शासनकाल में लेन-देन की दृष्टि से ताँबे का 40 दाम एक रुपया के बराबर होते थे। उसकी मृत्यु के बाद ताँबे की दर में तेजी से वृद्धि होने के कारण यह अनुपात कायम नहीं रखा जा सका। चूँकि सभी भू-राजस्व निर्धारण और आँकलन दाम में किए जाते थे, अतः इसे रुपये के सिद्धान्ततः इकाई के रूप में उपयोग में लाना आवश्यक था।

मुग़लकाल में भारत में प्रचलित अन्य देशों के सिक्कों का विवरण डी. पन्त ने **कमर्शियल पालिसी ऑफ मुग़ल** नामक पुस्तक में दिया है[51] जो निम्नलिखित है:

हालैंड का (डच) गिल्डर या फ्लोरिन	=	5 से 6 रुपये
स्पेन का रियाल	=	2 रुपये
पगोडा पुरातन	=	4 से 5 रुपये
पगोडा नूतन	=	3 से $3^1/_2$ रुपये
फनम	=	3 से 4 दाम
पौंड स्टर्लिंग	=	10 रुपये

ऊपर हमने जो विवरण दिया है उसमें हमने मुग़लों की मौद्रिक व्यवस्था के सम्बन्ध में विद्वानों के बीच हुए विवादों और जटिलताओं का जिक्र नहीं किया है। यहाँ हमने सरल ढंग से केवल मुग़ल मुद्रा प्रणाली की आधारभूत विशेषताओं को स्पष्ट करने की कोशिश की है।

मुग़लों की 'मुक्त मुद्रा प्रणाली' में बहुमूल्य धातुओं को ढालकर सिक्का बनाया जाता था। केवल राज्य ही सिक्का जारी कर सकता था कोई अन्य व्यक्ति उसे जारी नहीं कर सकता था। सिक्कों की शुद्धता बनाए रखने के लिए मानकीकरण का कड़ाई से पालन किया जाता था।

पुरे साम्राज्य में कई टकसाल स्थापित किए गए थे। ये टकसाल बड़े शहरों और बन्दरगाहों में स्थापित किए गए थे ताकि आयातित बहुमूल्य धातुओं को आसानी से सीधे टकसाल पहुँचाया जा सके। प्रत्येक सिक्के पर ढलाई करनेवाले टकसाल, ढलाई का वर्ष और शासक का नाम लिखा होता था। चालू या पिछले वर्ष में ढाले गए नए सिक्कों को **ताज़ा सिक्का** (नए ढाले गए सिक्के) कहते थे। किसी सम्राट के शासनकाल में जारी और प्रचलित सिक्के को **चलानी** (वर्तमान) कहते थे। जबकि पिछले शासनकाल में ढाले गए सिक्के को **खज़ाना** के नाम से जाना जाता था। ताज़ा के अलावा अन्य सभी सिक्कों को उनके वास्तविक मूल्य से कम में आँका जाता था।[52]

जारी किए गए वर्ष के बाद के वर्षों में सिक्के के मूल्य से कुछ ख़ास राशि काट ली जाती थी। अगर कोई सिक्का एक वर्ष से अधिक प्रचलन में रहा तो 3 प्रतिशत काटा जाता था और यदि यह 2 वर्ष से ज्यादा पुराना होता था तो 5 प्रतिशत की कटौती की जाती थी।[53] समय के साथ-साथ सिक्के का वज़न घटने पर भी उसके मूल्य में कटौती की जाती थी। अबुल फज़ल कहता है कि अगर वज़न एक रत्ती कम होता था तो इसे नज़रअन्दाज कर दिया जाता था और सिक्के का मानक माना जाता था। अगर वज़न में 1 से 2 रत्ती की कमी आती थी तो ढाई प्रतिशत की कटौती की जाती थी, और अगर यह कमी 2 रत्ती से भी ज्यादा हो जाती थी तो उसे केवल धातु (चाँदी) के रूप में देखा जाता था।[54] इन सभी कटौतियों का निर्णय राज्य करता था परन्तु व्यवहार में सर्राफ (मुद्रा की जाँच करनेवाले) बाज़ार के आधार पर मनमाने ढंग से कटौतियाँ किया करते थे।

सिक्कों की ढलाई का इच्छुक कोई भी व्यक्ति धातु या पुरानी मुद्रा टकसाल लाकर सिक्कों की ढलाई करा सकता था। धातु की गुणवत्ता और शुद्धता जाँच की जाती थी। मुद्रा ढालकर व्यक्ति विशेष को सुपुर्द कर दी जाती थी। ढलाई के लिए निश्चित दर पर शुल्क लिया जाता था। ढाली गई बहुमूल्य धातु का लगभग 5 से 6 प्रतिशत ढलाई शुल्क लिया जाता था।[55] इस ढलाई के काम को कई व्यक्ति और दस्तकार मिलकर किया करते थे।

दारोगा-ए-दारूल जर्ब टकसाल का मुख्य पदाधिकारी होता था। वह टकसाल के सभी कार्यो का समग्र निरीक्षण करता था। कई पदाधिकारी निपुण कारीगर और कार्मिक उसकी सहायता करते थे। टकसाल द्वारा सर्राफ की नियुक्ति मूल्यांकनकर्त्ता के रूप की जाती थी। उसे सिक्के की शुद्धता, वज़न और समय की जाँच कर, उनका मूल्य निर्धारण कर कटौती की राशि निश्चित करनी होती थी। मुशरिफ लेखे की देखरेख करता था। तहसीलदार प्रतिदिन के लाभ का हिसाब रखता था और सिक्कों तथा बहुमूल्य धातुओं को सुरक्षित स्थान पर रखता था। महरकान (ढालने वाला) सिक्कों को ढालता और खांचे बनाता था। वज़नकाश

(वज़न लेनेवाला व्यक्ति) सिक्कों का वज़न जाँचता था। इसके अलावा ज़र्राब (सिक्का निर्माता), सिक्काची (ठप्पा लगाने वाला) आदि कारीगर बन टकसालों में काम करते थे।[56]

टकसालों की उत्पादन क्षमता के बारे में ठीक ठीक बताना मुश्किल है क्योंकि यह टकसाल के आकार और उस इलाके की वाणिज्यिक गतिविधियों पर निर्भर करता था जहाँ टकसाल स्थित होता था। 17वीं शताब्दी के अन्तिम वर्षों में सूरत की टकसाल में प्रतिदिन 80,000 सिक्के (रुपये) ढाले जाते थे। अजीज़ा हासन ने 16वीं-17वीं शताब्दी में सिक्कों को जारी किए जाने के विन्यास की चर्चा की है। उनके अनुसार प्रचलित रुपये की संख्या 1591 ई. और 1639 ई. के बीच तिगुनी हो गई। 1639 ई. के बाद गिरावट आई और 1684 ई. तक यह 1591 ई. में प्रचलित रुपयों के दुगने तक सीमित रह गया। 1684 ई. के बाद यह पुनः बढ़ने लगी और 1700 ई. में कुल संख्या 1591 ई. की तुलना में तिगुनी हो गई।[57]

अबुल फज़ल ने आइन-ए-अक़बरी में टकसालों की एक सूची दी है। उसके अनुसार बयालीस टकसालों में ताबें के सिक्के, चौदह में चाँदी के सिक्के और चार में सोने के सिक्के ढाले जाते थे। 17वीं शताब्दी के अन्त तक चाँदी के सिक्के ढालनेवाली टकसालों की संख्या बढ़कर चालीस हो गई।[58]

एम.पी. सिंह ने कई मुद्रा सम्बन्धी स्रोतों के आधार पर टकसालों की एक विस्तृत सूची बनाई है। उनके अनुसार बहुत से सिक्कों पर टंकित टकसालों के नाम न तो आइन-ए-अक़बरी में और न ही किसी अन्य साहित्यिक स्रोत में मिलते हैं।[59] हम उनके द्वारा बनाई गई सूची नीचे प्रस्तुत कर रहे है।

शासन काल	सोना, चाँदी और ताँबा के सिक्के ढालने वाली टकसाल	केवल सोना का सिक्का ढालने वाली टकसाल	सोना और चाँदी के सिक्के ढालने वाली टकसाल	सोना और ताँबा के सिक्के ढालने वाली टकसाल	केवल चांदी के सिक्के ढालने वाली टकसाल	चांदी और ताँबा के सिक्के ढालने वाली टकसाल	केवल ताँबा का सिक्का ढालने वाली टकसाल	कुल
अकबर	13	4	3		14	14	35	83
जहाँगीर	6	2	7		11	3	3	32
शाहजहाँ	19	1	12		33	-	5	41
औरंगजेब	19	1	34		36	3	3	85

इतिहासकार विंसेन्ट स्मिथ लिखता है सिक्कों में विशुद्ध धातु का प्रयोग कराने, उसकी तौल पूरी रखवाने, उनका स्वरूप सुन्दर रखवाने के लिए अकबर विशेष प्रशंसा का पात्र है। मुग़ल सिक्कों की यदि रानी एलिजाबेथ अथवा उस समय के किसी यूरोपीय राजा के सिक्कों से तुलना की जाय तो यह उत्तम सिद्ध होगें। अकबर और उसके उत्तराधिकारियों ने सम्भवतः सिक्कों के वज़न अथवा विशुद्धता में कुछ कमी (लोभ से बिगाड़ने की चेष्टा) कभी नहीं की।[60]

मुग़लकालीन मुद्रा प्रणाली का सांगोपांग अध्ययन तभी सम्भव होगा जब उस समय की बैंकिग प्रणाली के विषय में जानकारी मिल जाय। वस्तुतः मुग़लकाल में विकसित बैंकिग प्रणाली का मूल्याँकन मुद्रा के व्यापक प्रसार और चलन के सन्दर्भ में ही करना चाहिये। राकेश कुमार लिखते हैं कि - "भू-राजस्व की नकद वसूली का अर्थ था कि मुद्रा प्रधान अर्थव्यवस्था की व्यूह रचना से गाँव भी अलग नहीं थे। इसी कारण प्रत्येक गाँव में सर्राफों (Money Changers) के वर्ग का उदय हुआ।"[61] टैवर्नियर का कथन है -"भारत में वह गाँव वास्तव में बहुत ही छोटा होना चाहिए जहाँ पर सर्राफ़ मौजूद नहीं हैं। ये बैंकर का कार्य भी करते थे अर्थात रुपये भेजने और हुंडी जारी करने का कार्य भी करते थे।" सर्राफों का यह वर्ग प्रत्यक्ष रूप से लेन-देन व क्रय-विक्रय व्यवहार में भाग लेता था।

समसामयिक विवरण के अनुसार सर्राफ का मुख्य कार्य मुद्रा की परख करना था। इसका कारण यह था कि टकसालों में चाँदी आदि किसी भी धातु को देकर सिक्का ढलवाने की सुविधा थी। ऐसी दशा में मुद्रा की परख करना आवश्यक था। सर्राफ मुद्रा की शुद्धता की परख करता था क्योंकि कालान्तर में मुद्रा के मूल्य में कमी आ जाती थी और सर्राफ को उस दशा में उसका मूल्य निर्धारित करना होता था अर्थात उसकी कटौती की दर क्या होगी। इस कार्य के लिए वह सिक्कों के 1/30 या 1/16 प्रतिशत की दर से शुल्क लेता था।[62] सिक्कों में खोंट (अशुद्धि) की मात्रा की परख करने की उनकी कुशलता के कारण बहुत से सर्राफ टकसालों से भी सम्बद्ध रहते थे। वहाँ वे पुरानी मुद्राओं को दोबारा ढलवानें के लिए भी ले जाते थे। वे खज़ाने (पुरानी मुद्राओं) को भी इसी उद्देश्य से खरीद लेते थे। विदेशों से आनेवाली चाँदी के मुख्य खरीददार भी वे ही थे।

सर्राफों का एक कार्य मुद्रा बदलने व लेन-देन आदि के माध्यम से मुद्रा को चलन में बनाए रखना था। यद्यपि मुग़ल पादशाह पूरे साम्राज्य में मुद्रा की एकरूपता बनाए रखने के लिए प्रयत्नशील रहते थे, किन्तु दक्कन में स्थानीय सरकारों द्वारा विभिन्न प्रकार की मुद्राओं का प्रचलन किया जाता था। यह स्थिति सर्राफों के लिए फायदे की थी क्योंकि वे इन सिक्कों को बदलकर अपना शुल्क वसूल करके फायदा उठाते थे। व्यापारिक लेन-देन में चूँकि रुपया ही सबसे

ज्यादा प्रयुक्त होता था, अतः जैसा कि इरफान हबीब का कहना है, ये सर्राफ पुराने रुपयों या नियत स्तर से कम वज़न के सिक्कों को नए सिक्कों में बदलने का कार्य बहुधा करते थे। कुछ सर्राफों द्वारा तो सांकेतिक मुद्रा भी चलाई जाती थी।

मुद्रा को परखने तथा बदलने के अतिरिक्त सत्रहवीं शताब्दी के सर्राफों द्वारा हुंडी भी जारी की जाती थी और उनको छुड़ाया भी जाता था एवं इस पर कटौती-मूल्य लिया जाता था। मुग़लकाल में हुंडी का प्रयोग एक स्थान से दूसरे स्थान पर रकम प्रेषित करने के लिए भी किया जाता था। इस प्रकार मुग़लकाल में हुंडियाँ आधुनिक मनीआर्डर व्यवस्था का भी कार्य करती थीं। इनके द्वारा आधुनिक चेक तथा ड्राफ्ट की सुविधाएँ भी प्राप्त होती थीं। अबुल फज़ल तथा सुजान राय भंडारी का कहना है कि हुंडियों का मुख्य उद्देश्य एक स्थान से दूसरे स्थान पर पैसा भेजना था। हमें ज्ञात होता है कि अगर कोई यात्रा की असुविधा, खतरों तथा व्यय से बचना चाहता था तो वह सर्राफ के पास जाकर अपनी रकम जमा कर देता था। उसके बदले में सर्राफ उसे एक हुंडी देता था जो सर्राफ के उस स्थान-विशेष के एजेंट या कारिन्दे के नाम सम्बोधित होती थी। हुंडी में लिखित राशि सम्बद्ध व्यक्ति को प्रदान कर दी जाती थी। अबुल फज़ल के अनुसार इस प्रकार हुंडियाँ अदायगी के लिए आज्ञापत्र थीं। कोई मोहर या हस्ताक्षर न होते हुए भी वे अत्यन्त महत्वपूर्ण थीं और इनकी बड़ी साख थी। रकम की अदायगी बड़ी पाबन्दी के साथ की जाती थी।

इंग्लिश फैक्ट्री रिकार्ड्स में यत्र-तत्र होनेवाले सन्दर्भों में से सर्राफों द्वारा हुंडी जारी करने के शुल्क के बारे में कुछ अन्दाजा लगाया जा सकता है। सत्रहवीं शताब्दी में विभिन्न स्थानों पर हुंडी द्वारा रकम की अदायगी से सम्बन्धित शुल्क इस प्रकार था: दिल्ली से आगरा 1 प्रतिशत, बुरहानपुर से अहमदाबाद 2.5 प्रतिशत, थट्टा से अहमदाबाद 1 प्रतिशत, अहमदाबाद से खंबात 7/10 प्रतिशत, सूरत से बड़ौदा 7/8 प्रतिशत तथा आगरा से अहमदाबाद 2.5 प्रतिशत से कुछ अधिक। यह शुल्क नियत नहीं था अर्थात इसकी दरो में बराबर वृद्धि होती रहती थी। इरफान हबीब के अनुसार दरों में उतार-चढ़ाव सम्भवतः दो विशिष्ट स्थानों के मध्य अदायगी की रकम की मात्रा के अनुपात में होता था। मुग़ल साम्राज्य के व्यापक विस्तार की स्थिति में बहुधा अधिकारियों को निजी तौर पर तथा प्रशासनिक स्तर पर एक स्थान से दूसरे स्थान पर भारी मात्रा में रकम भेजने की निरन्तर आवश्यकता पड़ती थी। यह कार्य भी सर्राफों के माध्यम से ही किया जाता था।

टैवर्नियर ने सूरत से जारी की गई विभिन्न प्रकार की हुंडियों पर विभिन्न शहरों में कटौती की दरों का विवरण दिया है। विभिन्न स्थानों पर अलग-अलग दरें थी, लाहौर में 6.5 प्रतिशत, आगरा में 4.5 से 5 प्रतिशत तक, अहमदाबाद

में 1 से 1.5 प्रतिशत तक, बुरहानपुर में 2.5 प्रतिशत से 3 प्रतिशत तक, ढाका में 10 प्रतिशत तथा पटना में 7 से 8 प्रतिशत आदि।[63] टैवर्नियर के विवरण के आधार पर इरफान हबीब का मत है कि कटौती (जैसा कि टैवर्नियर द्वारा उल्लेख किया गया है) सम्भवतः उन हुंडियों पर होती थी जो महत्वपूर्ण व्यापारियों से सम्बन्ध रखती थी। कटौती या शुल्क की मात्रा आदेशिती (drawee) के ऋण के अनुरूप घटती-बढ़ती रहती थी।[64]

कटौती में कई प्रकार के शुल्क शामिल थे, एक स्थान से दूसरे स्थान पर ले जाने के लिए शुल्क के अतिरिक्त इसमें हुंडी की राशि पर आनेवाला ब्याज भी शामिल रहता था। जैसा कि टैवर्नियर का कथन है, यह अदायगी लगभग दो महीनों में होती थी।[65] इसमें उन वस्तुओं का बीमा शुल्क भी शामिल होता था जिनके एवज में हुंडी ली गई हो। उपर्युक्त विवरण से यह अनुमान लगाया जा सकता है कि व्यापारियों द्वारा इस प्रकार की ली जानेवाली हुंडियों को जोखमी हुंडी कहा जाता था जिनके साथ कुछ शर्ते रहती थी। एल.सी. जैन के शब्दों में- ''इन शर्तो के अनुसार यदि बीच में वे वस्तुएँ, जिनके एवज में शुल्क लिया गया है, खो जाती या नष्ट हो जाती थीं तो हुंडी के धारक या आदेशक को उसका पूरा नुकसान उठाना पड़ता था।[66]

सत्रहवीं शताब्दी में हुंडियों का प्रयोग रकम भेजने के अलावा अल्प समय के लिए ऋण की व्यवस्था के लिए भी होता था। ऐसा मुख्यतः व्यापारियों द्वारा ही किया जाता था। हुंडियों का उद्देश्य कुछ भी हो, अर्थात भले ही वे रकम भेजने के लिए प्रयुक्त होती हो या ऋण प्राप्त करने के लिए, इनमें एक समरूपता दिखाई पड़ती है, वह यह है कि ये हस्तान्तरित हो सकती थीं। इनको खरीदा या बेचा जा सकता था तथा आदेशिती तक पहुँचने तक इसे कई लोगों द्वारा वहन किया जा सकता था। हुंडियों की एक अन्य विशेषता थी अनुमोदन प्रणाली (system of endorsement) जिसके अन्तर्गत प्रत्येक हुंडी विक्रेता, आदेशिती द्वारा हुंडी को अस्वीकार करने की स्थिति में अगले खरीदार को मूलधन अदा करने का लिखित वचन देता था।

सत्रहवीं शताब्दी में भारतीय वाणिज्य के विकसित स्वरूप की पुष्टि एक सुसंगठित बीमा-प्रणाली की उपस्थिति से होती थी। बीमा-प्रणाली के सम्बन्ध में हमारे मुख्य स्रोत ग्रन्थ सुजानराय कृत खुलासत-उत्-तवारीख तथा इंग्लिश फैक्ट्री रिकार्ड्स हैं। बीमा मुख्यतः सर्राफों द्वारा ही किया जाता था तथा बीमा वस्तुओं की निकासी व जहाजों पर किया जाता था। निकासी की वस्तुओं का बीमा दो प्रकार का होता था। एक तरीका यह था कि बीमा करने वाला साधन का दायित्व स्वयं लेता था और स्वयं ही उसको पहुँचाने की व्यवस्था करता था। दूसरे तरीके के अनुसार बीमा करनेवाले पर वस्तुओं को स्वयं वहन करने आदि का दायित्व

नहीं रहता था। बीमें की पद्धति व्यापक होने के कारण बीमें का शुल्क अत्यन्त अल्प मात्रा में होता था।

इसमें कोई संशय नहीं है कि मुग़लकाल में भारत में बैंक में रुपये जमा करने की व्यवस्था किसी न किसी रूप में विद्यमान रही होगी। कुछ ऐसे सर्राफ अवश्य थे जिनके द्वारा यहाँ रुपये जमा किया जाता था तथा ऋण दिया जाता था। इंग्लिश फैक्ट्री रिकार्ड्स से ज्ञात होता है कि प्रारम्भ में अंग्रेज अपनी सारी रकम सर्राफों के यहाँ जमा कर देते थे यद्यपि बाद में यह प्रथा बन्द कर दी गई। सर्राफ जमा की गई रकम को अधिक ब्याज पर चढ़ाकर ऋण देने में लगा देते थे और इस प्रकार अतिरिक्त मुनाफा कमाते थे। मुग़लकाल में भारत में सूदखोरी के विकास का यही मुख्य कारण था। सर्राफों के अतिरिक्त महाजन तथा साहूकार, जिनका व्यवसाय ही लेन-देन था, सूदखोरी में व्यस्त थे।

इस प्रकार मुग़ल भारत में एक ऐसी अर्थव्यवस्था का विकास हुआ था जो मुद्रा पर आधारित थी, जिसमें हुंडी, बीमा, बैंकिंग आदि सभी विकसित वाणिज्य पद्धतियाँ विद्यमान थीं। किन्तु इन सब विशिष्टताओं के बावजूद भारत में पूँजीवाद का विकास नहीं हो पाया जिसका कारण यह था कि यद्यपि बैंकिग व्यवस्था का विकास वाणिज्य की व्यापकता के अनुरूप हुआ था, किन्तु यह वाणिज्य अपरिवर्तित हस्तशिल्प उत्पादन पर आधारित था।

सन्दर्भ सूची

1. मूसवी, शिरीन, दि इकॉनमी ऑफ मुग़ल एम्पायर, ए स्टैटिस्टिकल स्टडी, नई दिल्ली, 1975, पृ. 307
2. मंडी, पीटर, दि ट्रैवेल ऑफ पीटर मंडी इन यूरोप एंड एशिया, 1608-1667, भाग-2 (आर. सी. टेम्पल (सम्पादन), हालुयत सोसायटी, लन्दन, 1914, 170-192
3. रायचौधरी, हबीब इरफान (सं.) दि कैम्ब्रिज इकोनोमिक हिस्ट्री ऑफ इंडिया, 1200-1750, कैम्ब्रिज, 1982, पृ. 414
4. मोरलैंड, डब्लू. एच., एग्रेरियन सिस्टम ऑफ मुस्लिम इंडिया, कैम्ब्रिज, 1929, पृ. 283
5. रायचौधरी, हबीब, पृ. 95
6. हबीब, इरफान, एग्रेरियन रिलेशन्स एंड लैंड रिवेन्यू, दि कैम्ब्रिज इकोनोमिक हिस्ट्री ऑफ इंडिया, भाग-1, 1200-1750, कैम्ब्रिज, 1982, पृ. 236
7. प्रिसेंप, जेम्स, एसेज आन इंडियन एंटिक्विटीज, हिस्टोरिक, न्यूमिजमैटिक्स एंड पेलियोग्राफी, एडवर्ड थॉमस (सम्पादन), कैम्ब्रिज, आनलाइन 5 जुलाई, 2014, पृ. 20
8. चोपड़ा एम.एन., पी.एन.पुरी, वी.एन. दास, भारत का सामाजिक सांस्कृतिक और आर्थिक इतिहास, भाग-2, दिल्ली, 1975, पृ. 113

9. मोरलैंड, पृ. 175

10. टैवर्नियर, जे.वी., ट्रैवेल्स इन इंडिया, भाग-2, लन्दन, 1925, पृ. 362

11. बाबर, जहीरुद्दीन मुहम्मद, बाबरनामा (मेमोयर्स ऑफ बाबर), अनुदित, ए.एस. बेवरिज, भाग-1, दिल्ली, 1909, पृ. 221

12. कुहाज, जार्ज एस. (सम्पा.), स्टैण्डर्ड कैटलाग ऑफ वर्ल्ड गोल्ड क्वाइन्स, 1601-प्रजेंट, 2009, पृ. 818

    इसे भी देख सकते हैं - मुग़ल क्वाइन एज आर्काइब्स एट 16 मई, 2008, दि वैवेक मशीन एट आर.बी.आई. मोनेस्ट्री म्यूज़ियम

13. अबुल फज़ल अल्लामी, आइन-ए-अकबरी, भाग-2, कलकत्ता, 1939, पृ. 72

14. मजूमदार, रायचौधरी, दत्त, (सम्पा.), भारत का वृहत इतिहास 2, तृतीय संस्करण, नई दिल्ली, 1975, पृ. 286

15. प्रिन्सेप, जेम्स, यूज़फुल टैबलेट फार्मिंग एन अपेंडिक्स टू दि जर्नल ऑफ दि एशियाटिक सोसायटी: क्वाइन्स, वेट्स एंड मेज़र्स ऑफ ब्रिटिश इंडिया, पार्ट-1, कलकत्ता, 1834, पृ. 15

16. लिडल, एंड्रयू, क्वाइनेज ऑफ अकबर: दि कॉनेसर्स चॉइस, नई दिल्ली, 2005, पृ. 22

17. नूरुद्दीन जहाँगीर, दि तुजुक-ए-जहाँगीरी, अनु0 अलैक्जैंडर रोजर्स, नई दिल्ली, हेनरी बेवरीज (सम्पादन), भाग-1, 1989, पृ. 11

18. जहाँगीर, पृ. 11

19. जहाँगीर, पृ. 11

20. हबीब इरफान, द करेन्सी सिस्टम ऑफ दि मुग़ल एम्पायर, (1556-1707), मेडिवल इंडिया क्वार्टली, अलीगढ़, 1960

21. जहाँगीर, पृ. 11

22. जहाँगीर, तुजुक-ए-जहाँगीरी, भाग-2, पृ.-76

23. टैरी, एडवर्ड, अर्ली ट्रैवेल्स इन इंडिया, (1583-1619), सम्पादित - विलियम फोरेस्ट, लन्दन, 1921 पृ. 302

24. टैरी, पृ. 303

25. प्रिन्सेप, पृ. 16

26. प्रिन्सेप, पृ. 16

27. प्रिन्सेप, पृ. 16

28. मेनन, पी.के., मालाबार क्वाइनेज इन दि एटीन्थ सेंचुरी प्रोसिडिंग्स ऑफ दि इंडियन हिस्ट्री कांग्रेस, वैल्यूम 21 (1958), पृ. 633-639

29. मेनन, पृ. 638

30. मेनन, पृ. 639

31. नागास्वामी, तमिल क्वाइंस: ए स्टडी, मद्रास, 1981, पृ. 155
32. कृष्णाअय्यर, के.जी., दि जमोरिंन ऑफ कालीकट, नोट-7, कालीकट, 1938, पृ 28
33. दि फर्स्ट मालाबार, ज्वाइंट कमिश्नर्स रिपोर्ट, पैरा-95,
34. दि फर्स्ट मालाबार, ज्वाइंट कमिश्नर्स रिपोर्ट, पैरा-265
35. भास्करानुन्नी, पी., पाथोनपाथन नूटंडिल केरला, तिरुवनन्तपुरम्, 1978, पृ. 652
36. बोरिंग, लेविंग बेन्थम, हैदर अली एंड टीपू सुल्तान एंड दि स्ट्रगल विद दि मुसलमान पावर्स ऑफ साउथ, आक्सफोर्ड, 1899, पृ. 74
37. दि फर्स्ट मालाबार, ज्वाइंट कमिश्नर्स रिपोर्ट, पैरा-97
38. हैंडरसन, जॉन आर., दि क्वाइन्स ऑफ हैदर अली एंड टीपू सुल्तान, मद्रास, 2001, पृ. 9
39. टेलर, जॉर्ज पी., क्वाइन्स ऑफ टीपू सुल्तान, मद्रास, 1989, पृ. 14
40. हैंडरसन, पृ. 32
41. टेलर, पृ. 13
42. हैंडरसन, पृ. 120
43. टेलर, पृ. 14
44. टेलर, पृ. 44
45. टेलर, पृ. 13
46. टेलर, पृ. 12
47. ब्लंट, जोसेफ, दि शिपमास्टर' स असिस्टेंट एंड कमर्शियल डाइजेस्ट, न्यूयार्क, 1837, पृ. 372
48. मेनन, पृ. 637
49. यूरोपीय, ईस्ट इंडिया कम्पनी के सिक्के - चेन्नई संग्रहालय से सन्दर्भ लिया गया है।
50. हबीब, इरफान, पृ.
51. डी. पंत, दि कमर्शियल पालिसी ऑफ द मुग़ल दि इकोनोमिक हिस्ट्री, वोल्यूम 3, नं. 2 (अक्टूबर, 1931), पृ. 310-312
52. रायचौधरी, हबीब, पृ. 98
53. रायचौधरी, हबीब, पृ. 99
54. अबुल फज़ल, पृ. 70
55. चोपड़ा, पुरी, पृ. 113
56. रायचौधरी, हबीब, पृ. 100
57. हासन, अजीजा, दि सिल्वर करेन्सी आउटपुट ऑफ दि मुग़ल एम्पायर एंड प्राइसेस इन इंडिया ड्यूरिंग दि सिक्स्टीन्थ एंड सेवेन्टीन्थ सेन्चुरीज (दि इंडियन इकोनामिक एंड सोशल हिस्ट्री रिव्यू) मार्च, 1969

58. रायचौधरी, हबीब, पृ. 412
59. सिंह, एम.पी., टाउन्स, मार्केट, मिंट एंड पोर्ट इन दि मुग़ल एम्पायर (1556-1707), नई दिल्ली, 1985, पृ. 246
60. स्मिथ, वी.ए., अकबर दि ग्रेट मुग़ल, नई दिल्ली, 1962, पृ. 247
61. कुमार राकेश, मुग़लकालीन मुद्रा प्रणाली, हरिश्चन्द्र वर्मा, (सम्पादन), मध्यकालीन भारत, 1526-1707, भाग-2, नई दिल्ली, 1998, पृ. 447
62. कुमार राकेश, पृ. 448
63. टैवर्नियर, पृ. 144
64. रायचौधरी, हबीब, पृ. 408
65. टैवर्नियर, पृ. 146
66. जैन, एल.सी., इंडिजेनस, बैंकिंग इन इंडिया, (एन इकोनोमिक हिस्ट्री ऑफ हुंडी) 1858-1978, लन्दन, 1929

6

नाप-तौल पैमाना, कीमतें और मजदूरी

इस काल में तौल और नाप की अनेक इकाइयों का पता चलता है। बाबर ने हिन्दुस्तान की तौल व्यवस्था के विषय में विस्तारपूर्वक चर्चा की है। वह बताता है कि, 1 टॉक 4 माशा या 32 रत्ती के बराबर होता है।[1] बाबर ने अपने विवरण में तौल की एक विस्तृत सूची दी है।

बाबरनामा के अनुसार—

4 माशा	=	1 टॉक	=	32 रत्ती
5 माशा	=	1 मिस्काल	=	40 रत्ती
12 माशा	=	1 तोला	=	96 रत्ती
14 तोला	=	1 सेर		
40 सेर	=	1 मन		
12 मन	=	1 मनी		
100 मनी	=	1 मिनासा		

टॉक के विषय में बाबर कहता है कि इसका इस्तेमाल मोती, जवाहरात तौलने के इकाई के रूप में होता है।[2]

अकबर के मुग़ल सम्राट बनने के पूर्व का सबसे बड़ा पैमाना मन होता था जो 40 सेर का हुआ करता था और सेर का भार अनेक स्थलों पर भिन्न-भिन्न था। अकबर ने सेर का वज़न 30 दाम के वज़न के बराबर रखा और इस प्रकार मन का भार 55.35 पौंड (25.11 किलोग्राम) के लगभग था जो पूरे मुग़ल साम्राज्य में प्रचलित रहा। दक्षिण में मन का वज़न विभिन्न बन्दरगाहों में मुग़ल मन की अपेक्षा कम था। जहाँगीर के काल में मन का वज़न 66.38 पौंड (30.11 किलोग्राम) था जो शाहजहाँ के काल में बढ़कर 73.76 पौंड (33.45 किलोग्राम) हो गया। इस बात का आश्चर्य होना स्वाभाविक ही होगा कि मुग़ल साम्राज्य के विस्तार के कारण कुछ क्षेत्रों में अकबरी मन, तो कहीं पर जहाँगीरी मन और कहीं पर शाहजहाँनी मन भी प्रचलन में रहें। खाद्य-उत्पादनों के लिए उत्तर-पश्चिमी इलाकों में खरवार (एक गधे पर लदा वज़न) का उपयोग होता था जो 9 या 10 जहाँगीरी मन के बराबर

था। अंग्रेजों ने थट्टा में एक खरवार का वज़न 8 शाहजहाँनी मन यानी 590 पौंड आँका।[3] सिन्ध में मन और खरवार साथ-साथ चलते थे। कश्मीर में अबुल फज़ल के अनुसार एक खरवार 3 मन 8 सेर यानी 177.2 पौंड का था। दक्कन में अंग्रेजों को जहाँगीरी मन द्वारा ही अपना माल बेचते हुए देखा गया था। सूरत में 27 या 27.5 पौंड (12.47 किलोग्राम) के वज़न के बराबर का मन प्रचलित था। यूरोपीय कम्पनियों द्वारा भी अलग-अलग किस्म के पैमाने इस्तेमाल किए जाते थे। नील, चीनी, आदि बोरियों या गाँठों के हिसाब से खरीदी व बेची जाती थी। गोवा में कैंडी नामक तौल की इकाई लागू की गई थी। सोलहवीं शताब्दी में गोवा के अलावा भारत के अन्य क्षेत्रों जैसे त्रावणकोर, श्रीरंगपट्टम, तेलीचेरी (मालाबार का तटवर्ती क्षेत्र) आदि में भी कैंडी इकाई प्रचलन में थी। अलग-अलग क्षेत्रों में कैंडी के मान में भिन्नता थी। श्रीरंगपट्टम में एक कैंडी 769 पाउंड के बराबर थी वहीं तेलीचेरी में 633 पाउंड, त्रावणकोर 597 पाउंड और गोवा में 500 पाउंड के बराबर थी।[4] सोलहवीं शताब्दी में मुग़ल साम्राज्य में 1 कैंडी 20 अकबरी मन के बराबर होती थी। यूरोपीय यात्रियों ने अपने विवरण में कहा है कि 1563 ई. में एक कैंडी का भार 228.2 पाउंड (293.6 किलोग्राम) होता था। अंग्रेजों के आगमन के पश्चात मद्रास प्रेसीडेंसी में एक मन का भार 25 पाउंड निश्चित कर दिया गया था। इसलिए वहाँ एक कैंडी 500 पाउंड (226.796 किलोग्राम) के बराबर होता था। बाम्बे प्रेसीडेंसी में 1 मन का भार 28 पाउंड निश्चित किया गया था वहाँ एक कैंडी 560 पाउंड (254.012 किलोग्राम) के बराबर थी। बंगाल प्रेसीडेंसी में एक मन का भार 37.324 किलोग्राम निर्धारित था इसलिए वहाँ एक कैंडी 746.5 किलोग्राम के बराबर होती थी। बरार में एक कैंडी 500 पाउंड के बराबर थी।[5]

जहाँ तक नाप की इकाई का सम्बन्ध है। उत्तरी भारत में गज का प्रयोग होता था। 'सिकन्दरी गज' का स्थान जो 39 अंगुल (32 इंच) के बराबर होता था, अकबर के 'इलाही गज' ने ले लिया था जो 41 अंगुल (33.5 इंच) के बराबर होता था। गज की वास्तविक लम्बाई के बारे में इतिहासकारों में मतभेद है, फिर भी आमतौर पर यह 30 से 33 इंच के बीच रहा होगा। अकबर ने भूमि पैमाइश के लिए अपने शासनकाल के 31वें वर्ष (1586-87 ई.) में 'इलाही गज़' का प्रयोग आरंभ किया। शाहजहाँ के काल में नाप में पुनः परिवर्तन हुआ। उसने दो नई नापों को आरंभ किया-

(1) **बीघा-ए-इलाही**

(2) **दिरा-ए-शाहजहाँनी** (बीघा-ए-दफ़्तरी)।

समकालीन इतिहासकार मोहम्मद सादिक खान (शाहजहाँनामा) के अनुसार - "मदद-ए-माश भूमि तो **बीघा-ए-इलाही** से नापी जाती थी परन्तु सरकारी अभिलेखों के लिए भूमि **दिरा-ए-शाहजहाँनी** या **बीघा-ए-दफ्तरी** में नापी जाती

थी। औरंगजेब के बाद **दिरा-ए-शाहजहाँनी** (बीघा-ए-दफ्तरी) का प्रयोग बंद हो गया किन्तु **बीघा-ए-इलाही** मुग़ल काल के अंत तक चलता रहा।''

मोरलैंड दक्षिणी भारत में नाप के लिए प्रयुक्त होनेवाली इकाई कोवाड का उल्लेख किया जिसकी लम्बाई सूती तथा ऊनी वस्त्रों को नापने के लिए अलग-अलग होती थी।[6] अरब व्यापारियों ने समुद्री तटों पर तौल के लिए बहार नामक इकाई को लागू किया था, जिसका भार भारत व विश्व के अलग-अलग क्षेत्रों में अलग-अलग था। एक बहार का भार 222 पाउंड से लेकर 625 पाउंड तक था।[7]

निष्कर्ष में यह कहा जा सकता है कि मुग़ल साम्राज्य में तो मन और शेष प्रदेशों में मन के साथ स्थानीय तौल के पैमाने प्रचलित थे।

पारम्परिक भारतीय वज़न इस प्रकार है:-

8 खसखस	=	1 चावल	=	0.151872 ग्राम
8 चावल या 4 धान	=	1 रत्ती	=	0.121497 ग्राम
8 रत्ती	=	1 मासा	=	0.9719836 ग्राम
10 मासा	=	1 भरी	=	9.719836 ग्राम
12 मासा	=	1 तोला	=	11.6638038 ग्राम
5 तोला	=	1 छटाँक	=	58.319019 ग्राम
4 छटाँक	=	20 तोला या 1 पाव	=	233.276076 ग्राम
8 छटाँक या 40 तोला	=	1 अधसेरा	=	466.552152 ग्राम
16 छटाँक या 80 तोला	=	1 सेर	=	933.1040305 ग्राम
5 सेर	=	1 पंसेरी	=	4.6655 किग्रा.
8 पंसेरी	=	40 सेर	=	37.324 किग्रा.
40 सेर	=	1 मन	=	37.324 किग्रा.

वर्तमान में स्थानीय स्तर पर विनिमय प्रणाली में नाप-तौल के रूप में एक पंसेरी पाँच किलोग्राम के बराबर और एक पाव 250 ग्राम के बराबर स्वीकार किया जाता है।

रत्ती या गुंजा बेल लता पर लगनेवाला एक बीज है। इस बीज के वज़न के बराबर वज़न को एक रत्ती कहा जाता है। इस बीज की ख़ासियत है कि इन सबका वज़न लगभग एक समान होता है। इसलिए प्राचीन व मध्यकाल में सोना व चाँदी का वज़न मापने के लिए इन बीजों का प्रयोग किया जाता था। ये सुर्ख लाल रंग के एक काले निशान के साथ होता है इसलिए इसे शैतान की ऑख भी कहा जाता है। आधुनिक वज़न के हिसाब से एक रत्ती लगभग 0.12125 ग्राम के बराबर होता है।

सोलहवीं शताब्दी तक अनाजों के दाम के बारे में बहुत कम जानकारी उपलब्ध है। किन्तु अकबर के राज्यकाल में (1556 से 1605) अनाजों के प्रचलित

दाम के बारे में अच्छी जानकारी 'आइन-ए-अकबरी' से मिल जाती है, जिसे बादशाह के सुप्रसिद्ध इतिहासकार अबुल फज़ल ने लिखा था।

ज्यादातर कीमतें 'आइन' में लिपिबद्ध है जो शाही पाकशाला (रसोई) के अधीक्षक (मीर वकावल) द्वारा खाद्य सामग्री के तौर पर लाहौर के बाज़ारों से खरीदी गई थी। आमतौर पर सभी वस्तुओं की कीमतें 'दाम' में दी गई हैं। नीचे तालिका-1 में ऐसी कीमतों को रुपये में बदल दिया गया है और वज़न की तत्कालीक इकाई अकबरी मन (25.1 किलोग्राम) को मानक के तौर पर लिया गया है। विभिन्न वस्तुओं के सापेक्ष मूल्य का अन्दाजा लगाकर, सभी आँकड़ों को गेहूँ के मूल्य में अनुक्रमित किया गया है।

तालिका -01

लाहौर में खाद्य मूल्य : 1595 ई.

आइटम/मद	रुपये प्रति अकबरी मन (25.1 किग्रा.)	सूची गेहूँ = 100
गेहूँ	0.30	100
काबुल चना	0.40	133
चना	0.20	67
मसूर की दाल	0.30	100
जौ	0.20	67
बाजरा (अर्जन)	0.15	50
बाजरा (शमख)	0.15	50
बाजरा कोड्राम	0.18	60
बाजरा (गल)	0.20	67
बाजरा (जुआर)	0.25	83
अलसी का बीज	0.25	83
कुसुम बीज	0.20	67
मेथी	0.25	83
मटर	0.15	50
सरसो का बीज	0.30	100

धान (ग्रेड I)	2.75	917
धान (ग्रेड II)	2.50	833
चावल (ग्रेड I)	2.50	833
चावल (ग्रेड II)	2.25	750
चावल (ग्रेड III)	2.00	667
चावल (ग्रेड IV)	1.25	417
चावल (ग्रेड V)	1.00	333
चावल (ग्रेड VI)	0.50	167
दाल (मूँग)	0.45	150
दाल (मिश्रित)	0.40	133
दाल (लोबिया)	0.30	100
सफेद तिल	0.50	167
काला तिल	0.47	157
गेहूँ का आटा (अच्छा)	0.55	183
गेहूँ का आटा (मोटा)	0.38	127
बेसन	0.55	183
जौं का आटा	0.28	93
सौंफ	0.25	83
पालक	0.40	133
पुदीना	1.00	333
प्याज	0.15	50
लहसुन	0.25	83
शलजम	0.52	173
पत्ता गोभी	1.00	333
गाजर	1.00	333
बैंगन	1.50	500

अदरक (हरा)	2.50	833
मांस	1.35	450
भेड़ का मांस	1.62	540
घी	2.63	877
तेल	2.00	667
दूध	0.62	207
दही	0.45	150
परिष्कृत चीनी	6.00	2000
सफेद चीनी (पाउडर)	3.20	1067
गुड़	1.40	467
केसर	400.00	133333
लौंग	60.00	20000
इलायची	52.00	17333
गोल मिर्च	17.00	5667
सूखी अदरक	4.00	1333
जीरा	2.00	667
हल्दी	10.00	3333
धनिए के बीज	3.00	1000
हींग	2.00	667
मीठा सौंफ	1.00	333
दाल चीनी	40.00	13333
नमक	0.40	133
नीबू	6.00	2000
वाइन सिरका	5.00	1667
गन्ने का सिरका	1.00	333
अखरोट	2.50	833

बादाम (खोल के बिना)	28.00	9333
बादाम (खोल के साथ)	11.00	3667
अंजीर (मध्य एशियाई)	7.00	2333
अंजीर (भारतीय)	1.00	333
सूखे खुबानी	8.00	2667
किशमिश	9.00	3000
अनार	6.50 से 15.00	2167 से 5000
बेर	8.00	2667
अदरक का अचार	2.50	8.33
नींबू का अचार	1.50	500
गाजर का अचार	0.50	167
प्याज का अचार	0.50	167
खीरा का अचार	0.50	167
मूली का अचार	0.50	167
किशमिश का अचार	8.00	2677
सेब का अचार	8.00	2677
श्रीफल का अचार	9.00	3000
आडू का अचार	1.00	333

स्रोत: अबुल फज़ल, आइन-ए-अकबरी पृ. 65-71

सूचना के गजेटियर के रूप में 'आइन' अद्वितीय है। आइन के अतिरिक्त सोलहवीं शताब्दी के पहले या बाद में ऐसा कुछ भी लिखा नहीं गया है जो मूल्यों का पुनर्मूल्यांकन कर पाए। इससे 'आइन' में बताए गए मूल्यों की तुलना बहुत कठिन हो जाती है। हालाँकि चार वस्तुएँ ऐसी हैं जिनका सत्रहवीं शताब्दी में पुनर्मूल्यांकन हुआ। वे वस्तुएँ थी गेहूँ और कुछ अन्य खाद्य सामग्री, नील, ताँबा और सोना।

इन वस्तुओं का संकलन और व्याख्या करते समय विभिन्न स्थानों के स्थानीय मूल्यों में भिन्नता का भी ध्यान रखा जाना चाहिए। मध्यकालीन भारत एक विशाल देश था जिसके विभिन्न भौगोलिक एवं आर्थिक क्षेत्र कालानुक्रम में दिल्ली सल्तनत एवं मुग़ल शासकों के अधीन थे। यद्यपि क्षेत्रीय एकता, व्यापार, मौद्रिक एवं

राजकोषीय समानता और वस्तुओं एवं सेवाओं के निर्बाध पहुँच के बावजूद उनका व्यक्तिगत, आर्थिक और सामाजिक अनुभव बहुत अलग था। अठारहवी शताब्दी में मुग़ल साम्राज्य के पतन के साथ ही क्षेत्रीय शक्तियाँ जो पहले से ही विद्यमान थीं, स्वतन्त्र राजनीतिक और आर्थिक इकाइयों में तब्दील हो गई जिन्होंने स्वयं की मुद्रा प्रणाली और राजकोषीय नियमों को विकसित कर लिया।

तालिका-02

गेहूँ का मूल्य : 1595 - 1720 ई.

वर्ष	स्थान	रुपये प्रति अकबरी मन (25.1 किग्रा.)	टिप्पणी
1595	लाहौर (पंजाब)	0.30	
1611	सूरत (गुजरात)	1.03	
1619	सूरत (गुजरात)	0.71	
1623	भड़ौच (गुजरात)	0.65	
1627	सूरत (गुजरात)	0.67	
1629	भड़ौच (गुजरात)	0.74	
1630	सूरत (गुजरात)	6.37	अकाल का वर्ष
1630	भड़ौच (गुजरात)	4.00	"
1631	सूरत (गुजरात)	5.99	"
1631	भड़ौच (गुजरात)	6.66	"
1632	सूरत (गुजरात)	6.00	"
1633	अहमदाबाद (गुजरात)	2.54	"
1634	सूरत	1.67	अकाल का वर्ष
1635	सूरत	0.94	
1635	थट्टा (सिन्ध)	0.94	
1636	सूरत	1.08	
जनवरी, 1638	आगरा	0.68	

अप्रैल, 1638	आगरा	1.31	
मई, 1638	आगरा	2.00	
जुलाई, 1638	आगरा	1.58	
फरवरी, 1641	सूरत (गुजरात)	0.83	
नवम्बर, 1641	सूरत	0.75	
1641	बंगाल	0.50	
जनवरी, 1642	सूरत	0.75	
नवम्बर, 1642	सूरत	1.88	
1643	सूरत	0.83	
1644	सूरत	1.13	
1645	सूरत	0.68	
1659	पुणे (महाराष्ट्र)	0.38	
1661	शाहगंज (औरंगाबाद शहर)	1.04	
1661	बेगमपुरा (औरंगाबाद शहर)	1.04	
1661	धारवाड़	0.75	
1665	आमेर (राजस्थान)	0.99	
1669	आमेर (राजस्थान)	0.94	
1670	आगरा	0.86	अच्छी पैदावार वाला वर्ष
1671	पटना	1.88	अकाल का वर्ष
1677	आमेर (आम्बेर)	0.97	
1681	बालासोर (उड़ीसा)	0.60	
1684	आमेर	0.75	
1688	आमेर	1.01	
1689	आमेर	0.79	

1690	आमेर	0.84	
1694	सूरत	1.42	
1696	आमेर (पूर्वी राजस्थान)	1.32	
1697	आमेर	0.87	
1702	लाहौर	0.86	
1706	आमेर	0.95	
1708	आमेर	1.67	
1708	दिल्ली	0.38	
1709	आमेर	1.40	
1710	आमेर	1.17	
1711	आमेर	1.83	
1712	आमेर	3.42	
1713	आमेर	1.61	
1714	आमेर	1.55	
1715	आमेर	1.34	
1716	आमेर	1.78	
1717	आमेर	3.68	
1718	आमेर	2.65	
1718	आगरा	4.29	आभाव का वर्ष (पैदावार में कमी का वर्ष)
1719	आमेर	1.59	
1720	आमेर	2.56	

स्रोत : आइन-ए-अकबरी भाग-1 पृ. 65 ; इंग्लिश फैक्ट्रीज, 1630-33, पृ. 209; 1634-36, पृ. 148, 164 ; ओरिजनल कोरेस्पोन्डेन्स 1549, पृ. 135-36, आक्सेडेन पेपर्स, 40702, एफ 2 ए ; दस्तूर-उल-अमल-ए-आलमगीरी, 62 बी, सेलेक्टेड वाकई, पृ. 37-38, 108-09, 130, 148-50; मार्शल ट्रैवेल्स, पृ. 127 ; एनॉनिमस, तारीख-ए-बहादुरशाही अनुवादित- इलियट एंड डाउसन, VII *पृ. 566 ; इरफान हबीब, अग्रेरियन सिस्टम, पृ. 77, 90-93 ; मोरलैंड, अकबर टु औरंगजेब, पृ.* 170-71 ; वान सेन्टेन, डी वॉक, पृ. 93, हसन एंड गुप्ता, 'प्राइस ऑफ फुड ग्रेन्स', पृ. 358-59

उपर्युक्त तालिका के संचित आँकड़े विभिन्न क्षेत्रों के अलग-अलग स्रोतों से लिए गए हैं।

तालिका 3 में 1637-1718 ई. के मध्य आगरा में प्रचलित मूल्यों को दर्शाया गया है।

तालिका-03

खाद्य मूल्य (आगरा) : 1637-1718 ई.

रुपये प्रति अकबरी मन (25.1 किलोग्राम) में

	1595 ई.	1637 ई.*	1638 ई.*	1670 ई.	1718 ई.
गेहूँ	0.30	-	0.68	0.86	-
गेंहूँ का आटा	0.38	-	-	-	4.28
जौ का आटा	0.28	0.81	1.29	-	-
चना	0.20	0.79	1.28	0.71	3.87
दाल (मोठ)	0.30	0.74	1.16	-	-
दाल (मूँग)	0.45	-	-	-	4.61
चावल (ग्रेड-1)	2.50	-	-	2.15	6.00
घी	2.63	6.29	7.14	7.50	15.00
गुड़	-	3.23	3.06	-	4.61

** मासिक मूल्य का वार्षिक औसत*

स्रोत: तालिका-1 व तालिका-2 और इरफान हबीब, अग्रेरियन सिस्टम पृ. 93

तालिका 3 के आँकड़े खाद्य वस्तुओं के मूल्यों में उत्तरोत्तर वृद्धि दर्शाते हैं। 1670 ई. में चना में 255 प्रतिशत, गेहूँ में 187 प्रतिशत और घी में 185 प्रतिशत की वृद्धि देखी जा सकती है। हालाँकि उस साल फसल भी अच्छी हुई थी। उसी तरह का रूझान हमें 1637 ई. में दिखाई देता है। चना में 295 प्रतिशत, जौ आटा में 189 प्रतिशत, मोठ में 147 प्रतिशत और घी में 139 प्रतिशत वृद्धि दर्ज की गई, जबकि उस वर्ष पैदावार कम हुयी थी।

इसलिए यह तर्क दिया जा सकता है कि अपवादस्वरूप चावल की कीमतों में थोड़ी गिरावट के बावजूद 1595-1637 के बीच खाद्य वस्तुओं की कीमत करीब -करीब दोगुनी (193%) थी, जो उसी स्तर पर (209%) 1670 ई. तक रही।

नील एक वाणिज्यिक उत्पाद है जिसका उपयोग भारत और विदेशों में कपड़ा को रंगनें में किया जाता था। नील का उत्पादन आगरा और उसके आसपास के

इलाकों में होता था। नील की कीमत में इज़ाफा या गिरावट इसके अच्छे व खराब पैदावार पर निर्भर करता था। आँकड़े दर्शाते हैं कि एक ही मौसम के फसलों में मूल्य की भिन्नता थी। अच्छी किस्म की नील उच्च कीमत पर बिकती थी। नील की पैदावार को गाँवों में ले जाकर प्रसंस्करण किया जाता था और उसकी गुणवत्ता में सुधार कर मूल्य निश्चित किया जाता था।[8] नील सीधे गाँव से कम कीमत में खरीदा जा सकता था, हालाँकि ऐसा करने के लिए स्थानीय व्यापारियों का तन्त्र (नेटवर्क) निकटवर्ती शहरों में तैनात था जो नील की थोक आपूर्ति सुनिश्चित करने के लिए उत्पादकों को अग्रिम ऋण (ददनी) उपलब्ध कराते थे।[9] नील की कीमत माँग और आपूर्ति के प्रति अत्यधिक संवेदनशील थी।

ऐसे चार प्रमुख कारक थे जो नील की कीमतों में निर्धारण के आधार थे।

1- मौसम, 2- उत्पादित नील की माँग, 3- किस्म, 4- बाज़ार

कीमतों में उछाल को ध्यान में रखते हुए इसे तीन श्रेणियों में बाँटा जा सकता है। उच्चतम, न्यूनतम और औसत। हमारे अध्ययन में 1 वर्ष में नील की उच्चतम एवं न्यूनतम कीमत को दर्शाया गया है। नील की औसत कीमत हमारे आँकड़ों में सीधे उद्धृत की गई है।

नील की कीमत अन्य भारतीय मुद्राओं के सापेक्ष रुपये में परिवर्तित करके तालिका-4 में दर्शाया गया है। साथ ही 1595 ई. को हमने आधार वर्ष माना है।

तालिका -04

नील की कीमत: 1595 - 1697 ई.

रुपये प्रति अकबरी मन (25.1 किग्रा.)

वर्ष	उच्चतम मूल्य	सूचकांक 1595=100	न्यूनतम मूल्य	सूचकांक 1595=100	औसत मूल्य	सूचकांक 1595=100
1595	16.0	100	10.0	100	13.0	100
1609	25.0	156.2	16.6	166	20.8	160
1611	28.8	180.0	22.4	224	25.6	196.9
1614	22.2	138.7	17.7	177	19.9	153.0
1615	36.0	225.0	28.0	280	32.0	246.0
1616	35.0	218.7	29.0	290	32.0	246.0
1617	36.0	225	28.0	280	32.0	246.0
1621	26.0	162.5	24	240	25.0	192.3

1623	40.0	250	25.2	252	32.6	250.7
1625	32.0	200	28	280	30.0	230.7
1626	-	-	-	-	30.0	230.7
1627	36.5	228	.33.7	337	35.1	270.0
1628	35.0	218.7	32.5	325	33.7	259.6
1629	37.0	231.2	36.0	360	36.5	280.7
1630*	38.0	237.5	-	-	-	-
1634	62	387.5	61	610	61.5	473.0
1635	63	393.7	-	-	-	-
1636	50	312.5	45.0	450	-	-
1637	54	337.5	46.7	467	50.3	387.3
1638*	60	375.0	58.0	580	59.0	453.8
1639	48	300	46.0	460	47.0	361.5
1640	40	250	30.0	300	35.0	269.2
1641	40.5	253.1	-	-	-	-
1642	38.6	242.5	37.8	378	-	-
1644	33	206.2	26.6	260	29.5	226.9
1645	40	250	37.0	370	38.5	296.1
1646*	42	262.5	40.0	400	41	315.3
1647	43	268.7	39.0	390	36	276.9
1648*	46	287.5	40.0	400	43	330.7
1654	48	300	-	-	-	-
1663	38	237.5	-	-	-	-
1670	30	187.5	-	-	-	-
1697	48	300	-	-	-	-

* खराब फसल का वर्ष

स्रोत: अबुल फज़ल, आइन-ए-अकबरी, भाग-1, पृ. 442, ; इरफान हबीब, अग्रेरियन सिस्टम, पृ. 86, टैवेर्नियर, ट्रैवेल इन इंडिया, II, पृ. 7-8, लेटर रिसीव्ड, III, 69-70; IV, 18, 65, 239-41, 327, VI, 234-35, 248-49; सप्लीमेन्ट्री कैलेंडर, पृ. 109, इंग्लिश फैक्ट्रीज, रिकार्ड्स, 1618-21, पृ. 86; 1624-29, पृ. 63, 189, 208, 228, 335; 1630-33, पृ. 131, 178-79; 1634-36, पृ. 1, 12, 70, 112, 138, 141, 143, 205, 206; 1637-41, पृ. 278; 1642-45, पृ. 84, 136, 202, 254; 1646-50, पृ. 33, 62, 76, 77, 114, 202, 219, 273, 335; 1651-54, पृ. 221; फ़ैक्ट्री रिकार्ड्स सूरत, I, पृ. 21, 287 ; III, 109; IV, 141a; 5, 192a; ओरिजनल कॉरेस्पान्डेन्स, 1656, f214; फ्रांसिस्को पेलसर्ट, दि रिमोंस्तरांसी ऑफ फ्रांसिस्को पेल्सर्ट, अनुवादित डब्लू, एच. मोरलैंड, पृ. 15, जनरल मिसिवेन I, पृ. 528, 530, 620, 724

तालिका - 05

दीर्घ अवधि में नील की कीमतों में वृद्धि: दशकीय औसत

वर्ष	उच्चतम का औसत कीमत	सूचकांक 1595 =100	सूचकांक 1606-15= 00
1595	16.00	100	57
1596-1605	-	-	-
1606-1615	28.00	175	100
1616-1625	33.80	211	121
1626-1635	36.63	229	131
1636-1645*	39.33	246	141
1646-1655*	43.00	269	154
1656-1665#	38.00	236	135
1666-1675#	30.00	188	107

** एकाधिकार की कीमत को छोड़कर*

 # एकल उद्धरण

तालिका-4 और तालिका-5 के आँकड़े सत्रहवीं शताब्दी के मध्य तक नील की कीमतों में सतत वृद्धि को दर्शाते हैं। तालिका-5 के आँकड़े यह दर्शाते हैं कि 1595 ई. के मूल्य के सापेक्ष 1655 ई. तक नील के मूल्य में 169 प्रतिशत की बढ़ोतरी हुयी। यह वृद्धि दर 2.8 प्रतिशत वार्षिक थी। 1655 ई. के बाद के 2 दशकों में इसमें गिरावट देखी जा सकती है।

सत्रहवीं शताब्दी में बड़े सौदों में रुपया विनिमय का प्रमुख माध्यम बन गया था। ताँबे व सोने के सिक्कों के सापेक्ष इसका विनिमय मूल्य इसकी सामान्य क्रय शक्ति का संकेतक हो सकता है। मोरलैंड कहता है कि—सत्रहवीं शताब्दी के प्रारम्भ में ताँबा की कीमत चाँदी के सापेक्ष बढ़ी उसका प्रमुख कारण आन्तरिक स्त्रोतों से ताँबे की आपूर्ति में कमी और निजी क्षेत्रो में ताँबे की बढ़ती माँग थी। हबीब के अनुसार सोलहवीं शताब्दी में मुग़ल साम्राज्य में रुपया (चाँदी का सिक्का) के प्रचलन के बाद ताँबा और सोने की क्रय शक्ति में गिरावट दर्ज़ की गई। चाँदी के मूल्य पर मोरलैंड और हबीब की समीक्षा दो पहलुओं पर प्रकाश डालती है। पहले का सन्दर्भ चाँदी और ताँबा के सिक्कों के विनिमय दर से है अर्थात 'रुपया' व 'दाम' के बीच अनुपातिक अध्ययन। वहीं दूसरा मुद्रा के मूल्य निर्धारण की व्याख्या करता है।

मुग़ल शासकों ने नवीन मुद्रा विकसित की जिसे **तनका-ए-मुरादी** नाम दिया गया। यह ताँबा का सिक्का था जिसकी कीमत स्थिर थी। तनका ताँबे के दो मानकीकृत सिक्के (दाम) के बराबर था।

तालिका -06

उत्तरी भारत में दाम (ताँबा का सिक्का) में रुपया (चाँदी का सिक्का) की कीमत

वर्ष	अधिकारिक दर (तनका/दाम)	बाज़ार दर (दाम)
1574	24/48	48
1574-82	24/48	35
1582	20/40	40
1595	20/40	45
1606	20/40	102

स्रोत: हैदर, नज़फ क्वांटिटी थियरी ऑफ मुग़ल मोनेट्री हिस्ट्री, पृ. 338-345

1582 ई. में मुग़ल शासन ने विनिमय दरों की विस्तृत सूची जारी की जिसमें सोने व चाँदी के सिक्कों के सभी प्रकारों (कम वज़नवाले सिक्के, कटौतीवाले सिक्के) का मूल्य ताँबा की मुद्रा (तनका/दाम) में व्यक्त किया गया। चाँदी के सिक्के (रुपये) का विनिमय दर 20 तनका या 40 दाम व एक स्वर्ण मुहर का विनिमय दर 180 तनका या 360 दाम निर्धारित था।[10]

निम्नलिखित दो तालिकाओं में दिये गए आँकड़े मुग़ल शासन के दौरान लागू मुद्रा प्रणाली व विनिमय दर को ध्यान में रखकर तैयार किए गए हैं।

तालिका -07

उत्तर भारत में कापर (ताँबा) की कीमत : 1575-1605

वर्ष	स्थान	रुपये/प्रति अकबरी मन (25.1 किग्रा.)	सूचकांक आगरा की दर 1595=100	सूचकांक 1614=100
1575	आगरा	21.75	94	212
1582	आगरा	26.10	113	255
1582-1595	उत्तरी भारत	29.81	129	291
1595	लाहौर	26.10	113	255
1595	आगरा	23.20	100	227
1606	आगरा	10.24	44	100
1614	आगरा	10.24	44	100
1615	आगरा	12.58	54	123
1626	आगरा	18.00	78	176
1637	खुर्जा	18.64	80	182
1637	आगरा	19.33	83	189
1637	खैराबाद	16.31	70	159
1638	आगरा	18.98	82	185
1639	आगरा	18.00	78	176
1680	आगरा	18.64	80	182

स्रोत : अबुल फज़ल, आइन-ए-अकबरी, भाग-1, पृ. 26, 27, 28, 176, 178, 196; मुखर्जी एंड हबीब, लैंड राइट रेन ऑफ अकबर, पृ. 252, सप्लीमेन्ट्री कैलेंडर, पृ. 48, लेटर रिसीव्ड III, पृ. 87; पेल्सर्ट, रिमोंस्तरांसी, पृ. 29, 40, 60, वान सेन्टेन, डी वॉक, पृ. 114

तालिका-08

गुजरात में ताँबे का मूल्य : 1609-1680 ई.

वर्ष	स्थान	रुपये प्रति अकबरी मन (25.1 किग्रा.)	सूचकांक 1614 = 100
1609	सूरत	13.05	102
1614	सूरत	12.28	100
1614	अहमदाबाद	12.43	101
1615	सूरत	12.28	100
1615	अहमदाबाद	12.14	99
1623	सूरत	18.32	149
1627	भड़ौच	20.88	170
1628	अहमदाबाद	20.47	167
1636	सूरत	18.00	147
1645	सूरत	22.95	187
1661	सूरत	33.68	274
1666	सूरत	32.12	262
1669	सूरत	32.63	266
1680	भड़ौच	33.14	270

स्रोत : लेटर रिसीव्ड I, पृ. 34; II, पृ. 249-50; III, पृ. 11, 87; सप्लिमेन्ट्री कैलेंडर, 8, 46, 62; वान सेटेन, डि वॉक, पृ. 114; इंग्लिश फैक्ट्रीज रिकार्ड्स, 1624-29, पृ. 235; 1634-36, पृ. 164, 206; 1661-64, पृ. 112, 121; थेवनाट, इंडिया ट्रैवेल्स, पृ. 25-26, आक्सडेन पेपर्स 40702, ff, 3b, 23b

हमारे आँकड़े ताँबा और चाँदी के मूल्यों का तुलनात्मक अध्ययन 2 चरणों में दर्शाते हैं। पहला चरण (1575-1595 ई. तक) जब उत्तर भारत में ताँबे के सापेक्ष चाँदी के मूल्य में 20 प्रतिशत का इजाफ़ा दर्ज़ किया गया (भारत के अन्य हिस्सों के लिए कोई आँकड़ा उपलब्ध नहीं हैं) इसका प्रमुख कारण मुग़ल साम्राज्य में प्रचुर मात्रा में चाँदी की आपूर्ति और ताँबे के आयात में कमी।

दूसरे व लम्बे चरण (1595 से सत्रहवीं शताब्दी के अन्त तक) में ताँबे के सापेक्ष चाँदी के मूल्य में गिरावट देखी जा सकती है। सत्रहवीं शताब्दी के पूर्वान्ह में ताँबे की कीमत में उछाल आया। विशेषकर 1606-1614ई. के मध्य यह अपने चरम पर थी। उसका कारण दैनिक भत्तों व मजदूरी के तौर पर ताँबें के सिक्कों (दाम) की स्थायी माँग थी।

सोने के सापेक्ष चाँदी की कीमत को रुपये और मुहर (169 ग्रेन्स और 99 प्रतिशत शुद्ध सोने का सिक्का) के विनिमय दर के आँकड़ों से समझा जा सकता है। विभिन्न समयावधि में भारत के विभिन्न क्षेत्रों से आँकड़ों को लेकर, मानकीकृत करके इन्हें सारणीबद्ध किया गया है।

तालिका-09

भारत में सोने का मूल्य : 1595-1697 ई.

वर्ष	रुपये/प्रति अकबरी मन (25.1 किग्रा.)	सूचकांक 1595=100	वर्ष	रुपये/प्रति अकबरी मन (25.1 किग्रा.)	सूचकांक 1595=100
1575	18943	100	1658	33676	178
1582	18943	100	1661	31,046	164
1595	18943	100	1662	32,624	172
1608	16838	89	1664	31572	167
1611	21048	111	1666	33,676	178
1614	21048	111	1670	32098	170
1615	22437	118	1671	31572	167
1620	21048	111	1675	29993	158
1621	21048	111	1677	28941	153
1626	29467	156	1678	27152	143
1628	28057	148	1679	27089	143
1633	26310	139	1680	27152	143
1636	27152	143	1683	26310	139

1640	27362	144	1684	26310	139
1642	29467	156	1688	25257	1333
1645	29467	156	1695	27888	147
1652	29467	156	1697	27636	146
1656	30519	161			

स्रोत : आइन-ए-अकबरी, भाग-1, पृ. 25, 27-29, 196 ; मुखर्जी एंड हबीब, ''मुग़ल एडमिनिस्ट्रेशन एंड द टेम्पल ऑफ वृन्दावन'', डाक्युमेंट्स नं. 2, पृ. 293; हाकिन्स अर्ली ट्रैवेल्स, पृ. 101, 102; पेल्सर्ट, दि रिमोंस्तरांसी, पृ. 7, 29, जनरल मिसिवेन, I, पृ. 341; लाहौरी, बादशाहनामा II, पृ. 259, 396; फैक्ट्रीज रिकाई्स सूरत, 4 ff, 116a, 161b ; 90, ff, 94a, 94b ; इंग्लिश फैक्ट्रीज रिकार्ड्स प्प्प्, पृ. 240; करेरी, इंडिया ट्रैवेल्स ऑफ थेवनाट एंड करेरी, पृ. 253

सोलहवीं शताब्दी के जो आँकड़े तालिका 9 में दिये गए है वह अधिकारिक मूल्यों को दर्शाते हैं। दो दशकों (1575-1595 ई.) तक सोने की कीमतों में स्थिरता दर्ज़ की गई पर इसकी प्रबल सम्भावना है कि खुले बाज़ार में स्वर्ण के मूल्यों में विचलन रहा होगा। 1595 ई. के बाद ताँबे की ही तर्ज पर चाँदी की कीमतों में भी सोने की तुलना में भारी गिरावट दर्ज़ किया गया।

1626 ई. से 1640 ई. के बीच चाँदी की तुलना में सोने की कीमत में गिरावट आयी। समकालीन विद्धानों ने इसका कारण सोने की माँग में गिरावट व चाँदी की माँग में वृद्धि को माना है। लोगों में यह बात व्यापक रूप से प्रचारित हो चुकी थी कि नए बादशाह आवाम के बीच सोना वितरित कर सकते हैं।[11] साथ ही लाल सागर के रास्ते से भारी मात्रा में सोना के आयात की सम्भावना थी। शाही वित्त विभाग भी चाँदी की माँग बढ़ाने के लिए जिम्मेदार था। 1632 ई. में एक डच फैक्टर ने यह सूचना दी है कि चाँदी की तुलना में सोने की गिरावट इसलिए हुई कि मुग़ल शासक शाहजहाँ को सोने की तुलना में चाँदी ज्यादा पसन्द था।[12]

सोने के मूल्य में आई गिरावट को देखते हुए व्यापारियों ने कम मात्रा में सोना आयात करना शुरू किया। 1640 ई. के प्रारम्भ में, डचों द्वारा चीन से आयात होनेवाले सोने (स्वर्ण) के व्यापार को बन्द कर दिया गया। 1940 ई. के बाद सोने की आपूर्ति में गिरावट के फलस्वरूप सोने की कीमतों में स्थिरता आयी और इसके मूल्य बढ़ने के क्रम में 1658 ई. में अपने अधिकतम कीमत पर पहुँच गए।

अकबर और अलाउद्दीन (1296-1316) के राज्यकाल में प्रचलित कुछ मुख्य अनाजों के दामों की तुलना करना रोचक रहेगा। इस प्रसंग में यह ध्यान देने

योग्य है, जैसा अशरफ ने अपनी पुस्तक 'लाइफ एंड कंडीशंस ऑफ दि पिपुल ऑफ हिन्दुस्तान' में लिखा है कि चाँदी और ताँबे को अनुपात सिक्के में 1 : 64 का था। टंके का वज़न उसकी प्रचलित कीमत के अनुसार 179 से 175 ग्रेन होता था और उसका मान चाँदी और ताँबे की कीमत से निर्धारित होता था।[13]

तालिका-10

अनाज	अकबरकालीन		अलाउद्दीनकालीन
(दाम प्रति मन)	दाम	जीतल	जीतल
गेहूँ	12	$9^3/5$	$7^1/2$
गेहूँ का आटा	22 से 15	12	--
जौ	8	$6\ ^3/5$	4
चावल	20	6	5
दाल	18	$14\ ^2/5$	--
दलिया	16	$12\ ^2/5$	5
अन्न	$16^1/2$	$13\ ^1/5$	5
मोठ	12	$9\ ^3/5$	3
ज्वार	10	8	--
चीनी (सफेद)	128	$102\ ^2/5$	100
चीनी (पीली)	56	$44\ ^4/5$	20
घी	105	84	16
तेल	80	64	$13^3/10$
नमक	16	$12\ ^4/5$	5
माँस	65	52	--
बकरे का माँस	54	$43\ ^1/5$	10

'आइन' में जिन कीमतों का उल्लेख है, वे केवल उत्तरी भारत के लिए ठीक हैं, इसकी तुलना बाद के वर्षों की कीमतों से भी की जा सकती है। उदाहरणार्थ, बंगाल में 1600 ई. में एक रुपया में 92 सेर, 1650 ई. में 107

सेर और 1729 ई. में 131 सेर गेहूँ की बिक्री होती थी। ज्वार 1600 ई. में रुपये का 109 सेर, 1650 ई. में 128 सेर तथा 1729 ई. में 171 सेर बिकता था (बंगाल में)। बंगाल में ही 1600 ई. में बाजरा प्रति रुपया 181 सेर, 1650 ई. में 160 सेर और 1729 ई. में 171 सेर बिकता था। चावल महँगा था, फिर भी उत्तम प्रकार का सुखदास चावल 1600 ई. में एक रुपया में 11 सेर खरीदा जा सकता था। मोटा चावल जो मुख्यत: गरीब लोग इस्तेमाल करते थे, सन् 1600 ई. में 54 सेर प्रति रुपया मिलता था। यही चावल 1650 ई. में 164 सेर और 1729 ई. में (बंगाल में) 153 सेर प्रति रुपया मिलता था। डच यात्री लिंशोटन (1583-88) के अनुसार बंगाल में 246 सेर चावल प्रति रुपया था जो कि अतिशयोक्ति प्रतीत होती है। सबसे सस्ता बसन्ती बाजरा 1600 ई. में 181 सेर प्रति रुपया मात्र था। अन्य वस्तुओं में घी 1600 ई. में प्रति रुपया 10.3 सेर, 1661 ई. में 7 से 8.75 सेर तथा 1729 ई. में 9.6 सेर का बिकता था। 1600 ई. में एक रुपया में 13.5 सेर तेल, 1661 ई. में 20 से 23 सेर तेल तथा 1729 ई. में 21 सेर तेल प्राप्त किया जा सकता था। चीनी 1600 ई. में प्रति रुपया 19.3 सेर, 1661 ई. में 14 सेर के हिसाब से बेची जाती थी। नमक का भाव 1600 ई. में 67 सेर प्रति रुपया था। दूध 1600 ई. में एक रुपया का 44 सेर आता था। एक हिन्दुस्तानी भेड़ की कीमत $1^{1}/_{2}$ रुपये थी, माँस प्रति रुपया में 17 सेर मिलता था और एक बत्तख एक रुपया में मिलता था। प्याज प्रति रुपया 183 सेर मिलता था।[14] इस युग में कारोमंडल तटीय क्षेत्र में प्रचलित बाज़ार भाव इस प्रकार थे -

गेहूँ	एक रुपया में 21.5 से 27.5 सेर
चावल	एक रुपया में 57 से 86 सेर
सफेद चीनी	एक रुपया में 6.5 सेर
अंडे	3.2 आने में 80
मुर्गियाँ	एक रुपया में 20 से 23 तक
एक सूअर	13 आने से 14.5 आने तक
एक गाय	7.5 आने

(1628-29) में भड़ौच में बहुत कम दामों पर खाद्य पदार्थों की उपलब्धता के बारे में डब्ल्यू.जी. दिज़ोंग (डच ईस्ट इंडिया कम्पनी का नौसेना अधिकारी) ने उल्लेख किया है। भड़ौच में एक रुपया में 71 से 78.5 सेर मक्का तथा जौ 48 सेर के हिसाब से बेची जाती थी। अबुल फज़ल बंगाल की मिट्टी की उर्वरता का विशेष उल्लेख करते हुए लिखता है कि एक ही खेत में एक साल में तीन फसलें उपजाई जाती थीं। मनरीक (1628-43) बंगाल के बाज़ारों में खाद्य पदार्थों, घरेलू सामानों तथा अन्य वस्तुओं की प्रचुरता देखकर आश्चर्यचकित रह गया था। खाद्य

पदार्थ इतने सस्ते थे कि 1628 ई. में केवल सात या आठ आने में 200 पौंड चीनी मिल जाती थी।[15] बंगाल अपने पड़ोसी देशों को चावल ही नहीं भेजता था, बल्कि इराक और फारस को चीनी भी निर्यात करता था। सोलहवीं सदी के दौरान बंगाल में वस्तुओं के कम दामों की जानकारी मुकुन्दराम कृत 'चंडीकाया' से प्राप्त होती है। इस कवि ने उल्लेख किया है कि एक सेविका किस प्रकार बाज़ार गई—"ध्रुवबाला पचास काहन कौड़ियाँ लेकर बाज़ार जाती है और उसने सौ कौड़ियों में कई कद्दू और पेठे खरीद लिए। उसने एक बड़ी रोहू मछली, अन्य मछलियाँ, चीतल तथा 641 केकड़ें खरीदे। उस चतुर सेविका ने कौड़ियों के आठ काहन पर एक बकरा लिया तथा दस बड़ी प्रति सेर की दर से सरसों का तेल भी लिया।" बंगाल में कौड़ियों को रूपये में बदलने के लिए इस प्रकार का हिसाब प्रचलित था :

4 कौड़ियाँ	-	1 अंडा
5 अंडे	-	1 बड़ी
4 बड़ियाँ	-	1 पन
20 पन	-	1 काहन
5 काहन	-	1 रुपये

इस प्रकार 125 कौड़ियों की एक पाई तथा 8000 कौड़ियाँ एक रुपये के बराबर होती थी।

यातायात तथा संचार के साधन दुर्लभ थे अत: अनाज तथा अन्य कृषि उत्पादनों का व्यापार सीमित था। विभिन्न स्थानों पर कीमतों में काफी भिन्नता पाई जाती थी। निम्नांकित तालिका से यह तथ्य स्पष्ट हो जाएगा। इसमें दी गई कीमतें प्रति रुपये 'मन-ए-शाहजहाँनी' के अनुसार है जो 73.76 पाउंड के बराबर था।

तालिका-11

अनाज	आगरा 1595 ई.	आगरा 1670 ई.	लाहौर 1702 ई.
गेहूँ	0.40	1.14	1.14
सुखदास चावल	3.33	2.86	2.00
चना	0.27	0.95	-
घी	3.50	10	-
मूंग	0.60	-	1.00
मोठ	0.40	-	1.00

इसी प्रकार का एक सूचनाप्रद अध्ययन एस. नुरूल हसन, के.ए. हसन और एस.पी. गुप्त द्वारा **पैटर्न ऑफ एग्रीकल्चर प्रोडक्शन इन द टेरिटरीज ऑफ अंबेर (1670-1780)** में प्रस्तुत किया गया है। इनके द्वारा सम्बन्धित आँकड़े 'अईसत्त' से उपलब्ध किए गए हैं, जो बीकानेर के राजकीय अभिलेखागार में सुरक्षित रखा है। इसके विश्लेषण से यह पता चलता है कि अंबेर के विभिन्न परगनों में प्रचलित कीमतों में काफी भिन्नता रहती थी। उदाहरणार्थ, गेहूँ को आधार मानकर उसका प्रत्येक परगना में मूल्य प्रतिवर्ष 100 रखा जाए तो 1677 ई. में जौ की कीमत (अंबेर में) 67, चना 67, बाजरा 45, ज्वार 74, मसूर 71, उर्द या उड़द 84 और मूँग 92 थी। 72 परगना में 1665 ई. में इन अनाजों की कीमत इस प्रकार थी, जौ 66, चना 70, बाजरा 65, ज्वार 56, मसूर 59, उड़द 72 और मूँग 59। मलाना परगना में जौ की कीमत 79, चना 73, बाजरा 82, ज्वार 81, मसूर 70, उर्द 75 और मूँग 84 थी। इस प्रकार मूल्यों में प्रतिवर्ष और प्रत्येक क्षेत्र में ही भिन्नता नहीं होती, बल्कि प्रत्येक स्थान में भिन्नता आ जाती थी।

उत्तरी भारत की तुलना में खाद्यान्न बंगाल में सामान्यतः सस्ता रहता था, उसी प्रकार उत्तरी भारत में गुजरात तथा अन्य भागों की तुलना में मूल्य कम होता था। उदाहरणार्थ, लिंशोटन के अनुसार बंगाल में एक रुपया 500 पाउंड चावल के तुल्य था, जबकि **आइन** के उल्लेख के अनुसार 1595 ई. में उत्तरी भारत में 1 रुपया का 111 पौंड चावल प्राप्त होता था। लगभग 1650 ई. तक भारत के अन्य भागों की तुलना में बंगाल में चावल, मक्खन, तेल और गेंहू आधे मूल्य में उपलब्ध होते थे। केवल सत्रहवीं शताब्दी के मध्य में कुछ समय के लिए वहाँ कीमतें बढ़ी थी, जिसका मुख्य कारण बंगाल में सोना और चाँदी का अधिक आना था, जिससे व्यापार में प्रत्यक्ष रूप में विस्तार हुआ था। मोरलैंड का यह कथन कि बंगाल की स्थिति देश के अन्य भागों की तरह ही कर दी गई थी, सही नहीं है। खाद्यान्नों की कीमतें तथा मजदूरी की दरें कारोमंडल तटीय क्षेत्र की तुलना में अठारहवीं शताब्दी के मध्य तक कम थीं उसी प्रकार उत्तर भारत की तुलना में गुजरात में खाद्यान्नों के भाव अधिक थे। गुजरात में 1630 ई. के अकाल के पूर्व गेहूँ की कीमत प्रति रुपया 80 या 85 पाउंड थी, जबकि 'आइन' में दी गई कीमत (1595 ई. में) 185 पाउंड प्रति रुपया थी। चावल प्रति रुपया 40 से 65 पाउंड था, जबकि आगरे में यह 111 पाउंड था। डब्ल्यू.जी. दिजोंग ने (1628 ई.) भड़ौच में जौ की दर 99 पाउंड प्रति रुपया बताया है, जबकि 'आइन' में इसके 277 पाउंड प्रति रुपया रहने का उल्लेख है। गुजरात में दाम अधिक होने के कारण वहाँ अधिक संख्या में विदेशी खरीदारों का होना भी है। फिलिप एंडरसन के अनुसार, "सूरत के समान संसार में कोई दूसरा ऐसा नगर नहीं है जहाँ इतने भिन्न प्रकार के लोग एक स्थान पर हों। यहाँ के राजपथों पर केवल गुजरात और मराठा प्रान्तों के स्थानीय लोग ही नहीं बल्कि

सिन्धी, फारसवासी, अरबवासी, आर्मेनियावासी, पारसी, यहूदी तथा वोहरों के साथ अंग्रेज, डच और पुर्तगाली व्यापारी भी देखे जा सकते थे।''[16]

उपज के मौसम तथा साधारण समय में मूल्यों की भिन्नता रहती थी, साथ ही देश के अन्दर के भागों और बन्दरगाह में प्रचलित मूल्यों में भी अन्तर होता था। उदाहरणार्थ - अगस्त 1661 ई. में मिदनापुर जिले के चन्द्रकोना स्थान में 6 से 7 रुपये प्रति गाँठ (2 मन और 13 सेर) की दर से चीनी खरीदी गई तथा हुगली में, जो बन्दरगाह था, 9 से 10 रुपये प्रति गाँठ की दर से बेची गई। उसी प्रकार मक्खन 4 से 5 रुपये प्रति मन के हिसाब से बेचा जाता था जबकि बन्दरगाह में क्रमश: 8 से 10 रुपये में बेचा जाता था। तेल आन्तरिक भाग में 1 रुपया 12 आना से 2 रुपये प्रति मन था, जबकि बन्दरगाह में इसे 3 से 4 रुपये प्रति मन के हिसाब से बेचा जाता था। कुछ वस्तुओं में एक ही स्थान पर दामों में सालाना अन्तर बहुत ज्यादा हो जाया करता था। उदाहरण के लिए बंगाल में 1628 ई. में एक मन (80 पाउंड) चावल एक रुपया में तथा 1666 ई. में दो आने में बिका। उसी प्रकार 1659 ई. में एक मन घी 16 रुपये में तथा 1684 ई. में 7 रुपये में प्राप्त किया जा सकता था। एक मन चीनी का मूल्य 1628 ई. में 3 आना 1 पाई, 1639 ई. में 2 रुपये 7 आना तथा 1694 ई. में 2 रुपये 13 आना 8 पाई था। यहाँ कुछ उत्तम प्रकार के कीमती कपड़ों के दाम भी उल्लेखनीय हैं जो अधिक दाम के कारण साधारण लोगों की पहुँच से बाहर की चीज थी। सूती छींट 2 दाम प्रति गज, दुपट्टा एक रुपया प्रति टुकड़ा, मलमल 4 रुपये टुकड़ा और तसर $1^1/_2$ से 2 रुपये प्रति टुकड़ा की दर से प्राप्त होता था। सबसे सस्ते किस्म का सूती कपड़ा 2 दाम से 4 दाम प्रति गज की दर से मिलता था। गुजरात में बना भारतीय मखमल एक से दो रुपये प्रति गज, काबुल और फारस का किमखाब 1 से 5 मोहर की दर से तथा यूरोप से आयात किया गया कपड़ा 1 से 4 मोहर प्रति गज मूल्य पर प्राप्त होता था। कम्बल का मूल्य 10 दाम से लेकर 4 रुपये तक था। सबसे सस्ती लोई 14 दाम में मिलती थी।[17] 1685 ई. के बाद से मूल्यों के बढ़ने के विषय में अज़ीजा हसन अपने लेख 'सिल्वर करेन्सी आउटपुट ऑफ दि मुग़ल एम्पायर' में संकेत देती हैं कि इन वर्षों में अधिक सिक्कों का प्रचलन, तत्कालीन अमेरिकी चाँदी के निर्यात में समन्वय का अभाव तथा यूरोप से बड़े पैमाने पर सोने का भारत को निर्यात किया जाना है।

धातुओं के मूल्यों का तुलनात्मक अध्ययन करने पर पता चलता है कि 1580 ई. के आसपास सोने व चाँदी का अनुपात 1 : 9 था। 1670 ई. के बाद कई उतार चढ़ाव आए और यह अनुपात 1 : 16 हो गया। परन्तु 1750 ई. में यह घटकर 1 : 14 हो गया।

मुग़लों के समय में विभिन्न प्रकार के श्रमिकों को दिए जानेवाले वेतन व मजदूरी का कई स्थानों पर उल्लेख मिलता है। विशेषकर अबुल फज़ल और

समकालीन लेखकों तथा उस समय भारत में आनेवाले विदेशी यात्रियों के विवरणों (यात्रा-वृत्तान्त) में दिया है। 'आइन-ए-अकबरी' में उस समय सामान्य श्रमिकों की मजदूरी इस प्रकार दी गई है- गिलकार (चूना मजदूर) 5 से 7 दाम, संगतरास (पत्थर का काम करनेवाला) 6 दाम, मामूली काम करनेवाले करिंदे को 5 दाम, पत्थर तोड़ने वाले को प्रति मन गिट्टी तैयार करने में - 22 जीतल, पिंजरसाज को 16 से 24 दाम, अराकाश- $2^1/2$ दाम प्रति वर्ग गज, वेलदार (ईट बनानेवाला)- 3 से $3^1/2$ दाम प्रतिदिन, आबकाश (पानी देनेवाला) - 2 से 3 दाम इत्यादि। साधारण मजदूर को 2 से 3 दाम तक मजदूरी मिलती थी। गुलामों की मजदूरी प्रतिदिन एक दाम होती थी।

मुगल साम्राज्य में प्रचलित मजदूरी दर को जानने हेतु तात्कालिक स्रोत सामग्री की अत्यन्त कमी है। मजदूरी के आँकड़े आइन और अन्य फ़ारसी स्रोतों के साथ-साथ यूरोपीय रिकार्ड्स में उपलब्ध हैं। कुशल और अकुशल श्रमिकों की मजदूरी के आँकड़े आइन से प्राप्त होते हैं। निम्न तालिका में दैनिक दर के आँकड़े को मासिक दर में परिवर्तित किया गया है।

तालिका-12

निर्माण श्रमिकों के मासिक वेतन (रुपये में) : 1595 ई.

श्रमिकों की श्रेणी	प्रथम श्रेणी	द्वितीय श्रेणी	तृतीय श्रेणी	अवर्गीकृत
गिलकार (चूना मजदूर)	5.25	4.50	3.75	
बढ़ई	5.25	4.50	3.00	
ईंट बिछानेवाला	2.63	2.25		
बांस काटनेवाला				1.50
आबकाश (पानी देनेवाला)	2.25	1.50		
साधारण मजदूर				1.50
घास-फूस से छप्पर बनानेवाला				1.50

स्रोत : नज़फ हैदर, स्ट्रक्चर एंड मूवमेन्ट ऑफ वेज़ेज इन मुग़ल एम्पायर, जॉन लुकासेन (सम्पा.), वेज़ेज एंड करेन्सी : ग्लोबल एंड हिस्टोरिकल कम्प्रिजन

तालिका-13

टकसाल में कार्यरत श्रमिकों की मजदूरी दर : 1595 ई.

मजदूरों की श्रेणी	1000 सिक्के तराशने की मजदूरी (रुपये में)		
	मुहर (स्वर्ण सिक्का)	रुपया (रजत सिक्का)	दाम (ताम्र सिक्का)
खाली काटनेवाला (ज़र्राब)	5.26	1.34	0.5
चाँदी गलानेवाला	1.35		
तौल करनेवाला	0.44	0.14	0.01
सिक्का ढालनेवाला और हथौड़ा मारनेवाला	0.35	0.14	0.08

स्रोत : अबुल फज़ल, आइन-ए-अकबरी, भाग-1, पृ. 16-18

तालिका-12 और 13 के आँकड़ों की तुलना करना कठिन है। उसका कारण यह है कि हम टकसाल के कारीगरों के दैनिक कार्यभार (Work load) को नहीं जानते। यह भी नहीं बताया जा सकता कि वेतन/मजदूरी भुगतान करते समय नियोक्ता के द्वारा कारीगरों के कौशल का कैसे मापा गया।

तालिका-11 में ज़र्राब (Blank Cutter) को दिया जानेवाला उच्च वेतन उसकी नौकरी की नाजुक प्रवृत्ति के कारण था। ज़र्राब को सावधानीपूर्वक सटीक माप (समान आकार और समान वज़न) में धातुओं को काटना होता था। 1000 सिक्कों के लिए चाँदी के वज़न मापक की तुलना में सोने के वज़न मापक का कार्यभार अधिक था क्योंकि सोने को छोटे-छोटे समूह में तौला जाता था।

सिक्का ढालनेवाले का कार्य निश्चित था। उसका मुख्य कार्य धातु के टुकड़ों (सिक्कों) को पंक्तिबद्ध कर साँचों के बीच के खाली स्थानो में रखना, सिक्कों के दोनों तरफ बने छापों की जाँच करना, उनको फिसलने से रोकना, अधिलेखन (Over Writing) से बचाना और सिक्कों के किनारों को टुटने से बचाना था। इसके अलावा, उसे हथौड़ा मारनेवाले की आवश्यकता होती थी जिससे अपनी निगरानी में साँचा के ऊपरी व निचले तल की मरम्मत करवा सके। इस संचालन में हथौड़ा मारनेवाले की तुलना में अत्यधिक कार्य कुशलता और उत्तरदायित्व की माँग थी। हथौड़ा मारनेवाला का काम सिक्के ढालनेवाले के निर्देश पर एक मापित ताकत से सिक्कों पर प्रहार करना था। इसलिए टकसाल में हथौड़ा

मारने वालों के लिए कोई अलग से भत्ता नहीं बनाया गया था। उसने अपने से बेहतर कारीगर/साथी को दी जानेवाली मजदूरी का अल्पांश (1/6 भाग) प्राप्त किया।

मनसबदारों तथा अश्वारोहियों के वेतन में कटौती के सम्बन्ध में अबुल फज़ल कहता है कि—"हर वर्ष घोड़े के साज़-समान के लिए एक महीने का वेतन काट लिया जाता था।" शाहजहाँ तथा औरंगजेब के शासनकाल में 'खुराक-ए-दब्वाव' (रसद-ए-खुराकी) नाम से कटौती होती है जिसमें मनसबदारों के अधीन जानवरों के चारे का खर्च मनसबदारों के वेतन से काट लिया जाता था। इस सम्बन्ध में सबसे अधिक कटौती दक्कनी (बीजापुरी, मराठी, हैदराबादी) अधिकारियों से की जाती थी, जो उनके वेतन का एक चौथाई थी इसी से इसे **वजा-ए-दाम-ए-चौथाई** अर्थात दाम में एक चौथाई कटौती कहा जाता था।

अबुल फज़ल ने तालिका-14, 15 में मनसबदारों के व्यक्तिगत घोड़ों व हाथियों का रखरखाव करनेवाले नौकरों की मजदूरी के आँकड़े दिए हैं।

तालिका-14

घोड़ो को निखारने व रख-रखाव करनेवाले सेवकों की मासिक मजदूरी : 1574-75 ई.

घोड़ो की नस्ल	***मजदूरी (रुपये में)***
विदेशी नस्ल	
अरबी	1.58
इराकी	1.58
मुजन्नास	1.50
तुर्की	1.50
भारतीय नस्ल	
याबू	1.3
ताज़ी	1.3
जांग्ला	1.3

स्रोत : अबुल फज़ल, आइन-ए-अकबरी, भाग-1, पृ. 175

तालिका-15

हाथियों के परिचारकों की मासिक मजदूरी: 1574-1575 ई.

नौकरो की श्रेणी	हाथियों के प्रकार व मजदूरी (रुपये में)		
	मस्त	शेरगिर	सादा
चालक (महावत)	3.00	2.63	2.25
सहायक -। (भोई)	2.25	1.88	1.50
सहायक-।। (मेठ)	2.25	2.25	1.50

स्रोत : अबुल फज़ल, आइन-ए-अकबरी, भाग-1, पृ. 176

सत्रहवीं शताब्दी में कुलीन मुग़लों एवं अन्य धनी सामाजिक समूहों द्वारा शहरी क्षेत्रों में एक बड़े सेवा क्षेत्र को बनाए रखा गया था। इसमें मुख्य रूप से घरेलू नौकर और अन्य अकुशल श्रमिक शामिल थे। श्रमिकों को मासिक आधार पर (29 दिनों का चल माह) नियोजित किया गया था।

तालिका-16

चपरासी एवं घरेलू नौकर की मासिक मजदूरी : 1613-89 ई.

वर्ष	स्थान	मजदूरों की श्रेणी	मजदूरी (रुपये में)
1613	आगरा	शाही प्रतिष्ठान	3.00
1616	सूरत	घरेलू नौकर	2.66
1622	आगरा	चपरासी	4.00
1623	सूरत	घरेलू नौकर	3.00 (खाना व कपड़े के साथ)
1623	आगरा	बोझ ढोनेवाला	4.00
1626	आगरा	घरेलू नौकर	3.00-4.00
1634	सूरत	चपरासी	2.22-3.11
1636	सूरत	चपरासी	3.55-4.44*

1636	अहमदाबाद	चपरासी	3.55-4.44*
1637	आगरा	चपरासी	3.00-3.50
1659	अहमदाबाद	चपरासी	4.00
1689	आगरा	चपरासी	4.00

** अकाल वर्ष*

स्रोत: हाकिन्स, अर्ली ट्रैवेल्स इन इंडिया, पृ. 99, इंग्लिश फैक्ट्रीज रिकार्ड्स, 1622-23, पृ. 94, 222 ; 1634-36, पृ. 151, डेला वैले, ट्रैवेल्स ऑफ पेट्रो डेला, III, पृ. 42; पेल्सर्ट, दि रिमोंस्तरांसी, पृ. 62; ऑविग्टन, वॉयज टू सूरत इन दि ईयर 1689, पृ. 229

ध्यातव्य हो कि सोलहवीं शताब्दी के पूर्वार्द्ध में रुपये और महमूदी की विनिमय दर निम्न थी-

1 रुपया = 2.25 महमूदी

मुगल आर्थिक संगठन के अपने क्लासकीय अध्ययन में मोरलैंड मजदूरी के स्तर में कोई उल्लेखनीय परिवर्तन नहीं पाते हैं और इसे ठहराव का एक संकेतक माना। 1595 ई. से 1637 ई. के बीच अकुशल मजदूरों की दैनिक मजदूरी दोगुना से अधिक हो गई थी (2 दाम से 6.5 दाम) मोरलैंड ने कोई महत्वपूर्ण बदलाव नहीं देखा क्योंकि उन्होंने बाद के आँकड़ों को 3.25 दाम के बराबर माना।[18] यह उल्लेखनीय है कि तालिका-17 में रुपये में उद्धृत मजदूरी दर धन (मुद्रा) की वृद्धि को दाम की अपेक्षा अधिक दर्शाती है।

तालिका-17

आगरा में अकुशल मजदूरों की मजदूरी

	1595 ई.	**1613 ई.**	**1637 ई.**
दैनिक मजदूरी (दाम में)	2.0	10.6	6.5
मासिक मजदूरी (रुपये में)	1.5	3.0	3.5

नोट - *1 रुपया = 102 पैसा/दाम (1614 ई. में)*
1 रुपया = 54 पैसा/दाम (1637 ई. में)

टकसाल के कुशल कारीगरों को दी जानेवाली मजदूरी सत्रहवीं शताब्दी में बढ़ी। टकसाल श्रमिकों की मजदूरी आमतौर पर सिक्के ढालने के अनुपात में होती थी। वे वर्ष भर के लिए सक्रिय रूप से नियोजित नहीं थे, उन्हें काम करने

के लिए तभी बुलाया जाता जब टकसाल चालू हालत में होती। बाकी समय में, उन्हें 'निर्वाह भत्ता' देने की परम्परा थी। ज़ाहिर तौर पर अनुबन्ध के तहत कुशल श्रमिकों (कारीगरों) को रखने का खाका बनाया गया था क्योंकि कुशल श्रमिक हर जगह और हर समय आसानी से उपलब्ध नहीं थे।[19] यह प्रमाण है कि स्थानीय प्रशासक टकसाल श्रमिकों की गतिविधियों (स्थान परिवर्तन) को नियन्त्रित करते थे और अक्सर उन्हें किसी विशेष टकसाल से सम्बद्ध रखने के लिए जबरदस्ती काम पर रखा जाता था।[20]

तालिका-18

ज़र्राब की वास्तविक मजदूरी (1000 चाँदी के सिक्कों के लिए)

वर्ष	मजदूरी (रुपये में)	गेहूँ की मात्रा (किलोग्राम में)	टकसाल
1595	1.34	112.0	लाहौर
1676	4.00		सूरत
1694	4.50		कैम्बे
1694	5.00	88.5	सूरत

स्रोत : आइन-ए-अकबरी, भाग-1, पृ. 17, 32, 33, फैक्ट्रीज रिकाईस सूरत, 94 फोलियो, 58V सूरत में 1676 ई. में चाँदी के सिक्कों के निर्माण में डच व्यापारियों द्वारा दिये गए लागतों की एक सूची में ज़र्राबों को दिया जानेवाला वेतन 4 रुपये प्रति हजार सिक्कों के रूप में सूचीबद्ध किया गया था, वैन डैम, बेस्किइडिंग वैन डी ऑस्टिइंडिसे कम्पनी, III, पृ. 109

उपलब्ध साक्ष्यों से यह पता चलता है कि सोलहवीं शताब्दी के उत्तरार्द्ध में ज़र्राबों को उस अवधि के लिए भुगतान किया गया जब काम पर थे। इन्हें एक हजार चाँदी के सिक्के बनाने के लिए 53.44 दाम दिया गया।[21] 1694 ई. में जब अंग्रेजों को बाम्बे टकसाल में काम करनेवालों की जरूरत थी तो वो कैम्बे के ज़र्राबों ने 6 रुपये प्रतिमाह आहार (Diet) के लिए और हजार चाँदी के सिक्कों को ढालने के लिए 4.5 रुपये की माँग की जो केवल गुजरात में भर्ती हो सकते थे। सूरत के ज़र्राबों ने निर्वाह के लिए 8 रुपये प्रतिमाह और प्रति हजार सिक्के ढालने के लिएं 6 रुपये की उच्च दर की माँग की। हालाँकि बाद में उन्होंने सूचना दी कि सूरत टकसाल ने उन्हें 5 रुपये का भुगतान किया ऐसा लगता है कि हस्तक्षेप की अवधि में मजदूरी दोगुनी से अधिक हो गई।[22]

तालिका-19

आगरा में न्यूनतम मजदूरी की मासिक क्रयशक्ति

वर्ष	गेहूँ की मात्रा (किलोग्राम में)
1595	125
1637	111.129

तालिका-19 भवन निर्माण (1595 ई.) में कार्यरत सामान्य मजदूरों एवं डच कारखाना (1637 ई.) में कार्यरत चपरासी की वास्तविक मजदूरी के आँकड़े के दो सेटों को एक साथ लाता है। तालिका 16 के आँकड़े 100 साल की अवधि के बीच एक कुशल कारीगर के गेहूँ की क्रयशक्ति में गिरावट की ओर इशारा करते हैं। तालिका-19 से भी सामान्य श्रमिकों के गेहूँ की क्रय शक्ति में गिरावट परिलक्षित हो रहा।

जहाँगीर की मृत्यु के समय एक रूपया में 30 दाम होता था, जबकि अकबर के राज्यकाल में एक रुपया 40 दाम का होता था। 1695 ई. में आनेवाला यात्री करेरी के अनुसार एक रूपया में 54 पाई (एक पाई $^1/_2$ दाम के बराबर था) होती था। इस प्रकार अकबर के समय में एक साधारण मजदूर को 3 या 4 पाई ही प्राप्त होते थे।[23] जहाँगीर के समय में यह मजदूरी प्रायः दूनी हो गई थी। अबुल फज़ल के द्वारा तैयार किए गए विवरण से यह मालूम नहीं होता है कि मजदूरी की दर समूचे भारत में लागू होती थी या यह केवल आगरा के आसपास के इलाकों में प्रचलित थी। तुलनात्मक अध्ययन के लिए हमें यूरोपवासियों के द्वारा खोले गए कारखानों में काम करनेवाले मजदूरों के मासिक वेतन को देखना होगा। इस सम्बन्ध में मोरलैंड ने एक दूसरी कठिनाई का संकेत दिया है। उस समय एक महीने में दिनों की संख्या निश्चित नहीं थी। इसमें 30 से लेकर 40 दिनों का अन्तर होता था। जहाँगीर के राज्यकाल के अन्त में (1626 ई.) पेल्सर्ट ने लिखा है कि—''एक नौकर को 40 दिनों के लिए 3 रूपये से 4 रूपये तक वेतन दिया जाता था, यह वेतन भी काफी दिनों तक बकाया रखा जाता था और प्रायः पुराने और फटे कपड़ों के रूप में चुकाया जाता था।''[24] प्रसिद्ध आर्थिक इतिहासकार बृजनारायण ने लिखा है कि यह कथन गलत है कि मजदूरी महीने में 40 दिन के आधार पर दी जाती थी। उन्होंने एडवर्ड टेरी की पुस्तक 'इंडियन इकोनामिक लाइफ-पास्ट एंड प्रेजेंट' (1622 ई.) के आधार पर यह कहा है कि 5 शिलिंग की मजदूरी दूसरे दिन ही दी जाती थी।[25] यही बात आगरा में डचों के द्वारा रखी गई बही में भी दर्ज़ है। यह

भी उल्लेख है कि 30 दिनों का एक महीना मानकर **वीचा** (नौकर), एक **साईस** (घोड़े का रख-रखाव करनेवाला), एक **अब्दुल्ला** (कुली) और एक चपरासी को 3.50 रूपये प्रतिमाह मजदूरी दी गई।[26] 1637 ई. में धोबी और सफाईकर्मी को 5 रुपये मासिक दर से मजदूरी दी जाती थी। 1634 ई. में सूरत में 5 से 7 महमूदी (2.50 पैसे 3.50 पैसे) प्रतिमाह की मजदूरी दी गई जिसे 1638 ई. में बढ़ाकर 8 से 10 महमूदी कर दिया गया था। 1637 ई. में डच लोग अपने कारखाने में काम करनेवाले साधारण मजदूरों को 3 से 5 रूपये प्रतिमाह या 6 से 8 पाई प्रतिदिन दिया करते थे। 1937 ई. में डच फैक्ट्री आगरा में प्रचलित प्रचलित मजदूरी दर तालिका-20 में उल्लिखित है।

तालिका-20

आगरा में डच फैक्ट्ररी में कार्यरत नौकरों का
मासिक वेतन : 1637 ई.

कर्मचारियों की श्रेणी	मजदूरी (रुपये में)
धोबी	5.0
साज-सज्जा	4.5
चीफ फैक्टर का नौकर (Geleynsen)	4.5
मशालची	4.0
फैक्टर का नौकर (Barentsen)	3.5
रथचालक	3.5
द्वारपाल	3.5
चपरासी	3.5
गेलिनसेन का सामान वाहक़	2.5
कब्रिस्तान का रखवाला	2.0
फ़ारसी में पत्र लिखने	
वाला	0.5
नाई	0.5

स्रोत : गेलिनसेन कलेक्शन नं. 123, ए कंटम्परारी डच क्रानिकल ऑफ मुग़ल इंडिया, (अनुवादित और सम्पादित, बृजनारायण और श्रीराम शर्मा), पृ. 25

दिजोंग (लगभग 1628 ई.) ने लिखा है कि 1623 ई.-1628 ई. में भड़ौच में मजदूरी की सामान्य दर 3.75 रूपये प्रतिमाह थी।[27] अत: ऐसा प्रतीत होता है कि जहाँगीर के समय में मजदूरी दुनी हो गई थी। 1636 ई. में एक अर्दली को 3 पाई प्रतिदिन भत्ता दिया जाता था, जिसे उस समय यथेष्ट समझा गया था। ऐसा एक अंग्रेजी कारखाने के रिकार्ड में लिखा हुआ है, लेकिन यह अभिप्रेत नहीं है कि 3 पाई प्रतिदिन भत्ता है या मजदूरी की रकम। फिर भी यह स्पष्ट है कि जीवनयापन महँगा हो जाने के कारण 1675 ई. में मजदूरी की रकम बढ़ाकर 6 पाई कर दी गई थी। ऐसा लगता है कि मसुलीपट्टनम में मजदूरी की दर बहुत कम थी, वहाँ कारखाने में काम करनेवाले को 2 रुपये महीना मिलता था, जबकि अकबर के दरबार में 3 से $4^1/_2$ पाई प्रतिदिन की मजदूरी दी जाती थी। 'आइन' के अनुसार प्रत्येक पचास उँटों को चराने के लिए चरवाहे को पाँच सहायक रखने की अनुमति थी, जिनमें से प्रत्येक को प्रतिदिन 2 दाम मिलते थे।[28] पालकीवाहक़ कहार को प्रतिमाह 192 दाम से 384 दाम तक मजदूरी मिलती थी, वहीं आम कहार को 120 दाम से 160 दाम तक मासिक पारिश्रमिक मिलता था। ईस्ट इंडिया कम्पनी अपने प्राइवेट कर्मचारियों जैसे सुनार और कहार लोगों को 3 पैसा प्रतिदिन या 5 शिलिंग प्रतिमाह का वेतन देती थी, जिसमें भोजन आदि के लिए अलग कोई भत्ता नहीं मिलता था।

टेरी का कहना है कि - ''एक माह की सेवा के बदले नौकर 5 शिलिंग या 2 रुपये पाते थे और कहते थे कि इसमें से आधी रकम अपने घर भेजेंगे।'' स्ट्रिंशाम मास्टर के विवरण भी हुगली में (1678-79 ई.) ईस्ट इंडिया कम्पनी के नौकरों को कम मजदूरी देने की सूचना देते हैं।[29]

तालिका-21

हुगली (1678-79 ई.)

पद	मजदूरी
परिषद के प्रमुख	12 रुपये प्रतिमाह
परिषद के द्वितीय	8 रुपये प्रतिमाह
मन्त्री	10 रुपये प्रतिमाह
परिषद के तृतीय	5 रुपये प्रतिमाह
परिषद के चतुर्थ	5 रुपये प्रतिमाह
शल्य-चिकित्सक	4 रुपये प्रतिमाह

सचिव	4 रुपये प्रतिमाह
प्रमुख के अधीनस्थ	6 रुपये प्रतिमाह
द्वितीय के अधीनस्थ	4 रुपये प्रतिमाह
तृतीय के अधीनस्थ	3 रुपये प्रतिमाह
स्टीवर्ड	2 रुपये प्रतिमाह
नाई	2 रुपये प्रतिमाह

ढाका के कारखानों से प्राप्त रिकार्ड्स (1745) से निम्न वर्ग के कर्मचारियों की मजदूरी के बारे में कुछ जानकारी मिलती है। एक चोबदार (अर्दली) को 3 रूपये, धोबी को 4 रूपये, नाई को 2.50 रूपये, फर्राश को 4 रूपये, झंडाबरदार को 2.50 रूपये, कहार को 3 रूपये तथा मशालची को 2 रूपये मिलते थे। मजदूरी की यह दर उस समय प्रचलित दरों से कुछ ऊँची रखी गई थी।[30]

अकबर के समय सबसे कम मजदूरी अकुशल श्रमिको की थी जिन्हें 2 दाम प्रतिदिन या 1.50 रुपये प्रतिमाह की दर से दी जाती थी। अकबर के समय में कुशल श्रमिकों की मजदूरी 6 से 7 दाम प्रतिदिन थी।[31] पेल्सर्ट (1920-1627) ने उल्लेख किया है कि सभी हस्तकला के कारीगरों की मजदूरी 5 से 6 टका (10 या 12 पाई) थी।[32] आगरा (1637 ई.) में जो डच कारखाना था, उसमें निपुण मजदूर को 12 से 13 पाई प्रतिदिन मजदूरी मिलती थी। यह जहाँगीर के शासनकाल में निपुण मजदूरों की मजदूरी का प्रतिनिधित्व करता है। ऐसा प्रतीत होता है कि मुग़लकाल में मजदूरी का उच्चतम स्तर जहाँगीर के समय में पहुँचा था। तुरानी और फ़ारसी सैनिकों का वेतन अधिक था। हरेक सैनिक 25 रूपये पाता था। जबकि हिन्दुस्तानी सैनिक का वेतन 20 रूपये निश्चित था। अकबर के शासनकाल में कई बातों में वेतन की दर निश्चित होती थी। जैसे प्रति घुड़सवार घोड़े की संख्या, घोड़े की नस्ल आदि। यह दर 25 रुपये से लेकर 15 रुपये प्रतिमाह तक निर्धारित होती थी। अकबर ने सैनिको के वेतन देने की तीन श्रेणियाँ निर्धारित की थी। प्रथम श्रेणी के सैनिकों का वेतन 1200 रुपये प्रतिवर्ष था, द्वितीय श्रेणी के सैनिकों का वेतन 600 रुपये प्रतिवर्ष था तथा और तृतीय श्रेणी के सैनिकों का वेतन 300 रुपये प्रतिवर्ष था। इस प्रकार सैनिकों का औसत वेतन 25 रुपये से 100 रुपये प्रतिमाह था। 1565 ई. में अकबर ने आदेश पारित किया कि अफगान, तुर्की और भारतीय मुसलमानों में तीन घोड़े वाले को 25 रुपये प्रतिमाह, दो घोड़े वाले को 20 रुपये प्रतिमाह तथा एक घोड़े वाले को 15 रुपये प्रतिमाह

वेतन दिया जाय। बर्नियर ने औरंगजेब के शासनकाल में घुड़सवार सैनिको का सामान्य वेतन 25 रुपये प्रतिमाह बताया है।[33] लड़ाकू पैदल सेना के मस्केटधारी सैनिको को जिन्हें बन्दूकची कहा जाता था का वेतन 2.75 रुपये से 6.25 रुपये प्रतिमाह था। शारीरिक रूप से सशक्त लोग पहलवान नाम से जाने जाते थे। अकबर सदैव 2000 पहलवानों को अपने दरबार में रखता था। एक पहलवान का वेतन 1.75 रुपये से 11.25 रुपये होता था। तलवारधारियों का समान वेतन 2 रुपये से 15 रुपये प्रतिमाह था। शाही बैंड (नक्कार खाना) के लोगों का वेतन 2 रुपये से 8 रुपये प्रतिमाह था। महिला प्रहरी (**उर्दवेगी**) शाही हरम की देखरेख एवं सुरक्षा करती थीं। ये धनुष-बाण व तलवार रखती थीं, इनका सामान्य वेतन 5 रुपये प्रतिमाह था। अहदी सैनिक 100 रुपये से 500 रुपये प्रतिमाह वेतन पाते थे। शाहजहाँ के शासनकाल में अहदियों का सामान्य वेतन 50 रुपये प्रतिमाह था। औरंगजेब ने इसको 25 रुपये से 175 रुपये तक निश्चित किया। शाही तोपची (मैचलॉकमैन) को 260 दाम से 300 दाम, दरबान को 110 दाम से 200 दाम और कहार (पालकीवाले) को 120 दाम से 160 दाम मिला करता था। इस प्रकार ऐसा प्रतीत होता है कि निम्नतम श्रेणी के मजदूर भी औसतन 2 रूपये प्रतिमाह से कम नहीं पाते थे।

यह कहा जा सकता है कि निपुण मजदूर जैसे कारीगर या बुनकर को धनी बन जाने का अवसर शायद ही मिलता था। पीटर मंडी (1928 ई.-1634 ई.) उल्लेख करता है कि बुनकर की कमाई में बहुत सी कटौतियाँ हो जाती थीं। कपड़े के टुकड़े से 19 प्रतिशत कट जाता था। बिना धुले कपड़े के टुकड़ों पर 5 पाई की दलाली लगती थी, जिसमें से 2 पाई गवर्नर को, 2 पाई दलाल को तथा 1 पाई दुकानदार को दिया जाता था। आगरा, पटना तथा सूरत आदि शहरों में नाप की भिन्नता के कारण भी बुनकरों को लगभग 6.25 प्रतिशत की क्षति हुआ करती थी।[34]

ऐसा रिवाज़ सा हो गया था कि कोई भी अमीर काम करने के लिए किसी भी कारीगर को बुला लेता था और काम पूरा करा लेने के बाद बिना विचार के अपनी मर्ज़ी से कुछ भी मेहनताना दे देता था। यदि कारीगर अधिक मजदूरी माँगता या उसका काम ठीक नहीं होता तो वह उसे कोड़े लगाने में भी संकोच नहीं करता था। कारीगरों और मजदूरों के उपभोगस्वरूप और मजदूरी संरचनाओं की जाँच करने के पश्चात यह निष्कर्ष निकाला जा सकता है कि इन दोनों वर्गो का जीवन दयनीय और गम्भीर था और वे निृश्चित रूप से उस अवधि की गरीबी रेखा के नीचे रहते थे, यदि 18वीं शताब्दी में भारत और उसके बाहर उनकी स्थिति के आधार पर जाँच की जाए।

सन्दर्भ सूची

1. बाबर, बाबरनामा, भाग-2, पृ. 517
2. बाबर, बाबरनामा, भाग-2, पृ. 518
3. शर्मा, एल.पी., मध्यकालीन भारत, आगरा, 1998, पृ. 285
4. केली पैट्रिक, दि यूनिवर्सल कैंबिस्ट एंड कामर्शियल इंस्ट्रक्टर, वाल्यूम-1, पृ. 374
5. प्रिन्सेप, जेम्स, यूज़फुल टैबलेट फार्मिंग एन अपेंडिक्स टू दि जर्नल ऑफ दि एशियाटिक सोसायटी: क्वाइन्स, वेट्स एंड मेज़र्स ऑफ ब्रिटिश इंडिया, पार्ट-1, विशप कालेज प्रेस, कलकत्ता, 1840, पृ. 77
6. वर्मा हरिश्चन्द्र, पृ. 465
7. बर्कहाउजर (सम्पा.) : इनसाइक्लोपीडिया ऑफ हिस्टोरिकल मेट्रोलाजी, वेट्स एंड मेजर्स, नेशनल सिस्टम ऑफ यूनिट्स एंड करेन्सीज, पृ. 69, 70, 84
8. पेल्सर्ट, एफ., जहाँगीर'स इंडिया: दि रिमोंस्तरांसी ऑफ फ्रान्सिस्को पेल्सर्ट, (अनुवादित डब्ल्यू. एच. मोरलैंड) कैम्ब्रिज, 1925, पृ. 13
9. पेल्सर्ट, पृ. 14
10. हैदर, नज़फ : क्वांटिटी थियरी ऑफ मुग़ल मोनेट्री हिस्ट्री, पृ. 338-345
11. इग्लिश फैक्ट्रीज रिकार्ड 1624-1629, पृ. 235
12. जनरल मीसिवेन-।, पृ. 341
13. अशरफ, के.एम., लाइफ एंड कंडीशन्स ऑफ दि पीपल ऑफ हिन्दुस्तान, नई दिल्ली, 2000, पृ. 216
14. लिंशोटेन, जे.एच., दि वायेज ऑफ जान ह्यूजेन वान लिंशोटन टु दि ईस्ट इंडिया, भाग-1, लन्दन, सम्पादन आर्थर कोक वर्मन एंड पी.ए. टेल्स, 1897, पृ. 64
15. मनरीक, मनरीक ट्रैवल 1629-1643 (अनुवादित सी.ई.लॉर्ड,) लन्दन, 1927, पृ. 37
16. एंडरसन फिलिप, दि इंग्लिश इन वेस्टर्न इंडिया, बीइंग दि अर्ली हिस्ट्री ऑफ दि फैक्ट्री एट सूरत ऑफ बाम्बे, एंड दि सबोर्डिनेट फैक्ट्रीज आन दि वेस्टर्न कोस्ट, बाम्बे 1854, पृ. 19-34
17. चोपड़ा एम.एन., पी.एन.पुरी, वी.एन. दास, भारत का सामाजिक सांस्कृतिक और आर्थिक इतिहास, भाग-2, दिल्ली, 1975, पृ. 131
18. मोरलैंड, डब्ल्यू, एच., फ्राम अकबर टु औरंगजेब, पृ. 173, 178, 194, 195
19. फैक्ट्रीज रिकार्ड्स सूरत, फोलिक 39V, 58V
20. फैक्ट्रीज रिकार्ड्स सूरत, फोलिक 28V, 93V
21. अबुल फज़ल, आइन-ए-अकबरी, भाग-1, पृ. 17, 32
    बादशाह अकबर के शासन की सहूलियत के लिए आइन को अधिकारिक तौर पर विस्तृत सूचनाएँ जमा करने के लिए प्रायोजित किया गया था, फिर भी यह किताब आधिकारिक दस्तावेज़ों की महज नकल से कहीं बढ़कर थी। हम जानते हैं कि इसकी पांडुलिपि को लेखक द्वारा पाँच बार संशोधित किया गया। इससे ऐसा लगता है कि प्रामाणिकता की खोज

में अबुल फज़्ल काफी सावधानी बरत रहे थे। उदाहरण के तौर पर, मौखिक बयानों को तथ्य के रूप में किताब में शामिल करने से पहले, अन्य स्रोतों से उसकी असलियत और सच्चाई की पुष्टि करने की कोशिश की जाती थी। सांख्यिकी वाले खंडों में सभी आँकड़ों को अंकों के साथ शब्दों में भी लिखा गया ताकि बाद की प्रतियों में नकल की गलतियाँ कम से कम हों।

फिर भी जिन इतिहासकारों ने ध्यान से आइन का अध्ययन किया, वे बताते हैं कि यह ग्रन्थ पूरी तरह समस्याओं से परे नहीं है। जोड़ करने में कई गलतियाँ पाई गई हैं। ऐसा माना जाता है कि या तो ये अंकगणित की छोटी-मोटी चूक है या फिर नकल उतारने के दौरान अबुल फज़्ल के सहयोगियों की भूल। आमतौर पर ये गलतियाँ मामूली हैं और एक व्यापक स्तर पर किताबों के आँकड़ों की सच्चाई को कम नहीं करतीं।

आइन की एक और सीमा यह है कि इसके संख्यात्मक आँकड़ों में विषमताएँ हैं। सभी सूबों से आँकड़े एक ही शक्ल में नहीं एकत्रित किए गए। मसलन, जहाँ कई सूबों के लिए जमींदारों की जाति के अनुसार विस्तृत सूचनाएँ संकलित की गई, वहीं बंगाल और उड़ीसा के लिए ऐसी सूचनाएँ मौजूद नहीं हैं। इसी तरह, जहाँ सूबों से लिए गए राजकोषीय आँकड़े बड़ी तफ़सील से दिए गए हैं, वहीं उन्हीं इलाकों से कीमतों और मजदूरी जैसे इतने ही महत्वपूर्ण मापदंड इतने अच्छे से दर्ज़ नहीं किए गए हैं। कीमतों और मजदूरी की दरों की जो विस्तृत सूची आइन में दी गई है वह साम्राज्य की राजधानी आगरा या उसके इर्द-गिर्द के इलाकों से ली गई है। जाहिर है कि देश के बाकी हिस्सों के लिए इन आँकड़ों की प्रासंगिकता सीमित है।

22. फैक्ट्रीज रिकार्ड्स सूरत, 94 फोलिकए 58 V

23. थेवेनोट एंड करेरी, इंडियन ट्रैवेल्स ऑफ थेवेनोट एंड करेरी, (सम्पादक सुरेन्द्र सेन), दिल्ली, 1949, पृ. 38

जीन डि थेवेनोट (जन्म 16 जून, 1633 ई.-मृत्यु 28 नवम्बर 1667 ई.) एक फ्रांसीसी यात्री था जिसने अपनी यात्राओं के बारे में विस्तार से लिखा। वह एक भाषाविद, प्राकृतिक वैज्ञानिक और वनस्पतिशास्त्री भी था। उसका जन्म पेरिस में हुआ था और उन्होंने कॉलेज डि नवरे में अपनी शिक्षा प्राप्त की थी। अपनी वह यात्रा के दौरान 27 अगस्त 1664 ई. को फारस में प्रवेश किया, पर्सेपोलिस के खंडहरों का दौरा करने के बाद, 6 नवबंर 1665 को बसरा से होपवेल नामक जहाज से भारत के लिए रवाना हुआ, जो 10 जनवरी 1666 ई. को सूरत के बन्दरगाह पर पहुँचा। वह तेरह माह भारत के मुग़ल साम्राज्य में रहा और गोलकुंडा से मसूलीपट्टम तक भ्रमण करते हुए सूरत लौट आया, जहाँ से वह बन्दरअब्बासी के लिए रवाना हुआ और शिराज तक गया। उसने 1667 ई. की गर्मियाँ इस्फहान में गुजारा, वह दुर्घटनावश एक पिस्टल-शॉट से विकलांग हो गया था, 28 नवम्बर 1667 को मियांह में उसकी मृत्यु हो गई।

जियोवानी फ्रान्सेस्को जेमेली करेरी (1661-1725) सत्रहवीं सदी के साहसी इतालवी यात्री थे। वह जहाजों द्वारा व्यापार के सुरक्षित मार्ग का पता करके दुनिया का दौरा करनेवाले पहले यूरोपीय लोगों में से एक थे। लाभ के बजाय आनन्द के लिए की गई उनकी यात्रा ने

दुनिया भर के लोगों को प्रेरित किया। कुछ लोगों को उस पर अपनी यात्रा के दौरान वेटिकन (या बल्कि जेसुइट्स) के लिए जासूसी करने का सन्देह था। जेमेली करेरी का जन्म 1651 ई. में टॉरियानोवा में हुआ था और 1725 ई. में नेपल्स में उनकी मृत्यु हो गई। उन्होंने नेपल्स में जेसुइट्स कालेज में डाक्टरेट की उपाधि प्राप्त की। अपनी पढ़ाई पूरी करने के बाद उन्होंने कुछ समय के लिए न्यायपालिका में प्रवेश किया।

1699 ई. और 1700ई. के बीच, जियोवानी फ्रान्सेस्को जेमेली करेरी ने नेपल्स में छह खंडों में एक जिज्ञासु काम प्रकाशित किया जिसका नाम था, **गिरो डेल मोंडो**। इसमें उन्होंने पाँच वर्षों 1694-1699 के दौरान दुनिया भर में अपने विस्तारित यात्रा का वर्णन किया। जाहिरा तौर पर, इतालवी वकील, जेमेली करेरी ने एक आधुनिक पर्यटक के रूप में बिना किसी विशिष्ट राजनीतिक, धार्मिक या राजनयिक मिशन के यह अविश्वसनीय यात्रा स्वयं वित्तपोषित की। हालाँकि उसके पास निर्वाह का कोई महत्वपूर्ण साधन नहीं था। छह खंडों में से प्रत्येक खंड दुनिया के एक विशिष्ट क्षेत्र, अर्थात तुर्की, फारस, भारत, चीन, फिलीपीन्स और न्यू स्पेन को समर्पित था।

24. पेल्सर्ट, पृ. 66
25. नारायण बृज, इंडियन इकोनामिक लाइफ: पास्ट एंड प्रेजेन्ट, दिल्ली, 1929, पृ. 7
26. नारायण बृज, पृ. 12
27. नारायण बृज, पृ. 13
28. टेरी एडवर्ड, ए वायेज टू ईस्ट इंडिया, पृ.
29. मास्टर, स्ट्रिंशाम, दि डायरी ऑफ स्ट्रिंशाम मास्टर: (1675-1680 ई.) सम्पादित द्वारा आर.सी. टेम्पल, पब्लिश्ड फार गवर्नमेन्ट ऑफ इंडिया, भाग-2, लन्दन, 1911, पृ. 334, 335
30. चोपड़ पुरी, पृ. 123
31. नारायण, पृ. 13
32. पेल्सर्ट, पृ. 173, 178
33. बर्नियर फ्रांस्वा, बर्नियर की भारत यात्रा अनुवादित गंगा प्रसाद गुप्त, नई दिल्ली, 2005, पृ. 137

फ्रांस्वा बर्नियर (25 सितम्बर 1620-22 सितम्बर, 1688) एक फ्रांसीसी चिकित्सक और यात्री था। बर्नियर का जन्म 1620 ई. में अंजु में गोनोर्ड के पास 'जौ-एतियाउ' नामक स्थान पर किसानों के एक परिवार में हुआ था।

बर्नियर बहुत कम उम्र में अनाथ हो गया था और उसकी देखभाल उसके चाचा ने किया। 15 साल की उम्र में वह कॉलेज डी क्लेरमोंट में अध्ययन करने के लिए पेरिस चला गया। 1652 में फ्रंास के दक्षिण में गैसेंडी के साथ लम्बे समय तक रहने के दौरान वह प्रसिद्ध फैकल्टे डी मोंटपेलियर में चिकित्सा का क्रैश-कोर्स करके चिकित्सक बनने में कामयाब रहा। तीन महीने के गहन पाठयक्रम ने चिकित्सा की डिग्री प्रदान की, जो पहले किसी ने नहीं की थी। 36 साल की उम्र में वह पूर्व में अपनी यात्रा पर निकला, जिसमें फिलिस्तीन, मिस्र, काहिरा, अरब, इथियोपिया और भारत शामिल थे।

1658 ई. में वह सूरत (भारत) पहुँचा। वह भारत में लगभग 12 वर्षों तक रहा। अपनी भारत-यात्रा में फ्रांस्वा बर्नियर ने यहाँ का हर वह जगह देखा और घूमा जिसका राजनीतिक और सामाजिक पक्ष था। उसने आगरा, अहमदाबाद, कश्मीर, बंगाल, राजमहल, कासिमबाज़ार, मसूलीपट्टनम तथा गोलकुंडा की यात्राएँ की। भारत की राजनीतिक, धार्मिक एवं आर्थिक स्थिति का विस्तृत वर्णन बर्नियर ने अपने यात्रा वृत्तान्त 'ट्रैवेल्स इन द मुग़ल एम्पायर' में किया है। उसने उत्तराधिकार के युद्ध, मुग़ल प्रशासनिक व्यवस्था, राजस्व व्यवस्था एवं कृषकों की स्थिति जैसे विषयों पर सामग्री संकलित की है। उसने अपने विवरण को अत्यन्त रोचक तरीके से प्रस्तुत किया है। उसका विवरण अधिक प्रामाणिक है, किताब के एक हिस्से में वो भारत की एक रिवाज़ से परिचित कराने की बात करता है और बताता है कि यहाँ बड़े लोगों से मिलने कोई भी खाली हाथ नहीं जाता है, उस समय मुग़ल साम्राज्य के शासक औरंगजेब से अपनी मुलाकात का जिक्र करते हुए वह लिखता है कि जब मै औरंगजेब से मिलने गया तो अपने साथ 8 रुपये और कुछ तोहफे लेकर गया। वो वेशभूषा पर भी टिप्पणी करते हुए कहता है कि भारत में तो राजा तक चप्पलों का इस्तेमाल करते हैं, कई बार वे मोजे भी नहीं पहनते, जबकि फ्रांस में मोजे पहनना अनिवार्य है। वह इसकी वज़ह यहाँ का गर्म मौसम बताता है।

बर्नियर ने तत्कालीन कुरीतियों सती प्रथा, अन्धविश्वास, जातिप्रथा आदि सामाजिक प्रश्नों पर अपनी बात रखी। सती-प्रथा का उल्लेख बर्नियर ने अपनी किताब में दो बार किया है, बर्नियर ने लिखा है कि कुछ महिलाएँ स्वेच्छापूर्वक खुशी-खुशी अपने पति के शव के साथ सती हो जाती थीं परन्तु ज्यादातर को ऐसा करने के लिए विवश किया जाता था। लाहौर में एक बालिका के सती होने की घटना का अधिक मार्मिक विवरण देते हुए उसने लिखा है कि- ''लाहौर में मैने एक बहुत ही सुन्दर अल्पवयस्क विधवा जिसकी आयु मेरे विचार से बारह वर्ष से अधिक नहीं थी की बलि होते देखा। उस भयानक नरक की तरफ जाते हुए वह असहाय छोटी बच्ची जीवित से ज्यादा मृत प्रतीत हो रही थी, उसके मस्तिष्क की व्यथा का वर्णन नहीं किया जा सकता, वह कांपते हुए बुरी तरह से रो रही थी, लेकिन तीन-चार ब्राह्मण, एक बूढ़ी औरत, जिसने उसे अपनी आस्तीन के नीचे दबाया हुआ था, की सहायता से उस अनिच्छुक पीड़िता को सती स्थल की तरफ ले गए। उसे लकड़ियों पर बैठाया, उसके हाथ-पाँव बाँध दिए ताकि वह भाग न जाए और इस स्थिति में उस मासूम प्राणी को जिन्दा जला दिया गया। मैं अपनी भावनाओं को दबाने में असमर्थ था।'' इस विवरण से स्पष्ट होता है कि सती-प्रथा के अन्तर्गत सती होनेवाली महिलाओं की अल्पवयस्कता, अनिच्छा, व्यथा, विवशता एवं असहायता जैसे तत्वों ने बर्नियर का ध्यान विशेष रूप से आकर्षित किया। सती होने की एक दूसरी घटना का उल्लेख करते हुए वह लिखता है कि कैसे एक बार एक औरत ने अपने मुस्लिम प्रेमी से शादी करने के लिए अपने पति को जहर दे दिया था, लेकिन अपने पति को मारने के बाद जब वह उस व्यक्ति के पास गई तो उसने भी परिस्थितियों से डरते हुए उसका साथ छोड़ दिया, आखिर में उसे सती होना पड़ा, बर्नियर लिखता है कि जब वो औरत सती हो रही थी तो उस समय रिवाज़ के तौर पर वहाँ ढफली बजानेवालों में उसका प्रेमी भी शामिल था, जिसके लिए उस औरत ने अपने पति को मारा था।

अन्धविश्वास के बारे में बात करते हुए बर्नियर सूर्यग्रहण का जिक्र करते हुए फ्रांस में और भारत में इससे जुड़ी मान्यताओं की तुलना करता है, वो बताता है कि फ्रंास और यूरोप में जहाँ इसे दुनिया का अन्त समझा जाता है, वहाँ लोग अपने घरों में छुप जाते हैं, वहीं भारत में जब उसने 1666 का सूर्यग्रहण देखा तो पाया कि लोग जमुना के पानी में डुबकियाँ लगा रहे हैं, इनमें मर्द, औरतें, बच्चे, राजा, अमीर और गरीब सब शामिल थे। वे सूरज के निकलने और ग्रहण के खत्म होने का इन्तजार कर रहे थे, लोग अपने हाथों में जल भरकर सूरज की तरफ उछालते हैं और फिर बाहर निकलकर नए वस्त्र धारण कर लेते हैं, कई लोग अपने पुराने कपड़ों को ब्राह्मणों के लिए दीक्षा के तौर पर छोड़ देते हैं, तो कुछ उन्हें अपने साथ ही ले जाते हैं।

मुग़लों के साथ उसका जुड़ाव पराजित राजकुमार दाराशिकोह के साथ सूरत से आगरा के रास्ते में मुलाकात के साथ शुरू हुआ। अपने भाई औरंगजेंब से युद्ध में पराजय के पश्चात दाराशिकोह जब गुजरात की ओर भागा तब उसकी पत्नी नादिया बानो बेगम बहुत बीमार थी। दारा अपनी पत्नी के लिए वैद्य की तलाश में था। बर्नियर ने राजकुमारी के दर्द को कम किया, जिससे प्रभावित होकर दाराशिकोह ने बर्नियर को अपना निजी चिकित्सक नियुक्त कर लिया। दाराशिकोह के पतन के बाद उसे दानिशमन्द खान (मुग़ल सरदार) नामक विद्वान आश्रयदाता मिला।

बर्नियर बताता है कि- ''राज्य के बड़े नगर आगरा और दिल्ली हैं वहाँ जाते समय मार्ग में लुटेरों द्वारा लूटे जाने तथा 7 सप्ताह की यात्रा खर्च के कारण मैं तंगी में आ गया, इससे मुग़ल राज्य में मुझे नौकरी करनी पड़ी और 8 वर्षों तक मुग़लों से मेरा संसर्ग रहा। पहले मैं राज्य का हक़ीम नियुक्त हुआ पर भाग्यवश थोड़े दिनों में मुझे एशिया खंड के श्रेष्ठ विद्वान दानिशमन्द खान का आश्रय मिला जो पहले घोड़ों के सरदार के पद पर नियुक्त हुआ था पर अब मुग़ल दरबार का शक्तिसम्पन्न सबसे प्रतिष्ठित उमरा बन गया है।'' उसके भारत आगमन के समय शाहजहाँ के पुत्रों के बीच उत्तराधिकार को लेकर भयंकर संघर्ष चल रहा था। इस संघर्ष की कई घटनाओं का वह प्रत्यक्षदर्शी था साथ में औरंगजेब की विजय एवं उसके राज्यारोहण का भी।

दिल्ली की सड़कों पर जब मैले-कुचैले हाथी पर बैठाकर दारा को घुमाया गया था एवं हत्या की गई थी तब इन सब दृश्यों को बर्नियर ने स्वयं देखा था। इब्नबतूता एवं टैवर्नियर की तरह वह भी ग्वालियर किले का उल्लेख करता है। वह बताता है कि दारा पुत्र सुलेमान शिकोह एवं मुरादबख्श को ग्वालियर किले में मानमन्दिर के तहखाने में कैद कर लिया गया था बाद में उन्हें औरंगजेब के आदेश से मार डाला गया।

उसने तत्कालीन समय के सभी महत्वपूर्ण व्यक्तियों के चरित्रों को सजीव तरीके से चित्रित किया है। शाहजहाँ के पुत्र एवं पुत्रियों के आचार-व्यवहार का उसने विस्तृत वर्णन किया है। दाराशिकोह एवं औरंगजेब एक-दूसरे के प्रतिद्वन्द्वी थे। इसलिए उनके बारे में उसकी टिप्पणी अत्यन्त रोचक है। उसने शाहजहाँ के ज्येष्ठ पुत्र दाराशिकोह के बारे में लिखा है कि—''दारा में अच्छे गुणों का अभाव नहीं था वह अत्यन्त उदार था, किन्तु उसकी स्वयं अपने विषय में राय बड़ी ऊँची थी। उसका विश्वास था कि वह अपने दिमाग की शक्ति से

हर काम कर सकता है। वह उन लोगों से बड़ी रुखाई से पेश आता था जो उसे सलाह देने एवं वास्तविक स्थिति से अवगत कराने की चेष्टा करते थे। इसी कारण उसके नजदीकी मित्र भी उसके भाइयों के षडयन्त्रों तथा चालों के बारे में उसे सतर्क नहीं करते थे।'' इसी तरह दारा के कट्टर विरोधी औरंगजेब के बारे में बर्नियर की टिप्पणी अत्यन्त रोचक है। वह लिखता है कि—''औरंगजेब में दारा के समान शिष्टता एवं भद्रतापूर्ण व्यवहार का अभाव था कितु उसमें निर्णय लेने की अद्‌भुत क्षमता थी तथा अपने सहायकों एवं हितैषियों का चयन करने में उसकी दृष्टि बड़ी पैनी थी। वह गम्भीर कुशाग्रबुद्धि एवं अपने विचारों एवं योजनाओं को गुप्त रखने में अत्यन्त प्रवीण था।'' शाहशुजा के बारे में बर्नियर बताता है कि—''शुजा षड्यन्त्र रचने में अत्यन्त माहिर था। गुप्त रूप से धन देकर उसके पास अमीरों को वश में करने की क्षमता थी। मगर उसका सबसे बड़ा दुर्गुण यह था कि वह आमोद-प्रमोद का दास था। शुजा ने शिया धर्म ग्रहण किया था, इसमें उसकी चतुराई थी। उस समय दरबार में बड़े पदों पर इसी धर्म के लोग आसीन थे, शुजा को आशा थी कि आवश्यकता पड़ने पर उन लोगों से आपेक्षिक सहायता मिलेगी।'' मुरादबख्श का प्रधान उद्‌देश्य मौज करना था। शिकार तथा भोजन के प्रबन्ध में उसका अधिकांश समय बीतता था। वह उदार, साहसी और सभ्य था। उसे छल-बल से घृणा थी।

बर्नियर ने मुग़ल शहजादियों के बारे में भी अपनी राय प्रस्तुत की है। वह बताता है बेगम साहब (जहाँआरा) अत्यन्त रूपवती और अपने पिता की बहुत प्यारी है। पिता का अपनी पुत्री से सम्बन्ध हो जाने की बात फैली थी जिस पर विश्वास नहीं किया जा सकता। मुल्लाओं ने ये व्यवस्था दी थी कि बादशाह को उस वृक्ष के फल का आनन्द लेना अनुचित नहीं है, जिसको उसने स्वयं लगाया है। वह दारा का हित चाहती थी और उसके कामों में बराबर भाग लेती। वह यह भी बताता है कि मुग़लों के पुत्रियों का विवाह निषेध था। इसका कारण यह था कि कोई व्यक्ति राजकुटुम्ब का सम्बन्धी होने के योग्य नहीं समझा जाता। दूसरा यह कि इस बात का भय बना रहता कि किसी समय शाहजादी का पति बलवान होकर राज्य का लोभी न बन जाय और राज्य को अधिकार में करने के लिए यत्न न करने लग जाय।

रोशनआरा बेगम सुदंरता में बेगम साहब से कम थी, वह चंचला और विलासिनी है। साथ ही औरंगजेब का बहुत पक्ष करती है। बेगम साहब और दारा से खुला ईर्ष्या रखती है। वह धोखेबाजी, और चतुराई में निपुण है।

बर्नियर मुग़लकालीन शहरों को शिविर नगर कहता है जिससे उसका आशय उन नगरों से था जो अपने अस्तित्व व बने रहने के लिए राजकीय शिविर पर निर्भर थे। उसका विश्वास था कि ये राजकीय दरबार के आगमन के साथ अस्तित्व में आते थे और इसके कहीं और चले जाने के पश्चात तीव्रता से पतोन्मुख हो जाते थे। उसने यह भी सुझाया कि इनकी सामाजिक और आर्थिक नींव व्यवहार्य नहीं होती और ये राजकीय प्रश्रय पर आश्रित रहते थे।

उसने बनारस की तुलना एथेन्स से की है। राजपूतों के बारे में उसने कहा कि शस्त्र शिक्षा उन्हें पीढ़ी दर पीढ़ी प्राप्त होती रहती है। मिर्जा राजा जयसिंह द्वारा पुरन्दर घेरे के समय बर्नियर उनके साथ उपस्थित था। उसने लिखा है कि— ''मुग़लकाल में समस्त भूमि का

स्वामी राजा होता है।'' उसने औरंगजेब काल में कृषकों की दयनीय दशा का वर्णन किया है। उसने लिखा है कि-'' जमीन का एक टुकड़ा लेकर जब कृषक कृषि प्रारम्भ करता है तो कर की अत्यधिक वसूली के कारण उसकी स्थिति अत्यन्त खराब हो जाती है परिणामस्वरूप वह कृषि कार्य को छोड़कर अन्यत्र चला जाता है।

बर्नियर राजकीय कारखानों की कार्यप्रणाली का विस्तृत विवरण प्रदान करता है—''कई स्थानों पर बड़े-बड़े कक्ष दिखाई देते हैं जिन्हें कारखाना अथवा शिल्पकारों की कार्यशाला कहते हैं। एक कक्ष में कसीदाकार एक मास्टर के निरीक्षण में व्यस्तता से कार्यरत रहते हैं। एक अन्य कक्ष में आप सुनारों को देख सकते हैं; तीसरे में चित्रकार; चौथे में प्रलाक्षा रस का रोगन लगानेवाले; पाँचवें में बढ़ई, ख़रादी, दर्ज़ी तथा जूते बनाने वाले; रेशम, जरी तथा मलमल का काम करनेवाले...। शिल्पकार अपने कारखाने में हर रोज सुबह आते हैं जहाँ पर पूरा दिन कार्यरत रहते हैं और सायं में अपने-अपने घर चले जाते हैं।

बर्नियर के अनुसार शाहजहाँ के शासनकाल में कुल जनसंख्या लगभग 3 से 4 लाख थी और लगभग 15 प्रतिशत जनसंख्या कस्बों में थी। ताजमहल का बखान कुछ इस तरह करता है, ''ताजमहल के दर्शनीय समाधि के सामने जो आगरा में स्थित है, मिस्र के बड़े-बड़े पिरामिड जो संसार के 7 अद्‌भुतों में माने जाते हैं, अनगढ़ पत्थरों के ढेर जैसे मालूम होते हैं।''

उसने अपनी प्रमुख कृति **ट्रैवेल्स इन द मुग़ल एम्पायर (1656-1668 ई.)** फ्रांस के शासक लुई चौदहवाँ को समर्पित किया था। यह कृति अपने गहन प्रेक्षण, आलोचनात्मक अन्तर्दृष्टि तथा गहन चिन्तन के लिए उल्लेखनीय है। उसके वृत्तान्त में की गई चर्चाओं में मुग़लों के इतिहास को एक तरह के वैश्विक ढाँचें में स्थापित करने का प्रयास किया गया है। वह निरन्तर मुग़लकालीन भारत की तुलना तत्कालीन यूरोप से करता रहा। सामान्यतया यूरोप की श्रेष्ठता को रेखांकित करते हुए भारत को यूरोप के प्रतिलोम के रूप में दिखाया गया है, उसने जो विषमता महसूस की उन्हें भी पदानुक्रम के अनुसार क्रमबद्ध किया जिससे भारत, पश्चिमी दुनिया को निम्नकोटि का प्रतीत हो।

34. मंडी, पीटर, दि ट्रैवेल ऑफ पीटर मंडी इन यूरोप एंड एशिया, 1608-1667, लन्दन 1936, पृ. 182

7

व्यापारिक पूँजी द्वारा भारतीय शिल्पों की अधीनता

जब पण्य-वस्तुओं (वे पदार्थ या वस्तुएँ जो बाज़ारों में बेचेने के उद्‌देश्य से बनायी जाती हैं) के उत्पादन का विकास बहुत कम था, लघु उत्पादक अपने पास के बाज़ार में उत्पादन बेच आने तक ही अपने को सीमित रखता था, कभी-कभी तो वह सीधे उपभोक्ता को ही माल बेच देता था। पण्य-वस्तुओं के उत्पादन का यह सबसे निचला सोपान है, इसे हस्तशिल्प से पृथक करना कठिन होगा। जैसे-जैसे बाज़ार का विस्तार होता जाता है, यह खुदरा व्यापार असम्भव सा हो जाता है। बड़े बाज़ार में विक्रय भी बड़े पैमाने पर होगा, इस तरह थोक विक्रय की आवश्यकता और बड़े छोटे पैमाने पर उत्पादन में विरोधाभास अवश्यम्भावी हो जाता है। तत्कालीन सामाजिक-आर्थिक परिस्थितियों में उत्पादकों के बिखरे और विविक्त होने और विशिष्टीकरण के कारण विरोधाभास का समाधान कोई धनाढ्य वर्ग ही कर सकता था जो वस्तुओं के विपणन की व्यवस्था करे और इसका केन्द्रीयकरण करे। वस्तुएँ या कच्चा माल थोक में खरीदने से इन बिचौलियों ने अपनी लागत कम कर समूचे विक्रय प्रक्रिया को एक सामयिक, अस्थिर और अनियमित परिचालन से उठाकर उसे वृहत और नियमित रूप दे दिया। इस प्रकार अर्थव्यवस्था में लघु उत्पादक बाज़ार से दूर हो गया। व्यापारिक पूँजी के आक्रमण से उसकी रक्षा का कोई साधन न था, जिससे अर्थव्यवस्था में लघु उत्पादक पूँजी का आश्रित बन गया। इसका एकमात्र कारण यह है कि बड़े पैमाने पर विपणन से जो चीजें सुलभ होती हैं उसका मुकाबला खुदरा बिक्री या खुदरा विपणन नहीं कर सकती, इसलिए सीधे लघु उत्पादकों से माल खरीदकर बेचनेवालों का उदय हुआ। दरअसल, ये व्यापारिक पूँजी के प्रतिनिधि होते थे। इन्होंने लघु उत्पादकों पर अपना दबदबा बनाया। वस्तु मुद्रा सम्बन्धों के विकास में इस आर्थिक प्रक्रिया से गुजरना अपरिहार्य था।

भारत में आन्तरिक और ख़ासकर विदेशी व्यापार के विस्तार से स्थानीय कृषि की उपज और हस्तशिल्पों के लिए बहुत बड़ा बाज़ार तैयार हो गया था, यह

तर्कसम्मत विकास स्पष्ट दिखलाई पड़ा। विवेच्य-काल में व्यष्टिगत, छितराए उत्पादकों (जो खुदरा और प्रासंगिक विपणन करते थे) और बड़े बाज़ार की जरूरत के बीच आर्थिक विरोधाभास प्रकट हुआ। इसके फलस्वरूप तरह-तरह के बिचौलिए पैदा हो गए जिन्होंने कुटीर उत्पादनों पर अपना नियन्त्रण स्थापित कर लिया। उन्होंने खुदरा, छिटपुट विपणन को बड़े पैमाने पर नियमित व्यापार का रूप दे दिया। इससे कुटीर उत्पादक, विशेषकर कारीगरों की बिचौलियों पर निर्भरता बढ़ गई।

व्यापारिक पूँजी का लघु उद्योगों में प्रवेश और इसके फलस्वरूप लघु उद्योगों की उन पर निर्भरता का सर्वप्रथम रूप वह था जिसमें व्यापारी उससे सीधे माल खरीद लेता था। सोलहवीं-अठारहवीं शताब्दी में यह प्रथा खूब प्रचलित हो गई। सोलहवीं शताब्दी के अन्तिम चरण में बंगाल में व्यापारी हुगली नदी में अपनी नावों पर बैठकर बाज़ारों में चले जाते थे और कृषि की उपज और दस्तकारी की वस्तुएँ खरीदकर नावों में भर वापस लौट आते थे। सत्रहवीं शताब्दी में बिचौलिए शहरों में बुनकरों के केन्द्रों में जाकर उनसे कपड़े खरीद लाते और अपने देशी और विदेशी ग्राहकों को सौंपकर अपना कमीशन (दलाली; दस्तूरी) पा लेते थे। आमतौर पर खरीदारों से इन्हें 0.5 प्रतिशत और बेचनेवालों से 1 प्रतिशत कमीशन मध्यस्थता या दलाली का मिलता था।[1]

कपड़े और अन्य वस्तुओं की खरीदारी बढ़ती जा रही थी। इसमें व्यापारिक पूँजी द्वारा शिल्पों की अधीनता का एक रूप विकसित हुआ जो सरल ढंग से खरीद से ज्यादा जटिल था। बिचौलियों की खरीदारी में सीधे उत्पादकों को बयाना (अग्रिम धनराशि) दे दिया जाता था। यह उस क्लासिकीय रूप का भेद था जिसमें खरीद और कर्ज़ जुड़े रहते थे। जरूरतमन्द उत्पादक खरीदार से कर्ज़ लेते और माल देकर कर्ज़ चुकाते थे। भारत में इसे **ददन** कहते थे। यह प्रणाली सोलहवीं-सत्रहवीं शताब्दियों में खूब प्रचलित थी। भारतीय व्यापारी ही नहीं, यूरोपीय व्यापारी भी इसका सहारा लेते थे। जुलाहों पर अपने दबाव को प्रभावपूर्ण बनाने के लिए ईस्ट इंडिया कम्पनी पेशगी रुपये देने की प्रथा चलाई, जिसे **ददनी प्रथा** कहते हैं। इसके अनुसार कम्पनी के कर्मचारी जुलाहों को पेशगी रुपये दे देते थे और बदले में एक शर्तनामा (क़रारनामा) लिखवा लेते थे कि वे एक निश्चित तिथि पर, निश्चित मात्रा में और निश्चित मूल्य पर कपड़ा देंगे।

सत्रहवीं शताब्दी में मुग़ल साम्राज्य के शिल्पों का सर्वेक्षण करते हुए प्रसिद्ध भारतीय इतिहासकार जदुनाथ सरकार कहते हैं कि—"यूरोपीय उस काल की आम प्रथा के अनुसार उत्पादकों को ददन (पेशगी) देते थे, उनकी झोपड़ियों में उनकी देखरेख करते थे और ठीक वक्त पर अपने एजेंटों के ज़रिये माल की डिलिवरी लेते थे।"[2]

कोरोमंडल-तट पर बुनकरों को बयाना देनेवालों में प्रमुख कोमटी जाति के व्यापारी होते थे। जो स्वयं या उनके नौकर देहात में जाकर बुनकरों से कपड़े इकट्ठा करते थे।[3] कोमटी व्यापारी यूरोपीय व्यापारियों के दलाल भी होते थे। आर. ह्यूज नामक अंग्रेज व्यापारी ने बिहार में सत्रहवीं शताब्दी के शुरू में व्यापारियों द्वारा बुनकरों को बयाना (अग्रिम धनराशि) देने की आम प्रथा का उल्लेख किया है। उसका कहना है कि- ''उत्तर भारत के व्यापारी लखवुर के महीन कपड़े और अंबर्ती में पूँजी निवेश को प्रधानता देते हैं। बयाना नकद या हुंडी के रूप में दिया जाता है। व्यापारी बुनकर को समझा देता है कि उसे किस किस्म का कपड़ा चाहिए और कितना चाहिए। इसके लिए वह बयाना दे देता है। फिर शहरों में घूम-घूमकर वह कपड़े इकट्ठे कर लेता है।''[4] पीटर मंडी एक दूसरा अंग्रेज व्यापारी था जो आर. ह्यूज के दस साल बाद बिहार आया था, उसने भी स्थानीय दलालों का विवरण दिया है जो कपड़ों के लिए बयाना देकर कपड़े बनवाते थे।[5]

1670 के दशक तक जब अंग्रेजों ने भारत में व्यापार शुरू ही किया था, मालदा में सूती कपड़ों की बहुत बड़ी मंडी थी। यहाँ व्यापारी बुनकरों को साल में एक ख़ास वक्त पर बयाना दे आते थे। ढाका में भी पैरोकारों के माध्यम से दलाल बयाना देते थे। व्यापारी जिस वक्त दलाल को पेशगी देते थे, उसी समय कोरे थान (सूती-रेशमी दोनों) के दाम तय हो जाते थे। बंगाली और यूरोपीय व्यापारी ऐसा ही करते थे मगर अरब और मुग़ल व्यापारी पहले से कोई कीमत तय नहीं करते, वक्त पर माल आ जाने के बाद दलाल या स्थानीय व्यापारी कीमत लगाता था।[6] यह सूचना भी महत्वपूर्ण है क्योंकि इससे पता चलता है कि- (1) भारतीय व्यापारी कपड़े के पारम्परिक व्यापार में बिचौलियों का इस्तेमाल करते थे, (2) उस जमाने में बिचौलियों के माध्यम से उत्पादकों को बयाने की रकम पहले देने का रिवाज़ था। आर. ह्यूज और पीटर मंडी की सूचनाओं के आधार पर हम इस निष्कर्ष पर पहुँचते हैं कि इस इलाके में यूरोपीय व्यापारियों के आने से पहले से यह प्रथा चली आ रही थी।

सत्रहवीं शताब्दी में बंगाल और बिहार में उत्पादकों को पेशगी देने की प्रथा सिर्फ कपड़ों के व्यापार में ही नहीं प्रचलित थी बल्कि दूसरी वस्तुओं के व्यापार में भी (ख़ासकर शोरे के व्यापार में) ऐसा ही व्यवहार चलता था।

सत्रहवीं शताब्दी में भारत के दूसरे भागों में भी खरीद के लिए पेशगी देने की प्रथा थी। 1620 के दशक में पेशगी के बारे में एफ. पेल्सर्ट लिखता है कि-''इस शहर में मिर्ज़ा सादिक और गाज़ी फाज़िल दो बड़े व्यापारी हैं जो पेशगी देकर नील के उत्पादकों से करीब-करीब सारा माल खरीद लेते हैं। यह व्यापार बड़े

फायदे का था क्योंकि उस समय नील के एक मन की कीमत 35-36 रुपये होती थी।[7] मगर पेशगी देकर वे 24-25 रुपये की दर से नील पा लेते थे।"[8]

स्थानीय बाज़ार में दलालों की ताकत सर्वत्र समान न थी। बंगाल, बिहार और गुजरात में तथा कुछ दूसरे शहरों में कपड़ों के बड़े-बड़े बहुत से बाज़ार मिल जाते थे, मगर गोलकुंडा, कोरोमंडल तट पर यह सम्भव न था। मसलन, मसूलीपटट्नम में 1670 के दशक में अगर कुछ महीने पहले पेशगी न दे दें तो निश्चित था कि कपड़ा बाज़ार में नहीं मिलेगा।[9]

अंग्रेज ईस्ट इंडिया कम्पनी के साथ व्यापार करने में स्थानीय व्यापारी निम्नलिखित शर्तें रखते थे:

(1) कम्पनी बसन्त ऋतु में यह बतला देगी कि कितनी कीमत का माल चाहिए (ज़ाहिर है कि इसी आधार पर वे बुनकरों को सूत की कीमत के अनुसार पेशगी देते थे),

(2) कपड़े की डिलिवरी (सुपुर्दगी) से कई महीने पहले उन्हें दाम मिल जाएगा (जाहिर है कि इस तरह से वे कम्पनी को ठीक समय पर माल पहुँचानें का पक्का बन्दोबस्त करते थे)।

पूरी अठारहवीं शताब्दी में व्यापारिक पूँजी द्वारा कारीगरों को पेशगी देकर अपने कब्ज़े में करने का रिवाज़ बढ़ता गया। अठारहवीं शताब्दी के अन्त और उन्नीसवीं शताब्दी के प्रारम्भ में यह प्रथा बंगाल, बिहार, हिन्दुस्तान, मैसूर, महाराष्ट्र आदि में पूरी बुलन्दी पर थी।

सोलहवी-सत्रहवीं शताब्दियों में ददन प्रथा का चलन खूब बढ़ने से कारीगरों की आर्थिक स्वतन्त्रता तेजी से खत्म होती गई। वह स्थानीय दलाल को ही वह अपना माल बेच सकता था। अपनी इस हैसियत का लाभ उठाकर दलाल उत्पादकों पर दबाव डालकर दाम कम करा लेता था। कर्ज़दार महाजन के चंगुल में फँस गया और उसकी हालत बँधुआ मजदूर की होती गई। महाजन कर्ज़दार की विशेष आवश्यकताओं का भी लाभ उठाने लगा। सत्रहवीं शताब्दी के अनेक दस्तावेज़ों से प्रमाणित होता है कि उन कारीगरों की माली हालत खस्ता हो चुकी थी जो पेशगी ले लेते थे। अंग्रेज और डच दस्तावेज़ों में इन्हें 'बेचारे' कहा गया है जो स्वतन्त्र रूप में अपना व्यवसाय नहीं कर सकते थे।

इस तरह गोलकुंडा के गरीब बुनकर किसी प्रकार दो जून का भोजन पा लेते हैं। अगर पहले से पैसा न मिले तो वे करघे पर तानी नहीं चढ़ा सकते...।[10] कोरोमंडल-तट पर कपड़ों पर छपाई करनेवालों को छपाई के हर चरण पर पैसे की जरूरत पड़ती थी। पहले कपड़ा खरीदनें के लिए, फिर रंग के लिए और बाद में छपाई की अवधि में अपने खर्च के लिए चाहिए था।

ध्यातव्य है कि कारीगरों को जिनके पास अपनी पूँजी नहीं होती थी, पेशगी से शायद ही कोई फायदा हुआ हो। हाँ, महाजन व्यापारी जरूर मालामाल हुआ। अगर पेशगी रकम दी जाती तो दस्तकार को फायदा नहीं पहुँचाती, व्यापारी की दौलत में इजाफा अवश्य कर देती है।[11]

इन प्रक्रियाओं के विकास के साथ-साथ ही कारीगरों की उन महाजन सौदागरों के प्रति निर्भरता बढ़ती गई जो उनको पेशगी दिया करते थे। आर्थिक पराधीनता व्यक्तिगत अधीनता में बदलती गई। महाजनों एवं सौदागरों का कारीगरों पर तरह-तरह के दबाव बढ़ते गए और उन पर शारीरिक अत्याचार भी होने लगे। गुजरात में व्यापारियों के कारिन्दे जब कर्ज़दार बुनकरों के घर जाते थे तो अपने साथ कोड़े भी रखते थे।

ब्रिटिश ईस्ट इंडिया कम्पनी का एक दस्तावेज़ 1678 ई. के क़रारनामें का उल्लेख करता है जिसमें स्थानीय व्यापारियों को जिम्मेदारी दी गई थी कि वे बुनकरों को डच व्यापारियों के बहक़ावें में नहीं आने देगें। अंग्रेज कम्पनी को पता चला है कि डच कम्पनी इस साल इस इलाके में भारी निवेश की सोच रही है। 'अपने बुनकरों' से कम्पनी का मतलब उन बुनकरों से है जो उनसे बराबर पेशगी प्राप्त करते हैं।[12]

व्यापारी और कारीगरों के बीच रिश्ते इतने गहरे जुड़े थे कि व्यापारी कभी-कभी बुनकरों, रंगरेजों आदि के झुंड के झुंड को एक स्थान से हटाकर दूसरे स्थान पर बसा देता था। सत्रहवीं शताब्दी के अन्त में एक कन्नड़ व्यापारी बाबू प्रभु ने रंगरेजों के एक झुंड को तूतीकोरिन से हटाकर मालाबार में बसा दिया।[13]

पूरी अठारहवीं शताब्दी में सौदागरी पूँजी पर हस्तशिल्पों की निर्भरता बराबर बनी रही। अठारहवीं शताब्दी के अन्तिम चरण और उन्नीसवीं शताब्दी के प्रारम्भ में बिहार की सीमा पर हिन्दुस्तान में उन कारीगरों की स्थिति दयनीय रही जो महाजनों से पेशगी लिया करते थे। इनमें से अनेक अपनी आर्थिक आजादी पूरी तरह गँवा चुके थे। उनको अपना कारोबार चलाने के लिए पैसे उपलब्ध न थे। वे अपने पैसे से सूत या दूसरी चीजें नहीं खरीद सकते थे।[14] उदाहरण के लिए पटना में सभी देशी व्यापारी पेशगी देते थे क्योंकि इससे कारीगर उनके दबाव में रहता था। उसकी हालत ग़ुलामों से कुछ ही बेहतर थी।

बेलगाँव, महाराष्ट्र में जो दशा अठारहवीं शताब्दी के अन्त और उन्नीसवीं शताब्दी के प्रारम्भ में थी, वह अच्छा दृष्टान्त प्रस्तुत करती है। टी. मार्शल ने बतलाया है कि-"यहाँ मोटे किस्म का कपड़ा तैयार होता है। शाहपुर के व्यापारी माल बनवाते हैं, वे बुनकरों को सूत खरीदने और उनके खर्च के लिए पेशगी दे देते हैं (जो चार-पाँच महीने के लिए जब तक काम पूरा न हो जाए, पर्याप्त होता है), बुनकर इन व्यापारियों के कर्ज़ में इतने डूबे रहते हैं कि जो भी

सामान उनके रुपयें से उनके आर्डर के अनुसार बनाते हैं, वह उस महाजन का होता है।''[15]

अंग्रेज कम्पनी के लिए काम करनेवाले मजदूर पर घोर अत्याचार होते थे। 1767 ई. में गवर्नर जी. वेरेल्स्ट ने लन्दन को लिखे एक पत्र में सभी कारखानों में बुनकरों की असामान्य किल्लत का जिक्र करते हुए लिखा था कि निश्चित रूप में बहुत बड़ी संख्या में बुनकरों ने अपना पेशा छोड़कर दूसरे कम खतरनाक पेशे अपना लिए हैं। कम्पनी के बोर्ड ऑफ डाइरेक्टरों ने इसके लिए अनेक वर्षों से बुनकरों पर होनेवाले अत्याचार को दोषी बतलाया जिससे बहुत से बुनकरों ने अपने करघे फेंक दिए। यह भी कि कम्पनी काम कराने के लिए ताकत का इस्तेमाल करती रही है, हम उनको उचित मूल्य नहीं देते इसीलिए वे काम नहीं करना चाहते।[16]

विवेच्य-काल में बिहार में शोरे का उत्पादन इसका एक दूसरा दृष्टान्त प्रस्तुत करता है कि किस तरह उत्पादक व्यापारिक पूँजी के अधीन हो गया था। 'नोनी' जिन जमींदारों से जमीन किराए पर लेकर शोरा बनाते थे उनके इस कदर आश्रित हो जाते थे कि उनके अलावा किसी दूसरे को शोरा बेच नहीं सकते थे। इस व्यापार में खूब लाभ था जो सत्रहवीं शताब्दी से चला आ रहा था। अठारहवीं शताब्दी के अन्त और उन्नीसवीं शताब्दी के प्रारम्भ में अधिकांश शोरा बनानेवाले नोनी कर्ज़ में इतनी गहराई से डूबे हुए थे कि वे कर्ज़ कभी नहीं चुका सकते थे।

उपर्युक्त सभी बातों को दृष्टि में रखते हुए हम कह सकते हैं कि सत्रहवीं-अठारहवीं शताब्दी में भारत के हस्तशिल्प उद्योग में कारीगरों को पेशगी रकम देने की जो प्रथा प्रचलित थी उसमें पूँजीवादी सम्बन्धों के संक्रमण के तत्व मौजूद थे क्योंकि पेशगी धनराशि देकर सौदागर ने उत्पादन प्रक्रिया में हस्तक्षेप करना शुरू कर दिया था। अब वह कारीगर को आदेश दे रहा था कि उसे क्या माल बनाना है, कितना बनाना है और कितनी अवधि में बनाना है। कारीगर आमतौर पर अपने उपकरणों का मालिक होता था। वे पूँजीपति के अधीन तो हो ही गए थे किन्तु उनका स्वामित्व मात्र एक छलावा था। उत्पादन के साधन और जीविका के साधन कारीगर के विरुद्ध थे क्योंकि इन दोनों का स्वामित्व तो खरीदार के पास था।

कारीगर द्वारा बिचौलिए के कच्चे माल का प्रसंस्करण (प्रोसेसिंग) ग्राहक्र के कच्चे माल के प्रसंस्करण का ही छोड़ा हुआ रूप था। मध्ययुग में यह आम प्रथा थी। आर. ह्यूज बतलाता है कि- ''सत्रहवीं शताब्दी के प्रारम्भ में अम्बर्ती सूती कपड़ा सफेदी करनेवाले को दे देते थे जो उसे तीन महीने रेह में रखकर साफ करता था और उस पर माँडी चढ़ाता था। इसके लिए उसको तयशुदा पारिश्रमिक

मिलता था। व्यापारी ने तो उसे कच्चा ही खरीदा था।''[17] ब्लीचिंग के लिए बहुत से कारीगर अहमदाबाद में थे, मगर वहाँ से कपड़ा भड़ौच भेजा जाता था क्योंकि वहाँ के पानी में कुछ तत्व ऐसे थे जिससे कपड़ा चमकने लगता था।[18]

जब बिहार में सत्रहवीं शताब्दी के प्रारम्भ में कपड़े का व्यापार बुलन्दी पर चढ़ा तो कपड़ों के ब्लीचिंग की पुरानी प्रथा में, जिसमें आर्डर लेकर काम करते थे, नए आर्थिक रूप पैदा हुए। कारीगर खुदरा ग्राहक्रों से सीधे आर्डर नहीं लेता था, अब उसे बड़ी मात्रा में कच्चा माल नियमित रूप से मिलने लगा। बिचौलिए उसे गज्झिन सूती कपड़ा दे जाते थे। इसका नतीजा यह हुआ कि कारीगरों ने धीरे-धीरे अपनी आजादी खो दी क्योंकि व्यापारियों ने अब कच्चा माल और बाज़ार दोनों पर कब्ज़ा कर लिया। ब्लीचिंग का काम करनेवाले कारीगर व्यापारियों पर आश्रित होते गए। वे अन्ततोगत्वा पारिश्रमिकभोगी मजदूर बन गए जो पूँजीपतियों के लिए अपने ही घर में काम करता था। मद्रास के आसपास के ब्लीचरों के साथ भी ऐसा ही हुआ जो अंग्रेज ईस्ट इंडिया कम्पनी के आर्डर पर काम करते थे।[19]

कोरोमंडल-तट पर भी छींट के उत्पादन में सत्रहवीं शताब्दी में ऐसी ही प्रथा थी। यहाँ श्रमिकों के पुराने संगठन धीरे-धीरे नई आर्थिक विशिष्टताओं को अपनाने लगे। छपाई के काम में कई तरह के विशिष्ट कारीगर होते थे। ये भी इसी आधार पर चले। जे. ओलफ्सन जो सत्रहवीं शताब्दी के प्रारम्भ में यहाँ आया था, कारीगरों के बारे में लिखता है -

> यहाँ के कारीगर कपड़ों की बुनाई, रंगाई और छपाई में कुशल होते हैं। ये किसी भी रंग का कपड़ा तैयार कर सकते हैं। रंगाई के लिए इनके लम्बे-लम्बे मकान होते हैं जिनमें दीवारें नहीं होतीं। इनमें मकान के बराबर लम्बी-लम्बी मेजें होती हैं। इन मेजों पर ये अपने बरतन रखते हैं, जिनमें तरह-तरह के रंग होते हैं। उनकी कूचियाँ और कलमें होती हैं। मेज पर सूती-रेशमी कपड़े फैलाकर ये इनकी मदद से निशान लगाते हैं जिन पर अपनी कल्पना से ये रंग भरते हैं। इनकी कूचियाँ सूअर के बालों की बनी होती हैं। ये बड़ी भी होती हैं और छोटी भी। इन कूचियों से कपड़ों पर तरह-तरह के कलापूर्ण चित्र बनाने में ये नितान्त कुशल होते हैं। वे यहाँ दिन भर सूरज डूबने तक बैठते हैं सिर्फ दोपहर को थोड़ी देर के लिए ये खाना खाने के लिए मकान के भीतर जाते हैं। ये बातें करते जाते हैं और कपड़ों पर चित्र बनाते जाते हैं। मैं उनके रंगाईघरों में मेजों पर अक्सर बैठता था, वे बड़े प्यार से मेरा स्वागत करते थे। जब हर थान तैयार हो जाता है तो उसे धूप में सूखने के लिए चौरस जमीन पर फैला देते हैं और उनको खूँटियों से बाँध देते हैं।[20]

शिल्पों में वस्तु मुद्रा सम्बन्ध बढ़ जाने से छीपियों में आर्थिक वैषम्य था। इससे कपड़े की छपाई के व्यापार में सत्रहवीं शताब्दी के अन्त में नए आर्थिक सम्बन्ध पैदा हुए। अब बिचौलिए छीपियों को पेशगी के साथ-साथ 'पैटर्न' (नमूना) भी देते थे जिसे कपड़े पर उतारना होता था। इस प्रकार छीपीगिरी के व्यापार में श्रम के आर्थिक संगठन का यह नया रूप बना। डी. हैवर्ट ने पोलकोल्लु शहर के आसपास इस प्रथा का प्रचलन देखकर लिखा है कि- "चार तरह के छीपी होते हैं, जिनके बीच आर्डर का काम बाँट दिया जाता है। वे अपने से नीचेवालों को काम पर लगा देते हैं। ये कारीगर गरीब होते हैं, इन्हें कर्ज़ उतारने के लिए और सालाना कर अदा करने के लिए काम देना जरूरी होता है नहीं तो ये बरबाद हो जाएंगे।"[21]

इस प्रकार हम देखते हैं कि सत्रहवीं शताब्दी के अन्त में कोरोमंडल तट पर कपड़े पर छपाई के काम में श्रमिकों का एक ऐसा संगठन बन चुका था जिसमें विकेन्द्रीकृत पूँजीवादी निर्माण की विशिष्टताएँ मौजूद थीं। व्यापारी कारीगरों के उस्ताद को पेशगी देता था। ये उस्ताद धनी हुआ करते थे जो गरीब कारीगरों को मजदूरी पर काम बाँट देते थे। ये कारीगरों के उस्ताद व्यापारियों के कर्ज़ के नीचे दबे होते थे। कपड़े के उत्पादन में श्रम का विभाजन था। भिन्न-भिन्न क्षेत्रों के कारीगर भिन्न-भिन्न काम कर माल तैयार करते थे।

उत्पादन की ये विशिष्टताएँ कोरोमंडल तट तक ही सीमित न थी, मिर्ज़ा अबू तालिब के इतिवृत्त में अठारहवीं शताब्दी के लखनऊ का वर्णन है। उस जमाने में लखनऊ छींट के काम के लिए प्रसिद्ध था। इस इतिवृत में एक उस्ताद छापाकार का जिक्र है, वे बड़े आदरणीय माने जाते थे। उनके नीचे चार या पाँच सौ शागिर्द काम करते थे[22] किन्तु, यह पता नहीं कि ये सभी किसी एक जगह काम करते थे या अपने -अपने घरों में (अधिक सम्भावना यही है कि ये अपने घरों में ही काम करते रहे होंगे)।

अठारहवीं शताब्दी के अन्त और उन्नीसवीं के प्रारम्भ में बिहार में भी उत्पादन के ऐसे ही रूप दिखलाई पड़े। पटना के व्यापारी निर्यात के लिए छीटें बनाते थे। इसमें नए कपड़े का इस्तेमाल होता था। इनमें से कुछ के पास अपनी थोड़ी बहुत पूँजी होती थी जिससे वे कच्चा माल खरीदकर नौकरों से छपाई कराकर व्यापारियों के हाथ निश्चित दरों पर माल बेच देते थे।[23] भागलपुर में अठारहवीं शताब्दी के अन्त और उन्नीसवीं शताब्दी के प्रारम्भ में व्यापारी किसानों को अनाज देते थे और कच्चे लोहे की ढलाई करवाते थे। किसान कृषि के अलावा खाली मौसम में यह काम करते थे। ये किसान धातु बनाकर व्यापारी को सौंप देते थे, उसके बदले वह उन्हें अनाज देता था। व्यापारी उस धातु को गाँव के लुहारों को गढ़ाई के लिए दे देते थे। ये उन्हें पेशगी भी देते थे और फिर

बाद में व्यापारी इनसे गढ़ी चीजें खरीद लेते थे। वे औपचारिक रूप में धातु लुहारों को बेच देते थे, फिर खरीद लेते थे। महत्वपूर्ण बात यह है कि लुहार पेशगी न मिलने की दशा में काम नहीं कर सकते थे। एफ. बुकानन लिखते हैं कि- ''गाँव के ये लुहार बिना पेशगी के काम कभी नहीं करते। व्यापारी उनको आमतौर पर कच्चा लोहा बेच देते थे और जैसे ही वे उसको गलाकर कोई माल ढालकर तैयार कर लेते वे उसे खरीद लेते थे।''[24]

बिहार के जूते-चप्पल ज्यादातर बाहर जाते थे। व्यापारी इनको कच्चा माल देकर रोजाना मजदूरी पर माल तैयार कराते थे।[25] आभूषण बनानेवाले पटना के कारीगरों के पास अपनी पूँजी नहीं होती थी पर औजार उनके अपने होते थे।[26] शाहाबाद जिले के 80 प्रतिशत तेलियों के पास तेहलन खरीदने के लिए पूँजी नहीं होती थी। इसलिए व्यापारी उनको तेलहन देकर मजदूरी पर तेल पेरवाते थे। उदाहरणार्थ- बिहार जिले में 25 फीसदी तेली व्यापारियों से तेलहन लेकर मजदूरी पर काम करते थे।[27]

हमारे पास ऐसे प्रमाण भी हैं (यद्यपि इनकी संख्या बहुत कम है) कि 1670 के दशक में तथा अठारहवीं शताब्दी और उन्नीसवीं शताब्दी के प्रारम्भ में कताई करनेवालों और बुनकरों में पेशगी का रिवाज़ प्रचलित था। बम्बई में अंग्रेज ईस्ट इंडिया कम्पनी से आर्डर लेकर 1670 के दशक में जो व्यापारी कपड़ों की आपूर्ति करते थे वे बुनकरों को सूत देते थे, इनमें से एक व्यापारी का नाम गिरधर था। उसने बतलाया कि सूत महँगा होने के कारण कपड़ों के दाम बढ़ गए हैं।[28] इस पर कम्पनी स्वयं सूत खरीदकर बुनकरों को देने लगी। अबे रेनाल ने अठारहवीं शताब्दी के उत्तरार्द्ध में कोरोमंडल तट के आर्मेनियन व्यापारियों को बारे में लिखा है कि- ''वे भारत जाकर रुई खरीदकर सूत कातनेवालों को भेज देते हैं, कपड़े भी अपनी देखरेख में बनवाते हैं और वहाँ से बन्दर अब्बास के रास्ते इस्फहान और यूरोप भेजे जाते हैं। यूरोप वाले इन्हें ईरानी कपड़ा कहते हैं किन्तु वे कोरोमंडल तट के बने होते हैं।''[29] तथापि रेनाल की सूचना की तिथि स्पष्ट नहीं लिखी है और उसने जो कुछ लिखा है वह उसका खुद का आँखों देखा नहीं था इसलिए उसके बयान को ग्रहण करने में सावधानी बरतनी होगी।

महाराष्ट्र में बागुलकोट के 25-30 मील के घेरे में रेशम के बुनकरों की बस्तियाँ थी। बागुलकोट के व्यापारी इन बस्तियों में जाकर पेशगी दे आते थे और साथ में कच्चा रेशम भी बेच आते थे जो वे शहर से अपने साथ लाए रहते थे। बहुत से रेशम के बुनकर इन व्यापारियों के कर्ज़दार होते थे। ये महाजन इनका तकरीबन सारा माल खरीद लेते थे। कच्चे रेशम की बिक्री अक्सर बुनकरों को कच्चा माल बाँटने जैसा होता था। टी. मार्शल ने महाराष्ट्र की अवस्था का वर्णन

करते हुए कहा है कि- ''बागुलकोट के महाजन सामान का थोड़ा हिस्सा देकर 25 मील के घेरे में बुनकरों की बस्तियों का सारा माल खरीदते और बेचते थे। यहाँ सारा माल निर्यात के लिए बनता था।''[30]

बुनकरों के घरों में पूँजीवादी काम के विकास का अच्छा उदाहरण कश्मीर में अठारहवीं शताब्दी के अन्त और उन्नीसवीं शताब्दी के प्रारम्भ में रेशम के वस्त्र निर्माण में मिलता है, जहाँ उद्यमी व्यापारी बुनकरों को धागे दे आता था। स्ट्रैची नामक एक अंग्रेज यात्री ने लिखा है कि- ''व्यापारी बुनकरों के चौधरी को धागे दे आता है। इन धागों को कत्तिने तैयार करती हैं फिर उन्हें रंगरेज रंगता है। इन्हीं रंगीन धागों से व्यापारी के आर्डर (माँग) के अनुरूप बुनकर अपने ही घरों में माल तैयार करते हैं। आर्डर देते वक्त ही व्यापारी बता देता है कि उसे किस पैटर्न का और किस रंग का कितना माल चाहिए।[31]

पूँजीवादी अतिरिक्त मूल्य निर्माण के प्रारम्भ और पूँजीवादी सम्बन्धों के उदय का मूल्याँकन करते समय यह बात स्पष्ट परिलक्षित होती है कि व्यापारी कच्चे माल के वितरण का अतिरिक्त कार्य इसलिए करता है ताकि जिस मूल्य पर दूसरे वही सामान बेचते हैं, उसी मूल्य पर बेचकर वह उनसे ज्यादा लाभ कमा सके। कारीगर को अपनी सेवा में लेकर उसने उत्पादन का पारम्परिक ढाँचा तोड़ दिया। पारम्परिक ढाँचे में उत्पादक अपना तैयार माल बेच आने के अलावा और कुछ नहीं करता था। नई अवस्था में व्यापारी-पूँजीपतियों ने कारीगर की श्रम शक्ति खरीद लिया, अभी तक उत्पादन के उपकरण उसके अपने होते थे किन्तु कच्चा माल उसका नहीं होता था। इस प्रकार बुनकर को रोजगार की गारंटी देकर वह उसकी मजदूरी में इतनी कमी करा सकता था कि उसके श्रम की अवधि के कुछ भाग की मजदूरी उसे नहीं देनी पड़ती थी। इस तरह ठेकेदार अपने व्यापारिक लाभ के अलावा फालतू मूल्य भी हड़पनेवाला हो गया।[32]

बंगाल में अठारहवीं शताब्दी के अन्त में ब्रिटिश ईस्ट इंडिया कम्पनी ने बुनकरों को पेशगी के रूप में धागे देना प्रारम्भ किया जो उसके आर्डर पर काम करते थे। अंग्रेज इसे जरूरी समझते थे क्योंकि बुनकर जो धागे खुद लाते थे वे प्रायः घटिया दर्ज़े के होते थे, इसलिए कम्पनी स्वयं उच्चकोटि के धागे खरीदकर अपने बुनकरों को देने लगी ताकि वे घटी दर पर कपड़े तैयार कर उसे दे सकें।

जे.ए. टेलर के अनुसार, उन्नीसवीं शताब्दी के प्रारम्भ में ढाका जिले में कपड़े का थोक व्यापार करनेवाले महाजन अपने एजेंटों, पैकरों के जरिये बुनकरों को कपड़े बनाने के लिए पेशगी देने लगे। ये पैकर देहात में घूम-घूमकर सूत इकट्ठा करते थे या फिर कत्तिनों को सूत कातने के लिए पेशगी देते थे ताकि उनके आर्डर के मुताबिक वे सूत बनाकर दें।[33]

सोलहवीं-अठारहवीं शताब्दी में स्थानीय व्यापारियों में यह प्रथा क्यों नहीं फैली? शहरों में बुनकरों को पेशगी देने के बारे में उल्लेख कम मिलते हैं। जहाँ तक गाँवों के बुनकरों का ताल्लुक है, इसका खुलासा इस प्रकार किया जा सकता है कि कपास की खेती गाँवों में होती थी और कुछ इलाकों में तो बहुत बड़ी मात्रा में कपास उगाए जाते थे। यह भारत की आर्थिक-भौगोलिक विशेषता थी कि कपास हर खेत में पैदा की जा सकती थी, दूसरे यह नजदीकी बाज़ार में आसानी से मिल जाती थी। कताई का काम बुनकरों के घरों में ही नहीं बल्कि आमतौर पर सभी किसानों के घरों में होता था। इससे वस्त्र उद्योग के लिए बहुत बड़े पैमाने पर कच्चा माल पैदा होता था जो हमेशा उपलब्ध था, इसलिए कच्चे माल की आपूर्ति में कभी कोई समस्या नहीं आई।

इससे भी कम महत्व की बात यह न थी कि बुनकर छिटके हुए थे। हाथ की बुनाई अपेक्षाकृत धीमी होती है। किसानों के अपने घरों में सूत का इस्तेमाल कम होता था (इसका खुलासा इस बात से भी होता है कि भारतीय वस्त्र बहुत महीन होते थे) इसलिए निश्चित केन्द्रों में सूत की बड़े पैमाने पर खपत की गुंजाइश न थी। इस प्रकार की खपत से ही कच्चे सूत की केन्द्रीय खरीद आर्थिक दृष्टि से अधिक लाभकर हो सकती थी इसलिए पुराना तरीका ही चलता रहा ज़िसमें बुनकरों को सूत खरीदने के लिए पेशगी दी जाती थी। इसलिए यह व्यवस्था अठारहवीं शताब्दी तक अवश्य चलती रही।

ये सम्बन्ध भारत की अर्थव्यवस्था में बने थे जो कुछ केन्द्रों और जिलों में प्रकट हुए थे, ख़ासकर उन हस्तशिल्पों में जिनका विदेशों में निर्यात के लिए बड़े पैमाने पर उत्पादन होता था। पहले यह प्रक्रिया मसूलीपट्टनम, बालासोर, हुगली, ढाका, मालदा, पटना, सूरत, अहमदाबाद आदि शहरों के आसपास के गाँवों में चली जो बुनाई और कताई के केन्द्र थे क्योंकि शहरी शिल्प श्रम के सामन्ती संगठन पर निर्भर थे।

उत्पादन के सामन्ती ढाँचे की विशेषता थी-अनिवार्य श्रम। श्रम के पारिश्रमिक में राज्य का नियन्त्रण होता था, जिसमें सामन्तों को स्वेच्छाचारिता मिली हुई थी। मुख्य रुप से उत्पादन बाज़ार में बेचने के लिए नहीं बल्कि राज्य की आवश्यकता की पूर्ति के लिए होता था, जैसे भवन निर्माण, हथियारों का उत्पादन, खनन आदि या दरबार और सामन्त वर्ग के सम्भ्रान्त व्यक्तियों के विलास के लिए। राज्य की कार्यशालाओं में जिन्हें मुग़लकाल में कारखाना कहते थे और बड़े सामन्तों के कारखानों में उत्पादन का यह रुप नितान्त स्पष्ट था।

बर्नियर ने औरंगजेब के आगरा के कारखाने का वर्णन किया है जिनमें सामन्ती जोर-जबरदस्ती के तरीकों से कारीगर भर्ती किए जाते थे। उनके श्रम का कड़ाई से नियन्त्रण व नियमन होता था। वे अपनी मर्ज़ी से कारखाना नहीं छोड़

सकते थे, उनको वो काम हर परिस्थिति में पूरे करने होते थे जो उन्हें दिये जाते थे। उनके पारिश्रमिक का निर्णय सामन्त स्वामी करता था, कारीगर एक तरह से बादशाह या सामन्तों का ग़ुलाम होता था। बर्नियर ने उन पर होनेवाले अत्याचार का विवरण दिया है-

> ये कारीगर रोज़ सुबह अपने-अपने कारखाने में आ जाते हैं जहाँ वे दिनभर काम करते हैं और शाम को अपने-अपने घर लौटते हैं। इनके साथ रुखाई का व्यवहार होता है, ये दंड भोगते हैं और इनको पारिश्रमिक भी पूरा नहीं दिया जाता। जब उमरा या मनसबदार को किसी कारीगर की आवश्यकता होती है तो वह उन्हें बाज़ार से पकड़वा मंगाता है। अगर अपनी मर्ज़ी से न आये तो जबरदस्ती बुला लिए जाते हैं। उनसे दिनभर काम करवाते हैं और काम पूरा हो जाने पर बेरहम मालिक उसकी मेहनत के अनुसार मजदूरी न देकर अपनी मर्ज़ी और हैसियत को ध्यान में रखकर उसे जो उचित लगे, मजदूरी पकड़ा देते हैं। कारीगर अपना अहोभाग्य मानता कि उसे मेहनताने में कोड़े नहीं लगाये गए। उसकी प्रतिष्ठा बढ़े - इसके लिए काम करने की बजाय उसे सिर्फ यही चिन्ता रहती है कि किसी तरह इतनी मजदूरी मिल जाए कि उसका चूल्हा जलता रहे। सिर्फ वही शिल्पी प्रसिद्धि पाते हैं जो शाही कारखाने में काम करते हैं या ताकतवर उमरा के यहाँ रहते हैं जो उसका एकमात्र संरक्षक हो।[34]

जदुनाथ सरकार ने लिखा है कि- ''कारखाने में जिन वस्तुओं का निर्माण होता है, उसका मुख्य भाग तो उमरा और मनसबदारों को समय-समय पर इनाम देने के काम में आता है, जो उस जमाने की प्रथा थी। बादशाह के हरम की और सरकारी जरुरतें पूरी करने के बाद जो बच जाता उसे लोगों को बेच देते थे।''[35]

अलयेव का मानना है कि मध्यकालीन समाज दो स्वायत्त लेकिन परस्पर जुड़ी समाज व्यवस्थाएँ थीं। इनमें एक समाज सेवक वर्ग के इर्द-गिर्द बना था जो शहरों में केन्द्रित था (शहरी कारीगर, सौदागर, प्रशासनिक तन्त्र, सैनिक, ग़ुलाम आदि)। दूसरा समाज छोटे भू-स्वामियों और गाँव के सम्भ्रान्त लोगों का था। ये कभी समाज के छोटे वर्ग के पास पहुँच जाते तो कभी किसान वर्ग के पास। इनमें शिकमी काश्तकार, बँधुआ और मुक्त कृषक मजदूर, गाँव के कारीगर और नौकर आदि सम्मिलित थे। इन दोनों अर्थव्यवस्थाओं और सामाजिक-आर्थिक प्रणालियों को जोड़ने वाली कड़ी में मुख्य बात यह थी कि पहला दूसरे का शोषण करता था।[36]

यूरोपीय व्यापारी कम्पनियाँ भारतीय कारीगर भाड़े पर रखती थीं। ये कारीगर व्यापारियों के आदेश के मुताबिक काम करते थे। सत्रहवीं शताब्दी के प्रारम्भ में डचों ने अपने पुलीकट के कारखाने में 200 से 300 छीपी भाड़े पर रखे थे।[37]

1630 के दशक में यूरोप के व्यापारी बाज़ार से कपड़े खरीदकर भारतीय मजदूरों से उनकी धुलाई और छपाई करवाते थे।[38]

1670 के दशक में हुगली में डचों के कई कारखाने थे जिनमें कप्पीगर, बढ़ई, लुहार और कारीगर काम करते थे। उन्होंने बुनकरों के लिए भी घर बनवाए थे। ये बुनकर उनके जहाजों की पालों के कपड़े बनाते थे। कुछ रस्से तैयार करते थे, इनमें अधिकांश भारतीय थे। इनको डेढ़ से दो आना दैनिक मजदूरी मिलती थी। इनके काम की निगरानी करने और उनको हिदायत देने के लिए डच तैनात थे। इसी अवधि में डचों ने पुलिकट के कारखाने में बहुत से बुनकर इकट्ठे किए थे। इन्हें डच संरक्षण में रखा गया था।[39] 1670 के दशक में कासिमबाज़ार में डचों ने रेशम के बुनकरों के लिए विशेष स्थान की व्यवस्था की थी।[40]

अंग्रेजों की ईस्ट इंडिया कम्पनी ने बिहार और बंगाल में अपने कारखानों में ऐसी ही व्यवस्था की थी। उदाहरण के लिए आर. ह्यूज नामक अंग्रेज व्यापारी ने पटना में रेशम बाइंडिंग के लिए कारीगर रखे थे। इनके लिए बड़े बाज़ार में कोतवाली के बगल में एक जगह किराये पर ली थी। उसने लिखा है कि- ''सबसे सस्ती सेरबन्दी (कच्चा रेशम) खरीदकर उसकी बाइंडिंग करा लेना अच्छा रहता है। इस समय मैंने इस काम के लिए 30 कारीगर लगा रखे हैं, मैं उनकी संख्या 100 करना चाहता हूँ। यदि आप (कोर्ट ऑफ कमेटी ऑफ इंग्लिश ईस्ट इंडिया कम्पनी) इसे मंजूरी दें और दाम भी मंजूर करें (जो आगरा से एक तिहाई कम है) तो मैं 200 या 300 सिल्क बाइंडरों को पूरे साल के लिए काम पर लगा लूँ।''[41] वह मजदूरों को क़रारनामा के अनुसार मजदूरी देता था।

1660 और 1670 के दशक में कासिमबाज़ार में अंग्रेज वहीं के स्थानीय लोगों को मजदूरी पर रखते थे, उनको मासिक भुगतान किया जाता था। इनमें सूत बाँटने वाले, बुनकर, छीपी, रंगरेज़, पैकर, पोतदार थे। पैकरों और पोतदारों के माध्यम से स्थानीय कारीगरों और व्यापारियों को पेशगी दी जाती थी। 1679 ई. में कम्पनी ने फैसला किया कि पैकरों को मासिक पारिश्रमिक की अदायगी की गारंटी देने की प्रथा बन्द कर दी जाय। उनको क्रमिक मजदूरी दी जाय ताकि वे खूब मेहनत से कम्पनी के लाभ के लिए काम करें। इनके माध्यम से जिस चीज़ के लिए पेशगी दी जाय, वह चीज़ वसूल हो जाने पर उसके मूल्य में प्रति एक रुपया पर एक पैसा दिया जाएगा।[42]

इस प्रकार हम देखते हैं कि डच और अंग्रेज ने ऐसे संगठन बनाए थे जिसमें उनके कारखानों में 100 से 300 तक स्थानीय कारीगर काम करते थे। यूरोपीय इसके लिए जोर-जबरदस्ती भी करते थे, तथापि भारत में सत्रहवीं शताब्दी में हस्तशिल्प का जितना उत्पादन होता था उसकी तुलना में यूरोपवासियों के कारखानों में बहुत ही कम मात्रा में उत्पादन होता था।

प्राप्त दस्तावेज़ों के आधार पर हम कह सकते हैं कि उस समय भारत में लघु हस्तशिल्प की व्यापारिक पूँजी के प्रति अधीनता के कई रूप मौजूद थे। बिचौलिया उत्पादक को नकद या जिंसों (आवश्यक वस्तुएँ जिसमें कच्चा माल शामिल है) में भुगतान रोक सकता था। वह सीधे उन्हें कच्चा माल आपूर्ति कर सकता था और मजदूरी एकमुश्त देकर सामान बनवा सकता था। इस प्रकार कारीगरी वास्तव में पारिश्रमिकभोगी मजदूर हो गया था, वह अपने घर पर ही मालिक के लिए काम करता था। इस प्रकार व्यापारिक पूँजी औद्योगिक पूँजी बन जाती थी। इस प्रकार एक पूँजीवादी गृह उद्योग का जन्म हुआ।

सन्दर्भ सूची

1. फोस्टर, डब्ल्यू., (सम्पा.) : दि इग्लिश फैक्ट्रीज इन इंडिया ए कैलेंडर ऑफ डाक्यूमेंट्स इन दि इंडिया ऑफिस, ब्रिटिश म्यूजियम एंड पब्लिक रिकार्ड ऑफिस (1618-1621), भाग-1, आक्सफोर्ड 1906, पृ. 194
2. सरकार, जदुनाथ, 'इंडस्ट्रीज ऑफ मुग़ल इंडिया: सेवेंटीन्थ सेंचुरी' मार्डन रिव्यू, जून 1922, पृ. 676
3. मोरलैंड, डब्ल्यू. एच. (सम्पा.): रिलेशन ऑफ गोलकुंडा इन दि अर्ली सेवेंटीन्थ सेन्चुरी लन्दन, 1931 पृ. 16
4. फोस्टर (सम्पा.), पृ. 196
5. मंडी, पी., दि ट्रैवेल्स ऑफ पीटर मंडी इन्न यूरोप एंड एशिया (1608-1667) भाग 2, लन्दन, 1914 पृ. 145
6. मास्टर, एस., दि डायरीज ऑफ स्ट्रींशाम मास्टर, 1675-1680, एंड अदर कंटेम्परारी पेपर्स रिलेटिंग देअर टु, भाग 2, लन्दन, 1911, पृ. 14
7. पेल्सर्ट, एफ., जहाँगीर'स इंडिया, दि रिमोंस्तरांसी ऑफ फ्रान्सिस्को पेल्सर्ट, कैम्ब्रिज 1925, पृ. 16
8. फोस्टर, 1624-1629, पृ. 2016
9. मास्टर एस., पृ. 114
10. फासेट, सी. एच., दि इग्लिश फैक्ट्रीज इन इंडिया (न्यू सिरीज) भाग 2, आक्सफोर्ड, 1940, पृ. 160
11. बर्नियर, एफ., ट्रैवेल्स इन द मुग़ल एंपायर ए.डी. 1656-1668, लन्दन, 1934, पृ. 229
12. मास्टर एस., पृ. 163
13. पणिक्कर, के.एम., मालाबार एंड दि डच, बीइंग दि हिस्ट्री ऑफ फाल दि नायर पावर इन मालाबार, बम्बई, 1931, पृ. 153
14. मांटगोमरी, मार्टिन आर., दि हिस्ट्री, ऐटेंक्विटीज, टोपोग्राफी एंड स्टैटिस्टिक ऑफ इस्टर्न

इंडिया, कम्प्राइजिंग डिस्ट्रिक्स ऑफ बिहार, शाहाबाद, भागलपुर, गोरखपुर, दीनाजपुर, पूर्णिया, रंगपुर एंड आसाम भाग 2, लन्दन, 1838, पृ. 327

15. मार्शल टी., स्टैटिस्टिकल रिपोर्ट्स आन दि परगनास ऑफ पादशाहपुर, बेलगाँव, खानपुर, बागुलकोट एंड बादामी इन दि सदर्न मराठा कंट्री..., बम्बई, 1822, पृ. 51
16. फोर्ट विलियम इंडिया हाउस करेस्पाडेंस एंड अदर कंटेम्परारी पेपर्स रिलेटिंग देअर टु, भाग 3, दिल्ली, 1952
17. फोस्टर (सम्पा.), पृ. 192
18. फोस्टर (सम्पा.), पृ. 50
19. रिकार्ड ऑफ फोर्ट सेंट जार्ज, डिस्पैचेज फ्राम इंग्लैंड (1670-1692), मद्रास, 1911-1917
20. ओलफ्सन, जे., दि लाइफ ऑफ दि आइसलैंड जान ओलफ्सन ट्रैवेल टु इंडिया, ब्रिटेन बाई हिमसेल्फ एंड कंप्लीटेड अबाउट 1661 ए.डी., भाग 2, लन्दन, 1906 पृ. 265
21. हेवार्ट डी., ओप एन एंडरगैंग वान कोरोमंडल, भाग 1-3, एम्स्टर्डम, 1963 पृ. 13-14
22. कबीर, एच., मिर्जा अबु तालिब खान, पटना, 1961, पृ. 20 से उद्धृत
23. मांटगोमरी मार्टिन आर., दि हिस्ट्री, ऐंटिक्विटीज, टोपोग्राफी एंड स्टैटिस्टिक ऑफ इस्टर्न इंडिया, कंप्राइजिंग डिस्ट्रिक्स ऑफ बिहार, शाहाबाद, भागलपुर, गोरखपुर, दीनाजपुर, पूर्णिया, रंगपुर एंड आसाम भाग 2, लन्दन, 1838, पृ. 357
24. मांटगोमरी मार्टिन, भाग-2, पृ. 265
25. मांटगोमरी मार्टिन, भाग-1, पृ. 337
26. मांटगोमरी मार्टिन, भाग-2, पृ. 345
27. मांटगोमरी मार्टिन, भाग-2, पृ. 545
28. फासेट, सी.एच., दि इंग्लिश फैक्ट्रीज इन इंडिया (न्यू सिरीज) भाग 1, आक्सफोर्ड, 1936, पृ.182
29. रेनाल, जी.टी., ए फिलोसफिकल एंड पालिटिकल हिस्ट्री ऑफ सटेलमेंट्स एंड ट्रेड ऑफ दि यूरोपीय्स इन दि ईस्ट एंड वेस्ट इंडीज, भाग-1, 1975, पृ. 314
30. मार्शल पृ. 151
31. एलफिंस्टन, एम., एन अकाउंट ऑफ दि किंगडम ऑफ काबुल एंड इट्स डिपेंडेंसीज़ इन पर्शिया, तार्तारी आइब्स ई., ए वायेज फ्राम इंग्लैंड टु इंडिया इन दि ईयर 1754, लन्दन, 1773, पृ. 288
32. एंगेल्स, फ्रेडरिक, दि ग्रेजुअल एंड ऑफ फ्यूडलिज्म एंड राइस ऑफ नेशनल स्टेट्स; कार्ल मार्क्स, फ्रेडरिक एंगेल्स कलेक्टेड वर्क, दूसरा संस्करण, मास्को, 1961, पृ. 904-05
33. टेलर जे.ए., ए. डिस्क्रिप्टिव एंड हिस्टोरिकल अकाउंट ऑफ दि काटन मैन्युफैक्चर्स ऑफ ढाका इन बंगाल, लन्दन, 1851, पृ. 81
34. बर्नियर, एफ., ट्रैवल्स इन दि मुग़ल एंपायर 1656-1668 ए.डी., लन्दन, 1943, पृ. 256
35. सरकार जदुनाथ, पृ. 675

36. अलयेव, एल. बी., सोशल स्ट्रक्चर ऑफ मेडिवल इंडिया, स्केच ऑफ इकॉनमी एंड सोशल हिस्ट्री ऑफ इंडिया, मास्को, 1973, पृ. 119
37. रायचौधरी, टी., जॉन कम्पनी इन कोरोमंडल, 1605-1690: ए स्टडी इन इंटररिलेशन्स ऑफ यूरोपीय कामर्स एंड ट्रेडिशनल इकोनामिक्स, 1962, पृ. 145
38. फोस्टर, डब्ल्यू., (सम्पा.) : दि इग्लिश फैक्ट्रीज इन इंडिया ए कैलेंडर ऑफ डाक्यूमेंट्स इन दि इंडिया ऑफिस, ब्रिटिश म्यूजियम एंड पब्लिक रिकार्ड ऑफिस (1630-1633) भाग-2, आक्सफोर्ड 1911, पृ. 127-128
39. मास्टर एस., पृ. 41,115
40. मास्टर एस., पृ. 145
41. फोस्टर (सम्पा.), पृ. 197-198
42. विल्सन, सी.के. (सम्पा.), अर्ली एनल्स ऑफ दि इंग्लिश इन बंगाल, बीइंग दि बंगाल पब्लिक कंसल्टेशंस फार दि फर्स्ट हाफ ऑफ दि एटीन्थ सेंचुरी, भाग-1, बंगाल पब्लिक कन्सल्टेशंस 1704-1710, लन्दन, 1812 पृ. 396

निष्कर्ष

सत्रहवीं-अठारहवीं शताब्दी में भारत एक ख़ास तरह का सामन्ती समाज था। कृषक अर्थव्यवस्था राष्ट्रीय आय का मुख्य स्रोत था। सामन्ती लगान जिन्सों (अनाज; गल्ला) में सीधे किसानों से वसूल किया जाता था। वसूली के लिए मुख्य रूप से वाह्य अर्थव्यवस्था के तरीके अपनाए जाते थे। अनेक इलाकों में अधिकांश कृषि अर्थव्यवस्थाओं के लिए पुनरुत्पादन के महत्वपूर्ण भाग (प्राय: मुख्य भाग) का ताल्लुक जजमानी प्रथा से जुड़ा था। लगान जिन्सों में अदा करने की प्रथा बहुप्रचलित थी। इसके साथ जुड़कर जजमानी प्रथा समूची अर्थव्यवस्था (उत्पादन) के एकीकरण का आधार बन जाती थी। दरअसल, एकीकरण की ऊँची मात्रा का निश्चय होता था, इसके साथ-साथ व्यापार और मौद्रिक सम्बन्धों का उच्च स्तर भी धीरे-धीरे लगातार विकसित हो रहा था जो इस सामन्ती अर्थव्यवस्था के हित में था और इसके आर्थिक ढाँचे का अंग था। बाज़ार उत्पादन और गैर-बाज़ार रिश्तों से हस्तकला उत्पादन का बहुलांश जुड़ा हुआ था। कृषक अर्थव्यवस्थाओं में कस्बों और ग्राम्य जीवन दोनों की विशिष्टताएँ मिलती थीं।

हस्तशिल्प उत्पादन इस समाज में भिन्न-भिन्न रूपों में होता था जिसने एक विशिष्ट प्रणाली का रूप धारण कर लिया था। इनमें कई प्रकार के अन्तर होते थे, एक ओर इनका सम्बन्ध कृषक अर्थव्यवस्था से था तो दूसरी ओर कस्बों की अर्थव्यवस्था से भी इनके तार जुड़े हुए थे। उत्पादक नैसर्गिक विनिमय और बाज़ार सम्बन्ध दोनों में भाग लेता था। दस्तकारी के उत्पादन में सामन्ती लाचारी, सामाजिक ढांचा, जाति, सहक़ारिता और कारखाना सबकी भूमिका थी।

ग्राम समाज में शिल्प उत्पादन की एक प्रणाली थी। यह प्रणाली बड़ी जटिल थी और इसके कई स्तर थे। इसमें पारम्परिक ढाँचे की जजमानी प्रथा शामिल थी जिसमें व्यापार और कृषि दोनों एक-दूसरे के सहायक थे और इस व्यवस्था के बाहर नकद व्यापार शामिल था या इसकी जगह जिन्सों में दाम मिलता था। इसमें गाँव का शिल्पकार ग्रामेतर समाज के बाज़ार में भी अपना माल ले जाता था। इस प्रणाली में किसान अपनी फसल का प्रसंस्करण (प्रासेसिंग) कुछ तो अपने निजी इस्तेमाल के लिए करता था और बाकी बाज़ार के लिए। इनमें कपास, जूट, नील, शक्कर, रेशम के धागे प्रमुख थे। इनके अलावा शोरा का उत्पादन, खनन, प्रगलन

(स्मेल्टिंग), फोर्जिंग और घरेलू काम के लिए सामान था जो सामुदायिक शिल्पी बनाकर देता था।

बहुस्तरीय अन्तर्ग्राम प्रणाली में शिल्पों के उत्पादन और कृषि-क्षेत्र में दोहरी एकता निहित थी, स्वयं कृषक अर्थव्यवस्था में और उसके साथ-साथ गाँव समाज में। इन नैसर्गिक बन्धनों के अलावा ग्राम सामुदायिक शिल्पों और कृषि के बीच रिश्ते तथा शिल्पों और गाँव के बाहर की दुनिया के बीच भी उपभोग की वस्तुओं और औजारों (जैसे हल-फाल) एवं ग्राम समाज का उत्पादन में इस्तेमाल की वस्तुओं, जैसे लोहे का कड़ाहा (जिसमें गन्नें का रस उबालकर, गुड़, शक्कर तैयार करते थे) आदि को लेकर सम्बन्ध स्थापित थे।

एक दूसरी प्रणाली भी थी जिसमें पेशेवर उत्पादन शामिल थे। गाँवों में इनकी पृथक बस्तियाँ, ब्लाक या गलियाँ होती थीं। जुलाहें, छीपी, तेली आदि इसी वर्ग के होते थे। जजमानी प्रथा वाली सामुदायिक शिल्पियों की परम्परा प्राप्त सूची में शामिल नहीं थी। इस वर्ग में हम पेशेवर लौहक़ारों, लौह अयस्क गलानेवाले शक्कर बनानेवाले, रेशम के कोयों से लच्छियाँ बनानेवाले, नील निर्माता और चूड़ियाँ बनानेवाले कारीगरों को भी शामिल कर सकते हैं।

ये पहले वर्ग से इस मायने में भिन्न थे कि ये गाँव के बाहर के बाज़ारों के लिए माल तैयार करते थे। समूचे दक्षिण एशिया, पूर्वी अफ्रीका और यूरोप तक इनका माल जाता था। इनके उत्पादन में नैसर्गिक बन्धन तो होते ही थे, इनके साथ-साथ सामन्ती 'एकाधिकार' के ढाँचे में जबरदस्ती भी इनको काम पर लगाया जाता था। ध्यान देने की ख़ास बात सामाजिक-आर्थिक चरणों का विस्तार है। इस वर्ग में एक तरफ तो लौह अयस्क को भट्ठी में गलाकर लोहे का पिंड बनानेवाले किसान थे जो किसानी के अतिरिक्त ये काम करते थे, तो दूसरी तरफ लोहा और शक्कर बनानेवाले पेशेवर लोग थे जिनकी कोई पृथक जाति अभी तक नहीं बन पाई थी, और अन्त में जुलाहे, तेली आदि थे जिनकी पृथक जातियाँ बन चुकी थीं।

यह दूसरी प्रणाली ग्रामीण अर्थव्यवस्था में गहराई सें मिलजुल चुकी थी। ग्रामीण सामुदायिक अर्थव्यवस्था वस्तुतः इस सिद्धान्त पर पुनः विचार करने पर मजबूर कर देती है कि ग्रामीण सामुदायिक अर्थव्यवस्था और समूची आर्थिक व्यवस्था की आत्मनिर्भरता और नैसर्गिक स्वरूप के सिद्धान्त का पुनरीक्षण जरूरी है।

तीसरी प्रणाली शहरों में हस्तशिल्प उत्पादन की थी जो स्थानीय व्यापक खपत और सुसंस्कृत सामन्ती बाज़ार के लिए बनाई जाती थी। कुछ हद तक यह गाँवों के बड़े-बड़े बाज़ारों में भी बिकने जाती थी। उत्पादन भारतीय और विदेशी दोनों बाज़ारों के लिए होता था। विदेशों में प्रायः मोटे कपड़े बड़े पैमाने पर भेजे जाते थे। इस प्रणाली की विशिष्टता यह थी कि ये सरकारी या निजी कारखानों में 'सामन्ती इजारेदारी' के अधीन जबरन बनवाए जाते थे।

जाति प्रथा को धार्मिक दृष्टि से पवित्र माना जाता था। इससे सामन्तों को कारीगरों के शोषण में मदद मिलती थी तथापि इस प्रणाली में कुछ मामलों में जब शोषण की अति हो जाती थी तो कारीगर परस्पर सहयोग से सामन्त का विरोध करने को एकजुट हो जाते थे और एक-दूसरे की मदद को आ खड़े होते थे। इसके साथ ही उत्पादन का कुछ मामलों में इस प्रकार का विकास हुआ कि जाति ने गैर-पारम्परिक पेशे अपनाने के बारे में जो प्रतिबंध लगा रखे थे वे टूट गए। कारीगरों पर सामन्तों द्वारा अत्यधिक महसूल लगाने की अवस्था में और यूरोपीय महाजनों की मनमानी के विरुद्ध कारीगरों द्वारा संयुक्त कार्रवाई के प्रमाण मिलते हैं। इस प्रकार के प्रतिरोध में सभी कारीगर सामन्त का काम रोक देते थे और उनके आर्डर पूरे कर माल की आपूर्ति नहीं करते थे या फिर महसूलों की अदायगी नहीं करते थे या उस जगह को छोड़कर सभी शिल्पी अन्यत्र चले जाते थे। कभी-कभी तो वे विद्रोहस्वरूप हथियार भी उठा लेते थे। भारत में सत्रहवीं-अठारहवीं शताब्दी में कारीगर सामन्त विरोधी आन्दोलनों में बड़ी ताकत का प्रदर्शन करते थे।

विवेच्य-काल में व्यापार के विकास के फलस्वरूप महाजन भी शिल्पों के उत्पादन में अधिकाधिक पूँजी लगाने लगे। इसलिए हस्तशिल्पों पर उनका नियन्त्रण बढ़ने लगा। सत्रहवीं-अठारहवीं शताब्दी में एक आम रिवाज़ था जिसमें महाजन पेशगी देकर तैयार माल खरीदते थे। इस काल में कारीगरों की महाजनों पर निर्भरता में वृद्धि हुई।

उपर्युक्त उत्पादन प्रणालियों के सम्बन्ध में आँकड़े प्राप्त नहीं हैं इसलिए हम इनके आर्थिक ढांचों का तुलनात्मक अध्ययन नहीं कर सकते, किन्तु हमें पता है कि गम्भीर परिवर्तन होनेवाले थे। इसकी वज़ह थी स्थानीय दबाव और विदेशी व्यापार का विस्तार जिसके बाद यूरोपीय उपनिवेशिक शक्ति भी रंगमंच पर आ गई। सत्रहवीं शताब्दी से उन्नीसवीं शताब्दी के प्रारम्भ तक हस्तशिल्पों के उत्पादन में संगठन के नए रूप उभर रहे थे और उनका विकास हो रहा था। बाद में इन्होंने ढाँचे का तो रूप ही बदल दिया।

सत्रहवीं-अठारहवीं शताब्दियों में देसी और विदेशी व्यापार में वृद्धि होने से नए नगर और बस्तियाँ स्थापित हो गईं जो व्यापार और शिल्प के केन्द्र बन गए। अपने व्यापारिक सम्बन्धों के आधार पर चुनींदा गाँव और इलाके भी इनकी परिधि में आ गए। व्यापार नेटवर्क की प्रवृति विस्तार की होती है इसलिए क्षेत्रों के बीच श्रम के भी विभाजन होते गए। यूरोपीय पूँजी निवेश ने दस्तकारी के बाज़ार के विस्तार में अच्छी भूमिका निभाई। तथापि ये देसी और एशियाई पूँजी की बराबरी न कर सकी। भारतीय महाजनों के पास अकूत धन था। इसलिए कृषि उत्पादन महाजनी पूँजी के माध्यम से बाज़ार से बँध गया और इस प्रकार उत्पादन में वृद्धि होती गई। शहरों और गाँवों में महाजनों और कारीगरों की संख्या में वृद्धि होती गई। दस्तकारी के

कई क्षेत्रों में स्वतन्त्र दस्तकारों ने धीरे-धीरे सामन्ती मजदूर संगठनो को पटकनी दे दी। इस प्रकार सत्रहवीं-अठारहवीं शताब्दी में सामन्ती अर्थव्यवस्था के बीच से ही नए तत्वों के अंकुर प्रस्फुटित होने लगे।

सत्रहवीं शताब्दी में, लेकिंन ख़ास तौर से उन्नीसवीं शताब्दी में आगरा, दिल्ली, लाहौर, बंगाल, बिहार, उड़ीसा, मैसूर और महाराष्ट्र में महाजनों द्वारा कारीगरों को पेशगी देने का चलन बढ़ने लगा। इससे कुछ कारीगर तो ग़ुलामी में ऐसे फँसे कि महाजन से कर्ज़ न मिले तो उनको भोजन भी नसीब न हो पाता। वे जो भी सामान तैयार करते उसका मालिक महाजन था। दरअसल, वे अपनी श्रम शक्ति महाजन को बेच देते थे, इस प्रकार वे मजदूरी पाने वाले कारीगर बन जाते थे। तथापि अभी तक औजार उनके ही होते थे। अठारहवीं शताब्दी के अन्त और उन्नीसवीं शताब्दी के प्रारम्भ में कतिपय इलाकों में महाजन खुद जुलाहों, छीपियों, मोचियों को उत्पादन के लिए कच्चा माल की आपूर्ति (सप्लाई) करने लगे। इस तरह महाजन स्वयं उत्पादन का संगठनकर्ता बन गया और वस्तुतः कारखानों के भी वे ही मालिक होते थे।

कुछ मामलों में जैसे गोलकुंडा में कपड़े की छपाई में कारीगरों के समूहों ने आपस में काम का बँटवारा कर लिया था। 1750 ई. में बंगाल, गुजरात और हिन्दुस्तान में देसी और विदेशी धनी व्यापारियों ने रेशम के कोयों से रेशम निकालकर उसको चरखों पर लपेटने के कारखाने लगा रखे थे। इन कारखानों में कभी-कभी 100 मजदूर तक काम करते थे। बंगाल, महाराष्ट्र और मैसूर में शक्कर के कारखाने थे। इसी तरह कश्मीर और पंजाब में शाल बनाने के कारखाने थे जिनमें बड़ी संख्या में मजदूर काम करते थे।

अठारहवीं और उन्नीसवीं शताब्दी के प्रारम्भ में कई इलाकों में स्थानीय लोगों ने सहक़ारिता के आधार पर कारखानें लगा रखे थे जिनमें यूरोपवासियों की कोई पूँजी नहीं लगी थी। इनमें प्राक्-पूँजीवाद से पहलेवाले लक्षण मिलते हैं। ये कारखानें मुख्य रूप से गाँवों में लगे थे। इनमें 'सहक़ारिता' की विशिष्टताएँ थीं। इसके साथ ही वे लक्षण भी थे जिन्हें मार्क्स पूँजी के नीचे मजदूर की व्यावहारिक ग़ुलामी कहता है।

अब कृषि में मजदूरों का प्रवेश हुआ और जोतने के लिए शिकमी पर किसानों को जमीनें भी दी जाने लगी। ऐसा उन इलाकों में होता था जहाँ कपास, धान आदि की खेती बेचने के लिए की जाती थी। बीज और उर्वरक भी खरीदे जाते थे। ग्राम समुदाय के बाहरवाले शिल्पों में भी इस प्रथा का विस्तार हुआ किन्तु इनसे सामन्ती अर्थव्यवस्था में गुणात्मक परिवर्तन का कोई लक्षण नहीं प्रकट हुआ।

हस्तशिल्प उत्पादन के सभी तीन ढाँचे आर्थिक, गैर-आर्थिक और सामाजिक दृष्टि से परस्पर जुड़े हुए थे और सभी अपने-अपने तरीकों से कृषि से जुड़े थे।

सभी सम्मिलित रूप में लोक उत्पादन के एक ऐसे ढाँचें का निर्माण करते थे जो बड़ा टिकाऊ, लचकदार और एक अर्थ में एकजुट भी था। इस सामन्ती एकता के कई कारण थे। सामन्ती व्यवस्था में लगान वसूलने और उसके पुनर्वितरण का एक नैसर्गिक तन्त्र होता था। सामन्त स्वामी धन एकत्र करता था। उसे वह अपने अधिकारियों और अन्य 'सेवादारों' को देता था। ये लोग उसको पूरा-पूरा तो नहीं, पर उसका महत्वपूर्ण हिस्सा शहरी और गैर-सामुदायिक कारीगरों को किसी न किसी रूप में दे देते थे।

इस प्रकार हम पाते हैं कि उपनिवेश-काल से ठीक पहले भारत में अर्थव्यवस्था के महत्वपूर्ण और विस्तृत नैसर्गिक भागों के साथ-साथ (गाँवों और नगरों में भी) वस्तु-मुद्रा सम्बन्ध काम कर रहा था। प्रायः यह सम्पूर्ण आर्थिक ढाँचे के साथ घनिष्ठ ताने-बाने से जुड़ा एक शरीर था जिसके अंगों को पृथक नहीं किया जा सकता था।

उपभोक्ताओं में सामन्ती लगान वसूलनेवालों के अलावा बहुत बड़ी संख्या उन लोगों की थी जिनका काम शासन और दमन करना था (कराधान, दरबार पुलिस, सेना आदि)। साथ ही धर्म, संस्कृति और कला तथा विज्ञान से जुड़े लोग भी थे। इसके अलावा जाति का खेल भी चलता था और अन्य गैर-आर्थिक घटक भी सक्रिय थे। ये गाँवों और शहरों के बीच बिलगाव पैदा कर रहे थे। इसके अलावा यह होता था कि एक ही वस्तु के अलग-अलग बाज़ारों में दाम अलग-अलग होते थे, स्थानीय मुद्राएँ भी भिन्न-भिन्न थीं। माप, तौल की मात्रा और लम्बाई भी एक न थी।

भारतीय समाज के ढाँचे में सत्रहवीं शताब्दी से लेकर उन्नीसवीं शताब्दी में निरन्तर परिवर्तन हो रहे थे। इसमें ढाँचा-निर्माण की प्रारम्भिक अवस्था के दर्शन होते हैं। यह प्राक्-पूँजीवाद के निकट थी। इसके साथ ही यद्यपि अल्प मात्रा में ही तदनुरूप ऐक्य में बाँधनेवाले बन्धन मजबूत हो रहे थे तथापि इन प्रक्रियाओं की दिशा एक न थी। यह परिवर्तन बंगाल, हिन्दुस्तान (मुग़लों द्वारा प्रशासित क्षेत्र), पंजाब, गुजरात, महाराष्ट्र, मैसूर, मालाबार, कोरोमंडल तट आदि में हुआ। अनेक मामलों में यह परिवर्तन अमूर्त, असमकालीन था, कभी-कभी स्पंदनशील भी था। भारतीय सामन्ती अर्थव्यवस्था में सत्रहवीं शताब्दी में ये प्रक्रियाँए छिटपुट और अनोखी तरह उत्पन्न हुईं। जो हस्त-कलाओं के उत्पादन में पृथक भागों में दिखलाई पड़ीं और वह भी देश के कुछ भागों में, किन्तु अठारहवीं शताब्दी में ये काफी बड़े इलाके में फैल गईं। भारत के अनेक इलाकों में जो आर्थिक दृष्टि से उन्नत थे इनका विकास हुआ यद्यपि इस विकास की मात्रा भिन्न थी और इसमें स्थानीय विशेषताएँ भी आ गई थीं।

इन सभी कारणों से हम यह सिद्धान्त बना सकते हैं कि अठारहवीं शताब्दी में भारत की मुख्य रूप से सामन्ती अर्थव्यवस्था में एक नई प्रक्रिया का श्रीगणेश

हुआ। सामाजिक-आर्थिक ढाँचे का रूप बदलने लगा जिससे प्रारम्भिक या प्राक्-पूँजीवादी सम्बन्ध की कुछ विशिष्टताएँ प्रकट हुईं। स्वाभाविक है कि देश के विभिन्न भागों में ढांचागत परिवर्तन एक से न थे। उदाहरण के लिए बंगाल, गुजरात, तमिलनाडु और मैसूर में परिवर्तनों की गति अधिक तेज थी, जबकि उड़ीसा, आसाम, राजस्थान और सिन्ध में ये प्रक्रियाएं धीमी थीं। सत्रहवीं शताब्दी के अन्तिम भाग से और अठारहवीं शताब्दी में देश के विभिन्न भागों में सामन्ती शक्तियों ने नव निर्मित आर्थिक सम्बन्धों को कमजोर किया, उसकी जड़ें काटीं और कभी-कभी तो उन्हें समूल नष्ट भी कर दिया।

नए उत्पादन के उपभोक्ताओं का एक महत्वपूर्ण वर्ग कारीगरों, व्यापारियों और ग्रामीण आबादी के कामगारों में कुछ लोगों का था। शायद शहरों के नौकरी पेशा लोग इस नए तरीके से बनी वस्तुओं का पर्याप्त प्रयोग करते थे। इनमें बड़ें पैमाने पर बने कपड़े, फर्नीचर आदि शामिल थे। इन्हें 'परजीवी' उपभोक्ताओं की श्रेणी में रखना भूल होगी। ये लोग सामन्ती समाज के आवश्यक अंग थे। ये एक प्रकार की 'स्फीयर ऑफ सर्विसिंग' के अवयव के रूप में अदायगी करते थे जहाँ सकल राष्ट्रीय उत्पादन का एक भाग बनता था।

अन्तिम बात जिस पर जोर दिया जा सकता है, वह यह है कि इन नई तरह के उद्यमों और इनमें होनेवाले उत्पादनों का अपना ही बाज़ार था। इनमें परस्पर जुड़े पूर्व पूँजीवादी कारखानों के लिए माँग पैदा की जाती थी। कताई, बुनाई, रंगाई, कपड़े पर छपाई और रंग बनाने का उद्यम, लोहा बनाना, जहाज बनाना, ये सभी परस्पर जुड़े थे।

पार्थसारथी ने अपने अध्ययन से यह अनुमान लगाया कि 28,000 टन सर्राफा (सोना, चाँदी, हीरा, जवाहरात आदि) मुख्य रूप से नई दुनिया से 1600 ई. और 1800 ई. के मध्य भारतीय उपमहाद्वीप में प्रवाहित हुआ, जो इस अवधि में विश्व के कुल उत्पादन का 30 प्रतिशत था।[1]

बाज़ार मूल्य पर सकल घरेलू उत्पाद (GDP)

वर्ष	सकल घरेलू उत्पाद (रुपये में)	रुपये प्रति पाउंड	जी.डी.पी. अवस्फीतक 2011=1000	प्रति व्यक्ति आय (ब्रिटेन के प्रतिशत के रूप में)
1530	--	10.75	--	80.00
1605	2,269	11.5	1.79	48.50
1707	8228	15.44	5.76	37.83

1600 ईं. में सम्राट अकबर के खजाने की वार्षिक आय अनुमानत: 90 मिलियन पाउंड थी (दो सौ साल बाद 1800 ई. में ग्रेट ब्रिटेन के कर लेने की विषमता के बीच कुल आय 90 मिलियन पाउंड थी)। अकबर के समय में, मुग़ल साम्राज्य अपने चरम पर था, क्योंकि उसने उत्तर भारत के विशाल क्षेत्र को नियन्त्रित किया था और दक्कन राज्यों के साथ गठबन्धन किया था। इसने एक समान सीमा शुल्क और कर-प्रशासन प्रणाली लागू की। 1700 ई. में औरंगजेब के खजाने में 100 मिलियन पाउंड या 450 मिलियन डॉलर से अधिक का वार्षिक राजस्व दर्ज़ किया गया जो उनके समकालीन फ्रांस में लुई चौदहवाँ (Louis XIV) के वार्षिक राजस्व से दसगुना से अधिक था।[2]

1700 ई. तक भारतीय उपमहाद्वीप दुनिया की सबसे बड़ी अर्थव्यवस्था बन गया था, जिसमें विश्व की आबादी का लगभग 24.2 प्रतिशत भाग निवास करता था और जो विश्व उत्पादन का लगभग एक चौथाई उत्पादन करता था।[3] 18वीं शताब्दी के प्रारम्भ में भारत ने वैश्विक औद्योगिक उत्पादन का लगभग 25 प्रतिशत उत्पादन किया।[4] मुग़ल साम्राज्य के तहत भारत के सकल घरेलू उत्पादन में वृद्धि हुई, जो पिछले 1,500 वर्षों की वृद्धि से अधिक थी।[5] मुग़ल अपने अधीनस्थ क्षेत्रों में एक समान मुद्रा चलाने के लिए जिम्मेदार थे। मुग़लों ने सुर सम्राट शेर शाह सूरी द्वारा शुरू की गई मुद्रा (रुपया) को अपनाया और मानकीकृत किया। 1720 के दशक तक मुग़लों ने कम से कम 96 प्रतिशत शुद्धता के साथ, बिना किसी मिलावट के करोड़ों सिक्कों की ढलाई करवाई।[6] साम्राज्य ने भारतीय कृषि और औद्योगिक उत्पादों की वैश्विक माँग को पूरा किया।

मुग़ल साम्राज्य के तहत शहरों और कस्बों का विकास हुआ, जिसमें अपेक्षाकृत उच्च स्तर का शहरीकरण था। (साम्राज्य की कुल आबादी का 15 प्रतिशत शहरी केन्द्रों में रहता था) उस समय भारत यूरोप की तुलना में अधिक शहरीकृत था और 19वी शताब्दी के ब्रिटिश भारत से भी। कई शहरों की आबादी 2.5 लाख से 5 लाख के बीच थी, जबकि कुछ शहरों में आबादी 5 लाख से अधिक थी।[7] आगरा ने (आगरा सूबा) 8 लाख लोगों की मेजबानी की और ढाका (बंगाल सूबा में) में 10 लाख से अधिक लोग रहते थे। मोरलैंड के अनुसार भारत की जनसंख्या सोलहवीं शताब्दी में 100 मिलियन थी। सरदेसाई के अनुसार भारत की जनसंख्या 64.9 से 88.3 मिलियन के बीच में थी। सिरीन मूसवी के अनुसार अकबर के साम्राज्य की जनसंख्या 108.4 मिलियन तथा सम्पूर्ण भारत की जनंसख्या 144.3 मिलियन थी। किंग्सले डेविस के अनुसार 16वीं शताब्दी में भारत की जनसंख्या 125 मिलियन थी।

भारत का नगरीकरण

वर्ष	जनसंख्या (मिलियिन में)	शहरी जनसंख्या (मिलियिन में)	शहरी प्रतिशतता
1500	79	5	6.4
1600	142	21.3	15
1801	207	26.9	13
1851	232	25.5	11

स्रोत : ब्रॉडबेरी, स्टीफेन; गुप्ता, विष्णुप्रिया: 'इंडिया एंड दि ग्रेट डाइवर्जेन्स: एन एंग्लो इंडियन कम्पैरिसन ऑफ जी.डी.पी. पर कैपिटा, 1600-1871' एक्सप्लोरेशंस इन इकोनामिक हिस्ट्री, 2015, पृ. 58-75

64 प्रतिशत कार्यबल प्राथमिक क्षेत्र (कृषि सहित) में थे, जबकि 36 प्रतिशत द्वितीयक और तृतीयक क्षेत्रों में थे।[8] उस समय यूरोप की तुलना में गैर-प्राथमिक क्षेत्रों में कार्यबल का प्रतिशत अधिक था, 1700 ई. में यूरोप के 65-90 प्रतिशत कार्यबल कृषि में थे और 1750 ई. में 65-75 प्रतिशत कृषि में थे।[9]

भारतीय कृषि उत्पादन में वृद्धि हुई। खाद्य फसलों में गेहूँ, चावल और जौ शामिल थे, जबकि गैर खाद्य नकदी फसलों में कपास, नील और अफीम शामिल थे। 17वीं शताब्दी के मध्य तक, भारतीय किसानों ने अमेरिका से लाए गए दो फसलों मक्का और तम्बाकू का बड़े पैमाने पर उत्पादन शुरू कर दिया था।[10] बंगाली किसानों ने शहतूत की खेती और रेशम उत्पादन की तकनीक सीखी, बंगाल सूबा को एक प्रमुख रेशम उत्पादक क्षेत्र के रूप में स्थापित किया।[11] यूरोप की तुलना में कृषि उन्नत थी। जिसका उदाहरण बीज ड्रिल के पहले के सामान्य उपयोग से मिलता है।[12] मुग़ल प्रशासन ने कृषि सुधार पर जोर दिया, जो गैर मुग़ल सम्राट शेरशाह सूरी के अधीन शुरू हुआ था। अकबर ने इसे अपनाया और इसमें आवश्यक सुधार किया। मुग़ल सरकार ने सिचाई प्रणालियों के निर्माण के लिए धन दिया, जिससे फसल की पैदावार और उपज बढ़ी।

अकबर भू-राजस्व प्रणाली में सुधार कर ज़ब्त पर आधारित दहसाला व्यवस्था लागू की। उसने पूर्ववर्ती प्रणाली को एक समान मुद्रा पर आधारित मौद्रिक कर प्रणाली से बदल दिया। राजस्व प्रणाली कपास, नील, गन्ना, नकदी-फसलों के समर्थन में पक्षपाती थी, जिससे बाज़ार में बढ़ती माँग को जोड़ते हुए नकदी फसलों को उगाने के लिए राज्य से प्रोत्साहन मिला।[13] ज़ब्त व्यवस्था के तहत, मुग़लों ने खेतीवाले क्षेत्र का आँकलन करने के लिए व्यापक भू-सम्पति का सर्वेक्षण

करवाया। मुग़ल राज्य ने खेती के तहत नई भूमि लानेवालों को कर मुक्त अवधि की पेशकश करके अधिक से अधिक भूमि की खेती के लिए प्रोत्साहित किया।[14]

आर्थिक इतिहासकारों इमैनुएल वालरस्टीन, इरफान हबीब, पर्सिवल स्पीयर और अशोक देसाई द्वारा उद्धृत साक्ष्य के अनुसार 17वीं शताब्दी में मुग़ल भारत में प्रति व्यक्ति कृषि उत्पादन और उपभोग के मानक 17वीं शताब्दी के यूरोप और 20 वीं शताब्दी के शुरूआती ब्रिटिश भारत की तुलना में अधिक था।[15]

18वीं शताब्दी तक, भारत अन्तर्राष्ट्रीय व्यापार के लिए सबसे महत्वपूर्ण विनिर्माण केन्द्र था। प्रमुख उद्योगो में कपड़ा, जहाज निर्माण और स्टील शामिल थे, प्रसंस्कृत उत्पादों में सूती वस्त्र, यार्न, धागा, रेशम, जूट उत्पाद, धातु के बर्तन, चीनी, तेल और मक्खन जैसे खाद्य पदार्थ शामिल थे। विनिर्माण की इस वृद्धि को आद्य-औद्योगिकरण के एक रूप में सन्दर्भित किया गया है, जो औद्योगिक क्रान्ति से पहले 18वीं शताब्दी के पश्चिमी यूरोप के समान था।[16] आधुनिक यूरोप ने भारत से आवश्यक उत्पादों का आयात किया, विशेष रूप से सूती वस्त्र, मसाले, मिर्च, नील, रेशम और साल्टपीटर (युद्धपोतों में उपयोग के लिए)। यूरोपीय फैशन भारतीय वस्त्रों और रेशम पर अधिकाधिक निर्भर होता गया। सत्रहवीं शताब्दी के अन्त से अठारहवीं शताब्दी की शुरूआत तक, मुग़ल भारत से एशिया का 95 प्रतिशत ब्रिटिश आयात होता था, और अकेले बंगाल प्रान्त से एशिया का 40 प्रतिशत डच आयात होता था।[17] इसके विपरीत भारत में यूरोपीय वस्तुओं की माँग कम थी। भारत में आयात कुछ ऊनी, कांच के बने पदार्थ, यान्त्रिक घड़ियाँ, हथियार, विशेष रूप से फिरंगी तलवारों के लिए ब्लेड और कुछ लक्जरी (विलासी) वस्तुओं तक सीमित था।[18]

यूरोप में व्यापार असन्तुलन का कारण यूरोपीय लोगों द्वारा दक्षिण एशियाई आयात के भुगतान के लिए भारत को बड़ी मात्रा में सोने और चाँदी का निर्यात करना था।[19] भारतीय सामान, विशेष रूप से बंगाल से आनेवाले सामानों को भी बड़ी मात्रा में अन्य एशियाई बाज़ारों, जैसे- इंडोनेशिया और जापान में निर्यात किया जाता था। सबसे बड़ा विनिर्माण उद्योग सूती कपड़ा निर्माण था, जिसमें विभिन्न प्रकार के रंगों में बिना ब्लीच किए, कैलिकों और मलमल का उत्पादन शामिल था। सूती कपड़ा उद्योग साम्राज्य के अन्तर्राष्ट्रीय व्यापार के एक बड़े हिस्से के लिए जिम्मेदार था। कपास उत्पादन का सबसे महत्वपूर्ण केंन्द्र बंगाल प्रान्त था, ख़ासकर ढाका के आसपास का क्षेत्र। अकेले बंगाल में 50 प्रतिशत से अधिक कपड़ा और लगभग 80 प्रतिशत रेशम का आयात डचों द्वारा किया जाता है।[20] बंगाली रेशम और सूती वस्त्र यूरोप, इंडोनेशिया, जापान और अफ्रीका को बड़ी मात्रा में निर्यात किए गए। ब्रिटेन में सरंक्षणवादी नीतियों (जैसे कि 1685-1774 ई. कैलिको अधिनियम) द्वारा आयातित भारतीय वस्त्रों पर प्रशुल्क लगाए गए।

बंगाल भारत का सबसे धनी प्रान्त था, जो भारत के सकल घरेलू उत्पाद का 50 प्रतिशत और दुनिया के सकल घरेलू उत्पाद का 12 प्रतिशत पैदा करता था।[21] बंगाल की राजधानी ढाका साम्राज्य की वित्तीय राजधानी थी, जिसकी आबादी दस लाख से अधिक थी। यह रेशम और सूती वस्त्र, इस्पात, साल्टपीटर और कृषि और औद्योगिक उत्पादों का निर्यातक था। घरेलू स्तर पर भारत का अधिकांश भाग चावल, रेशम और सूती वस्त्र जैसे बंगाली उत्पादों पर निर्भर था। आर्थिक इतिहासकार इन्द्रजीत रे के अनुसार, यह कपड़ा निर्माण और जहाज निर्माण जैसे उद्योगों में विश्व स्तर पर प्रमुख था। रे का अनुमान है कि सोलहवीं और सत्रहवीं शताब्दी के दौरान बंगाल का जहाज निर्माण उत्पादन सालाना 223,250 टन था जबकि 1769 से 1771 तक उत्तरी अमेरिका में उन्नीस उपनिवेशों में 23061 टन उत्पादन हुआ था।[22]

मेडिसन 18वीं शताब्दी के मुग़ल अर्थव्यवस्था के आय वितरण के सन्दर्भ में निम्नलिखित अनुमान देता है।

मुग़ल अर्थव्यवस्था का आय वितरण

सामाजिक समूह	जनसंख्या का प्रतिशत	कुल आय का प्रतिशत	प्रति व्यक्ति आय के सन्दर्भ में औसत
सामंत और जमींदार	1	15	15
व्यापारी से सफाईकर्मी	17	37	2.2
ग्रामीण स्तर	72	45	0.6
जनजातीय समूह	10	3	0.3

स्रोत : ब्रांको मिलानोविक; पीटर एच., लिंडर्ट; जेफरी जी., विलियम्सन (नवम्बर 2007), 'मेज़रिंग एंशिएंट इन इक्वालिटी' वर्ल्ड बैंक

जेफरी जी. विलियम्सन ने तर्क दिया है कि भारत 18वीं शताब्दी के उत्तरार्द्ध में मुग़ल साम्राज्य के पतन से अप्रत्यक्ष परिणाम के रूप में गैर-औद्योगिकीकरण के दौर से गुजरा, बाद में ब्रिटिश शासन और अधिक वि-औद्योगिकीरण का कारण बना।[23] विलियम्सन के अनुसार, मुग़ल साम्राज्य के पतन ने कृषि उत्पादकता को कम कर दिया, जिससे खाद्य कीमतों में वृद्धि हुई। तब नाममात्र की मजदूरी और फिर कपड़ा की कीमतें जिसने बाद में विकसित फैक्ट्री प्रौद्योगिकी से पहले भी ब्रिटेन के लिए भारत के कपड़ा बाज़ार में हिस्सेदारी की कीमत चुकाई, ब्रिटिश

वस्त्रों पर प्रतिस्पर्धात्मक लाभ बनाए रखा।[24] प्रसन्न पार्थसारथी ने प्रतिवाद किया है कि मुग़ल साम्राज्य के पतन के बाद के कई राज्यों में गिरावट नहीं आई, विशेष रूप से बंगाल और मैसूर जो 18वीं शताब्दी के अन्त में ब्रिटेन के बराबर थे।[25]

इन्द्रजीत रे ने उल्लेख किया है कि भारतीय सूती कपड़ा उद्योग की सापेक्ष गिरावट 1820 के दशक के मध्य से शुरू हुई थी। हालाँकि, इसकी गिरावट की गति धीमी थी, शुरूआत में स्थिर थी, लेकिन 1860 तक संकट की स्थिति तक पहुँच गयी जब 5,63,000 कपड़ा श्रमिकों ने अपनी नौकरी खो दी। रे का अनुमान है कि 1850 ई. तक उद्योग में लगभग 28 प्रतिशत की कमी आई। हालाँकि यह उच्च छोर और निम्न छोर वाले घरेलू बाज़ारों में जीवित रहा।[26]

नए प्रकार के सम्बन्धों के विकास में सामन्ती (उपभोक्ता) माँगो ने महत्वपूर्ण भूमिका निभाई। इस प्रकार की स्थापना के लिए पर्याप्त आँकड़े देना कठिन होगा तथापि यह तो स्पष्ट है कि अठारहवीं शताब्दी के अन्तिम चरण और उन्नीसवीं शताब्दी के प्रारम्भ में इस प्रकार की माँग बिलकुल नहीं रही। यह वही कालखंड है जब भारत को यूरोपीय ताकतों ने जीतकर अपने उपनिवेश बनाए थे इसलिए इस नए आर्थिक ढाँचे में जो वस्तुएँ तैयार होती थीं उनके बाज़ार को बड़ा धक्का लगा किन्तु इनका पूर्ण लोप नहीं हुआ।

सोलहवीं शताब्दी के अन्त में, भारतीय उपमहाद्वीप, काफी हद तक एकीकृत मुग़लों के अधीन, अपेक्षाकृत उच्च आय और एक सम्पन्न विनिर्माण क्षेत्र के साथ, वैश्विक अर्थव्यवस्था के सबसे विकसित हिस्सों में से एक था। ब्रॉडबेरी ने 1600 ई. से 1871 ई. के मध्य भारत के प्रति व्यक्ति सकल घरेलू उत्पाद का अनुमान लगाया है।[27] इन अनुमानों से पता चलता है कि सत्रहवीं और अठारहवीं शताब्दी में भारत की प्रति व्यक्ति आय में लगातार गिरावट आई, जो बाद की शताब्दी में इंग्लैंड की तुलना में लगभग एक-तिहाई थी। ब्रॉडबेरी और गुप्ता, साथ ही एलन ने यह बताते हुए आँकड़े सामने रखे हैं कि भारतीय श्रमिक (दिहाड़ी मजदूर) पहले से ही अपेक्षाकृत गरीब थे,[28] जबकि पार्थसारथी औा शिवरामकृष्ण ने मजदूरी के जो सबूत पेश किए हैं, उससे पता चलता है कि उन्नीसवीं शताब्दी की शुरूआत में भारतीय जीवन स्तर यूरोप के बराबर या उससे भी उच्च था।[29] शिवरामकृष्ण के साक्ष्य केवल दक्षिण भारत से सम्बन्धित हैं, जबकि पार्थसारथी के आँकड़े और तर्क दक्षिणी भारत और बंगाल (उत्तर-पूर्व) दोनों से सम्बन्धित हैं।

सोलहवीं शताब्दी के उत्तरार्द्ध से उन्नीसवीं शताब्दी तक व्याप्त मजदूरी का एक अध्ययन, अठारहवीं शताब्दी के भारतीय इतिहास लेखन में भी जोड़ सकते हैं। ज्यादातर पारम्परिक इतिहास लेखन में अठारहवीं शताब्दी को क्षय, अराजकता, लालच और हिंसा का युग के रूप में माना गया है[30] फिर भी, 1980 के दशक के बाद से सामने आए विभिन्न अध्ययन एक विपरीत तस्वीर पेश करते हैं। बेली

ने अठारहवीं शताब्दी में गतिशील उत्तर भारतीय क्षेत्र की तस्वीर पेश की जहाँ राजनीतिक कठिनाइयों के बावजूद विभिन्न क्षेत्रों (कृषि, व्यावसायीकरण और सापेक्षिक समृद्धि) में वृद्धि दर्ज़ की गई।[31]

कुशल और अकुशल दोनों प्रकार के श्रमिकों के लिए मजदूरी सार्वभौमिक रूप से प्रचलित थी। जबकि कुछ को वस्तु के रूप में भुगतान प्राप्त हुआ। शीरीन मूसवी बताते हैं कि सत्रहवीं शताब्दी में भारतीय शहरों में बड़े पैमाने पर मजदूरी का भुगतान पैसे में करने का नियम था।[32] प्रकाश कहते हैं कि डच ईस्ट इंडिया कम्पनी (Verenigde Oost-Indische Compagnie, VOC) को प्रचलित बाज़ार मजदूरी दरों पर पर्याप्त श्रम खोजने में कोई समस्या नहीं होती थी क्योंकि श्रम की आपूर्ति बहुत लचीली थी।[33]

नाद्री की इस खोज के अनुरूप कि सूरत में 'कुछ पारम्परिक जाति या जातीय प्रभावों या गतिशीलता पर प्रतिबन्धों से परे', श्रम बाज़ार मुक्त था और किसी भी नियोक्ता को कर्मचारी मिल सकते थे यदि वह चाहे तो।[34] इसके अलावा, इचापुर (कलकत्ता के पास) गनपाउडर फैक्ट्री में 1790 के दशक का श्रम का एक विस्तृत रेखाचित्र दिखता है। यह 2000 से 2500 अकुशल और कुशल मजदूरों को रोजगार दे सकता था जिसने इसे दुनिया के सबसे बड़े कारखानों में से एक बना दिया था।[35]

अठारहवीं शताब्दी के उत्तरार्द्ध में श्रमिकों की बड़ी संख्या कलकत्ता में फोर्ट विलियम के निर्माण में लगी हुई थी।[36] मार्शल के अनुसार, 1761 ई. में किले पर कम से कम 30,000 कुली कार्य कर रहे थे।[37] अठारहवीं शताब्दी के उत्तरार्द्ध में बंगाल के एक बारूद कारखाने के विस्तृत अध्ययन से पता चलता है कि मुक्त श्रम बाज़ार अपेक्षाकृत एकीकृत था क्योंकि श्रमिक मौसमी रूप से कारखानों में काम करने आते थे। ये मिदनापुर (पश्चिम में 150 किलोमीटर तक), उड़ीसा के उत्तर से (दक्षिण पश्चिम में लगभग 250 किलोमीटर) और चटगाँव (समुद्र के द्वारा पूर्व में 700 किलोमीटर) से कारखाने में काम करने आते थे।[38] अठारहवीं शताब्दी के अन्त में फोर्ट विलियम के निर्माण पर एक अध्ययन से ऐसा प्रतीत होता है कि मौसम के आधार पर उच्च मजदूरी का भुगतान करने का कारण यह था कि कटाई के समय बहुत कम श्रमिक उपलब्ध हो पाते थे।[39] भारत में बहुत कम ग़ुलामी और दासता थी और मजदूरी श्रम अपेक्षाकृत व्यापक था। एक कार्यशील मुक्त श्रम बाज़ार था जहाँ कम्पनियों को स्पष्ट रूप से विशेषाधिकार प्राप्त नहीं था।[40]

हमारे पास गुजरात, दिल्ली और आगरा के महिलाओं की मजदूरी के बारे में कुछ जानकारी उपलब्ध है जबकि, बंगाल के लिए आँकड़े सबसे प्रचुर मात्रा में या कम दुर्लभ हैं। इन आँकड़ों से यह स्पष्ट हो जाता है कि पुरुष और महिलाओं का वेतन अन्तर 1700 ई. के आसपास में बढ़ गया, क्योंकि अठारहवीं शताब्दी के मध्य तक महिलाओं की मजदूरी पुरुष मजदूरी का लगभग 40 प्रतिशत प्रदर्शित

होती है। हालाँकि यह अन्तर 1760 के दशक में तेजी से कम हुआ। 1810 और 1820 के दशक में यह अन्तर बहुत कम हो गया तब महिलाओं की मजदूरी पुरुषों के वेतन का लगभग 80 प्रतिशत तक पहुँच गई।[41]

हंटर के विवरण से घरेलू आय में महिलाओ के योगदान के बारे में अतिरिक्त जानकारी मिलती है, वह उन्नीसवीं शताब्दी की शुरूआत में गया जिले (बिहार) में एक दिहाड़ी मजदूर द्वारा अपने परिवार के साथ, खराब परिस्थितियों में अर्जित आय पर जानकारी उद्धृत करता है। हंटर के आँकड़ो में पत्नी और बच्चे मिलकर कुल घरेलू आय का लगभग आधा हिस्सा लाते हैं।[42] यह उस अवधि में देखा गया था जब कताई की गिरावट के परिणामस्वरूप घरेलू आय में महिलाओं के योगदान में काफी गिरावट आई थी।

अठारहवीं शताब्दी के एक बड़े हिस्से के दौरान भारत के कुछ हिस्सों में पुरुष मजदूरी निर्वाह स्तर से ऊपर परिवार को चलाने (भरण-पोषण) में सक्षम नहीं थी। यह पूरी तरह से पुरुष वेतन के आधार पर जीवन स्तर के विकास के बारे में उसकी सीमाओं की ओर इशारा करता है। इस अवधि में, कई समाजों में महिलाओं और बच्चों ने घरेलू आय में महत्वपूर्ण योगदान दिया।[43]

उन्नीसवीं शताब्दी के प्रारम्भ से ठीक पहले भारत में जो बात निर्णायक सिद्ध हुई, और जिसने दुःखान्त परिस्थिति को जन्म दिया वह आर्थिक दृष्टि से उन्नत ग्रेट ब्रिटेन का औपनिवेशिक विस्तार था। आर्थिक, राजनीतिक और सैनिक दृष्टि से वह भारत से काफी बढ़-चढ़कर था। भारत में ब्रिटिश उपनिवेश की स्थापना और उसका विस्तार युगान्तकारी सिद्ध हुआ। भारत का व्यापारी वर्ग और यहाँ के महाजन अनेक दृष्टियों से सामन्तों के दबाव में थे और अपना पूरा विकास नहीं कर पाए थे, ये ब्रिटेन के अति उन्नत औद्योगिक बुर्जुआ वर्ग के अधीन भागीदार बन गए और व्यापारिक शोषण में वे भी अंग्रेजों से मिल गए।

ऐसी अवस्था में उत्पादन संचय, उत्पादन या व्यापक पुनरुत्पादन, अर्थात आर्थिक और राजनीतिक दृष्टि से उभरते भारतीय बुर्जुआ वर्ग को मजबूत बनाने के लिए अत्यन्त लाभकारी विदेशी बाज़ारों से लाभ उठाने के लिए बड़ी सीमित सम्भावनाएँ रह गई थीं। अपितु विदेशी व्यापार और उत्पादन में लगी देशी पूँजी का बहाव कृषि क्षेत्र की ओर होने लगा। इस निवेश को अति सुरक्षित माना जाता था। अनेक व्यापारियों और महाजनों ने अपनी पूँजी औपनिवेशिक ताकत के संरक्षण में रख दी। इससे उन्हें व्यापार का कुछ महत्वपूर्ण हिस्सा (जिसमें विदेशी व्यापार भी शामिल था) मिल गया। उनकी यह पूँजी महाजनी के लेन-देन में इस्तेमाल होती थी। शायद यही वज़ह थी कि ये स्थानीय वर्ग कोई नया आन्दोलन चलाने में समर्थ न थे न ही वे औपनिवेशिकों का डटकर मुकाबला कर सकते थे।

सन्दर्भ सूची

1. पार्थसारथी, प्रसन्ना ; व्हाई यूरोप ग्रिउ रिच एंड एशिया डिड नॉट: ग्लोबल इकोनामिक डाइवर्जेन्स, 1600-1850, कैम्ब्रिज यूनिवर्सिटी प्रेस, 2011, पृ. 45
2. हैरिसन, लारेन्स; बर्जर, पीटर, एल; डेवलपिंग कल्चर : केस स्टडी, 2006, पृ. 158
3. मेडिसन, एंगस; हिस्टोरिकल स्टैटिक्स, 2003, पृ. 259
4. विलियम्सन, जेफरी जी., डेविड, किलिंगिंगस्मिथ; इंडिया'स डि'इन्डस्ट्रीयलाइजेशन इन दि एटीन्थ एंड नाईनटींथ सेंचुरी, हावर्ड यूनिवर्सिटी प्रेस, मई 2004
5. मेडिसन पृ. 257
6. रिचईस, जान एफ., दि अनइंडिंग फ्रंटियर : एन एन्वायरमेंटल हिस्ट्री ऑफ अर्ली मॉर्डन वर्ल्ड, यूनिवर्सिटी कैलिफोर्निया प्रेस, 2003, पृ. 27
7. एर्ली, अब्राहम; दि मुग़ल वर्ल्ड: लाइफ इन इंडिया'स लास्ट गोल्डेन एज, 2007, पेंगुइन इंडिया
8. याज़दानी केव; इंडिया मॉर्डेनिटी एंड दि ग्रेट डाइवर्जेन्स: मैसूर एंड गुजरात सेवेनटीन्थ टू नाईनटींथ सेंचुरी, 2017
9. सियोला, कार्लो एम., बिफोर दि इंडस्ट्रीयल रिवोल्यूशन: यूरोपीय सोसाइटी एंड इकॉनमी 1000-1700, 2004
10. स्मिट, कार्ल जे., एन एटलस एंड सर्वे ऑफ साउथ एशियन हिस्ट्री, मई 2015
11. रिचईस, पृ. 190
12. हबीब, इरफान; रायचौधरी, तपन; कुमार, धर्मा; दि कैम्ब्रिज इकोनामिक हिस्ट्री ऑफ इंडिया, 1987, पृ. 230
13. रिचईस, पृ. 174
14. रिचईस, पृ. 28
15. सुनेजा, विवेक, 'अंडरस्टैंडिंग बिजिनेस: ए मल्टी डाइमेन्शनल एप्रोच टू दि मार्केट इकॉनमी, 2000, पृ. 13
16. राय, तीर्थंकर, 'दि लांग ग्लोबलाइजेशन एंड टेक्सटाइल प्रोड्यूसर्स इन इंडिया', लेक्स हीरमा वैन वास; ई.एल.एस. हेमस्ट्रा-कुपरस; एलिस वैन नेदेरवीन, दि एशियट कम्पेनियन टू दि हिस्ट्री ऑफ टेक्सटाईल वर्कर, 1650-2000, एशगेट पब्लिशिंग, 2010, पृ. 255
17. ओमप्रकाश, 'एम्पायर मुग़ल, हिस्ट्री ऑफ वर्ल्ड ट्रेड सिंस 1450' जान जे., मैकस्कर (सम्पा.), 2006, पृ. 237-40
18. बोयाजियन, जेम्स सी., पोर्तुगीज ट्रेड इन इंडिया अंडर दि हैम्सबर्ग 1580-1640, 2008, पृ. 51
19. रिचईस, पृ. 20
20. ओमप्रकाश, पृ. 237-40
21. खांडेकर, हिसाम; व्हिच इंडिया इज क्लियरिंग टू हैव बीन कोलोनाइज्ड, 31 जुलाई, 2015, डेली स्टार
22. रे, इन्द्रजीत; बंगाल इंडस्ट्रीज एंड दि ब्रिटिश इन्डस्ट्रीयल रिवोल्यूशन(1757-1857), 2011, पृ. 174
23. विलियम्सन, जेफरी जी., ट्रेड एंड पावर्टी: व्हेन दि थर्ड वर्ल्ड फेल डाउन, 2011, पृ. 91

24. ब्रॉडबेरी, स्टीफेन; गुप्ता, विष्णुप्रिया; 'काटन टेक्सटाइल एंड दि ग्रेट डाइवर्जेन्स: लंकाशायर, इंडिया एंड शिफ्टिंग कम्पेटेटिव एडवान्टेज 1600-1850, 2005
25. पार्थसारथी, पृ. 38
26. रे, इन्द्रजीत; 'आइडेंटिफाइंग दि वूस ऑफ दि काटन टेक्सटाइल इण्डस्ट्री इन बंगाल: टेल ऑफ दि नाइनटींथ सेंचुरी' दि इकोनामिक हिस्ट्री रिव्यू 62/4 पृ. 857-92
27. ब्रॉडबेरी, स्टीफेन; गुप्ता, विष्णुप्रिया; 'इंडिया एंड दि ग्रेट डाइवर्जेन्स: एन एंग्लो इंडियन कम्पैरिसन ऑफ जी.डी.पी. पर कैपिटा, 1600-1871, 2015, पृ. 58-75
28. ब्रॉडबेरी, स्टीफेन; गुप्ता, विष्णुप्रिया; 'अर्ली मॉडर्न ग्रेट डाइवर्जेन्स' एलन, 'इंडिया इन दि ग्रेट डाइवर्जेन्स'
29. पार्थसारथी, 'रिथिंकिंग वेजेज'; इडेम, 'व्हाई यूरोप ग्रिउ रिच'
30. वाशब्रुक, डेविड; एटीन्थ सेंचुरी इस्यू, पृ. 372
31. बेली, क्रिस्टोफर; रूलर्स, टाउनमेन एंड बाज़ार, 1983
32. हबीब, इरफान; पोटेन्शियलिटीज ऑफ कैपिटलिस्ट डेवलपमेंट इन दि इकॉनमी ऑफ मुग़ल इंडिया (दि टास्क ऑफ इकोनॉमी हिस्ट्री, वोल्यूम 29, नं. 1, मार्च 1969.) पृ. 32-78
33. मूसवी, शिरीन; द वर्ल्ड ऑफ लेबर इन मुग़ल इंडिया (1500-1750), प्रोसीडिंग ऑफ दि इंडियन हिस्ट्री कांग्रेस, वोल्यूम 71, 2010-2011, पृ. 343-357
34. नादरी, ग़ुलाम ए., 'एटीन्थ सेंचुरी गुजरात'1750-1800, 2008 पृ. 37
35. लुकासेन, जान; वर्किंग एट द इचापुर गन फैक्ट्री इन दि 1790, 2012, पृ. 19
36. सेनगुप्ता, के. एम., 'द न्यू फोर्ट विलियम एंड डाकयार्ड', 15 जुलाई, 2016
37. मार्शल, अल्फ्रेड; कम्पनी एंड द कूलीस, पृ. 25
38. लुकासेन, पृ. 45-52
39. सेनगुप्ता,
40. रॉय, तीर्थंकर; हाउ ब्रिटिश रूल चेंज्ड इंडिया इकॉनमी : द पैराडाक्स ऑफ द राज, 2019 पृ. 90
41. दिलचस्प बात है कि 1830 के दशक में महिला कैदियों को पुरुषों के चावल भत्ते का 75 से 83 प्रतिशत मिलता था (रिपोर्ट 1838, पृ. 154) जो यह बताता है कि पुरुषों की तुलना में महिलाओं की मजदूरी किस हद तक कम थी व महिलाओं द्वारा उपभोग भी कम होता था।
42. हंटर, विलियम विल्सन; ए स्टैटिस्टिकल अकाउंट ऑफ बंगाल, वोल्यूम 12, पृ. 76-97
43. डिज्वार्ट, पिम; लुकासेन, जान, 'पावर्टी आर प्रासपेरिटी इन नादर्न इंडिया? न्यू एविडेंस ऑन रियल वेजेज, दि इकोनामिक हिस्ट्री रिव्यू, 73, मार्च, 2020, पृ. 664

सन्दर्भ ग्रन्थ सूची

1. मुकुंदराम चक्रवर्ती, कवि कंकण, चंडी मंगल, (जे.एन.दास गुप्ता, बंगाल इन दि सिक्सटींथ सेंचुरी ए.डी., कलकत्ता, 1914)
2. अब्दुल्ला, 'तारीखे दाऊदी ऑफ अब्दुल्ला', दि हिस्ट्री ऑफ इंडिया, ऐज टोल्ड बाई इट्स ओन हिस्टोरियंस..., भाग 1, कलकत्ता, 1952
3. अबुल फज़ल अल्लामी, दि आइन-ए-अकबरी, भाग 1-3, कलकत्ता, 1939-1949
4. अबुल फज़ल, इब्न मुबारक, दि अकबरनामा, भाग 1-3, कलकत्ता 1903-1921
5. ग़ुलाम हुसैन सलीम, दि रियाज-उस-सलातीन, ए हिस्ट्री ऑफ बंगाल, भाग 1-5, कलकत्ता, 1902-1904
6. श्रीनाथ, 'सोशल कंडीशंस इन दि फिफ्टिंथ सेंचुरी: श्रीनाथ', फर्दर सोर्सेज ऑफ विजयनगर, हिस्ट्री, भाग 3, मद्रास 1946
7. एनुअल प्रोग्रेस रिपोर्ट ऑफ दि असिस्टेंट आर्कियोलॉजिकल सुपरिटेंडेंट फार दि एपिग्राफी, सदर्न सर्कल (1906/7-1920/21), मद्रास, 1907-1921, एनुअल रिपोर्ट आन साउथ-इंडियन एपिग्राफी (1921/22-1933/34), मद्रास, 1923-1937, एनुअल रिपोर्ट आन इंडियन एपिग्राफी (1947/48-1951/52), दिल्ली-कलकत्ता, 1955, 1957
8. आर्कियोलॉजिकल सर्वे ऑफ मैसूर (एन एनुअल रिपोर्ट ऑफ दि मैसूर आर्कियोलॉजिकल डिपार्टमेंट), मैसूर, 1913-1937
9. फर्दर सोर्सेज ऑफ विजयनगर हिस्ट्री, (प्रकाशक), के.एन. शास्त्री और एन. वेंकटरमनय्या, भाग 1-3, मद्रास, 1946
10. बारबोसा डी, दि बुक ऑफ डुआर्ट बारबोसा, एन अकाउंट ऑफ दि कंट्रीज बार्डरिंग आन दि इंडियन ओशन एंड देयर इंहैबिटेंट्स, भाग 1-2, लन्दन, 1918-1921
11. बर्नियर एफ., ट्रैवल्स इन दिन मुग़ल एंपायर ए.डी. 1656-1668, लन्दन, 1934
12. बावरी टी., ए ज्याग्राफिकल अकाउंट ऑफ दि कंट्रीज राउंड दि बे ऑफ बंगाल, 1669-1679, केंब्रिज 1905
13. ब्रूटन डब्ल्यू., न्यूज फ्राम दि ईस्ट इंडीज ऑफ वायेज टु बगांल ऑफ विलियन ब्रूटन, इस्लामिक कल्चर, भाग 5, हैदराबाद, 1812,
14. बुकानन एफ.एच., ए जर्नी फ्राम मद्रास थ्रू दि कन्ट्रीज ऑफ मैसूर, केनरा एंड मालाबार -- भाग-1 लन्दन, 1807
15. कैरे द शैबोंन, दि ट्रैवेल्स ऑफ दि एब कैरे इन इंडिया एंड नियर ईस्ट, 1672-1674,

भाग 1-2, लन्दन, 1947-1948
16. कोलब्रुक एच.टी., रिमार्क्स आन दि हस्बेंड्री एंड इंटर्नल कामर्स ऑफ बंगाल, लन्दन, 1806
17. कोंटि एन., दि ट्रैवल्स ऑफ निकोलो कोंटि इन दि ईस्ट इन दि अर्ली पार्ट ऑफ दि फिफ्टीन्थ सेंचुरी...., इंडिया इन दि फिफ्टिंथ सेचुरी...., लन्दन, 1857
18. दि ईस्ट इंडिया कम्पनी, पेपर्स, रिपोर्ट्स एंड प्रोसिडिंग्स मिनट्स ऑफ एविडेंस टेकन विफोर दि सेलेक्ट कमेटी आन दि अफेयर्स ऑफ दि ईस्ट इंडिया कम्पनी भाग-3 लन्दन, 1832
19. दि इग्लिश फैक्ट्रीज इन इंडिया ए कैलेंडर ऑफ डाक्युमेंट्स इन दि इंडिया ऑफिस, ब्रिटिश, म्यूजियम एंड पब्लिक रिकार्ड ऑफिस (1618-1969), (भाग 1-13) सम्पा, डब्ल्यू. फोस्टर, आक्सफोर्ड, 1906-1927
20. फिच आर., 'दि वायेज ऑफ मास्टर राल्फ फिच, मर्चेंट ऑफ लन्दन, ह.पो., भाग 10, 1905
21. फ्लोरिस पी., पीटर फ्लोरिस: हिज वायेज टु दि ईस्ट इंडीज इन दि 'ग्लोब' 1611-1615, लन्दन, 1934
22. फोर्ट विलियम - इंडिया हाउस करेस्पांडेंस एंड अदर कंटेम्परारी पेपर्स रिलेटिंग देअर टू, भाग 1-17, दिल्ली, 1949-1959
23. फ्राईअर एफ., ए. न्यू अकाउंट ऑफ दि ईस्ट इंडिया एंड पर्शिया, इन एट लेटर्स 1672-1681 भाग 1-3, लन्दन, 1909-1915
24. हैजेज डब्ल्यू., दि डायरी ऑफ विलियम हैजेज, एस्क., डयूरिंग हिज एंजेंसी इन बंगाल (1681-1687), भाग 1-3, लन्दन, 1887
25. हैमिल्टन ए., ए न्यू अकाउंट ऑफ दि ईस्ट इंडीज, बीइंग दि आब्जर्वेशंस एंड रिमार्क्स ऑफ कैप्टन ए0 हैमिल्टन (1688-1723), भाग 1, एडिनबर्ग, 1727
26. हेवार्ट डी., ओप एन एंडरगैंग वान कोरोमंडल, भाग 1-3, एम्स्टर्डम, 1963
27. इब्नबतूता' स ट्रैवेल्स इन बंगाल एंड चाइना, कैथे एंड दि वे दिदर बोइंग ए कलेक्शन ऑफ मेडिवल नोटिसेज ऑफ चाइना भाग 4, लन्दन, 1916
28. 'लेटर्स फ्राफ मद्रास इन 1659', (सम्पादक और मुद्रक) डब्ल्यू, फोस्टर, इं.ए., भाग 31, 1902
29. लिंशोटन जे.एच., दि वायेज ऑफ जान ह्यूजेन वान लिंशोटन टु दि ईस्ट इंडीज, भाग 1-2, लन्दन, 1885
30. महुआन'स अकाउंट ऑफ दि किंगडम ऑफ बंगाल, ज.रा.ए.सो. 1896,
31. मैंडेल्स्लो जे.ए., 'दि वायजेज एंड ट्रैवेल्स ऑफ जे. अल्बर्ट एंड मंडेलस्लो इन टु ईस्ट इंडीज, विगन इन दि ईयर 1638 एंड फिनिस्ट इन 1640, ओलियरीयस ए, दि वायेज एंड ट्रैवल्स ऑफ दि., एंबस्डर्स सेंट बाई फ्रेडरिक डयूक ऑफ होल्स्टीन टु दि डयूक ऑफ मास्कोवी, तातारिया, पार्शिया, लन्दन, 1669,
32. मनरीक, मनरीक ट्रैवल 1629-1643 (अनुवादित सी.ई. लॉर्ड,) भाग 1-2, लन्दन, 1927, पृ. 37

33. मार्शल जे., जान मार्शल इन इंडिया: नोट्स एंड आब्जर्वेशन इन बंगाल 1668-1672, इलाहाबाद,1927
34. मार्शल टी. स्टैटिस्टिकल रिपोर्ट्स आन दि परगनास ऑफ पादशाहपुर, बेलगाँव, कलानिद एंड चाँदगढ़, खानपुर, बागुलकोट एंड बादामी इन दि सदर्न मराठा कंट्री...बम्बई, 1822,
35. मास्टर स्ट्रिंशाम, दि डायरी ऑफ स्ट्रिंशाम मास्टर: (1675-1680 ई.) सम्पादित द्वारा आर.सी. टेम्पल, पब्लिश्ड फार गवर्नमेन्ट ऑफ इंडिया, भाग-2, लन्दन, 1911
36. मांटगोमरी मार्टिन आर., दि हिस्ट्री, ऐंटिक्विटीज, टेपोग्राफी एंड स्टैटिस्टिक ऑफ ईस्टर्न इंडिया, कंपाइलिंग डिस्ट्रिक्स ऑफ बिहार, शाहाबाद, भागलपुर, गोरखपुर, दीनाजपुर, पूर्णिया, रंगपुर एंड आसाम भाग 2, लन्दन, 1838
37. मंडी पी., दि ट्रैवल्स ऑफ पीटर मंडी, इन यूरोप एंड एशिया (1608-1667 ए.डी.) भाग 2, लन्दन, 1914
38. ओलफ्सन जे., दि लाइफ ऑफ दि आइसलैंड जान ओलफ्सन ट्रैवेल टु इंडिया, ब्रिटेन बाई हिमसेल्फ एंड कंप्लीटेड अबाउट 1661 ए.डी., भाग 1, लन्दन, 1923
39. पेटन डब्ल्यू., ए. जर्नल ऑफ आल प्रिसिंपल मैटर्स पास्ड इन दि ट्रवैल्स वायेज टु दि ईस्ट इंडिया आब्सर्ड बाई मी वाल्टर पेटन, ह.पो. भाग 4, 1905
40. पेल्सर्ट एफ., जहाँगीर' स इंडिया: दि रिमोंस्तरांसी ऑफ फ्रांसिस्को पेल्सर्ट, कैम्ब्रिज, 1925
41. पायर्स टी., दि सुमा ओरिएंटल ऑफ टोम पायर्स, एन. अकाउंट ऑफ दि ईस्ट फ्राम दि रेड सी टु जापान, रिटेन इन मलक्का एंड इंडिया इन 1512-1515, भाग 1, लन्दन, 1944
42. पुर्तगीज वायजेज (1498-1663), लन्दन, 1697
43. पाइरार्ड एफ., दि वायेज ऑफ फ्रैंकोईस पाइरार्ड ऑफ लेवल टु दि ईस्ट इंडीज, दि मालदीव, दि मलक्का एंड ब्राजील (1607-1610), भाग 102, लन्दन 1887-1890
44. रीड ए., दि बारामहल रिकार्ड्स, सैक्शन प्ट प्रोडक्शंस, मद्रास, 1912
45. रिलेशंस ऑफ गोलकुंडा इन दि अर्ली सेवेंटीथ सेंचुरी, लन्दन, 1931
46. साल्बांके जे., दि वायेज ऑफ एम. जोसेफ साल्बांके थ्रू इंडिया, पर्शिया, पार्ट ऑफ टर्की, दि पर्शियन गल्फ एंड अरेबिया, 1609, ग्लासगो, भाग 3, 1905
47. साइक्स डब्ल्यू. एच., 'आन दि लैंड टैन्योर्स ऑफ दकन', ज.रा.ए0सो., भाग 2-3, लन्दन, 1835-1836
48. ट्रैवर्नियर जे.बी., टैवल्स इन इंडिया भाग 2, लन्दन 1925
49. टेलर जे.ए., ए डिस्क्रिप्टिव एंड हिस्टोरिकल अकाउंट ऑफ दि काटन मैन्युफैक्चर्स ऑफ ढाका इन बंगाल, लन्दन, 1851
50. विल्क्स एम., हिस्टोरिकल स्केचेज ऑफ दि साउथ ऑफ इंडिया, भाग 1, लन्दन, 1810
51. अन्तनोवा के.ए., कंक्वेस्ट ऑफ दि इंग्लिश आन इंडिया इन एंटींथ सेंचुरी, मास्को, 1958
52. लेविन ए.वाई., सम फैक्ट्स अबाउट क्राफ्ट्स एंउ ट्रेड इन इंडिया ऐट दी एंड ऑफ सिक्सटींथ सेंचुरी ऑफ गोर्की स्टेट यूनिवर्सिटी, फैसिमाइल, 65, 1964
53. लेविन एस.एफ., रिफार्मिस्ट मूवमेंट इन स्माइल होजा' स ट्रेड कम्यूनिटी डयूरिंग 1829-1866, 'इन ब्रीफ नोट्स ऑफ इंस्टीट्यूट ऑफ एशियन पीपुल, अंक 51 1962,

54. पावलोव, वी.आई. फार्मेशन ऑफ इंडिया बुर्जुआ, मास्को, 1958
55. सेम्योनोवा एन.आई., विलेज कम्यूनिटी एंड फ्यूडल लैंड ओनिंग इन रणजीत सिंह, स्टेट इन ट्रांजेक्शन ऑफ इंस्टीट्यूट ऑफ ओरिएंटल स्टडीज, खंड-12, 1955
56. बालकृष्ण आर. इंडस्ट्रियल डेवलपमेंट ऑफ मैसूर, बंगलौर, 1940
57. चोकसी आर.डी., इकोनामिक हिस्ट्री ऑफ दि बाम्बे, दकन एंड कर्नाटक (1818-1868) पूना, 1945
58. महालिंगम टी.वी. एडमिनिस्ट्रेशन एंड सोशल अंडर विजयनगर, मद्रास, 1940
59. राय चौधरी टी., बंगाल अंडर अकबर एंड जहाँगीर, कलकत्ता, 1953
60. सिन्हा एन.के., दि इकोनामिक हिस्ट्री ऑफ बंगाल: फ्राम प्लासी टू दि परमानेंट सेटेंलमेंट, भाग 1, कलकत्ता, 1661-1963
61. पंजाब डिस्ट्रिक्स गजेटियर्स, भाग-13ए, होशियारपुर डिस्ट्रिक्ट, 1904, भाग 14ए, जलंधर डिस्ट्रिक्ट, 1904, लाहौर, 1905-1908
62. मुखर्जी एन.जी., ए मोनोग्राफ ऑफ दि सिल्क फैब्रिक्स ऑफ बंगाल, कलकत्ता, 1903
63. क्लैविखो, आर., ट्रैवेल अकाउंट्स इन तैमुर'स कोर्ट इन समरकन्द, 1403-1416, सेंट पीट्सवर्ग, 1881
64. निकितन ए., अफनासी निकितन वायेजस एक्रास थ्री सीज, मास्को
65. अली मुहम्मद खान, दि पालिटिक्स एंड स्टैटिस्टिकल हिस्ट्री ऑफ गुजरात लन्दन
66. फासेट सी.एच., दि इग्लिश फैक्ट्रीज इन इंडिया (न्यू सीरिज), भाग-2, आक्सफोर्ड, 1938
67. लेटर्स रिसीव्ड बाई दि ईस्ट इंडिया कम्पनी फ्राम इट्स सर्वेन्ट्स इन दि ईस्ट (1602-1617) भाग 1, लन्दन, 1896
68. लेविन एस.एफ., रिफार्मिस्ट मूवमेंट इन स्माइल होजा ट्रेड कम्यूनिटी डयूरिंग 1829-1866, 1962
69. वार्ड डब्ल्यू., ए व्यू ऑफ दि हिस्ट्री, लिटरेचर एंड रिलीजन ऑफ दि हिन्दुस्तान...भाग 1, लन्दन, 1817,
70. सेलेक्ट डाक्यूमेंट्स ऑफ दि ब्रिटिश पीरियड ऑफ इंडियन हिस्ट्री (इन कलेक्शन ऑफ दि विक्टोरिया मेमोरियल, कलकत्ता) सम्पादक एल.सी. गांगुली कलकत्ता, 1958
71. आइब्स ई., ए वायेज फ्राम इंग्लैंड टु इंडिया इन दि ईयर 1754, लन्दन, 1773
72. रिकार्ड ऑफ फोर्ट सेंट जार्ज, डिस्पैचेज फ्राम इंग्लैंड (1670-1692), मद्रास, 1911-1917
73. कबीर एच., मिर्जा अबु तालिब खान, पटना, 1961
74. फासेट सी.एच., दि इंग्लिश फैक्ट्रीज इन इंडिया (न्यू सिरीज) भाग 1, आक्सफोर्ड, 1936
75. रेनाल, जी.टी., ए फिलोसफिकल एंड पालिटिकल हिस्ट्री ऑफ सटेलमेंट्स एंड ट्रेड ऑफ दि यूरोपीय्स इन दि ईस्ट एंड वेस्ट इंडीज, भाग-1, 1975
76. एलफिंस्टन एम., एन अकाउंट ऑफ दि किंगडम ऑफ काबुल एंड इट्स डिपेंडेसीस इन पर्शिया, तार्तारी एंड इंडिया, लन्दन, 1842
77. वर्मा, हरिश्चन्द्र, मध्यकालीन भारत भाग-2 (1540-1761), नई दिल्ली, 1998
78. श्रीवास्तव, हरिशंकर, मुग़ल सम्राट हुमायूँ, आगरा, 1965

79. श्रीवास्तव, आर्शीवादी लाल, अकबर महान, भाग-2, आगरा, 1965
80. कानूनगो. के.आर., शेरशाह, कलकत्ता, 1921
81. मिश्रा, एस.सी., रिवेन्यू सिस्टम ऑफ शेरशाह, पी.आई.एच.सी., ग्वालियर 1952
82. कुरैशी, इश्तियाक हुसैन, दी एडमिनिस्ट्रेशन ऑफ दी मुग़ल एम्पायर, नई दिल्ली, 2004
83. सरन परमात्मा, दि प्राविन्शियल गवर्नमेन्ट अंडर दि मुग़ल, लन्दन, 1991
84. अहमद, इम्तियाज़, मध्यकालीन भारत एक सर्वेक्षण, पटना, 2003
85. हबीब, इरफान, दी एग्रेरियन सिस्टम ऑफ मुग़ल इंडिया (1556-1707), बाम्बे, 1965
86. हबीब, इरफान, एग्रेरियन रिलेशन्स एंड लैंड रेवेन्यू, रायचौधरी तपन (सं.): दि कैम्ब्रिज इकोनामिक हिस्ट्री ऑफ इंडिया, भाग-1, 1200-1750),कैम्ब्रिज, 1982
87. सिद्दीकी, नोमान अहमद, मुग़ल कालीन, भू-राजस्व प्रशासन, नई दिल्ली, 1989
88. डे, यू.एन., सम आस्पेक्ट्स ऑफ मेडिवल इंडियन हिस्ट्री, नई दिल्ली, 1998
89. सुन्दरम, लंका, मुग़ल लैंड रेवेन्यू सिस्टम, लन्दन, 2007
90. श्रीवास्तव, हरिशंकर, मुग़ल शासन प्रणाली, आगरा, 1969
91. सरकार, जगदीश नरायन, स्टडी इन इकोनामिक लाइफ इन मुग़ल इंडिया, नई दिल्ली, 1975
92. रायचौधरी, तपन, एंड इरफान हबीब (सं.) - दि कैम्ब्रिज इकोनामिक हिस्ट्री ऑफ इंडिया, वैल्यूम 1, 1200-1750, कैम्ब्रिज 1982
93. मेहता, जे. एल., एडवान्स स्टडी इन दि हिस्ट्री ऑफ मेडिवल इंडिया, वैल्यूम 2, मुग़ल एम्पायर (1526-1707), नई दिल्ली
94. सरदेसाई, गोविन्द सखाराम, ए हिस्ट्री ऑफ माडर्न इंडिया... मराठी रियासत, वैल्यूम 2, नई दिल्ली, 1935
96. कुलकर्णी, ए.आर., विलेज लाइफ इन दि डेकन इन दि सेवेन्टीन्थ सेन्चुरी, (दि इंडियन इकोनामिक एंड सोशल हिस्ट्री रिव्यू वैल्यूम 4), 1967
97. गॉडर्न स्टीवर्ट, द मराठाज़, 1600-1818, कैम्ब्रिज, 1993
98. एलफिंस्टन एम., रिपोर्ट आन दि टेरिटरीज कान्कर्ड फ्राम दि पेशवा, सबमिट टू दि सुप्रीम गवर्नमेन्ट ऑफ ब्रिटिश इंडिया, (फारेस्ट, जार्ज डब्ल्यू., (सम्पादन), सिलेक्शन फ्राम दि मिनट्स एंड अदर आफिशियल राईटिंग ऑफ दि आनरेबल मांटस्टुअर्ट एलफिंस्टन, गवर्नर ऑफ बाम्बे), कैम्ब्रिज 1884
99. सेन, सुरेन्द्रनाथ, एडिमिनिस्ट्रेशन सिस्टम ऑफ दि मराठाज़, कलकत्ता, 1925
100. मुखर्जी, राधाकुमुद, दि इकोनॉमिक हिस्ट्री ऑफ इंडिया, (1600-1800), इलाहाबाद, 1967
101. शर्मा, एस.आर., मराठा हिस्ट्री रि-एक्ज़ामिन, 1595-1707, बाम्बे, 1944
102. रानाडे, एम.जी. राईज ऑफ दि मराठा पावर, बाम्बे, 1900
103. सरकार, जे.एन. शिवाजी एंड हिज टाइम्स, कलकत्ता, 1961
104. स्मिथ. वी.ए., अकबर दि ग्रेट मुग़ल, नई दिल्ली, 1962
105. डफ, जे.वी., ए हिस्ट्री ऑफ दि मराठाज़, वैल्यूम 2, कलकत्ता, 1921

106. फुकाज़ावा हिरोसी, दि मेडिवल डेकन : पेंजेन्ट्स, सोशल सिस्टम एंड स्टेट्स, नई दिल्ली, 1991
107. एपस्टाइन टी.एस., इकोनामिक डेवलपमेंट एंड सोशल चेंज इन साउथ इंडिया, मानचेस्टर, 1964
108. शेरवानी, एच.के. (सं.) एंड पी.एम. जोशी, हिस्ट्री ऑफ मेडिवल डेकन, 1295-1724, भाग-2, हैदराबाद, 1974
109. स्टेन, बर्टन, स्टेट फार्मेशन एंड रिकन्सीडर्ड, पार्ट वन, माडर्न एशियन स्टडीज, 19 (स्पेशन इस्यू, पेपर्स प्रजेन्टेड एट दि कान्फ्रेंस ऑफ इंडियन इकोनामिक एंड सोशल हिस्ट्री, कैम्ब्रिज यूनिवर्सिटी, अप्रैल 1984,)
110. मूसवी, शिरीन, दि इकॉनमी ऑफ मुग़ल एम्पायर, ए स्टैटिस्टिकल स्टडी, नई दिल्ली, 1975
111. प्रिसेंप, जेम्स, एसेज आन इंडियन एंटिक्विटीज, हिस्टोरिक, न्यूमिजमैटिक्स एंड पेलियोग्राफी, एडवर्ड थामस (सम्पादन), कैम्ब्रिज, आनलाइन 5 जुलाई, 2014
112. चोपड़ा एम.एन., पी.एन.पुरी, वी.एन. दास, भारत का सामाजिक सांस्कृतिक और आर्थिक इतिहास, भाग-2, दिल्ली, 1975
113. बाबर, जहीरूददीन मुहम्मद, बाबरनामा (मेमोयर्स ऑफ बाबर), अनुदित, ए.एस. बेवरिज, भाग-1, दिल्ली, 1909
114. कुहाज, जार्ज एस. (सम्पा.), स्टैण्डर्ड कैटलाग ऑफ वर्ल्ड गोल्ड क्वाइन्स, 1601-प्रजेन्ट, 2009
115. मजूमदार, रायचौधरी, दत्त, (सम्पा.), भारत का वृहत इतिहास 2, तृतीय संस्करण, नई दिल्ली, 1975
116. प्रिसेंप, जेम्स, यूज़फुल टैबलेट फार्मिंग एन अपेंडिक्स टू दि जर्नल ऑफ दि एशियाटिक सोसायटी: क्वाइन्स, वेट्स एंड मेज़र्स ऑफ ब्रिटिश इंडिया, पार्ट-1, कलकत्ता, 1834
117. लिडल, एंड्रयू, क्वाइनेज ऑफ अकबर: दि कॉनेसर्स चॉइस, नई दिल्ली, 2005
118. नुरूद्दीन जहाँगीर, दि तुजुक-ए-जहाँगीरी, अनुवादित अलेक्जेण्डर रोजर्स, नई दिल्ली, हेनरी बेवरीज (सम्पादन), भाग-1, 1989
119. हबीब, इरफान, द करेंसी सिस्टम ऑफ दि मुग़ल एम्पायर, (1556-1707), मेडिवल इंडिया क्वार्टली, अलीगढ़, 1960
120 टैरी, एडवर्ड, अर्ली ट्रैवेल्स इन इंडिया, (1583-1619), सम्पादित - विलियम फोरेस्ट, लन्दन, 1921
121. मेनन, पी.के., मालाबार क्वाइनेज इन दि एटीन्थ सेन्चुरी प्रोसिडिंग्स ऑफ दि इंडियन हिस्ट्री कांग्रेस, वैल्यूम 21, 1958
122. नागास्वामी, तमिल क्वाइन्स: ए स्टडी, मद्रास, 1981
123. कृष्णाअय्यर, के.जी., दि जमोरिंन ऑफ कालीकट, नोट-7, कालीकट, 1938
124. दि फर्स्ट मालाबार, ज्वाइंट कमिश्नर्स रिपोर्ट
125. भास्करानुन्नी, पी., पाथोनपाथन नूटन्डिल केरला, तिरूअनन्तपुरम्, 1978
126. बोरिंग, लेविंग बेन्थम, हैदर अली एंड टीपू सुल्तान एंड दि स्ट्रगल विद दि मुसलमान पावर्स

ऑफ साउथ, आक्सफोर्ड, 1899
127. हैण्डरसन, जॉन आर., दि क्वाइन्स ऑफ हैदर अली एंड टीपू सुल्तान, मद्रास, 2001, पृ. 9
128. टेलर, जॉर्ज पी., क्वाइन्स ऑफ टीपू सुल्तान, मद्रास, 1989
129. ब्लंट, जोसेफ, दि शिपमास्टर' स असिस्टेंट एंड कमर्शियल डाइजेस्ट, न्यूयार्क, 1837
130. डी. पंत, दि कमर्शियल पालिसी ऑफ द मुग़ल, दि इकोनोमिक हिस्ट्री, वोल्यूम 3, नं. 2 अक्टूबर, 1931
131. हासन, अजीजा, दि सिल्वर करेन्सी आउटपुट ऑफ दि मुग़ल एम्पायर एंड प्राइसेस इन इंडिया ड्यूरिंग दि सिक्स्टींथ एंड सेवेंटीन्थ सेन्चुरीज (दि इंडियन इकोनामिक एंड सोशल हिस्ट्री रिव्यू) मार्च, 1969
132. सिंह, एम.पी., टाउन्स, मार्केट, मिंट एंड पोर्ट इन दि मुग़ल एम्पायर (1556-1707), नई दिल्ली, 1985
133. स्मिथ, वी.ए., अकबर दि ग्रेट मुग़ल, नई दिल्ली, 1962
134. जैन, एल.सी., इंडिजेनस, बैंकिंग इन इंडिया, (एन इकोनोमिक हिस्ट्री ऑफ हुंडी) 1858-1978, लन्दन, 1929
135. शर्मा, एल.पी., मध्यकालीन भारत, आगरा, 1998
136. केली, पैट्रिक, दि यूनिवर्सल कन्विस्ट एंड कामर्शियल इन्स्ट्रक्टर, वाल्यूम- 1
137. बर्कहाउजर (सम्पा.): इनसाइक्लोपीडिया ऑफ हिस्टोरिकल मेट्रोलाजी, वेट्स एंड मेजर्स, नेशनल सिस्टम ऑफ यूनिट्स एंड करेन्सीज
138. हैदर, नज़फ, क्वान्टिटी थियरी ऑफ मुग़ल मोनेट्री हिस्ट्री
139. फोर्बीस जे., ओरियन्टल मेमोयर्स: सेलेक्टेड एंड एब्रिज्ड फ्राम ए सिरीज ऑफ फेमिलियर लेटर्स रिटर्न डयूरिंग सेवेंटीन ईयर्स रेजिडेन्ट इन इंडिया, भाग 1-4, लन्दन, 1813
140. जनरल मीसिवेन-।
141. अशरफ, के.एम., लाइफ एंड कंडीशन्स ऑफ दि पीपल ऑफ हिन्दुस्तान, नई दिल्ली, 2000
142. एंडरसन, फिलिप, दि इंग्लिश इन वेस्टर्न इंडिया, बीइंग दि अर्ली हिस्ट्री ऑफ दि फैक्ट्री एट सूरत ऑफ बाम्बे, एंड दि सबोर्डिनेट फैक्ट्रीज आन दि वेस्टर्न कोस्ट, बाम्बे 1854
143. मोरलैंड, डब्ल्यू. एच., फ्राम अकबर टु औरंगजेब
144. नारायण, बृज, इंडियन इकोनामिक लाइफ : पास्ट एंड प्रेजेन्ट, दिल्ली, 1929
145.. जॉन लुकासेन (सम्पा.), वेज़ेज एंड करेन्सी: ग्लोबल एंड हिस्टोरिकल कम्प्रीजन,
146. फैक्ट्रीज रिकार्ड्स सूरत, I, II, III, IV, V
147. इंग्लिश फैक्ट्रीज रिकार्ड्स, 1618-21, 1624-29, 1630-33, 1634-36, 1637-41, 1642-45, 1646-50, 1651-54, 1655-59
148. ओरिजनल कौरेस्पोन्डेन्स 1549, 1656
149. आक्सेडेन पेपर्स, 40702, एफ 2 ए

150. तारीख-ए-बहादुरशाही अनुवादित द्वारा इलियट एंड डाउसन, VII
151. हसन एण्ड गुप्ता, ''प्राइस ऑफ फुड ग्रेन्स'',
152. पेलसर्ट, फ्रांसिस्को, दि रिमोंस्तरांसी ऑफ फ्रांसिस्को पेलसर्ट, अनुवादित डब्लू, एच. मोरलैंड
153. वान सेन्टेन, डी वॉक
154. लाहौरी, बादशाहनामा II
155. मुखर्जी एंड हबीब, ''मुग़ल एडमिनिस्ट्रेशन एंड द टेम्पल ऑफ वृन्दावन''
156. इब्नबतूता ट्रैवेल्स इन बंगाल एंड चाइना, कैथे एंड दि वे दिदर बोइंग ए कलेक्शन ऑफ मेडिवल नोटिसेज ऑफ चाइना भाग 4, लन्दन, 1916
157. एनुअल रिपोर्ट आन साउथ - इंडियन एपिग्राफी (1928/29)
158. दि इंग्लिश फैक्ट्रीज इन इंडिया ए कैलेंडंर ऑफ डाक्यूमेंटस इन दि इंडिया ऑफिस, ब्रिटिश म्यूजियम एंड पब्लिक रिकार्ड, ऑफिस (1655-57) (सम्पा.), डब्ल्यू. फोस्टर, आक्सफोर्ड, 1908,
159. फोस्टर, डब्ल्यू., अर्ली ट्रैवेल्स इन इंडिया, 1583-1619, लन्दन, 1921
160. व्हीलर, जे.टी., इंडिया अंडर ब्रिटिश रूल फ्राम दि फांउडेशन ऑफ ईस्ट इंडिया कम्पनी, लन्दन, 1886
161. ओर्म्स, आर., हिस्टोरिकल फैग्मेंट्स ऑफ दि मुग़ल एंपायर, लन्दन, 1905
162. लेटर्स रिसीव्ड बाई दि ईस्ट इंडिया कम्पनी फ्राम इट्स सर्वेन्ट्स इन दि ईस्ट (1602-1617), लन्दन, 1896
163. कृष्णदास कविराज, चैतन्याज, लाइफ एंड टीचिंग्स फ्राम कंटेम्पररी बंगाली बायोग्राफी दि चैतन्यामृतम, लन्दन, 1922
164. पणिक्कर, के.एम, मालाबार एंड दि डच, बीइंग दि हिस्ट्री ऑफ फाल दि नायर पावर इन मालाबार, बम्बई, 1931
165. रिकार्ड ऑफ फोर्ट सेंट जार्ज, डिस्पैचेज फ्राम इंग्लैंड (1670-1692), मद्रास, 1911-1917
166. फोर्ट विलियम - इंडिया हाउस करेस्पाडेंस एंड अदर कंटेम्पररी पेपर्स रिलेटिंग देअर टु, भाग 3, दिल्ली, 1952
166. सरकार, जदुनाथ, 'इंडस्ट्रीज ऑफ मुग़ल इंडिया : सेवेटींथ सेंचुरी' मार्डन रिव्यू, जून 1922
167. एंगेल्स, फ्रेडरिक, दि ग्रेजुअल एंड ऑफ फ्यूडलिज्म एंड राइस ऑफ नेशनल स्टेट्स; कार्ल मार्क्स, फ्रेडरिक एंगेल्स कलेक्टेड वर्क,दूसरा संस्करण, खंड 21, मास्को, 1961
168 पंजाब डिस्ट्रिक्स गजेटियर, भाग-13ए, होशियारपुर डिस्ट्रिक्ट, 1904
169. चाउ जु-कुऑ, चाउ-जु-कुआँ - दिस वर्क आन दि चाइनीज एंड अरब ट्रेड इन ट्रैवेल्स एंड थर्टीन्थ सेन्चुरी, न्यूयार्क, 1966
170. शास्त्री, के.ए.एन. एवं एन. वेंकट रमनैय्या, (सम्पा.), फर्दर सोर्सेज ऑफ विजयनगर हिस्ट्री, भाग-3, मद्रास, 1946
171. आई.एम. ट्यस्नेर की सम फैक्ट्स एबाउट प्राब्लम्स ऑफ विलेज कम्युनिटी एंड मराठाज

इन एंटींथ सेंचुरी एंड इन दि बिगिनिंग ऑफ नाइनटींथ सेंचुरी
172. मिनाएव, आई. पी., एनशिएंट इंडिया, कमेंट्स आन अफानासी नीकितन वोयेजेज एक्रास
173. श्री सीज, सेंट पिट्सबर्ग 1881,
174. बेडन-पावेल बी., ए स्टडी ऑफ दकन विलेजेज, देयर ओरिजनल एाउ डेवलपमेंट, ज.रा.ए.सो., 1957
175. ग्रांट डफ, जे., ए हिस्ट्री ऑफ मराठाज, भाग-1, लन्दन 1826,
176. अलयेव, एल. बी., सोशल स्ट्रक्चर ऑफ मेडिवल इंडिया, स्केच ऑफ इकॉनमी एंड सोशल हिस्ट्री ऑफ इंडिया, मास्को, 1973
177. रायचौधरी, टी., जॉन कम्पनी इन कोरोमंडल, 1605-1690: ए स्टडी इन इंटररिलेशन्स ऑफ यूरोपीय कामर्स एंड ट्रेडिशनल इकोनामिक्स, 1962
178. विल्सन सी. के. (सम्पा.), अर्ली एनल्स ऑफ दि इंग्लिश इन बंगाल, बीइंग दि बंगाल पब्लिक कंसल्टेशंस फार दि फर्स्ट हाफ ऑफ दि एटीन्थ सेंचुरी, भाग-1, बंगाल पब्लिक कंसल्टेशंस 1704-1710, लन्दन, 1812
178. लेटर रिसीव्ड बाई ईस्ट इंडिया कम्पनी फ्रॉम इट्स सर्वेन्ट्स इन दि ईस्ट, वाल्यूम I, II, III, IV, V, VI, लन्दन, 1896
179. पार्थसारथी, प्रसन्ना ; व्हाई यूरोप ग्रिउ रिच एंड एशिया डिड नॉट: ग्लोबल इकोनामिक डाइवर्जेन्स, 1600-1850, कैब्रिज यूनिवर्सिटी प्रेस, 20111
180. हैरिसन, लारेन्स; बर्जर, पीटर, एल., डेवलपिंग कल्चर : केस स्टडी, 2006
182 मेडिसन, एंगस, हिस्टोरिकल स्टैटिक्स, 2003
183. विलियम्सन, जेफरी जी., डेविड, किलिंगिंगस्मिथ; इंडिया'स डिइन्डस्टीयलाइजेशन इन दि एटीन्थ एंड नाईनटींथ सेंचुरी, हावर्ड यूनिवर्सिटी प्रेस, मई 2004
184. रिचर्ड्स, जान एफ., दि अनइंडिंग फ्रन्टियर:एन एन्वायरमेंटल हिस्टी ऑफ अर्ली मार्डन वर्ल्ड,यूनिवर्सिटी कैलिफोर्निया प्रेस, 2003
185. एर्ली, अब्राहम, दि मुग़ल वर्ल्ड: लाइफ इन इंडिया'स लास्ट गोल्डेन एज, 2007, पेंगुइन इंडिया
186. याज़्दानी केव, इंडिया मार्डेनिटी एंड दि ग्रेट डाइवर्जेन्स: मैसूर एंड गुजरात सेवेनटींथ टू नाईनटींथ सेंचुरी, 2017
187. सियोला, कार्लो एम., बिफोर दि इण्डस्टियल रिवोल्यूशन: यूरोपीय सोसाइटी एंड इकॉनमी 1000-1700, 2004
188. स्मिट, कार्ल जे., एन एटलस एंड सर्वे ऑफ साउथ एशियन हिस्टी, मई 2015
189. हबीब, इरफान; रायचौधरी, तपन; कुमार, धर्मा; दि कैम्ब्रिज इकोनोमिक हिस्टी ऑफ इंडिया,1987
190. सुनेजा, विवेक, 'अन्डरस्टैंडिंग बिजिनेस: ए मल्टी डाइमेंशनल एप्रोच टू दि मार्केट इकॉनमी, 2000
191. ओमप्रकाश, 'एम्पायर मुग़ल, हिस्ट्री ऑफ वर्ल्ड ट्रेड सिंस 1450' जान जे., मैकस्कर (सम्पा.), 2006

192. बोयाजियन, जेम्स सी., पोर्तगीज ट्रेड इन इंडिया अंडर दि हैम्सबर्ग 1580-1640, 2008
193. खाण्डेकर, हिसाम, व्हिच इंडिया इज क्लियरिंग टू हैव बीन कोलोनाइज्ड, 31 जुलाई 2015, डेली स्टार194. रे, इन्द्रजीत; बंगाल इन्डस्ट्रीज एंड दि ब्रिटिश इन्डस्ट्रीयल रिवोल्यूशन (1757-1857), 2011
195. विलियम्सन, जेफ्री जी., ट्रेड एंड पावर्टी: व्हेन दि थर्ड वर्ल्ड फेल डाउन, 2011
196. ब्रॉडबेरी, स्टीफेन; गुप्ता, विष्णुप्रिया, 'काटन टेक्सटाइल एंड दि ग्रेट डाइवर्जेन्स: लंकाशायर, इंडिया एंड शिफ्टींग कम्पेटेटिव एडवान्टेज 1600-1850, 2005
197. रे, इन्द्रजीत; 'आइडेंटिफाइंग दि वूस ऑफ दि काटन टेक्सटाइल इण्डस्ट्री इन बंगाल: टेल ऑफ दि नाइनटींथ सेंचुरी' दि इकोनामिक हिस्ट्री रिव्यू 62/4
198. ब्रॉडबेरी, स्टीफेन; गुप्ता, विष्णुप्रिया; 'इंडिया एंड दि ग्रेट डाइवर्जेन्स: एन एंग्लो इंडियन कम्पैरिसन ऑफ जी.डी.पी. पर कैपिटा, 1600-1871, 2015
199. ब्रॉडबेरी, स्टीफेन; गुप्ता, विष्णुप्रिया; 'अर्ली मॉडर्न ग्रेट डाइवर्जेन्स' एलन, 'इंडिया इन दि ग्रेट डाइवर्जेन्स'
200. पार्थसारथी, 'रिथिंकिंग वेजेज'; इडेम, 'व्हाई यूरोप ग्रिउ रिच'
201. वाशब्रुक, डेविड; एटीन्थ सेंचुरी इस्यू,
202. बेली, क्रिस्टोफर; रूलर्स, टाउनमेन एंड बाज़ार, 1983
203. हबीब, इरफान; पोटैन्शियलिटीज ऑफ कैपिटलिस्ट डेवलपमेंट इन दि इकॉनमी ऑफ मुग़ल इंडिया (दि टास्क ऑफ इकोनामी हिस्ट्री, वोल्यूम 29, नं. 1, मार्च 1969.)
204. मूसवी, शिरीन, द वर्ल्ड ऑफ लेबर इन मुग़ल इंडिया (1500-1750), प्रोसिडिंग्स ऑफ दि इंडियन हिस्ट्री कांग्रेस, वोल्यूम 71, 2010-2011,
205. नादरी, ग़ुलाम ए., 'एटीन्थ सेंचुरी गुजरात' 1750-1800, 2008
206. लुकासेन, जान; वर्किंग एट द इचापुर गन फैक्ट्री इन दि 1790, 2012
207. सेनगुप्ता, के. एम., 'द न्यू फोर्ट विलियम एंड डाकयार्ड', 15 जुलाई 2016
208. मार्शल, अल्फ्रेड; कम्पनी एंड द कूलीस,
209. रॉय, तीर्थंकर; हाउ ब्रिट्रिस रूल चेंज्ड इंडिया इकोनामी: द पैराडाक्स ऑफ द राज, 2019
210. दि फर्स्ट मालाबार ज्वाइंट कमिश्नर्स रिपोर्ट्स
212. हंटर, विलियम विल्सन; ए स्टैटिकल अकाउंट ऑफ बंगाल, वोल्यूम 12,
213. डिज्वार्ट, पिम; लुकासेन, जान, 'पावर्टी आर प्रासपेरिटी इन नादर्न इंडिया? न्यू एविडेंस ऑन रियल वेजेज, दि इकोनामिक हिस्ट्री रिव्यू, 73, मार्च 2020
214. मूसवी, शिरीन, दि इकॉनमी ऑफ दि मुग़ल एम्पायर, 1987
215. बनर्जी, अरूप, ओल्ड रूट्स; नार्थ इंडियन नोमैड्स एंड बैंकर इन अफगान उज्बेक एंड रसियन लैंड, नई दिल्ली, 2011
216. ट्रेवल ऑफ मार्कोपोलो, अनुवादित और सम्पादित द्वारा हेनरी यूले और एच. कार्डियर लंदन, 1903

217. ओमप्रकाश, प्रेसिडेंशियल एड्रेस; सम एस्पेक्ट्स ऑफ ट्रेड इन मुग़ल इंडिया (प्रोसिडिंग्स ऑफ दि इंडियन हिस्ट्री कांग्रेस, 1981, वोल्यूम 42)
218. चौधरी, के.एन., दि ट्रेडिंग वर्ल्ड ऑफ एशिया एंड दि इंग्लिश ईस्ट इंडिया कम्पनी, 1660-1760, कैंब्रिज, कैंम्ब्रिज यूनिवर्सिटी प्रेस, 1978
219. चौधरी, सुशील एंड माइकल मोरिन्यू (सम्पा.), मर्चेन्ट, कम्पनी एंड ट्रेड यूरोप एंड एशिया इन अर्ली मॉर्डन एरा, कैंब्रिज, कैंम्ब्रिज यूनिवर्सिटी प्रेस, 1999
220. लेक्स हीरमा वैन वास; ई.एल.एस. हेमस्ट्रा-कुपरस; एलिस वैन नेदेरवीन, 'दि लांग ग्लोबलाइजेशन एंड टेक्सटाईल प्रोड्यूसर इन इंडिया', दि एशियट कम्पेनियन टू दि हिस्ट्री ऑफ टेक्सटाईल वर्कर, 1650-2000, एशगेट पब्लिशिंग, 2010
221. निकितिन, पी. फंडामेंटल ऑफ पोलिटिकल इकॉनमी, मास्को 1766
222. मलोनी, रूबी, 'गुजरात ट्रेड विथ साउथ ईस्ट एशिया (सिक्सटीन्थ एंड सेवेंटिन्थ सेंचुरीज)', प्रोसीडिंग्स ऑफ द इंडियन हिस्ट्री कांग्रेस वॉल्यूम 75, प्लेटिनम जुबिली 2014

●●●